无锡文博论丛

WUXI ARCHEOLOGY AND MUSEOLOGY REVIEW

第2辑

2017

无锡博物院 编

科学出版社
北京

图书在版编目（CIP）数据

无锡文博论丛. 第2辑, 2017/ 无锡博物院编. —北京：科学出版社，2017.12

ISBN 978-7-03-055554-0

Ⅰ. ①无… Ⅱ. ①无… Ⅲ. ①文物工作–无锡–文集 ②博物馆–工作–无锡–文集 Ⅳ. ① G269.275.33–53

中国版本图书馆CIP数据核字（2017）第288028号

责任编辑：郝莎莎　徐若冰 / 责任校对：邹慧卿
责任印制：肖　兴 / 封面设计：北京美光设计制版有限公司

科学出版社出版
北京东黄城根北街16号
邮政编码:100717
http://www.sciencep.com

中国科学院印刷厂印刷
科学出版社发行　各地新华书店经销
*
2017年12月第　一　版　开本：889×1194　1/16
2017年12月第一次印刷　印张：17 3/4
字数：512 000

定价：148.00元
（如有印装质量问题，我社负责调换）

目录 CONTENTS

考古

考古与考古遗址公园建设

刘宝山*

【摘要】全国考古遗址公园建设如火如荼，但必须清醒地意识到考古工作仍然是遗址公园建设的基础。考古学家不但是考古遗址公园建设的参与者，而且还应当是考古遗址公园建设的管理者。只有坚持考古工作，考古遗址公园才能够取得社会效益和经济效益的双丰收。

【关键词】考古遗址公园　考古　大遗址保护

国家文物局明确要求，考古遗址公园建设要坚持原生态保护，加强考古遗址公园建设的必要性和可行性论证，明确建设内容，规范建设过程，妥善处理好遗址考古、保护、研究、展示和合理利用之间的关系，严格按照已批复的各遗址保护规划和关于各考古遗址公园规划的意见，组织规划设计单位和考古发掘资质单位共同修改、完善考古遗址公园规划，按程序报批后逐步实施。要加强考古遗址公园管理机构建设，不断提高管理水平，坚持以人为本、关注民生、服务社会，正确区分考古遗址公园的公益性活动和经营性活动，探索创新考古遗址公园运营模式，充分发挥考古遗址公园在地方公共文化服务体系中的积极作用。

一、考古工作是遗址公园建设的基础

长期以来，除了浙江良渚遗址等几个特别重要的大遗址之外，我国的大遗址考古工作大多停留在初期的发现阶段，缺乏计划性指导下持续的考古工作，尤其缺乏系统、细致地考古勘探，即使是在被国家文物局确定为首批重点保护的100处大遗址中，完成全面系统地考古勘探的遗址也是凤毛麟角，虽然后来国家重点大遗址增加到150处，但绝大部分仍然没有全面完成考古勘探工作。多数属于仅仅对遗址的范围有大体的了解，对遗址内部的布局、功能分区及其变迁所知很少，难以满足制定大遗址保护规划和对遗址实施有效保护、合理利用的需求。

（1）考古工作者扮演的角色。考古遗址公园里面应该为考古学家留出位置，考古遗址公园永远是考古学的科研基地、考古学家的温馨家园，遗址公园应当为考古学家的科研活动提供方便和支持。如无锡阖闾城考古遗址公园，配套设施完备的考古工作站和可以举办学术会议的酒店。考古学家不仅应该是考古遗址公园建设的参与者，还应是考古遗址公园管理的参

---

* 刘宝山：无锡市文化遗产保护和考古研究所所长，研究馆员

与者。

（2）考古勘探的重要性。近年来，国家文物局高度重视大遗址的系统勘探，拨出专项经费支持部分大遗址的系统勘探。在一些史前时期的中心性遗址和古代都城遗址，考古工作者配合国家考古遗址公园建设等项目的实施，开展了较大规模的系统地考古勘探。凌家滩、三星堆、曲阜鲁国故城、唐宋扬州城等遗址的系统勘探都取得了显著的进展，极大地丰富了人们对这些大遗址内涵和布局的了解，纠正了以前认识上的一些谬误，为这些大遗址的科学研究、有效保护与合理利用提供了宝贵资料，为考古遗址公园建设奠定了坚实的基础。这些工作收获，充分显示出大遗址系统勘探的极端重要性和迫切性，需要在考古遗址公园建设中进一步全面展开。

国外考古遗址公园长期发展经验给了我们一些启示：考古遗迹是考古遗址公园立园的基础，是其形成自身特色的关键。考古勘探工作是贯穿考古遗址公园整个生命周期的重要技术支撑工作。从考古遗址公园的前期立项、项目建议书、可研报告和评估报告的编写，到中期的规划建设，再到后期的可持续发展与经营，都需要依赖科学的考古勘探工作提供的技术支撑和研究成果。考古遗址公园的建立在一定程度上也为考古勘探工作实行反哺滋养，为考古学家的科研活动提供方便和支持。

（3）考古工作的受益者是谁？考古工作对建设考古遗址公园的重要性，受益者首先是老百姓和政府，最后才是考古队员。近几年从全国来看这方面受益较多的应该是以金沙和三星堆考古遗址公园为代表的四川省。在一次“考古与文化遗产保护”专题研讨会上[1]，四川省文物考古研究院院长高大伦指出，重大考古发现中蕴藏着巨大的社会效益。所谓重大考古发现首先可以从已经成为国家级文物保护单位或具有成为国家级文物保护单位潜力的考古发现、年度重大考古发现、成为世界文化遗产或列入世界文化遗产预备名单的考古发现等四个方面定义。重大考古发现的社会效益指标，主要有以下13项：①发现新的资源；②保存历史文献；③扩大地方知名度；④促进文博事业的发展；⑤增强人民的自豪感；⑥增进文化认同；⑦促进中外文化交流；⑧提升人文素质；⑨普及科学知识；⑩激发和满足人类好奇心；⑪增加社会福利；⑫促进环境保护；⑬带动相关产业发展。

（4）考古经费的投入与产出。在中国已经拥有的世界遗产中，考古遗址占20%，充分体现了考古发现的巨大社会效益。通过对2013年列入中国世界文化遗产的预备名单进行分析，发现和考古发现有关的地点占到了一半的比例，和对考古发掘经费的投入相比较，产出的社会效益是巨大的，经济效益也十分可观，足以证明考古发掘在遗址公园建设当中的重要性。

二、考古遗址公园建设和考古工作的相互关系

考古遗址公园的建设是一项与考古工作相配套、相结合的长期的建设过程，随着考古发现的新进展，不断确立新的展示点进行保护展示。毫无疑问考古遗址公园建设应以科学、系统的考古工作为基础。

（1）考古遗址公园建设必须遵循考古先行的原则。遗址保护规划的制定要以考古调查、勘探、试掘以及为保护利用所做的考古发掘资料为基础。

（2）国家考古遗址公园建设是一个长期的过程，其中最重要的前提是，规划不能与考古脱节，考古工作要贯穿于整个遗址公园建设的始终。按照规划要求不断完善考古工作计划，并按照计划逐步实施。

（3）遗址公园建设中的考古工作必须坚持以保护为主的原则，考古发掘过程中保护的重要保障是多学科的参与。考古勘探、试掘、发掘的定位决策应取决于保护和价值的需求，考古工作开始之前制订出较为完善的保护方案；发掘过程中按照方案随时实施保护措施；发掘后有效保护成果，从而满足考古遗址公园建设的目的。

（4）考古工作必须考虑遗址公园建设展示利用的需求。考古发掘与可持续保护和展示的结合，是考古发掘前期工作的重点思路。考古遗址公园建设中的考古工作，最终目的是展示考古成果，因而要明确为何发掘，发掘什么，怎样发掘，发掘到何种程度，如何展示，充分考虑保护和展示、利用的关系，也是考古工作人员的职责之一。

为加强考古工作，国家文物局下发了《关于加强大遗址考古工作的指导意见》和《大遗址考古工作要求》，对大遗址和考古遗址公园中考古工作进行了规范[2]。

三、考古工作的长期性举例

不间断的考古也应该是考古遗址公园的特点和生命力所在，如意大利的庞贝考古遗址公园，就已经进行了200多年的考古工作。要建设成国家考古遗址公园的遗址，一般具有面积大、文化遗存堆积复杂、文化内涵丰富多彩等特点，需要长期的工作和研究才能将它基本揭示清楚。因此，长期性、探索性以及时时、事事、处处留有回旋余地，应是建设国家考古遗址公园必要的战略思路。要致力于探寻考古学文化的文化特质和考古学文化的文化演进规律，探寻目的在于根据文化自身的特质及其演进规律去面对日益加剧的中外文化的碰撞，依据“传承、吸收、融合、创新”的文化演进规律，自觉地去建设新文化。例如，作为良渚遗址精髓的玉文化，在其所存在的历史时间和空间，遍寻中外文明，均无与之匹敌者。然而，良渚玉文化如此辉煌，却仍然消失在其历史之中。探索其文化发生发展变化的规律，吸收其中的部分元素，参与到当前的新文化建设中来，应成为考古学者的追求，也应当是建设国家良渚遗址公园的一个重要任务。像良渚遗址这样大型的史前考古遗址公园的建设，也是经历了长期的考古工作，使得良渚遗址的魅力不断增加，最终促成了遗址公园的大规模建设，从发现到颁布为国家文物保护单位、保护范围的划定走了70年的历程！

浙江良渚遗址的考古与遗址保护工作主要经历了三个阶段：第一阶段是从单一的遗址到遗址群与聚落的认识上的转变。从1936年施昕更先生调查、发现良渚遗址，到20世纪80年代末90年代初期相继发现反山、瑶山、汇观山、莫角山等遗址，出土玉器以及贵族墓葬和祭祀台等为代表的遗存文化内涵研究不断深入，使得人们对良渚时期的社会结构以及文明进程有了较为深刻的认识。1994年良渚遗址被国家文物局列入申报《世界遗产名录》的预备名单。1996年国务院批准良渚遗址（群）为全国重点文物保护单位，划定了东起良渚镇、西到瓶窑镇、北到山边、南到良渚港的33.8平方千米的保护范围。第二阶段是对良渚遗址群所在的地理单元的正确性把握与完整性认识阶段。通过拉网式的详细调查，初步划定遗址群的范围，制定《良渚遗址保护总体规划》。第三阶段是2007年良渚古城遗址的发现使得文博界对良渚遗址群的内涵有了再次整体性的提升，开辟了良渚文化研究的新纪元。2008年以来，主要是围绕良渚遗址的申遗和良渚国家考古遗址公园的建设开展了一系列考古勘探和发掘，进一步清理了良渚古城的内外结构、周边环境以及外围大范围的治水体系。

良渚遗址的考古经历告诉我们，对大遗址的确认需要经历从无到有、从小到大的艰辛历程，考古工作做得越全面、越充分，就越有利于大遗址的保护和考古遗址公园的规划、有利于展示。所以，无论是大型聚落、城址、宫室，还是陵寝墓葬等遗址、遗址群，其根本性质都是地下文物，虽然历史时期的遗址如大明宫、扬州唐城等有文献可查，但考古发掘往往可以弥补史料记载之不足和纠正人为因素的错误记载。史前时期的遗址如大汶口、城子崖等，则完全依靠考古发掘资料来研究其年代与文化内涵。因此，考古发掘工作及对发掘资料的整理研究，成为诠释遗址文化内涵的关键。考古遗址公园建设以保护展示遗址本体及内涵、价值为根本目的，因此应最大程度地了解遗址的文化内涵和特点，作为遗址公园展示的主题。考古工作对遗址文化内涵的研究，是确定展示主题及展示内容的基础。

山东地区正在建设的考古遗址公园考古工作相对比较扎实。例如，泰安大汶口考古遗址公园反映的是山东地区大汶口文化时期的中心聚落之一，大量的墓葬、丰富的随葬品代表了社会贫富分化阶段主要特征，是中华文明的起步阶段。考古工作除增加展示内容外，还要深入进行大汶口文化时期社会发展阶段研究，从而使观众了解原始社会晚期的历史转变。大汶口遗址文化内涵的把握，得益于大汶口遗址三次较大规模的考古发掘、两本考古报告集的出版及 20 世纪 70、80 年代大汶口文化性质的大讨论。曲阜鲁故城考古遗址公园，早在 20 世纪 70 年代，山东考古工作者就对鲁故城进行了大规模的勘探和试掘工作，基本弄清了鲁故城内两周文化遗存的分布情况及鲁国物质文化的基本面貌，出版了考古报告专集。通过勘探，发现鲁故城的城市布局是两周都城中最符合《周礼·考工记》建制的城市。因此，虽然鲁故城后来延续时间较长，但依据考古资料应该进行研究和展示的应是两周时期文化内涵，其中周代礼制应是遗址公园展示的主题。山东汶上南旺考古遗址公园建设的重要性在于遗址是京杭运河分水枢纽工程中科技含量最高的水工设施遗迹。近年来，通过大规模的考古揭露，弄清了分水枢纽周围的河道、河堤、驳岸、湖泊、闸口等水工设施的功能及布局，使运河沿岸的原始风貌基本显现出来。在考古工作进行过程中，还进行了多学科的联合，利用最先进的仪器进行了准确的测绘工作。其第一次发掘、研究的成果很快出版了专门的学术报告，为遗址公园建设提供了坚实的基础。

总之，由于发掘面积的局限，考古发掘工作有很大的偶然性，因此，考古遗址公园内的考古工作应坚持长期性、持久性，使大遗址的文化内涵不断得到充实。

江苏省内考古遗址公园建设情况。无锡鸿山遗址是江苏省首批国家考古遗址公园；扬州城遗址是 2010 年首批国家考古遗址公园立项的遗址。在申请评定国家考古遗址公园之前，遗址所在地文物行政部门均组织考古队伍进行了大量的考古调查、勘探和发掘工作。无锡市组织编制了《鸿山遗址保护考古工作计划》，对鸿山墓群在 2010—2025 年期间的考古工作进行了总体规划。经过对其中 7 座墓葬的抢救性考古发掘，出土文物 2500 多件，超过了越文化领衔之地浙江省中华人民共和国成立以后考古成果的总和[3]。但是鸿山遗址在取得国家考古遗址公园这块牌子之后，后续考古工作乏力，导致参观人数逐年下降。因为考古遗址公园是以遗迹、遗物为主要展示内容，如果展示内容长期没有变化，就会逐步失去吸引力。鸿山考古遗址公园至今没有组建专门的考古队伍，更没有正规的考古工作站。无锡阖闾城考古遗址公园和杭州良渚考古遗址公园都建立了自己的考古工作站。

扬州城国家考古遗址公园也是立项名单之一。扬州城国家考古遗址公园总面积20.68平方千米，其重要保护范围700多公顷，包含唐子城及平山堂城、宋夹城、唐罗城、宋大城等的城墙遗址、城门、历史水系、历史道路。江苏扬州为长期开展考古工作率先组建唐城考古工作队、文物考古研究所等地方文物考古机构，专门从事扬州城遗址的文物考古研究工作，先后发现和发掘了唐代罗城南门、东门、西门遗址，唐代城市大型排水设施——水涵洞遗址，唐宋下马桥遗址，宋大城西门、北门及水门遗址等。多位专家对将唐子城作为扬州城遗址考古重点表示认可，同时也提出，子城的考古资料太少，很不完善，导致规划（纲要）中子城部分内容单薄，缺乏系统支撑。子城内考古主动性少，大多是一些配合性或是发现文物遭破坏后抢救性发掘，勘探也不到位。目前，子城内的土地归属管理性质复杂，大量遗存被现代建筑物、构筑物占压，导致考古工作难以有效进行。

考古发掘要具有选择性（计划性）。扬州市文物局还组织编制了《江苏扬州唐城考古队2011—2030年考古工作计划》，获得了国家文物局的批复。扬州城遗址的考古工作思路是：①建立遗址和遗迹的地理信息系统；②进一步开展扬州宋城遗址、隋唐扬州城遗址和春秋到汉代的扬州城发掘工作[4]。

必须要注意的是，考古遗址公园的考古发掘工作，应遵循典型性、必要性、抢救性原则。典型性即所挖掘遗址在同一类遗址中最具代表性、完整性及可展示性；必要性即项目建设是否为遗址保护展示所必需而无他选区域；抢救性则是遗址面临崩塌等突发情况而亟需发掘以给保护工程提供资料支持。在考古规划的实施实践中，可针对项目建设和遗址保护的需要先行安排局部区域的考古发掘，为整体遗址的保护展示提供基础支持；同时必须坚持必要性原则，切不可实施地毯式考古发掘工作。遗址公园内每一个建设项目所涉及的范围，必须进行科学全面的考古发掘。

考古遗址公园一般都建设在面积较大的遗址上，其考古发掘工作一般要经历几十年甚至上百年的时间。如河南殷墟遗址考古发掘始于1928年，除战争时期外一直坚持考古发掘，并不断取得新的突破，而且考古工作仍将长期开展下去，不断向社会展示新的成果。

大明宫考古遗址公园考古任务仍然艰巨。大明宫考古遗址公园建设之所以得到大家较为广泛的认可，其中重要原因之一是有扎实的考古资料支撑[5]。大明宫考古发掘与研究历经50余年，1957年3月至1959年5月，中国科学院考古研究所组队对大明宫遗址进行了全面的考古勘探和重点发掘，发表了考古发掘报告《唐长安大明宫》。随后又重点发掘了三清殿、清思殿、含耀门、含元殿、太液池、丹凤门遗址等。考古成果和相关史料表明，大明宫遗址地处现西安市区东北部，宫区占地约3.26平方千米，平面为一南宽北窄的楔形，宫区整体格局保存完整，宫城四至与H座城门位置清楚，东内苑与三面夹城范围明确。经对宫区内68处遗址勘探确定，地面上仍留存有含元殿、麟德殿、重玄门、蓬莱岛、望仙台、东北城角等10余处遗址的夯土基台。大明宫遗址的考古工作虽然已开展了50年，但是却由于资金、人员和考古专业自身的运行周期等原因的制约，已完成的考古发掘工作量仅占遗址总量的5%左右，由此可知今后大明宫国家考古遗址公园考古工作的长期性与艰巨性。

综上，考古工作不仅是编制规划的基础，也提供了未来考古遗址公园内进行展示的内容。遗址公园对外开放时，也要通过持续性的考古工作，向公众展示遗址公园的内涵，提供公众参与考古的渠道。所以考古学家参与遗址公园管理是遗址公园可持续发展的重要保障。

注　释

[1] 胡颖芳：《考古与文化遗产保护专题研讨会综述》，《东南文化》2013 年第 6 期。

[2] 王守功：《考古工作在考古遗址公园建设中的作用》，《中国文物报》2012 年 10 月 11 日。

[3] 南京博物院、江苏省考古研究所、无锡市锡山区文物管理委员会：《鸿山越墓发掘报告》，文物出版社，2007 年版。

[4] 扬州市文物考古研究所：《扬州城遗址 2012 年考古工作汇报》，科学出版社，2015 年版。

[5] 张关心：《大遗址保护与考古遗址公园建设初探——以大明宫遗址保护为例》，《东南文化》2011 年第 1 期。

无锡市锡山区八士镇宋代墓葬发掘简报

李一全[*]

【摘要】八士镇宋墓位于无锡市锡山区，墓葬均为长方形竖穴土坑墓，保存情况良好。墓葬中出土了一批制作精美的漆器，髹内朱外黑或内朱外绿漆，器类有漆枕、漆钵、漆碗等，制作工艺主要为木制圈叠胎，器物朴实端庄，曲线柔美，有强烈的宋代风格。其中出土的2件荷叶形漆枕，造型别致，形制古朴，线条柔美，漆面光洁，是极为罕见的宋代漆器艺术精品。这批漆器的出土为研究无锡地区宋代历史文化和社会经济发展情况提供了重要的资料。

【关键词】八士镇　竖穴土坑墓葬　北宋　漆器

2012年7月初，位于无锡市锡山区八士镇芙蓉一路和蓉洋二路路口交叉处的富瑞德精密机械有限公司厂房施工现场发现古代墓葬（图一）。无锡市文化遗产保护和考古研究所对施工现场进行了抢救性清理发掘，共清理宋代墓葬4座（图二），编号为2012WXBM1—M4（下面简称M1、M2、M3、M4），其中M1被施工严重破坏，其他3座保存较为完整。现简报如下。

一、M2

（一）墓葬形制

长方形竖穴土坑墓，单棺，方向220°（图三）。墓坑口长297厘米，宽90—100厘米，深140厘米，直壁平底。葬具为木棺，保存较好。棺由盖板、左右边板、前后档板及底板组成，木棺为榫卯结构，棺盖、底板上开有凹槽，挡板、底板上起凸棱，装配时凸棱嵌入凹槽中固定相连接。木棺盖板面弧，头端宽于脚端，木棺外髹黑漆内髹朱漆，棺长250厘米，宽70—78厘米，高80—94厘米；棺盖板长264厘米，宽70—78厘米，厚10厘米；棺底板长250厘米，宽70—78厘米，厚8厘米；棺边板长244厘米，宽64—70厘米，内深62—76厘米；棺挡板厚8厘米。墓主头向南，仰身直肢葬，墓主为女性，年龄不详。

（二）出土遗物

荷叶漆枕　1件。M2∶1。木胎，用薄木片圈叠成胎，上部为七瓣荷花叶形，底座呈近方形荷花叶状。外表髹枣红色漆，漆面光亮。长35厘米，宽27厘米，通高10—18厘米（图四，1）。

---

* 李一全：无锡市文化遗产保护和考古研究所副所长，副研究馆员

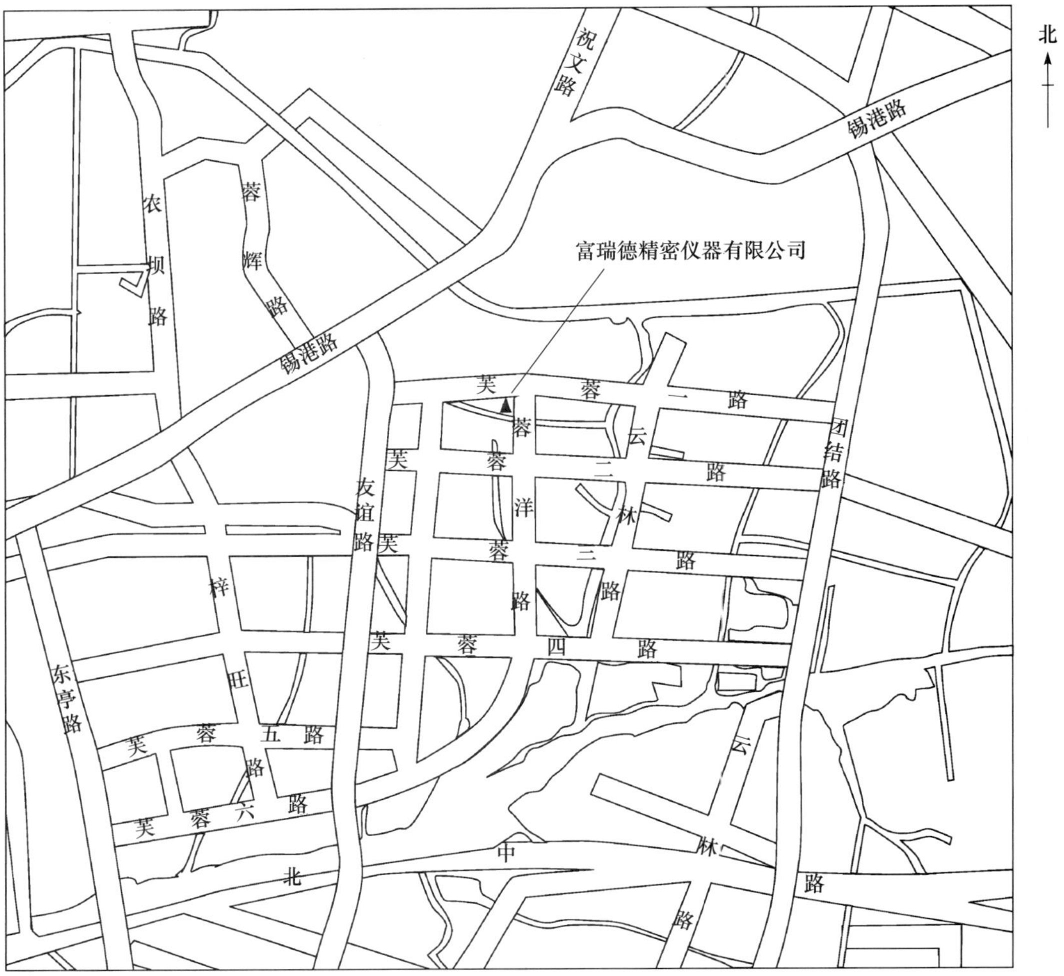

图一　八士镇宋墓位置示意图

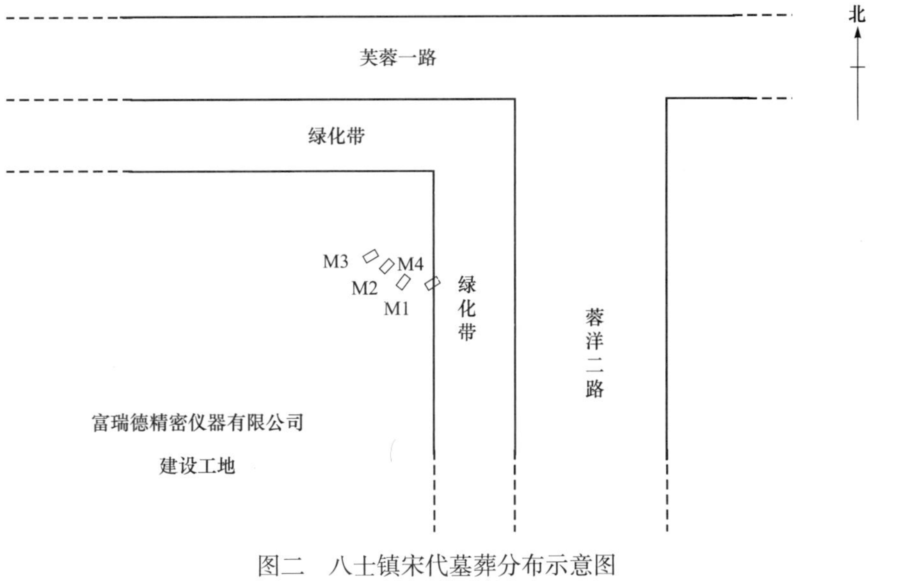

图二　八士镇宋代墓葬分布示意图

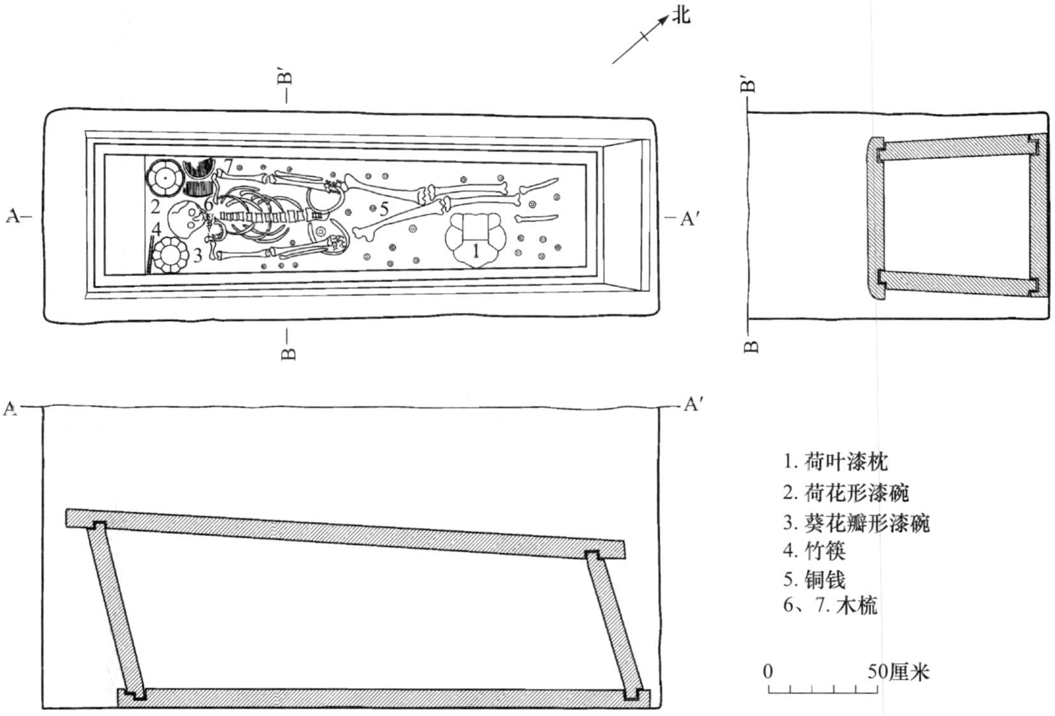

图三　M2 平、剖面图

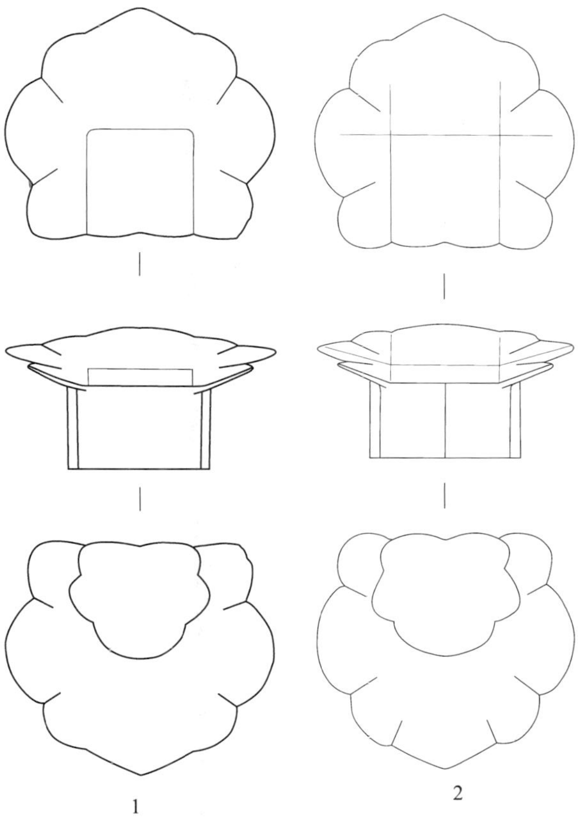

图四　出土遗物

1、2. 漆枕（M2：1、M4：6）

荷花形漆碗　1 件。M2：2。木胎，造型为六瓣荷花形，敛口、鼓腹、外底微内凹。内髹朱红色漆，外髹绿漆，钵底中部有一圆孔，在底外部用朱漆写“爪”字。口径 13.5 厘米，腹径 14.4 厘米，底径 7.6 厘米，通高 7 厘米（图五，1）。

葵花瓣形漆碗　1 件。M2：3。木胎，造型呈十瓣葵花形，直口、深腹、平底、小圈足，碗外髹黑漆，内为枣红色漆，在外底圈足内用朱漆写“六”字。口径 15.5 厘米，底径 7.8 厘米，通高 8.5 厘米（图六，1）。

竹筷　1 双。M2：4。竹质，首为大竹节，一端较粗，一端细。上端粗为九节竹节状，下端细呈尖锥体。直径 1 厘米，长 22 厘米（图五，7）。

铜钱　41 枚。M2：5。均为圆形方孔钱，钱径 2.4—2.5 厘米，方孔边长 0.7 厘米，厚 0.1 厘米，钱文有楷书、行书、草书，铺于木棺内底部。其中景德元宝 4 枚，祥符元宝 3 枚，太平通宝 1 枚，天禧通宝 2 枚，至道元宝 6 枚，皇

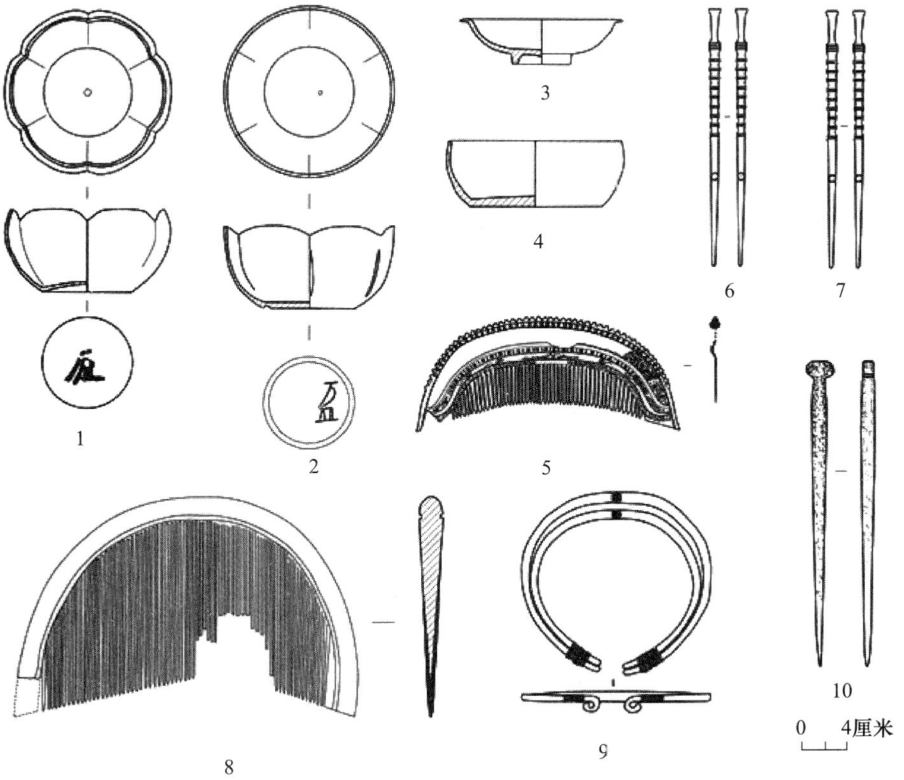

图五 出土遗物

1、2. 漆碗（M2：2、M3：2） 3. 瓷碗（M3：1） 4. 漆钵（M4：4） 5. 银梳（M4：7） 6、7. 竹筷（M3：5、M2：4） 8. 木梳（M2：7） 9. 银提梁圈（M4：9） 10. 棺钉（M4：8）

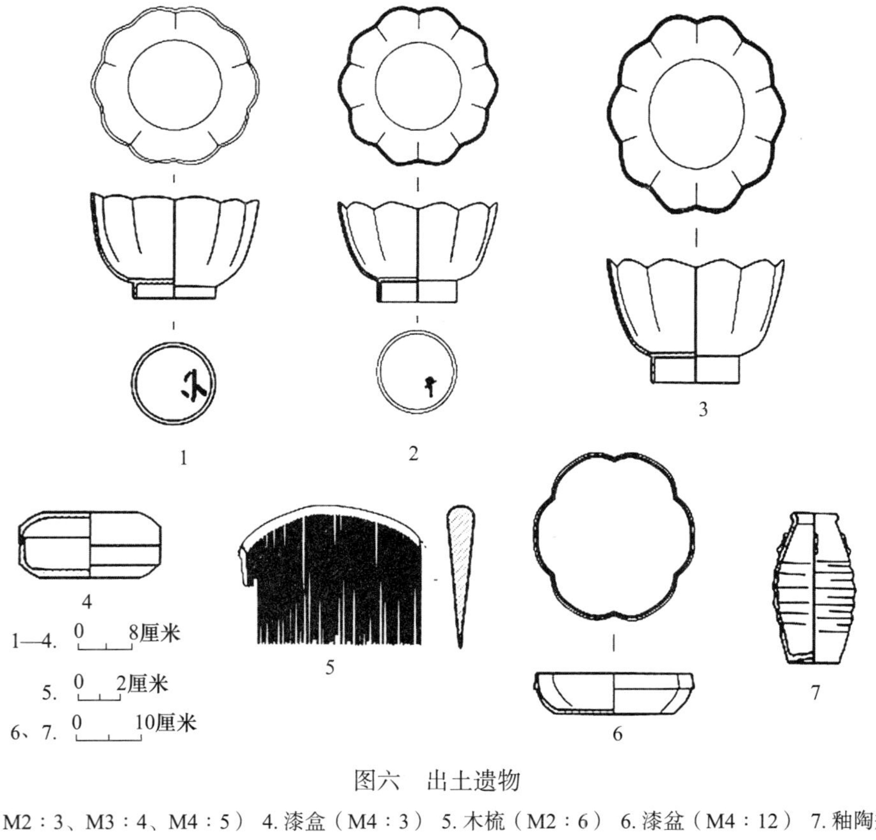

图六 出土遗物

1—3. 漆碗（M2：3、M3：4、M4：5） 4. 漆盒（M4：3） 5. 木梳（M2：6） 6. 漆盆（M4：12） 7. 釉陶瓶（M4：1）

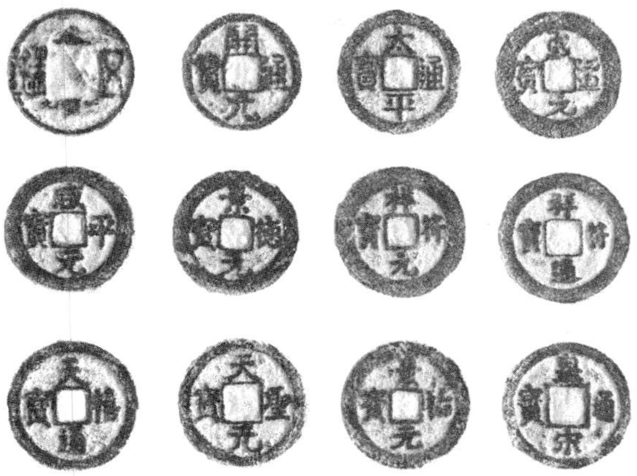

图七　M2 铜钱拓片

宋通宝 6 枚，开元通宝 5 枚，咸平元宝 2 枚，五铢 1 枚，景祐元宝 3 枚，天圣元宝 4 枚，半两 1 枚，另外有 3 枚字迹不清晰（图七）。

木梳　2 件。木质，半月形，侧面呈锥形。M2：6，残存 50 齿，排列宽扁紧密。长 11.1 厘米，宽 7.7 厘米，背厚 1.6 厘米（图六，5）。M2：7，背齿间有凹槽，梳齿共有 68 齿，排列紧密。长 14.6 厘米，宽 9.4 厘米，背宽 10 厘米（图五，8）。

二、M3

（一）墓葬形制

长方形土坑竖穴单室墓，单棺，方向 215°（图八）。墓坑口长 244 厘米，宽 96 厘米，深 150 厘米，直壁平底。葬具为木棺，保存较好。棺内外均涂有黑漆，棺为榫卯结构，棺盖、挡板、底板为“子母口”相连接。棺上口比棺底部前倾斜 10 厘米，棺长 230 厘米，宽 74 厘米，高 92—96 厘米。棺盖板长 220 厘米，宽 78—80 厘米，厚 8 厘米。棺上口长 208 厘米，宽 74 厘米，内深 74—78 厘米。棺挡厚东西两侧为 10 厘米，南部挡板厚 7 厘米，北部挡板厚 4 厘米。棺底板长 200 厘米，宽 48 厘米，厚 8 厘米。墓主头向南，仰身直肢葬，墓主为男性，年龄不详。

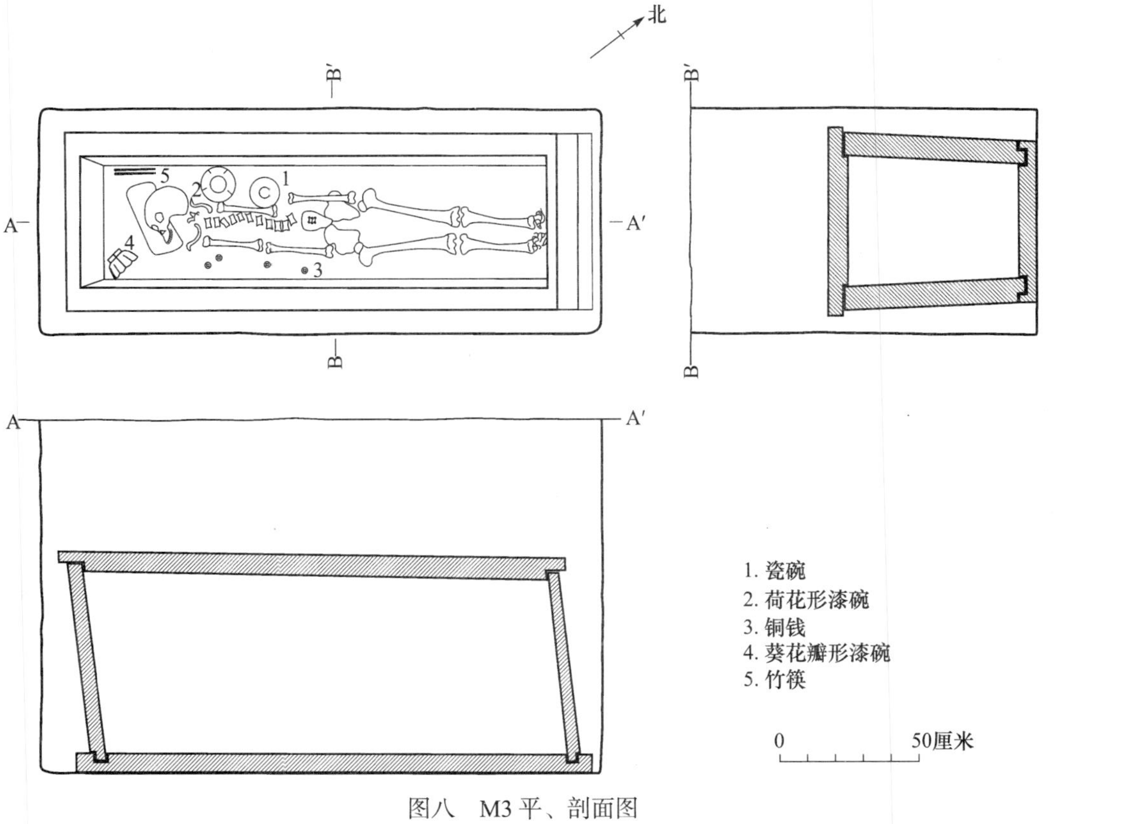

图八　M3 平、剖面图

（二）出土遗物

瓷碗 1件。M3：1。敞口、平沿、尖唇、弧壁、小圈足，通体施白釉。口径14厘米，底径5厘米，通高3.8厘米（图五，3）。

荷花形漆碗 1件。M3：2。木胎，造型为六瓣荷花形，直口、鼓腹、平底、圈足已残，内髹朱红色漆外髹黑漆，在底外部用枣红色漆写“万皿”字样。口径14.5厘米，底径7.8厘米，通高7厘米（图五，2）。

铜钱 4枚。M3：3。均为圆形方孔钱，钱径2.4—2.5厘米，方孔边长0.6厘米，厚0.1厘米，钱文均为楷书，置于木棺内底部。其中皇宋通宝1枚，太平通宝1枚，开元通宝1枚，另有1枚钱文不清。

葵花瓣形漆碗 1件。M3：4。木胎，造型呈十瓣葵花形，敞口、深腹、平底、高圈足，碗外部髹黑漆，内为朱红色漆，在底外部用朱漆写有字样，但无法辨识。口径15.4厘米，底径7.6厘米，通高9.2厘米（图六，2）。

竹筷 1双。M3：5。竹质，首为大竹节，一端较粗，一端细。上端粗为九节竹节状，下端细，呈尖锥体。直径1厘米，长22厘米（图五，6）。

三、M4

（一）墓葬形制

长方形土坑竖穴单室墓，一椁一棺，均为木质，方向240°（图九）。墓坑口长360厘米，宽180厘米，深144厘米，直壁平底。木椁为长方形，长308厘米，宽148厘米，高118厘米。椁盖、挡板、底板厚8厘米，椁的内外均涂有黑漆，椁盖、挡板、底板均用铁钉相连接。椁内置一棺，棺内外均涂有黑漆，棺为榫卯结构，棺盖、挡板、底板为“子母口”相连接。棺上口比棺底部前倾斜14厘米，棺长266厘米，宽80—90厘米，高88—92厘米。棺盖板长246厘米，宽80—90厘米，厚8厘米。棺口长244厘米，宽80—90厘米，内深68—76厘米。棺挡板厚8厘米。棺底板长238厘米，宽60—68厘米，厚8厘米。墓主头向南，仰身直肢葬，墓主性别、年龄不详。

（二）出土遗物

釉陶瓶 1件。M4：1。形似橄榄，俗称“韩瓶”。灰白胎，肩附四对称系，小口、尖唇、束颈、中部鼓腹、平底，器体有凸棱，器外上部施豆青釉，下部施酱釉，器内无施釉。口径8.6厘米，腹径15.4厘米，底径9.6厘米，通高24.5厘米（图六，7）。

金耳饰 2件。金质，呈桃形。纹饰可分为三层，底层金片外缘饰镂空花纹，以小联珠纹将金片隔成三重装饰带，正中装饰带錾出扇形花纹。底层金片背部与一根细金条镶嵌，细金条略弯曲作为耳环脚。中层錾出祥云瑞草纹样，最外层正中为一组浅浮雕神仙人物，四人一组，正中一人为主要人物，左侧一人侍立，右侧一人侍立，一人半蹲，围绕在正中人物周围。四人立于一簇张开延伸的瑞草之上，顶部似为一倒置之莲蓬。制作精美。M4：2，长径6厘米，微残；M4：11，长径6厘米（图一〇）。

扁圆形黑漆盒 1件。M4：3。木胎，扁圆形，盒盖与盒身有子口扣合，直壁、平底。盒内髹黑漆，外顶、底髹黑漆，外口髹红漆。上口12厘米，腹径12厘米，底径8.5厘米，通高5.2厘米（图六，4）。

黑漆钵 1件。M4：4。夹纻胎，敞口，腹微鼓，平底。外髹黑漆，内为红彩。口径14.8厘米，腹径15.2厘米，底径11厘米，高5.4厘米（图五，4）。

葵花瓣形漆碗 1件。M4：5。木胎，造型呈十瓣葵花形，敞口、深腹、平底、高圈足，碗外为黑漆，内为褐色漆，口沿部饰红

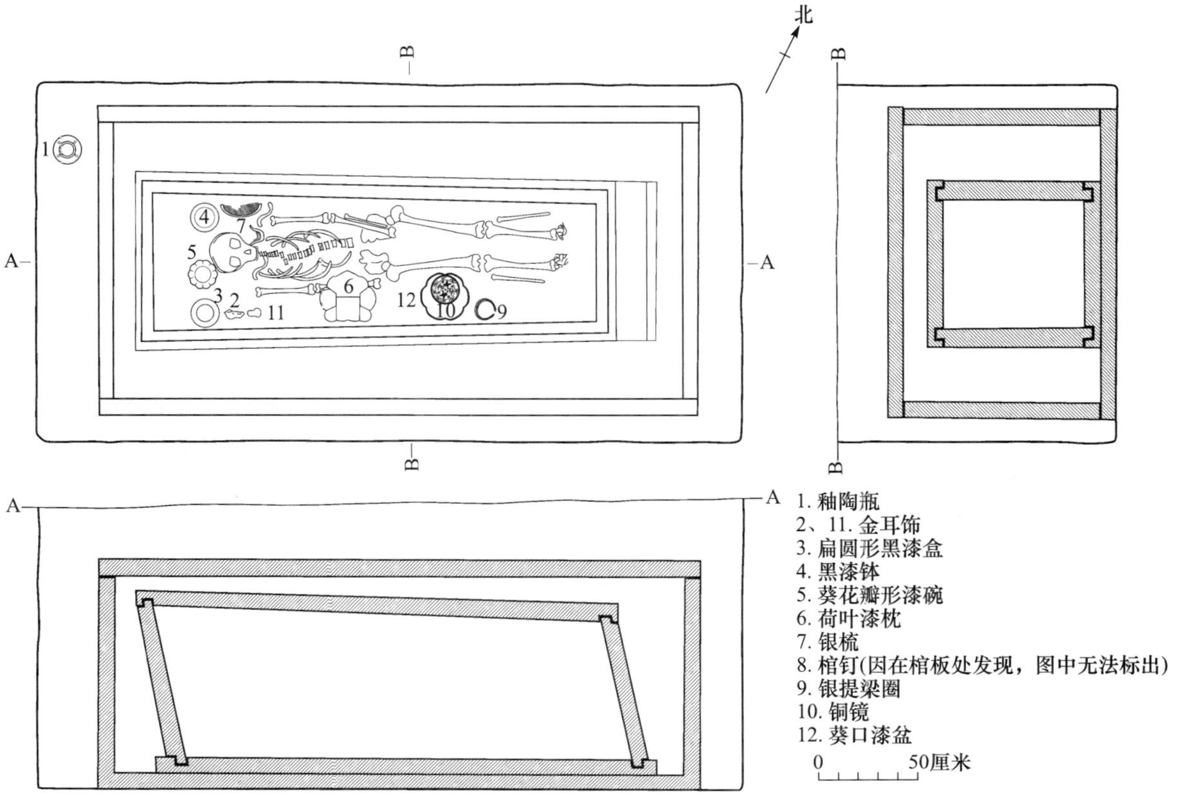

图九 M4平、剖面图

图一〇 金耳饰

彩。口径15.4厘米，底径7.6厘米，通高9.2厘米（图六，3）。

荷叶漆枕 1件。M4：6。木胎，用薄木片条圈叠成胎，上部为七瓣荷花叶形，底座呈近方形荷花叶状。通体髹枣红色漆，上部正中叶片底部侧边用朱漆书“乙巳中马上牢”，应为制作的年代和民营作坊工匠姓名。长30厘米，宽28厘米，通高8.8—15.8厘米（图四，2）。

银梳 1件。M4：7。银质，梳背为虹桥式，联珠纹组成的边框把梳背分作三重装饰带，内里一层錾出祥云纹饰，以小锥点纹作为其与外一层的分割装饰，其外一层打作一溜接圆式“十”字形连续小团花。外缘主体纹样打作圆形小团花纹、卷草纹，以小锥点纹作为装饰带分割线，梳齿较细密。长22厘米，宽7厘米，背厚0.5厘米（图五，5）。

棺钉 1件。M4：8。铁质，扁首，上端呈方形，下端为尖锥体。长26厘米（图五，10）。

银提梁圈 1件。M4：9。银质，两根银条并排弯成“U”状，在两端弯成小圆圈并且用细银丝捆绑成。长15.5厘米，宽15厘米（图五，9）。

铜镜 1件。M4：10。圆形，背面中心有桥形纽，纽外一圈弦纹将镜分隔成内外两圈，内圈两只翩翩起舞的大鸟环绕中心纽，周边填充花卉纹、飞鸟及祥云。外圈饰四组祥云纹和花卉纹。直径 13.5 厘米，厚 0.2 厘米（图一一）。

图一一　铜镜拓片（M4：10）

葵口漆盆　1 件。M4：12。木胎，造型呈六瓣葵花形，敞口、浅腹微弧、平底。外部髹枣红色漆，内髹红色漆。口径 34 厘米，底径 25 厘米，通高 8 厘米（图六，6）。

四、结　　语

八士镇发现的四座墓葬中没有发现确切的纪年物，其绝对年代无法判断。但是根据墓葬的结构、修筑特点及其出土的器物等，我们可以进行纵向和横向的比较，归纳其特点，从而推断出墓葬的时代。

长方形土坑竖穴木棺墓是宋代江南地区所流行的一种墓葬形式，从已发表资料看，在无锡及周边地区多有发现。在无锡市南郊丁巷村[1]、无锡市锡惠桥西北[2]、无锡市南门外兴竹村[3]发现的北宋时期墓葬均采用了这种墓葬形式。此外，在周边地区如常州的红梅新村[4]、北环新村[5]、泰州市东郊鲍家坝[6]、淮安楚州区[7]发现的宋代墓葬也均是长方形土坑竖穴木棺墓。在 M2、M3 中出土有钱币，为判定墓葬时代提供了较为确切的依据。其中 M2 出土钱币数十枚，多为北宋前期的钱币，最早为汉代的五铢、半两，最晚为北宋中期的皇宋通宝（1039—1053）；M3 出土钱币 4 枚，最晚为北宋中期的皇宋通宝。因此判断八士镇发现的 4 座墓葬时代上限不早于北宋中期。

宋代墓葬中随葬漆器是较普遍的现象，漆器中以碗、钵较为常见，器物常做成莲瓣、葵瓣、菱花瓣形口沿和器壁。由于曲折度较大，一般采用长条薄木片圈叠制成。制胎时根据器胎各部位的不同特点，所用薄木片的宽窄、厚薄也有所不同。八士镇宋墓出土漆器的胎体多数为木胎制作而成，大量采用了圈叠法，其方法是先用薄木片裁成木条，经水浴加温，弯曲成圈，烘干定型后，一圈一圈累叠，胶接成形，再打磨，披麻带灰。制作时因将各圈的接口错开，分散了木材的应力，故不易变形，经久耐用。胎体做得极为精细，出棱分瓣和器体的凹凸制作也极为讲究，边口匀称平正，工整牢固。这批漆器口部多花瓣形，内外髹黑、酱或朱红、绿色漆，漆层细腻光亮，光素，器物的胎质、形制和工艺与江苏常州北环新村北宋墓、无锡市兴竹宋墓出土漆器特征基本相似，也当为北宋产品。在 M2 和 M4 出土的荷叶形漆枕，造型别致，形制古朴，线条柔美，漆面光洁，较为罕见，从一个侧面反映了宋代本地区光素漆器的较高成就，为研究宋代江南地区的漆器制造提供了新的考古学资料。

在八士镇宋代墓葬中发现的韩瓶，耳系被人为敲掉，这种现象与淮安宋墓中发现的韩瓶相似[8]，在 M2 和 M4 出土的部分漆器上，底部有钻孔现象，这应与当时葬俗相关。八士镇宋代墓葬出土漆器中仅在 1 件漆枕上发现朱漆书“乙巳中马上牢”（图一二，1），应为制作的年代和民营作坊工匠姓名。漆器上髹饰文字在宋墓出土漆器也较为多见，在淮安杨庙镇宋墓中曾发现有文字漆器19件[9]（图一二，2），常州红梅新村宋墓2号墓中出土漆器上也发现有文字题款[10]。文字中除了明确写明制漆的年、月、地点、工匠姓名以外，最末尾符号推测可能为制漆工匠署名的画押。

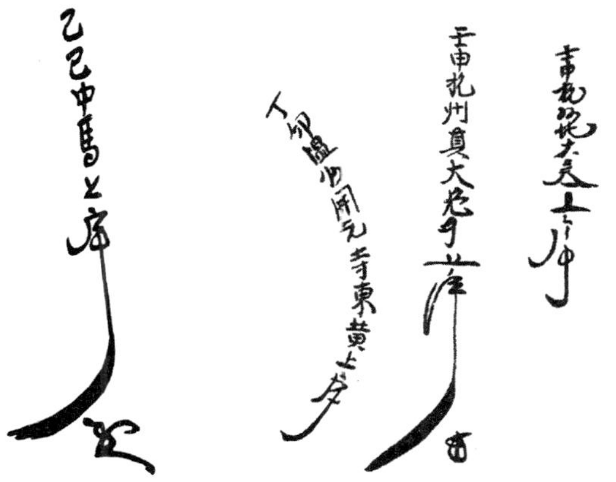

1　2

图一二　漆器铭文

1. 八士镇宋代墓葬出土漆器铭文
2. 淮安杨庙镇宋墓发现文字漆器铭文

八士镇宋代墓葬出土器物不多，但是其器物具有鲜明的时代特征，尤其是在墓葬中出土的漆器正是当时该地区商品经济发展的重要历史实证，它为研究宋代漆器产地分布、江南地区漆器工艺水平、商品市场流通情况等提供了极具价值的实物资料。

领　　队：李一全
发　　掘：邵　栋　宋学旺　杨　瑞
绘图、拓片：杨　瑞
执　　笔：李一全

注　释

[1] 冯普仁：《无锡市郊北宋墓》，《考古》1982年第4期，第390页。
[2] 冯普仁：《无锡市锡惠桥北宋墓》，《考古》1986年第12期，第1140页。
[3] 蔡剑鸣：《江苏无锡兴竹宋墓》，《文物》1990年第3期，第19页。
[4] 徐伯元：《江苏常州市红梅新村宋墓》，《考古》1997年第11期，第44页。
[5] 徐伯元：《江苏常州市北环新村宋木椁墓》，《文物》2001年第2期，第65页。
[6] 王为刚：《泰州市北宋墓群清理》，《东南文化》2006年第5期，第31页。
[7] 胡兵：《江苏淮安翔宇花园唐宋墓群发掘简报》，《东南文化》2010年第4期，第45页。
[8] 胡兵：《江苏淮安翔宇花园唐宋墓群发掘简报》，《东南文化》2010年第4期，第53页。
[9] 罗宗真：《淮安宋墓出土的漆器》，《文物》1963年第5期，第52页。
[10] 徐伯元：《江苏常州市红梅新村宋墓》，《考古》1997年第11期，第46页。

从考古发现看马山的历史文化

丁兰兰*

【摘要】马山，全称马迹山，地处无锡西南，古为太湖第二大岛屿，如今已与陆地相连而成为半岛。马山地区的考古工作始于20世纪50年代，经过半个多世纪的考古调查、发掘，马山的历史文化脉络逐渐清晰。从目前发现的考古资料来看，最晚在马家浜文化时期，马山地区就已有人类聚居，至崧泽和良渚时期，人类活动更加频繁，到了春秋晚期，此地一时成为吴国首都所在。然而在越灭吴后，马山地区的人类活动受到一定程度的抑制，直至汉代以后，才又开始活跃起来。

【关键词】马山　考古　历史

一、马山的地理范围及文物古迹

马山，全称马迹山，“相传秦始皇东游神马践石成迹”，故名。古又称夫椒山，传说春秋时期，吴、越二国曾在此地发生著名的“夫椒之战”。马山位于无锡西南，原为太湖中一小岛，自晋朝以来，先后属会稽、吴郡、毗陵、常州、武进、阳湖、宜兴等地，中华人民共和国成立后逐渐被纳入无锡地区的管辖范围。20世纪60、70年代的围湖造田运动，使马山与陆地相连，马山遂成半岛，区域面积大为增加。1992年，无锡太湖国家旅游度假区成立，负责马山地区的旅游开发和经济建设工作。2009年后，因阖闾城遗址的保护利用需要，原属胡埭镇的阖闾社区调整入马山街道，马山的管辖范围又扩大到十八湾风景区一带。如今的马山占地面积达65平方千米，早已不再是历史上那个孤悬太湖的小岛，而成为享誉国内的旅游休闲圣地。

马山历史悠久，境内文物古迹众多，现已被认定为文物保护单位和文物遗迹控制保护单位的有阖闾城（国保）、吴王避暑宫（市保）、虾笼山石室土墩（市控）、天井泉（市保）、云居道院遗址（市保）、祥符寺旧迹（市保）、三槿老屋——许叔微故居旧址（市保）、孔湾陵墓神道石兽（市保）、赵翼墓（市保）、牛塘龙窑遗址（市保）、华将军墓（市控）、姚湾无名牌坊（市保）、荣宗敬墓（市保）、马山革命烈士纪念碑（市保）、陈氏墓园（市控）、荣太夫人墓（市控）[1]等。相关的神话传说很多，几乎每一座山峰、每一个湖湾，甚至一草一石一木都能讲出许多美丽动人的故事，如战鼓墩、试剑石、兰香渚、聚马湾、伍子盟顶、伴奴湾、葛仙炼丹处、夏墓湾、仆射山等，无不蕴藏着扑朔迷离的历史典故。

* 丁兰兰：无锡阖闾城遗址博物馆馆员

二、马山地区的考古发现

马山地区的考古工作是作为无锡地区考古工作的重要组成部分而开展起来的。无锡的现代考古可追溯至解放以前由中央研究院历史语言研究所卫聚贤等专家所进行的田野考古调查，相关成果被编入卫聚贤编著的《中国考古学史》[2]中。但是，由国家文物机构主持的大规模的田野考古工作，要从1954年下半年无锡文物工作组成立后才开始，马山地区的考古工作也由此拉开序幕。

1956年，原江苏省文物管理委员会调查征集组长、无锡文物工作组长朱江带队对阖闾城遗址进行了调查，认定阖闾城为春秋时期城址，并在当年被列入第一批江苏省文物保护单位。

1957年3月25日，江苏省文物管理委员会李鉴昭带队再次对阖闾城遗址进行了考古调查[3]，此次调查除确认阖闾城为春秋时代城址外，还根据文献资料推测该城为文献所记载的小城，认为吴大城在苏州。工作组在遗址附近的调查中又发现诸多新石器晚期至春秋战国时期的遗迹。

1960年秋冬，南京博物院尹焕章先生根据李鉴昭的报道对阖闾城进行了复查，确认此处有春秋战国或更早时期的文化，但是因调查中未发现确切的城墙遗迹，尹焕章先生认为“是否是城尚待进一步研究”[4]。

1969年11月，无锡市马山围湖造田指挥部成立，1971年春，在围湖造田过程中发现一批新石器和青铜器。无锡市博物馆得讯后，于同年10月和11月下旬，先后两次到工作地作考古调查[5]。因彼时湖底已经开始翻土，工作人员未能掌握湖水刚戽干后湖底的情况，只能根据实地调查及采集和征集到的文物信息来判断，最后确定了3处新石器时代遗物聚集点，分别位于解放公社解放营、驻锡某部农场和无锡轻工业学院（今江南大学）农场的开垦范围，一处靠近武进莘村，在雨花路西起300米处，两处靠近马山，在南堤路附近。共发现石器168件，有斧、犁、镰、矛、钺等，同时还零星发现一些吴越时期青铜器11件，有剑、镞、削等。

马山的围湖造田运动持续至20世纪70年代中期，期间不断有文物发现，围湖造田指挥部陆续向无锡市博物馆送交文物近400件，大部分为石器，也有青瓷盂、开元通宝、“大明崇祯年制”青花款白瓷碗等历史时期文物[6]。

1972年，在马迹山北部莘村附近及其以东的太湖底部，发现土井和用大型陶井圈构筑的圈井，在土井内曾出土陶罐和西汉后期的五铢钱，土井时代约为西汉中晚期，圈井结构出现于东汉时期[7]。

1974年3月，在马山岛群丰村发现了门前山新石器时代聚落遗址，同年4月，无锡市博物馆对此进行了实地调查。1977年5月，无锡市博物馆对遗址进行了复查[8]。考古工作人员从遗址采集到碳化米标本，初步分析出含籼米和粳米两个品种。同时采集到遗物10件，有玉器、石器、陶器等。从出土文物判断，该遗址北部为居住区，南部为墓葬区。遗址具有崧泽文化的特点，至迟不会晚于良渚文化早期。

1979年，南京博物院、无锡市博物馆对马迹山进行考古调查时，在窑塘山北坡发现了一处汉代窑址，次年12月，无锡市博物馆对该窑址进行了考古发掘。发掘者认为，牛塘窑已使用先进的龙窑烧造技术，把江南使用龙窑的历史从唐朝提前到了东汉时期[9]。

全国第二次文物普查于1981年开始启动，至1989年结束，马山岛和马圩地区共出土和征集到文物藏品数百件[10]，时代上迄新石器，下至近现代。发现文物古迹37处，包括墓葬、祠堂、房屋、窑址、古木等，时代最早为桃坞西钮林后的春秋时期墓葬，最晚为现代烈士纪念碑。其中普查所获的20件文物和9处文物古迹入选“无锡市文物普查成果展览展品清单”。这次普查在燕子山下发现了良渚时期的玉器，在北太湖（马圩地区）等地采集到石锛、石斧、石箭镞等石器。文物普查期间对阖闾城遗址再次进行了调查勘探，绘制了遗址平面图，阖闾城再次被评为省级文物保护单位。

进入 21 世纪以来，马山地区的考古工作因阖闾城遗址的重新被认识而开启了新的篇章。2004 年春，南京博物院考古研究所陆建芳研究员、武进区淹城博物馆王岳群馆长、江阴佘城遗址联合考古队李少泉等钻探组一行 8 人及雪堰桥原文化站站长蒋德民等组成的考察队对阖闾城遗址进行了调查钻探[11]，考察内容主要包括建城前越文化遗存的内容、建城及城内活动遗存的内容、城废弃年代及废弃堆积的研究。另外，考察队还对城的建筑方法、城池原状、城池现状、城内布局、主要活动区等问题进行探讨。此次调查首次对城址外城进行关注，并认为外城东墙是由胥山至白药山的山坡充当。调查组对阖闾城的吴都地位寄予了期望。

2007 年，全国第三次文物普查开始启动，普查期间，无锡市第三次全国文物普查办公室在时任江苏省考古所所长张敏的带领下，对阖闾城遗址进行了为期一年半的考古复查。普查队通过考古调查、勘探、物探等一系列手段，对城址进行了再认识，成果斐然[12]：①发现并确认了阖闾大城的范围，从而结束了千百年来人们对阖闾大城与小城关系的莫衷一是的猜测；②对大、小城的规模和布局有了更进一步的认识，发现了城门、道路、高台等遗迹现象，同时对东西小城的关系进行了认定，认为阖闾城的布局除防御功能外，还反映了吴民族以中为尊和以西为尊的思想；③通过对周边的山脉、水系的调查，确认了闾江、古胥湖、龙山石长城为阖闾城防御体系的重要组成部分，并认为石长城很可能是年代仅次于楚长城和齐长城的“吴长城”；④发掘了 7 座龙山石冢，明确了石冢年代以及与石长城的先后关系；⑤综上发现并结合文献资料，认为阖闾城遗址是春秋时期吴王阖闾的都城。这次考古复查成果被国家文物局评为 2008 年的十大考古新发现，同时得到了无锡市委市政府的高度重视，旋即成立了无锡吴都阖闾城遗址管委会、管理处，着手阖闾城遗址的保护、研究、开发、利用工作。迄今，阖闾城遗址已获得“江苏省大遗址”“全国 150 处重大遗址”“国家级文物保护单位”“国家考古遗址公园（立项）”等诸多殊荣，无锡阖闾城遗址博物馆也于 2014 年对外开放。

2009 年以来，应无锡吴都阖闾城遗址管委会编制《阖闾城遗址保护总体规划》以及阖闾城考古遗址公园开发利用需要更详实的考古资料的要求，无锡市文化遗产保护和考古研究所在阖闾城设立了考古工作站，并逐年对阖闾城遗址及其周边状况进行一系列的考古调查、勘探、发掘工作，范围主要包括：①阖闾城遗址；②古胥湖；③龙山以西，胥山以北区域；④月白湾博物馆待建址地下文物埋藏情况；⑤石室土墩墓和石长城。截至 2016 年，考古已取得如下成绩[13]：①对阖闾城的城墙、城门、码头、护城河、建筑基址以及其他遗存进行了数据采集；②掌握了古胥湖的边界、湖相沉积状况及其成因以及古胥湖与闾江之间的关系；③在阖闾村杨家一组及其附近发现新石器时代遗址群落并进行了发掘工作，确定这是一处从新石器时期到宋代的遗址，内涵丰富；④在龙山调查发现了 100 座石室土墩墓和 8 千米长的石墙，在马山发现石室土墩墓 82 座、石墙 9 处（总长 2750 米），并再次确认了石冢与石长城之间的先后关系；⑤对耿湾、曹家湾、南湾、月白湾的墓葬进行了调查，发现了土墩墓、六朝砖室墓、探花墓和进士墓以及明清时期的墓葬若干，并对几座六朝墓进行了发掘；

⑥对照天寺（宋）、官墩遗址进行了钻探，并对官墩遗址进行了部分发掘，确认此处是新石器时代至明清时期的综合性遗址；⑦对胥山湾进行了发掘，共清理墓葬76座，其中六朝时期6座，唐代8座[14]，宋代45座，余皆为明清时期。

2017年，为了配合阖闾城考古遗址公园本体保护展示工程项目的开展，在无锡市文化遗产保护和考古研究所的主导下，陕西久传文物保护有限公司对阖闾城遗址无锡部分及其周边地区和龙山石室土墩墓与石长城进行了考古复查。①复查了西起龙山西部，阖闾城遗址博物馆西侧山底，东至杨家湾西环路的整个龙山山脉，其中主山脉总长6.85千米，支山脉总长4.8千米，总计调查线路长11.6千米。复查结果，确认了石室土墩墓90座，发现石墙15段，计4393米长。②对阖闾城遗址的东小城遗址进行了考古勘探，总计勘探面积约26万平方米，进一步明确了东城城墙的位置和规模，发现北门（水门）1座，西门1座，护城河1周，房址9处（均为踩踏面），沟2条，坑5个。同时对东小城遗址钻探工作中提取的试样做了^{14}C测年分析，年代数据基本处于春秋晚期之前。

如今，马山地区的考古工作仍在进行中，相信在不久的将来，更多新的历史信息将会呈现在大家面前。

三、从考古发现看马山历史

文化遗存是人类历史的见证，考古发现虽然支离破碎，无法展现过去的完整景象，但是也能带我们一窥当时人们的生活风貌和漫长岁月的历史变迁。经过考古工作者半个多世纪以来的辛勤努力，马山地区的历史面貌也逐渐显出一些眉目来。

马山山峦叠嶂、河湖密布、山湾众多，又不乏平坦之地，生态环境极佳，在生产力低下的原始社会，此地依山傍水，应是人类的理想居所。考古工作者在对杨家遗址进行考古钻探时发现了马家浜晚期的地层，这也是马山地区目前发现的最早遗存，也就是说，最晚在距今6000年前，马山地区就有人类居住了，这与整个无锡地区的考古发现是基本一致的。崧泽和良渚时期的文化在马山岛、马圩地区、阖闾城均有发现，从发现的遗迹情况来看，曾经有多个聚落在这里共同生活。根据出土的石锛、石犁、石镰、石斧、石刀等农业生产工具以及门前山遗址的稻米遗存可以看出，当时的农业已经相当发达，居住在这里的人们用磨制石器开垦土地，种植水稻，并从事渔猎，过着以农业为主的定居生活。

另外，从马圩地区发现新石器时代聚落遗址和采集到大量文物的情况可以判断，马圩地区并不一直是太湖，这里可能在相当长一段时间或间歇性的是沼泽或陆地的状态，也就是说马山岛与大陆在某个时期可能是相连的。

进入历史时期后，生产力的发展所带来的人与人之间的冲突也愈加激烈。马山地区前有太湖阻挡，中有群山屏障，又有湖湾隐蔽，地理位置十分优越，所以到春秋吴国时期，这里就成为吴国扼守太湖北部的军事要塞。围湖造田时采集到的东周青铜兵器发现于湖底表面，地点零散，不见生活用具，所以不像是墓葬随葬品，很有可能就是吴越两国军事行动时失落在水里的。从中也可推测，春秋时期的马圩地区应是太湖一部分。

吴王阖闾伐楚返还后，在这里建筑了都城，从此“出入游卧，秋冬治于城中，春夏治于城外，治姑苏之台。旦食且山，昼游苏台，射于鸥陂，驰于游台，兴乐石城，走犬长洲，斯止阖闾之霸时”[15]。如今在马山处处都能寻着吴王故事，这里的城址、闾江、石冢、石墙都见证了阖闾以及吴国最辉煌的时候。

春秋吴国被灭后，至秦汉，马山地区先后归属越、楚，从考古发现来看，这段时间马山地区的人类活动受到一定程度的抑制，大约与越灭吴后“残其国，绝其世，灭其社稷，夷其宗庙”破坏太严重有关。直到汉以后，此地才又稍稍活跃起来，在马山发现的汉代窑址和水井说明当时已经有一定规模的人群聚居了。而六朝文物的分布则更加广泛。传说越灭吴时，吴国贵族四散逃亡，后代以吴为姓，以示不忘故国。从胥山湾发掘的吴氏家族墓地可以看出，最晚到唐时，流亡在外的吴国贵族后裔已陆续回归故地。如今阖闾城旁的闾江村居民绝大多数还是吴姓。及宋以来，随着整个无锡地区工农商业的快速发展，马山也便搭上了这趟顺风车，日益繁荣兴盛起来。

注　释

［1］资料来自无锡市滨湖区文体局。

［2］卫聚贤：《中国考古学史》，上海书店，1937 年版，第 250 页。

［3］李鉴昭：《江苏无锡县古阖闾城的调查》，《考古通讯》1958 年第 1 期，第 61 页。

［4］南京博物院编：《尹焕章文集 · 考古日记卷》，文物出版社，2010 年版，第 320、340 页。

［5］钱宗奎：《太湖马围发现新石器时代和东周文物》，《无锡文博》1992 年第 4 期，第 1 页。

［6］数据资料以无锡博物院藏品登记为准。

［7］冯普仁：《无锡考古发现与研究综述》，《无锡文博》1993 年第 4 期，第 19 页。

［8］冯普仁：《无锡马迹山门前山遗址调查》，《无锡文博》1993 年第 3 期，第 1 页。

［9］无锡市博物馆：《无锡马迹山牛塘东汉窑址发掘简报》，《东南文化》1998 年第 3 期，第 41 页。

［10］从现存普查文物登记表（原属马山文化馆藏，现归无锡阖闾城遗址博物馆藏，表格疑有遗失）统计得出为 200 多件。《马山志》载发现文物 413 件，但文中所述的普查开展时间与实际有出入。

［11］陆建芳：《2004 年春阖闾城的调查报告》，2004 年，未刊。

［12］张敏：《阖闾城遗址的考古调查及其保护设想》，《江汉考古》2008 年第 4 期，第 102 页。

［13］资料来自无锡市文化遗产保护和考古研究所历年来所做的《吴都阖闾城考古工作报告》等，部分资料正在整理出版，如有冲突，以发表资料为准。

［14］邵栋、刘宝山：《江苏无锡胥山湾墓群晚唐墓葬发掘简报》，《无锡文博论丛》第 1 辑，陕西人民美术出版社，2017 年版，第 3 页。

［15］〔汉〕赵晔：《吴越春秋 · 阖闾内传第四》，民国上海涵芬楼借乌程刘氏嘉业堂藏明刊本景印。

历史

北朝至隋唐淄博窑制瓷工艺考

杨君谊*

【摘要】北朝至隋唐时期为淄博窑起源时期，对其工艺的来源与传播问题进行归纳，以淄博窑产品与其他窑口产品类型比较，分析技术传播的时代早晚问题，研究淄博窑技术来源的不同路径。

【关键词】制瓷工艺　淄博窑　产品类型

一、淄博窑制瓷技术起源时期

淄博窑是分布于淄博境内北朝至隋唐时期的寨里窑、磁村窑、东坡地窑等窑址群。北朝青瓷是以邺城为中心的安阳地区，淄博寨里窑、河南相州窑、巩义白河窑、河北贾壁窑为主要生产窑口。淄博寨里窑发现的早期青瓷产品，釉色呈青黄色，器类较少。东魏元象元年（538）崔混墓[1]中出土的青釉莲瓣碗（图一）、青釉四系罐为墓主生前所使用的产品，与淄博寨里窑青瓷产品类型相一致。青釉已经与第一组青瓷产品有所区别，施釉均匀，胎釉结合紧密。东魏崔混墓中出土的两件青瓷碗，与淄博寨里窑址第一组青瓷类型工艺有所区别（图二），说明淄博寨里窑生产起源的下限为东魏元象元年。山东地区北朝其他窑口并无发现具有纪年属性的产品类型，由此，淄博寨里窑应为北朝青瓷起源地之一。淄博寨里窑青瓷起源之前具备制陶工艺基础，且在其中发现釉陶产品[2]，说明淄博寨里窑青瓷产生是以制陶工艺作为工艺基础。淄博寨里窑早期产品釉色偏黄，施釉不均匀，器类主要是以高足盘、碗为主，器形主要模仿陶器。

图一　东魏崔混墓出土青釉莲瓣碗（图片来源：《临淄北朝崔氏基地第二次清理简报》）

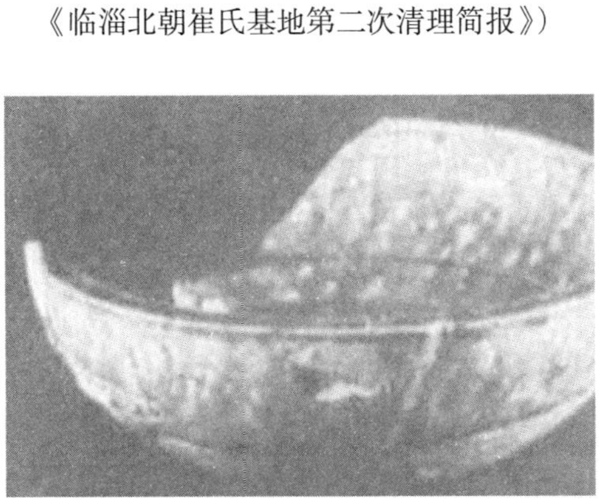

图二　淄博寨里窑第一组地层所出土青黄釉盘残片（图片来源：《山东淄博寨里北朝青瓷窑址调查纪要》）

*　杨君谊：南京大学历史学院考古学博士生

淄博寨里窑青瓷生产起源应不晚于北魏晚期，北方青瓷起源具备生产技术与生产原料，崔混墓葬中所发现的青釉碗在淄博寨里窑早期产品的基础上有所发展。淄博寨里窑所发现的支柱、三叉支钉[3]（图三）等早期窑具均为南方窑口所传入。在淄博寨里窑遗址中发现青瓷与铅釉陶共存，证明淄博寨里窑是烧制青瓷与铅釉陶产品的共用窑炉，与南方龙窑结构有所区别。淄博寨里窑起源应为南方制瓷技术传播与本土制陶工艺相结合。北朝时期淄博地区属于齐州，为佛教兴盛之地。淄博寨里窑早期瓷器装饰是以单一的釉色为主要表现形式，北齐时期开始出现莲瓣纹的装饰（图四），说明淄博寨里窑青瓷装饰纹饰也受到佛教因素的影响。淄博寨里窑的起源早于山东其他区域窑口，首先，淄博寨里窑所处区域具备丰富的瓷土资源与制陶工艺基础。其次，淄博寨里窑所归属的齐州地区，为北朝的经济中心，淄博寨里窑产品的销售分布于窑厂周边，齐州地区具备广泛的瓷业消费群体，为淄博寨里窑产品的销售基础。青瓷烧制工艺自东汉晚期成熟，北魏晚期之前并没有传播至北方地区，主要由于北方战乱不利于北方手工业的发展。

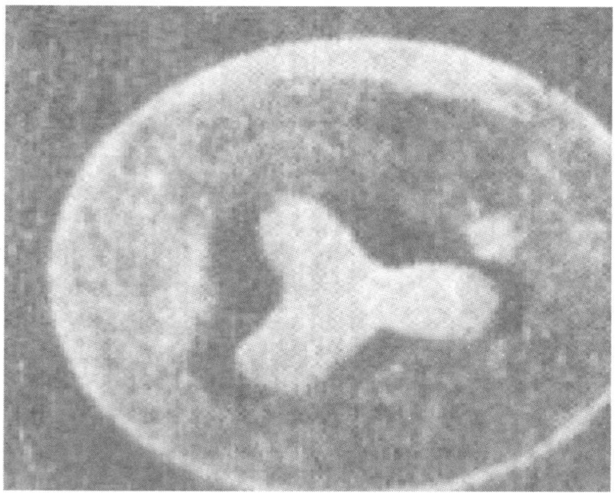

图三　寨里窑出土三叉支钉碗（图片来源：《山东淄博寨里北朝青瓷窑址调查纪要》）

图四　北齐淄博寨里窑出土青瓷莲花尊（淄博中国陶瓷馆藏）

二、北朝隋唐淄博窑产品类型与生产工艺

淄博窑已发现的北朝时期青瓷产品有青瓷碗、盘、高足盘、青瓷莲花尊等类型，说明淄博寨里窑早期生产的青瓷器类较少。青瓷的生产工艺可分为成型工艺、施釉工艺、装饰工艺、装烧工艺。碗类的成型工艺，以轮制成型，底部削足一周，淄博寨里窑碗类产品是叠烧为主要生产工艺，可以提高青瓷产品产量。高足盘是以高足与青瓷盘两部分所组成，均以轮制成型，两部分是以接胎而构成。高足盘在北朝时期，足部较高，是由于西域的高足家具使用普及的原因。青瓷莲花尊[4]（图四）为北朝晚期墓葬所发现，器型是由南方窑口所产的类型传播至淄博寨里窑。淄博寨里窑所生产的青瓷莲花尊釉色偏黄，采用分段接胎的工艺所制成。胎体装饰

上，自上而下装饰有莲瓣纹、忍冬纹等纹饰。以模印贴塑为主要装饰手段，青瓷莲花尊作为一类专门使用的明器，淄博北朝晚期寨里窑也开始生产用于贵族陪葬的明器。器型来源于南朝，说明北朝晚期寨里窑工艺技术受到北方与南方制瓷业的双重影响。青瓷莲花尊的出现与南方制瓷工艺的北传有关，青瓷莲花尊施釉方法为浇釉，釉色偏黄，是在窑炉中还原气氛不充足的结果。

北朝晚期，淄博寨里窑生产范围有所扩大，窑厂生产改变单一的产品类型。所生产的产品类型已经产生分化。淄博寨里窑所生产的碗类产品，规格上大小不一致，说明淄博寨里窑产品为叠烧，碗是叠烧而成。淄博寨里窑也发现有生产铅釉陶器的窑址，铅釉陶器烧成素胎经二次施釉而烧成，淄博寨里窑釉陶技术为生产青瓷产品的基础。淄博寨里窑在顺地道、大张、甜水井、金盆地四个地点都发现有窑业遗存，说明北朝时期淄博寨里窑已经形成窑业生产的聚集区域。窑业生产的聚集是以原料的共同使用为基础，淄博寨里窑产品成型工艺均是轮制拉坯所制，碗类器物的施釉方式是以浸釉。由于淄博寨里窑为民间窑厂，所生产的产品数量较大。淄博寨里窑产品与河南安阳窑、河北贾壁窑产品相比较，施釉不均匀，釉色呈半透明。隋代淄博窑也是以寨里窑为中心进行瓷业生产，产品是以青瓷为主，器类是以北朝时期寨里窑所生产的类型为基础。

隋唐时期淄博寨里窑已经衰落，淄博磁村窑[5]开始兴起。寨里窑由于窑炉逐渐废弃，磁村窑开始进行新的瓷业生产。磁村窑早期继承寨里窑的生产工艺，是以生产青瓷为主，采用支钉叠烧的装烧工艺。地层中发现的白釉绿彩瓷（图五），也采用支钉叠烧的装烧方式烧造，淄博窑白瓷烧造的下限应为晚唐。淄博窑白釉绿彩工艺是借鉴河北邢窑的装饰工艺，淄博磁村窑所发现白釉绿彩盏，瓷胎外施以化妆土，施以透明釉。白瓷起源于北朝晚期安阳窑，至隋代烧制成熟，唐代中期技术传播至山东地区。由于山东地区与河北地区窑厂在窑炉结构、功能上具有一致的特征，所以，白瓷在山东地区较早产生。唐代寨里窑是以烧制青瓷为主，产品类型有所减少，说明唐代淄博寨里窑开始衰落。由于窑厂周围瓷土数量减少，窑厂逐渐废弃。淄博窑白瓷不同于邢窑生产的细白瓷，磁村窑所发现的白瓷施以化妆土，说明淄博地区瓷土含铁量较高。白瓷生产需要在氧化气氛下烧成，不同于青瓷的烧成气氛。磁村窑所发现的白釉绿彩盏残片，为晚唐时期的器物类型，釉色装饰与唐代邢窑产品相同。白釉产品由于所需要的生产气氛不同于青釉，磁村窑应于晚唐时期，开始专门生产白瓷产品。白釉产品的出现，改变了淄博窑以生产青瓷为主的瓷业生产面貌。北宋之后，淄博窑主要受到磁村窑工艺技术的影响，以白瓷作为装饰的基础。作为淄博窑白瓷生产的工艺源流，由于白瓷与青瓷相比较，需要控制瓷土中铁元素的含量，不同于青瓷的生产工艺，所以，磁村窑白瓷的出现是河北邢窑白瓷技术传播至山东地区所引起的。

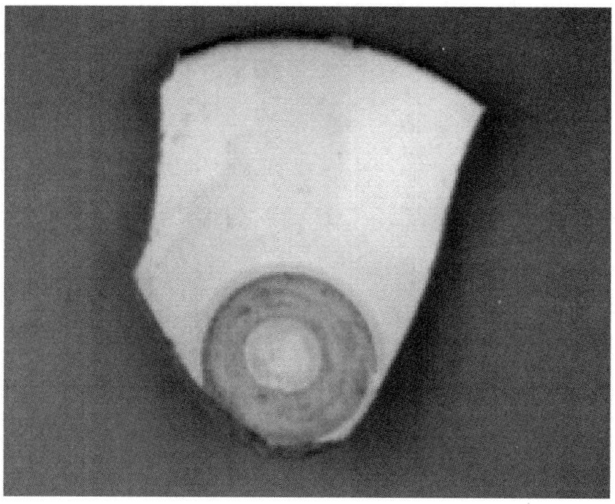

图五　磁村窑出土唐晚期白瓷盏残片

淄博窑黑釉瓷器是在青瓷生产工艺基础上增加铁元素的含量，在还原气氛下形成黑釉产品。淄博磁村窑第一期所生产的釉色是以黑釉为主，在青瓷基础上，釉料配方有所改进。黑釉的产生为磁村窑第一期、第二期产品主要类型，黑釉是以铁为着色剂高温进行还原。黑釉类型在产品中有水注、盘口瓶等器物。水注的出现与饮茶方式在山东地区的流行有关。茶叶末釉产品最早出现于陕西耀州窑，属于以铁作为着色剂，于高温还原的气氛烧成。茶叶末釉发现于淄博寨里窑唐代地层，在釉色上与耀州窑有所区别。茶叶末釉是在黑釉烧制过程中，通过高温窑变所造成，与北方地区的窑炉结构，瓷土成分有关。茶叶末釉在淄博窑的出现，是以黑釉作为基础。唐代山东地区饮茶大量流行，由于淄博窑生产的瓷器主要在窑厂周边区域销售，所以茶盏在山东窑口也大量生产。

《羯鼓录》："宋开府璟，虽耿介不群，亦深好声乐，尤善羯鼓，始承恩顾，与上论鼓事，曰：'不是青州石末，即是鲁山花瓷。'燃小碧上掌，下须有朋肯之声，据此乃是汉震第二鼓也。且躲用石末、花瓷，固是腰鼓，掌下朋肯声，非羯羯鼓明矣。"淄博地区在唐代属于青州所管辖范围，说明淄博窑在唐代也生产花釉瓷器。花釉瓷器是以黑釉为底色，进行釉色的装饰，形成两类不同釉色的装饰效果。唐代淄博窑瓷业技术主要来源于北方窑口的生产技术，原因在于北方瓷土在成分上具有一定的相似性，瓷土的高铝低铁成分组成不同于南方瓷土，所以在胎质、釉水的配比上与南方窑口工艺有所不同。唐代北方窑炉结构为馒头窑，南方地区龙窑建立在以丘陵为主要地形，北方馒头窑为半倒焰窑炉，有利于氧化气氛烧成。

雨点釉（图六）是在黑釉基础上所形成的结晶釉，所施黑釉较厚，铁元素结晶有所析出。雨点釉残片发现于唐代晚期地层，比其他区域所生产的雨点釉产品时代早。以淄博磁村窑为中心对外进行传播，比其他区域所生产的雨点釉产品均为北宋之后的产品，所以雨点釉产品是以淄博为中心向外地传播。山东地区唐代窑厂产品装烧窑具，改变以三叉支钉作为叠烧间隔的主要窑具，以堆砂叠烧为主，原因在于唐代形成以青瓷为生产的主要产品类型，其他类型产品也同样进行生产。产品的胎质含铁量降低，减轻了胎体的重量。堆砂叠烧工艺可以节省匣钵内的装烧空间，增加器物的叠烧数量。

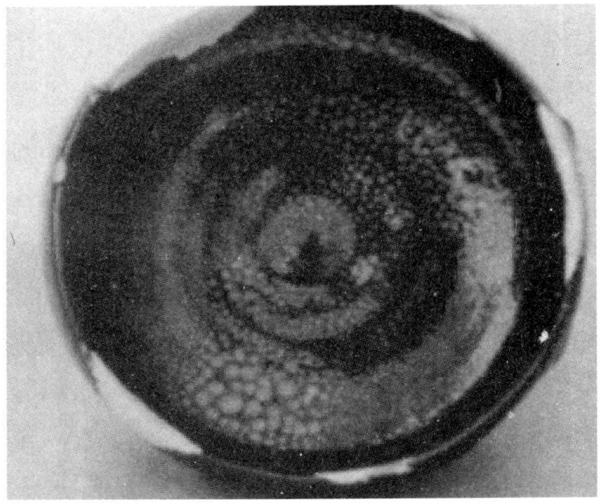

图六　磁村窑出土雨点釉

三、北魏晚期淄博窑起源的社会因素

东汉晚期青瓷成熟，但制瓷技术并未向北方传播，原因在于魏晋十六国时期的北方地区多有战乱，不利于南方青瓷技术北传。青瓷的使用在北方地区也尚未普及。北魏之后，由于政权的相对稳定，南方制瓷技术开始向北方地区传播。由于南北朝时期南朝瓷业贸易线路的中断，北方地区所使用的青瓷开始由本土进行生产，贸易集中于市进行。山东地区北朝窑厂所生产的青瓷类型是以碗、高足盘等实用器皿为主，销售范围集中于窑厂周边区域。由于山东地区窑厂所生产的青瓷类型与其他区域窑口相比，在釉色与类型上具有相似性，窑厂所在区域水运条件不便，所以并无竞争优势。淄博寨里窑相对于山东地区其他区域的窑厂起源时代较早，原因在于淄博寨里窑所在的齐州地区，为北朝经济中心，制瓷业的兴起与当地的消费群体有关。北朝之前，山东地区所发现的南方青瓷产品不多，说明青瓷使用在北方地区尚不普及。北方墓葬中多发现陶器器皿，说明北朝之前，山东地区的日用产品是以陶器为主。淄博窑青瓷起源的原因在于南方工匠的迁移所导致制瓷技术的北传，由于北方地区本土并无制瓷技术的工艺基础，淄博寨里窑所在地区只有制陶技术，而瓷土与陶土为两类不同的原料，所以瓷土的开采与利用并非本土工艺所具备。淄博寨里窑青瓷生产的核心技术为窑炉结构的改进，青瓷的产生在于温度的提高，北方窑炉的结构不同于南方窑炉是以馒头窑为主，馒头窑在瓷器的装烧数量以及窑内的还原气氛等方面与南方龙窑有所区别。南方制瓷技术的传入，是以窑具以及装烧技术的传入为主。

四、结　语

淄博窑制瓷技术的传入北朝至隋唐时期，早期是由南方制瓷技术的传入为主，结合本土的制陶工艺技术，形成淄博窑制瓷业的生产起源。北朝后期淄博窑开始接受以邺城为中心的北方窑业技术，同时，也受到南方制瓷技术的影响。唐代，淄博磁村窑出现新的釉色品种，是本土窑业技术改变所引起产品类型的发展。

注　释

［1］ 淄博市博物馆、临淄区文管所：《临淄北朝崔氏墓地第二次清理简报》，《考古》1985年第3期。

［2］ 山东淄博陶瓷史编写组、山东省博物馆：《山东淄博寨里北朝青瓷窑址调查纪要》，《中国古代窑址调查发掘报告集》，文物出版社，1983年版，第352页。

［3］ 山东淄博陶瓷史编写组、山东省博物馆：《山东淄博寨里北朝青瓷窑址调查纪要》，《中国古代窑址调查发掘报告集》，文物出版社，1983年版，第352页。

［4］ 淄博市博物馆、淄川区文化局：《淄博和庄北朝墓葬出土青釉莲花瓷尊》，《文物》1984年第12期，第64-66页。

［5］ 山东淄博陶瓷史编写组：《山东淄博市淄川区磁村古窑址试掘简报》，《文物》1978年第6期，第46-58页。

淮左古邑崔镇考

朱文杰*

【摘要】崔镇，位于泗阳县西北三十里，濒临京杭大运河畔。此处为历代河防重地。它系千年古镇。自设立建置以来，历经宋、元、明、清各朝，崔镇发生很大变化，有着不凡经历与传闻逸事。本文谨就崔镇沿革情况作简要综述说明，以便加深了解，期望对其发展有所启迪补益。

【关键词】崔镇　宋代　交通要冲　河防重地

崔镇，又名崔野镇，简称崔镇，是淮左一处古老著名村落。在魏嵩山先生主编的《中国历史地名大辞典》中，崔镇与全国各州府县镇地名一样，被赫然收入其中。该书在崔镇条目下云："崔野镇，简称崔镇。北宋置，在今江苏泗阳县西北。"准其地望，方位正合。另外，20世纪20年代，在臧励和等编纂、商务印书馆出版的《中国古今地名大辞典》中，崔镇也被收入，并在该条目下解释说："崔镇，在江苏泗阳县西北三十里。为县境扼要之地。"当地民间称崔镇东南距县城30里，这与臧氏所云道里完全吻合。崔镇，现今作为一处普通平常村落，之所以引起历代历史地理名家关注，与它的建置、所处地理位置以及历史经历影响是分不开的。

一

崔镇地名，最早见于文献记载的为北宋官修的地理总志《元丰九域志》一书。该书共十卷。它本源于《唐十道图》，由宋代江苏丹阳人王存等奉命编修，于元丰三年（1080）书成。该书还被作为当时考定官吏俸给、赋役和刑法的依据。书中记载所属府、州、军监及其地里、户口、土贡等，每县又详列了镇、堡、寨与名山大川。"文直事核"，是完全可信的。该书卷一云："淮阳军，太平兴国七年以徐州下邳县置军。治下邳县。户主三万三千九百四十八，客五万一千五百四十一。土贡，绢一十匹。县二。太平兴国七年以徐州宿迁县隶军。望，下邳。八乡。有峄阳山、盘石山、艾山、沂水、泗水、沭水、睢水。中，宿迁。军东南一百八十里。三乡。崔野、桃源、鱼沟三镇。有泗水、汜水。"其中在县名前有"望""中"字样，这是官府根据当时该县人口规模大小及地望的紧要性而划分等级所给的称谓，它涉及赋税丁役等问题，因不在本文讨论之列，故不赘述。

从上面文献记载可知，淮阳军系从徐州府

---

* 朱文杰：东林书院研究员（已退休）

析置，治所设在下邳县。该下邳县即在今睢宁境内地名“古邳”一带。它下辖两个县，即下邳、宿迁。其中将“崔镇、桃源、鱼沟三镇”于太平兴国七年（982）正式设立并置于宿迁县管辖之下，这是不争的事实。从北宋太平兴国七年建置至今，崔镇在中国历史上存在影响已超过千年。可以说，它是一个“千年古镇”。为什么叫崔镇呢？据民国《泗阳县志》卷二一《氏族》中分析说：“泗阳崔氏散居各乡，不知所自始。顺德乡（今史集）有崔镇，地名甚古，当为邑之旧族。”这就是说，崔镇与崔氏这一“旧族”在很久以前就来到此地聚居生息有关。原来这一“甚古”之地，也是因姓得名。

另外，崔镇与桃源并提，其实，桃源在北宋之前就早已存在了。该镇即为汉武帝元鼎元年（前116）所置的泗阳县故址（偏北，实地在新袁东南）。到南宋末年，它已经升格为县级建置了，因宋文天祥《指南后录》卷二中有赴《桃源道中初四日》《宿桃源县》等提法。事实上，泗阳从南宋末年经历元、明、清各朝一直被称为桃源县。北宋中期，桃源虽被省县降格为镇，但它还有相当规模。崔镇能与桃源相提并论，并作为宿迁县所辖的三个镇之一，这也足以说明崔镇当年城镇规模与人口户数都相当可观了。崔镇、桃源都与泗水有关，泗水源出山东泗水县东蒙山南麓，四源并发，所以称为泗水，古代地理名著《禹贡》《水经注》等均提到过它。该水西流经曲阜、兖州，折南经济宁，历邹县、鱼台、滕州、沛县、徐州、邳州、宿迁、桃源至清河县入淮。崔镇与桃源都濒临这一南北重要水陆交通孔道，交通便捷与商贾舟楫往来也是促使它们市政发展的重要原因。

南宋前期，著名学者洪迈（1123—1202），字景庐，号容斋，别号野处，为鄱阳（今江西波阳）人。他做过知州、中书舍人兼侍读，并参与编修国史。他学问渊博，熟于宋代掌故，富于著述。其所撰《夷坚志》是当时的畅销书，广受欢迎，一再刻印，以满足社会需求。其中在《夷坚志·夷坚支甲卷第九·十二事》的“鲁晋卿”内就提到崔镇之事。原文如下：

徐人朱彪赴官宿迁之崔镇，到任累月，有客鲁晋卿来见，丰姿洒落可爱，因留止外馆，异待之。每逢人辄出小戏剧资欢笑，而略无所求，见之者无不悦喜。彪会族友饮于后圃，酒方行，晋卿至。彪曰：“今日无以为乐，先生能效古人化鲜鲤作脍与众享之，可乎？”笑曰：“此甚易事，但虽得鱼鳞一片为媒则可。”彪令仆取数片授之。乃索巨瓮，满贮水，投鳞于中，幕以青巾，时时一揭视。良久举巾，数鳞腾出，一座大惊。庖人受鱼治脍，鲜腴非买于市者可比。犹以为幻术所致，不深信也。会郡治一新，移文镇吏，令制铁钩钮珓具之属，合数百斤，期限峻迫，仓卒未能办。彪意绪窘挠，晋卿问故，彪诉之，笑曰：“何不早告我，是何足言，且饮我酒。”酒至，连酌六七觥，遣人辇黄土汲水，拌和为泥，捏诸物成坯，暴日中，预炽炭以待。稍干，悉置炉中，呼锻工扇以鞴。经时钳出之，皆如精铁所就，不假磨错，无一不坚好。工相顾骇叹，彪始敬服，乘醉丐其法，晋卿无言。翌日，失所在。

从以上引文中可知，南宋前期，崔镇即设有“镇吏”负责管理，而且上级郡县经常“移文”崔镇，通知要求“镇吏”应办诸事。它仍隶属于宿迁县。像该文中提到的“徐人朱彪赴官宿迁之崔镇”，内容虽主要讲述朱彪与其客人鲁晋卿之间发生的用幻术变鲜鲤鱼与铁器的滑稽之事，但“镇吏”朱彪所居的官署条件环境不差。有“后圃”，即后花园，封建时代一般讲究的官署才能达到“前殿后圃”的要求。另外，朱彪还拥有“仆”人，即手下办事的人。“庖人”，即专职厨师。朱彪招待其客人食饮，“酒至，连酌六七觥”。“觥”，古代酒器，一般写作“觵”，初用兽角，后多用铜、玉制成。器形腹椭圆，有兽形盖，底有圈足。后来写成“觥”，从角从光字，光即大意，就是精制讲究的大酒杯。朱彪用讲究的美酒器具饭食招待客人，说明当时基层官员的生活不俗，还是比较雅致的。

南宋末年，崔镇仍然比较繁华。宋端宗景炎三年（1278）十二月二十日，民族英雄文天祥抗金失利，于广东海丰北五坡岭不幸被执。次年，坚拒元将张弘范诱降，即于祥兴元年（1278）正月，文天祥被元人置于舟中，从潮阳出发，顺水道北上被解往燕都即北京。八月二十四日北行渡江，二十六日至扬州，经高邮、宝应，九月二日从淮安出发，初四日即住桃源县，初五日即住宿崔镇。文天祥被执并押送解往元大都北京，这是元世祖忽必烈亲自下的旨令，同时被押解的还有宋礼部郎官邓光荐等人。元押解护送官员为都镇抚石嵩等（《文山先生集》卷一九），一行护送船队人数不少。文天祥在《发淮安·九月二日》诗中有“九月初二日，车马发淮安。行行重行行，天地何不宽”之句，文天祥等人被锁在船内，沿途经过投宿住地，都是大的州府都市，因要确保安全以及供应接待安排等需要，不能疏忽大意。如文天祥被解至建康（今南京）时，“被囚驿中，邓光荐迁寓天庆观”（《文山先生集》卷一九），所谓“驿中”，就是关押于驿站内，可见，文、邓二人是被分开关押的。崔镇当年能够接纳安排文天祥一行人等食宿起居，而且护送者从戒严保卫等角度方面考虑，也愿意下榻该地，说明崔镇古城功能在南宋末年已相当完备全面了，与其他城镇一样，完全可以满足商贸、交通、航运、旅行、接待等方面的需求。文天祥离开崔镇到北京被囚禁三年，大义凛然，同时在编《指南录》、作《正气歌》，坚贞不屈，于至元十九年十二月（1283 年 1 月），被元朝统治者杀害于北京柴市口，年仅四十七岁。文天祥（1236—1283），今江西吉安人，字宋瑞，号文山。他二十岁（宝祐四年，1256 年，进士第一）为状元，四十岁任宰相，文武双全，杰出民族英雄。崔镇人民为了纪念他，后来在崔镇建立文丞相（文天祥）祠堂，用来祭祀纪念他（民国《泗阳县志》）。

文天祥止宿崔镇期间，曾作了两首诗。其中一首为《崔镇驿》，曰：“万里中原役，北风天正凉。黄沙漫道路，苍耳满衣裳。野阔人声小，日斜驹影长。解鞍身似梦，游子意茫茫。”另一首为《发崔镇·初五日》，即离开崔镇北上出发前写的，曰：“高雁空秋兴，寒蛰破晓眠。淡烟白似海，野水碧于天。兴废嗟何及，行藏信自然。南人乍骑马，北客半乘船。”（以上均见《文山先生文集》卷一四《指南后录》卷二）文天祥于宋祥兴元年（1278）农历九月初五日住宿崔镇一天，次日即离开崔镇经宿迁北上了。他在诗里所描写的秋天情景是：北风正凉，黄沙漫道，野阔日斜，高空飞雁，淡烟似海，碧水云天，南人北客，骑马乘船。这些都应是壮怀崔镇环境、地貌及风土人情的。驿站一般为古代官府主办经营的传递官府政令、书信在内的重要站点通道之处，驿站由官府配备必要驿员、马匹、船只等交通工具与力量，包括驿站房舍、车船码头等设施，以便保证政令邮件及时畅通传送，既然是驿站，崔镇驿当然也应具备上述功能。同时，文天祥被锁颈绑足，囚禁关押，一路抗争、绝食、生病、无援，千里数日奔波，感到天凉孤单、人生如梦、思绪茫茫，这些都应该是写实的。但他的“人品、科名、官爵俱为宋朝第一”（元·刘壎《隐居通议》卷一二）。

京杭大运河最早开凿于隋大业年间，自扬州到北京长达 3000 里一段，实际真正贯通时间为元至元年间，但不管怎样，崔镇都处在这一重要水道之畔。早在北宋时期，实际黄河已经决口东流了。另外，在金章宗明昌五年（1194），“黄河决阳武故堤、灌封丘而东”。注梁山泺，分为两派。一由北清河（即大清河）入海；一由南清河（即泗水）入淮。自金明昌甲寅之徙，河水大半入淮（《金史》卷一〇《章宗纪》及卷二七《河渠》）。黄河南徙夺泗合流入淮，给徐州至宿迁达淮安这段水道带来诸多水患治理的问题。但它仍不失为一条重要南北水陆交通要道。

宋末之季，新安（今属安徽）人罗璧，字子苍，号嘿耕。曾指出，崔镇为黄河沿线的重要关津屏障，所以金朝人从“黄河自洛阳三门积津，东至邳州桃源崔镇，东西长二千余里，设四行院。每行院管五百里，以精兵二十万守之。夜则传更，冬则敲冰”（宋·罗璧《拾遗》卷三），以确保河关守备安全。

元代初期，浙江临海（今临海）人陈基，从元大都南返故乡，路过崔镇，可能心情不太好，他以《崔镇》为题，作五言律诗曰：“草草趋崔镇，悠悠忆帝乡。星辰依魏阙，风土入淮阳。逐客行无马，居人饭有鲂。年华催献岁，归得拜高堂。”（陈基《夷白斋稿外集》，四部丛刊三编）崔镇地处淮左，及淮北，水北为阳，即处淮阳要冲。诗人草草趋赶至此，心头还在悠悠思念京城“帝乡”情景，同时赞美羡慕崔镇地方有细鳞肥美鲂鱼上等河鲜饭菜相待。

另外，元代中期著名诗人萨都剌（1300—1348），对崔镇亦有具体描述。萨都剌，字天锡，号直斋，泰定四年（1327）进士，其诗风以白描自然景色见长。他本系回族人，随祖思兰不花、父阿鲁赤定居雁门（今山西代县），故亦为山西雁门人。他中进士后，到过镇江、福建以及北方地区担任过一般官职，常乘船带着他八十多岁老母及其家人一同前往同行。他所撰《雁门集》诗中有《溪行中秋玩月并序》：“余乃萨氏子，家无田，囊无储。始以进士入官，为京口（今镇江）录事，长南行台，辟为掾。继而御史台，奏为燕南（今京、津、冀东北部）架阁官（管文牍之类）。岁余，迁闽海（今福建）廉访知事。又岁余，诏进河北廉访经历。皆奉其母而行，以禄养也。后至元三年（1337）八月望，船泊延平津（今福建南平市），是夕，星河灿然，天无翳云，月如白日。溪声潺湲若奏乐。四山环抱，如拱、如立、如侍。左右奔走执事者，萨氏子奉母坐船上，与其妇具酒肴盘馔奉觞上寿。继而若妹、若婿、若婢、若仆以次而进。”萨都剌一家乘着这样的官船几次经过崔镇，当时他三十七岁，并留下两首诗。其一《次崔镇壁间韵》云：“木落岁时晏，黄云欲雪天。买舟河下客，立马渡头船。野迥风欺帽，天寒袖里鞭。夜眠三鼓后，晓发五更前。”其二《阻风崔镇有感》云：“逆风吹河河倒行，阻风时节近清明。南人北人俱上冢，桃花杏花开满城。虽云年少惯作客，便觉此时难为情。河鱼村酒亦足醉，赖有同船好弟兄。”（以上均见《萨天锡诗集》）从诗中描写的情况看，时间在元元统至至元年间，正当元代中期。当时崔镇正值清明时节，风和日丽，景色优美，满城桃花、杏花遍地怒放。城乡人家，三两结伴成群，人们手提供品，络绎不绝，踏青远足郊外，上坟去祭扫先祖亡亲，以寄托自己的一片真情与哀思。从前一首诗中可以看出，崔镇街市壁间有人题诗，河中有客舟航行，岸边有立马待渡。另外，街市上有河鱼村酒，物品丰盛。镇上商铺林立，一派繁荣景象。还有，郊外驿道上有人策马奔驰。天地之间，北人乘马，南人行船，一快一慢，好一幅天然图画。

明代初期，崔镇的繁盛景象一如既往。到永乐年间，明成祖朱棣夺取皇位之后，将都城从南京迁到北京，崔镇所处的南北运河成了明代漕粮运输的重要通道，这条河道更繁忙了。中央官府财赋大半仰靠江南地区供应，封建国家每年所征夏、秋二季漕粮400万石，都要经过这一水道运达。在平常河道中，漕船、“贡船”、官船、民船、客船等南来北往，常年川流不息，一派繁荣景象。

明代成化至正德年间，有二位官员曾经过崔镇，有感而发，写了两首诗，从诗中也可反映出当时崔镇的风貌。一位是费寀（1483—1548），字子和，号钟石，江西铅山人，明正德六年（1511）进士，曾官礼部尚书等。一年冬季，天寒地冻，又遇风雪，他就住在崔镇，并作《大雪宿崔镇题光皇访旧图》，诗云："话到忘形帝者难，羊裘风雪自江干。清时宜出何当隐，君子全交不尽欢。钓石一区犹壁立，客星千古正芒寒。可怜雨雪翻然处，白日长门草色长。"费寀生于达官显赫之家，兄费宏系状元，官至宰相。其世父瑄为进士，官兵部员外郎。长子懋贤、从子懋中进士，均在朝中做官。《明史》卷一九三说费寀一家"父子兄弟并列禁近"。一次寒冷大雪天，费寀就住在崔镇客栈，并即兴为《光皇访旧图》吟诗题言，南宋皇帝赵惇庙号光宗，"光皇"即指光宗皇帝。此图当为一幅宋画，年代久远，比较珍贵。同时，说明崔镇城内接待来宾的客栈设施条件不错，即使隆冬严寒季节入住也各得其所，感到宾至如归，温暖如春。否则手被冻僵直麻木了，即使身着"羊裘"皮服，也无济于事，不能动笔题写了。另外，从费寀为藏画题诗一事中，也说明明代崔镇有不少文人雅士，精神生活丰富，喜爱书画文玩，富于收藏。任何达官贵人经过崔镇，都尽量请他们观赏题咏，以便留下手迹墨宝纪念。

还有一位是蔡昂（1480—1540），字衡仲，号鹤江。淮安府山阳（今淮安）人。明正德九年（1514）进士第三人，即称为"探花"，曾官翰林院侍讲，赠礼部尚书等。他曾作有《过崔镇》一诗，曰："苍曲柳交荫，蓠疏豆吐花。驱车下长坡，唤渡立平沙。充市多农具，临水半酒家。谁能弃行役，此地问生涯。"在蔡昂笔下，可以想象到：崔镇有长坡驿道，苍曲深巷，车马往返；绿柳交荫，蓠疏豆花，农具遍市，货物充沛；临河商铺林立，大多为客栈酒肆。蔡昂在诗末感叹说，假如谁能丢弃跋涉于外的做官念头，就在崔镇这里安家生活，也能满足心愿了。这是感叹，更是流露出内心的赞美与深情向往。蔡昂官至三品，又曾充任皇宫大内日讲官，其淮安蔡府也应是深宅大院，一生过着显贵优裕生活。他诗中对崔镇赞美，说明崔镇城市整体条件还是比较理想、使人爱慕的。

以上介绍的是崔镇市政情况。流经崔镇河段水文自然状况如何呢？这从当时人的记述中可以得到了解。吴维岳，字骏伯。他常在浙江湖州天目山中读书。系嘉靖十七年（1538）进士，曾官右都御史。他于嘉靖三十五年（1556）深秋曾乘船经过桃源至邳州河道，并住在崔镇，还作了二首诗。第一首为《崔镇夜泊闻钟》，曰："露寒波静雁飞轻，远岸钟声到枕清。正是秋江梦迴处，谁能不遣客愁生。"诗中提到飞雁、远岸、钟声、秋江等。第二首为《直河道中览望》，曰："风帆一片溯飞流，远树残阳古戎秋。楚汉不将青山去，行人指点说邳州。"诗题中的"直河"，即指邳州以南至淮安这段中河。吴氏在此诗后还注云："桃源以北，河多白鸥，挟偶随群，与波上下，舟至不惊。"他"见而喜之"，又即兴和他人诗计十首。第二首诗中提到风帆、飞流、远树、残阳、青山、行人等。另在和诗内提到柳堤、浮鸥、河北渚、河南洲、烟渡、孤舟等（以上均见明吴维岳《天目山斋岁编》卷一八）。综合上面诗中所述，使人可以联想到：崔镇当年河道两岸，在夕阳照耀下，空有高飞大雁，下有长堤烟柳；近有河北渚，又有河南洲；河中有浮鸥逐波低翔，又有风帆行舟；河水茫茫一片，波浪壮阔，如江水向南奔流；有时常会听到远处传来阵阵钟声。加上崔镇位居雄峙河畔，市井与河道航运交融在一起，天地之间，充满一派生机。

二

黄河自金朝从河南开封以东决口后，向东

南流的一支时断时续，又常改道，到元代又曾导河会淮入海，大都合泗水、淮水，经涟水东流至云梯关入海。因黄河带有大量泥沙合泗入淮，致使宿迁经崔镇至桃源一段由于泥沙淤塞堆积，河床抬高，导致这一河段形成一条悬河，其河床比两岸沿边村庄树梢还高。所以水患不断，沿河两岸经常决口，民众深受其害。但在诸决口中，比较严重突出的易决地段就是崔镇段与高家堰段，这是明清历朝治水官员专家主要关注的险工地段，并为此付出了巨大的人力、物力、财力与牺牲。“河决崔镇，则淮北山东诸郡县蒙其害”，“淮决高家堰，则淮南诸郡蒙其害。”（《明史·河渠志》）

当年，民众蒙受河患灾害情况，可以用桐城人齐之鸾的诗作来加以说明。齐之鸾，字瑞卿。正德六年（1511）进士，官至河南按察使。他曾多次经过漕河，并作有《桃源即事》一诗，曰：“下邳南去水滔天，最悯桃源与宿迁。耒耜萧条多结网，闾阎漂荡半巢巅。官皆傲客存空传，市不登蔬但鬻鲜。见说宣房犹未塞，一歌瓠子一凄然。”（齐之鸾《蓉川集》附录《南征纪行》）此诗作于明代中期，这是确定无疑的。如按照字面解释，就是从下邳向南奔流的漕河之水，一望无际，波浪滔天，最令人怜悯同情的是桃源与宿迁两地。当时沿河一带许多地方农业生产，因水患灾伤而逐渐萧条萎缩了。很多村落被洪水淹没，而不少人家择居高地，犹如住在树上一样。在当地做官的大多为高傲之客，徒有空名，毫无作为。集市上很难见到有蔬菜瓜果之类，但出售鱼虾河鲜的却随处可见。诗人目睹以上情景，深有感慨，于是联想到汉代元光年间（前134—前129），黄河决于瓠子，后20余年，汉武帝下令堵塞瓠子决口，并筑宫其上，取名宣房宫（《史记》卷一〇《河渠书》）。该宫故址在今河南濮阳县西南。诗人引用此则治水典故，他为汉代成功堵塞瓠子决口而感到高兴并加赞扬，但又见说当下不少河段决口“未塞”，所以有“一歌瓠子一凄然”叹息，这是发自内心的忧民之叹。

明万历五年（1577），“河决崔镇，黄水北流，清河口淤填，全淮南徙。高堰湖堤大坏，淮、扬、高邮、宝应间，皆为巨浸”（《明史》卷二二三《潘季驯传》），导致淮安、扬州二府各地民众蒙灾深重，当时民谣说：“倒了高家堰，淮扬两府不见面。”[1]“河决崔镇”，这在《明史》中经常被提到，出现频率很高，包括《明实录》《河防一览》诸书。万历六年（1578），“岁戊寅，上用廷臣议，以大中丞乌程（今浙江湖州）潘公（季驯）兼少司空，开府淮阴，总督两河事。公故尝持节钺（皇帝授权意）治北河，至是览于两河而惋焉。曰：‘河患一至是乎’。遍询之两河父老，皆曰：‘崔镇必不可塞’”。但潘季驯认为：“桃源上下则有崔镇口等二十九决，此黄水旁决处也。俱当筑塞。”又说：“河性最急，滔滔西来，一至崔镇，由故道既不顺，由决口又不顺，则崔镇而上能保其无虞乎？上虞决而下虞塞，恐桃、清而下，既一、二尺之水，亦不能保其常也。”（明潘季驯《两河经略疏》《河防一览》，参见《明经世文篇》卷三七六）所以“主张故塞崔镇者，令河无旁决则会淮也。筑高家堰者，令淮无旁决，得会河也。是故河淮合而后故道可复也。遂决策具疏以闻……报曰如议。于是征材集徭，部署百执事，瓜分其工程，督之。是年秋，崔镇工落成。明年春，高堰成”（《皇明经世文编》卷二八一）。崔镇等处水利工程，是经河道总督上奏朝廷，皇帝令大臣合议一致同意后而开工实施的国家水利工程。

这次工程，先后动员十数万夫役民众，从徐州至淮安河道沿线全面展开。“是役也，筑高家堰六十余里，归仁集堤四十余里，柳浦湾堤东西七十余里，塞崔镇等决口百三十。筑徐、睢、邳、宿、桃、清两岸遥堤五万六千余丈，汤、丰大坝各一道，徐、沛、丰、汤缕堤百四十余里，建崔镇、徐升、季泰、三义减水石坝四座，迁通济闸于甘罗城南，淮、扬间堤坝无不修筑，费帑金五十六万有奇。”（《明史》卷四《河渠二》）潘季驯在他上给朝廷的《河防一览》图中，特别指出，“新筑遥堤应比照崔镇筑堤事例，砌滚水石坝一座，水涨任其宣洩”。潘季驯认为，假如“河决崔镇，桃、清为塞，不知南来运艘将从何路达睢河也”（《明经世文编》卷三七七），足见崔镇此段河工影响之大与作用重要了。明万历十五年（1587）十一月，总督漕运杨一魁也曾上奏治水五事，其中一项建议将崔镇大坝拆石从下另砌。万历皇帝见疏后，其他四事均允准依议执行，唯独对崔镇坝改拆一事取谨慎态度，并说：“崔镇坝应否改拆，候差科臣到彼再议定夺。”（《明神宗实录》卷一九二，万历十五年十一月）另外，当时首辅大学士申时行也曾说：“潘季驯塞崔镇、筑高家堰后，河道安流，粮运无阻。”（《明神宗实录》，又见《行水金鉴》卷三二）潘季驯“凡四奉治河命，前后二十七年，习知地理险易”（《明史》卷二二三《潘季驯传》）。《四库全书·河防一览·提要》称赞潘季驯治河“著有成绩”。以上大臣上疏，也反映并证明崔镇河段治理的重要性（图一）。

崔镇一地，北控徐州、宿迁，南蔽江淮，实当南北水路交通要冲，历来被兵家视为设防襟喉所在。明崇祯十七年十月下旬，清兵集四十万人马，兵分三路南下，其东路就是从徐州、宿迁经洋河、崔镇一带向东南推进的。当时江淮东西千里防线均各划地为守，由抗清名将史可法总督江北全部防务，因“自王家营而北至宿迁最冲要”，史可法亲自率兵在此御守。

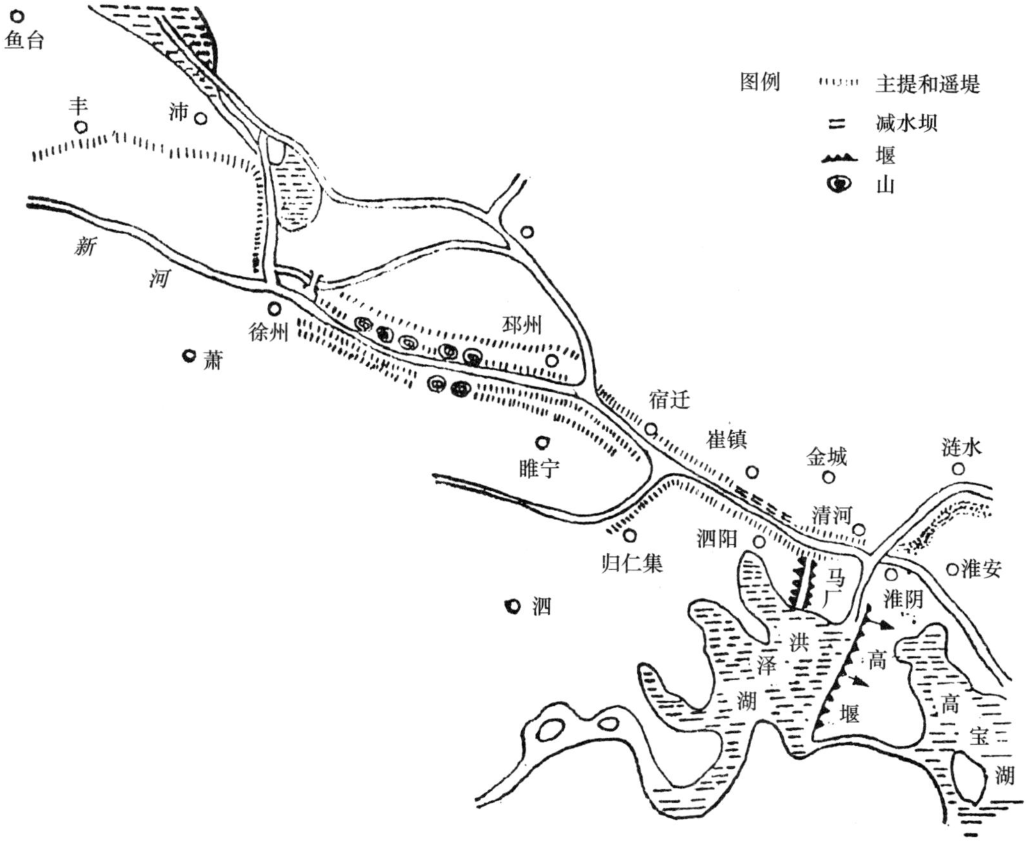

图一 潘季驯第三任治河工程示意图

明崇祯十七年十一月十一、十二日，清兵攻袭宿迁。十四日，史可法立即乘战船驻扎崔镇，接着又从崔镇赶赴白洋河、宿迁等地，并于洋河南临时开挖拦马河，以拒清兵。同时，在崔镇至洋河近三十里大河南岸构筑土垒、掩体工事设防，以阻止清军南下的步伐。

崔镇所处河段历来为我国南北通航的黄金水道。崔镇与南北各地城市连接情况具体如何呢？这从明末清初我国著名学者谈迁的记述中可以得到全面了解。谈迁（1593—1657），字孺木，号若海。清初浙江海宁人。诸生。明天启六年，他以《明实录》为本，参阅诸史，撰成《国榷》初稿。清顺治五年，书稿被窃。经四年写成二稿。他六十岁时，受聘于顺治弘文院编修，义乌朱之锡（时年三十岁）为幕友，并携书稿赴北京搜集明朝史事遗文，再加补充修订，并偕朱氏乘船，于清顺治十年（1653）闰六月从浙江嘉兴出发，沿运河北上。沿途所经过的主要城市依次有嘉兴、吴江、苏州、无锡、常州、丹阳、镇江、扬州、高邮、宝应、淮安、清河、桃源、宿迁、邳州、沛县、济宁、临清、德州、沧州、靖海、天津、张家湾、通州、北京。谈迁将此次往返行程写成《北游录》一书，其手抄本收录于《续修四库全书·史部·地理类》[2]内。在该书中，北上时写成《纪程》一文。谈迁入北京后居住二年多。后于顺治十三年（1656），再南返故乡嘉兴，归途写成《后纪程》一文。他北上赴京时，于清顺治十年（1653）八月初七（庚午）乘船溯流经过崔镇，而且当天就泊宿崔镇。其文中写道："庚午，不风而纤。二十里泊崔镇，居人数百家。故中丞朱笈裔孙贫矣。笈字懋学，累官右佥都御史，巡抚大同。"谈迁于清顺治十三年（1656）四月丙子又经过崔镇，南返写了《后纪程》，他文中曰："二十里白洋河，镇人数千家。西隶宿迁，东隶桃源。宋俊伯市豆三百斛。丁丑，阴。有笼小獐二，斑文似鹿。未刻，发，十五里古城，居人三百余家。有三义庙，左为观音，据高阜。二十里崔镇，居人千余家。二十里满家湾。八里野泊。戊寅，风雾，有寒色。十二里桃源县，在南岸，其北亦数百家。四十里三岔巡检司。十五里西湖城，旧数百家，今八十余家，有小市。又五里东湖城，才六七十家。十里，清河县。"以上就是谈迁泊宿崔镇当年见到的情况。往返所见说法略有差异，去时说崔镇"居人数百家"，返回时说"居人千余家"，明末清初，崔镇约有一千户人家，这也是不小的滨河都邑了。

清代初期，清政府于顺治二年（1645）至康熙五年（1666）将明代"南京"（又称南直隶）改设为江南省，治所设在江宁府（今南京），其所辖范围相当于今天上海市、江苏省、安徽省全境和江西婺源县地。到康熙六年（1667）又将江南省析置为江苏省和安徽省。后来，上述建置一直沿至清末都未发生变化，江南省一直沿存好长时间。到清乾隆二年（1737），官府组织撰写编修《江南通志》一书，今有台湾华文书局印行本，计二百卷，将顺治、康熙、雍正年间辖境内疆域沿革、山川形势、人物户口等情况都总括在内，当时，崔镇属江南省淮安府桃源县管辖。

清康熙帝玄烨是位有作为的皇帝，他除了平定三藩叛乱、统一台湾、惩治奸臣贪官等方面政绩卓著外，对江南桃源、崔镇等河务险工地段治理也非常关心。《清通鉴》卷三四中指出，"康熙帝亲政，以河务为三大事之一"，接纳大臣纳兰明珠推荐，起用时任安徽巡抚的汉军镶黄旗人靳辅为河道总督，"节制三省，便宜行事"（光绪《淮安府志》卷五《河防》），并亲谕靳辅曰："朕向来留心河务。每在宫中，细览河防诸书及尔屡年所进河图，与险工决口诸地名，时加探讨。"（《清通鉴》卷四一）像"九里冈、崔家镇、徐升坝"等处地名康熙帝都早已熟记于心。康熙二十三年十月十九日，康熙帝首次南巡到桃源，驻跸众兴镇，并亲往河防实地，详勘地势，相度水情，亲自“阅视河堤北岸萧家渡、九里冈、崔家镇、徐升坝、七里沟、黄家咀、新庄一带”诸险工地段（《康熙起居注》，康熙二十三年），并谕身边河臣等人曰：“此皆吃紧返溜之处，甚为危险，所筑长堤与逼水坝须时加防护。”（《清通鉴》卷四一）崔镇河段，河面阔，水流湍急，险工林立。据当时测量，堤外地面低于堤顶 9—12 尺。堤内滩地高于堤外平地 6—9 尺。不关崔镇一处，其他如洋河、宿迁、徐州等地也如此，如“徐州水与城平”[3]。

康熙年间，东南地区输入京师漕粮年额亦为 400 万石，其中输纳京仓者 330 万石，通州仓为 70 万石。上述漕粮来自东南六省，其中，江南省 179.44 万石，浙江 63 万余石，湖广省 25 万石，江西省 57 万石，河南省 38 万石，山东 29.56 万石。除山东、河南漕粮运输不经江苏运河外，其余省地漕粮北运都必经桃源、崔镇河段，而且户部规定各省必须按指定月份运达，不得延误。崔镇河段每届河水盛发期，经过漕船每遇逆风再加水阻，往往一艘漕船载运 500 石为限需数十位纤夫奋力牵引，还是举步维艰，进展缓慢，运河逆流顶风行船艰难程度历来如此。如清初谈迁乘船北上经宿迁一河段时，他们一行人共乘坐 4 只民间小船，结果“合四舟之力以挽一舟，递相代也”，“一忤风伯，九上九下，进寸退尺”（谈迁《北游录》），根本无法前进。漕粮运输虽属皇粮，沿途设官保护，期限规定紧迫，但一遇暴雨狂风，漕艘漂没倾沉者往往无法避免。文献记载康熙二十四年前后，从淮安至宿迁逆水漕运状况如下：“自清口以达（宿迁）张庄运口，河道尚二百里，重运泝（溯）黄而上，雇觅纤夫，艘不下二三十辈，蚁行蚊负，日不过数里，每艘至费四五十金。辽者或至两月有奇，方能进口。而漂失沉溺，往往不免。盖风涛激驶，固非人力所能胜也。”（乾隆《江南通志》卷六〇《运河》）

为了改善漕粮运输状况，避免沿途额外减耗与损失，康熙二十五年（1686），漕河总督靳辅奏开中河，至二十七年，中河工竣，前后用了两年时间。这条中河上接宿迁张庄运口，下经崔镇、桃源、渔沟，西达清口入淮，全长计 200 里。需要补充说明，关于“中河”名称，早从明代已有这一叫法，明代治河官员常将徐州以北漕河称为北河，徐州至淮安一段漕河称“中河”，淮安以南至江一段称南河。如明代潘季驯在《河工善后疏》中，有“据管理中河郎中余毅中”等会呈提法（《河防一览》），此“中河”实指宿迁至淮安一段漕河。光绪《淮安府志》卷五《河防》说：“由清江浦经黄河达丰、沛曰中运河。”而清康熙年间靳辅奏开的“中河”，其实是在原漕河北岸遥堤之北再另开一河，这就是《泗阳县志》上所说的中运河。中河首尾河段后来虽还稍加改挖调整过，但经过崔镇河段并未有大的改变，一直基本保持原貌。避开崔镇原南面的河泗合流的漕运水道，将原来河道北岸遥堤变为南岸，再在其北另开一条中河，以利通漕。也就是现今崔镇东边稍偏北走向的大运河，原来的崔镇渡也随之移入中河渡口。从康熙中期之后，凡南北漕船等舟楫往返从淮安至宿迁，从水道一律改走中河。康熙二十八年（1689），玄烨第二次南巡离开宿迁后，即“乘船由中河阅视河道”，对崔镇、桃源中河沿线工程情况表示认可满意。中河北岸以东一线的“遥堤”也是于康熙中期筑成的。

中河开挖之后，崔镇仍为一处重要设防、备荒、航运要地。桃源县官府一些衙署、仓廪、关津、汛地等都设在崔镇。①《江南通志》卷二六《关津》内载有“崔镇渡，县西北三十里”，即设在崔镇，这是官府认可核准设置的关津渡口。从崔镇建置延续至今，它已运行1000多年，可以真正称得上为“千年古渡”了。②在该志卷二三《公署》条目下，载有“预备仓”“常平仓”均在县治（今泗阳城厢）。其他四仓为“东金庄仓，在县治南三十里。仁义仓，在治北三十五里。三义镇仓，在县治东三十里。崔镇仓在县治西三十里”。“崔镇仓”为桃源县东西南北所设四仓之一，对荒歉、洪涝之年济民赈灾起到重要作用。③在行政管理方面，崔镇一处也被视为要地。如“桃源县知县署在古桃源……县丞署在县治。中河主簿署在重（众）兴集（今众兴镇）。北岸主簿署在崔镇。南岸主簿署在县治西”。这也反映出崔镇主簿署是桃源县派驻运河北岸负责管理河务的重要机构。④崔镇河段也是武备兵防要冲。我国官设报告水情制度始于明代，明隆庆年间，万恭在《治水筌蹄》中曰：“黄河盛发，照飞报边情，摆设塘马，上自潼关，下至宿迁，每三十里为一节，一日夜驰五百里，其行速与水汛。凡患害缓急，堤防善败，声息消长，总督者必先知，而后血脉贯通，可从而理也。”（《治水筌蹄》卷下）这就是所谓的“塘马报汛制”。明清两代在各地水域河段所设的“汛”，实际就是该处汛期，即每年三月初旬至九月底这一期间河水渐涨时的水情报测点，内容包括水位涨落、堤防险情及防汛准备等。

清雍正六年（1728），桃源县依照往朝旧制，设立“桃源北岸河营”，以及“崔镇汛”。其中“河营”设有守备、千总、把总等营防职官，而“千总一员，驻防桃源县崔镇汛”。该处“河营”兵力物资装备计有“步战兵六名，守兵四百四十三名。官坐马八匹。大柳船二只，大浚船二十四只，小浚船九只……”，并明确规定该河防营的任务是“营修防桃源县黄河北岸堤工”（《江南通志》卷九三《武备志·兵制》）。雍正年间所设的“崔镇汛”，是依照延续康熙年间的水政管理办法而设立。因泗阳县志内指出，康熙二十二年（1683），“桃源黄河北岸主簿、千总修防汛地，上自宿迁交界，下至河北镇止，驻崔镇”[4]。

中河开通之后，崔镇南岸的原黄河之水仍常泛滥为患。乾隆六年（1741），江南河道总督高斌奏称：“黄河自宿迁，历桃源，至清口二百余里，河流湍激，险工多处。北岸只缕堤（水边之堤）一道，并无遥堤（缕堤外防护堤）重障，又内逼运河，而运河南岸缕堤亦甚卑薄。请将运河南岸缕堤通筑高厚，即以作黄河北岸遥堤，更于遥堤内筑格堤（垂直于缕堤、遥堤之间的横堤）九道。”高斌这一上奏请筑自宿迁古城，经崔镇、桃源至清口的黄河北岸遥堤工程，经工部合议后同意批准施行。这一工程既防止黄河决堤危害，又确保中河漕运安全，确是一举两得。此次黄河北岸遥堤构筑加高增厚，是继明代万历年间治河后又一项重大水利工程。今天，这一遥堤既是通行要道，其上又分布有连绵不断房舍村落，为历代乡民所居，当地乡村民众百姓习惯称呼这一遥堤为“老堆”。其实，早在清代同治年间之前，人们即将黄河北岸遥堤称为“黄河老堤”了（光绪《淮安府志》卷二六）。

今天，这一古老遥堤虽然有些地段因道路、水利等建设原因，受到不同程度毁坏改变，但这“黄河北岸遥堤”，从泗阳，经崔镇、古城、洋河至宿迁一线，大部地段其原来“遥堤”旧迹遗址仍依稀可辨。从清乾隆六年开筑至今，已有300多年历史。因乾隆初年这次筑堤是在明万历七年所筑的河堤上垒筑加高增厚而成，如从明代万历初年算起，这一遥堤存在时间已有约500年的历史了，可以说是名副其实的真正地面历史遗存了。当年这一遥堤，从宿迁以下北岸自古城经崔镇至清河共107里，每3里设1铺，共36铺。每铺应设夫12名，老人1名，共设夫432名，老人36名。所有夫老人员听从桃源、清河二县管河官，各照地督率管理。每年定限三月初旬赴堤，至九月中旬水消退涸，方许撤放。在夫老上堤相兼防守期间，每铺设杆竖黄旗一面，上写铺号，夜悬灯笼一只，以为呼应。夜则每更传递“更牌”轮换巡视，一有险情，鸣锣报警，以确保堤岸无事。崔镇这一段明清时代所筑的黄河老堆“遥堤”，值得保护，并树立标牌说明纪念。

清代乾隆年间，对桃源、崔镇一带河道水患防范治理一直十分重视。自乾隆六年对崔镇以南黄河北岸遥堤南北长 100 余里段进行增筑加固外，并对中河进行挑浚疏导，以利通漕。乾隆八年（1743），在桃源中河两岸增建涵洞 10 座，以利调控水势。同时，为了防止减少上游来水倒灌冲及中河造成危害，此年还新开挖“崔镇引河”一道，向北流入六塘河，长 671 丈 5 尺。此段中河北距六塘河最近，大约 3 里。另外，乾隆八年，又动用国库银加筑六塘河南岸子堰长 10393 丈，北岸子堰长 12320 丈；顶宽 8 尺，底宽 3 丈，高 6 尺。乾隆十一年，又对六塘河岸堰加筑一次，并建闸坝涵洞数十处，以资宣泄上游骆马湖等处来水（光绪《淮安府志》卷七《河防》）。

乾隆皇帝与康熙皇帝一样，都曾六次下江南进行巡幸，以考察社会，洞悉民情。乾隆皇帝曾于乾隆十六、二十二、二十七、三十、四十五、四十九年共六次南巡。经过河北、山东、江苏、浙江等省，往返必经中运河。如乾隆二十二年第二次南巡，“至江南宿迁顺和集，改水路”（《清通鉴》卷一一四），就是顺中河南下的，而且次次往返都必经崔镇。乾隆二十七年（1762），乾隆帝第三次南巡至崔镇不远处九里冈时，还作《堤上偶成》，诗云：“运河转漕达都京，策马春风堤上行。九里冈临御黄坝，曾无长策祇心惊。”（《南巡盛典》卷八，又参见民国《宿迁县志》卷一）为什么乾隆帝要到崔镇阅视九里冈河工呢？《南巡盛典》是一本记述乾隆帝首次至第四次南巡经历过程的专书。其中在该书卷五二《九里冈埽工图》中指出黄河“北岸九里冈工程，又为桃源之首工，扫湾顶冲，切近中河运道，尤为险要之地，历经堤建埽工，以资抵御”。所以乾隆帝特地策马骑行来到此处河堤视察。《堤上偶成》一诗，是乾隆皇帝视察崔镇下河堤即兴赋成的重要诗作。民国《泗阳县志》在“九里冈”条下，指出该诗为“清圣祖（即康熙帝）南巡”时所作，此说欠审有误。康熙帝南巡确曾来到过崔镇九里冈阅视河工，但无感赋，民国《宿迁县志》卷一将此诗系于清高宗乾隆帝名下，这是正确的，应予更正说明。乾隆历次南巡，所到驻跸之处都是事先选定而安排的，不是行宫，就是花园，或河防营地，如“驻跸扬州高旻寺行宫”“驻跸金山江天寺行宫”“驻跸苏州行宫”“回銮渡淮，驻跸顺和集大营”等。乾隆四十九年，乾隆帝自京师起銮开始第六次南巡，除扈从者外，乾隆还令皇十一子永瑆、皇十五子永琰、皇十七子永璘随驾，令其随侍左右，有观摩巡幸之意。又因感觉崔镇的风土人情与市井环境不错，所以乾隆帝一行此次就“驻跸崔镇”（民国《泗阳县志》卷三《大事》）。

民国《泗阳县志》卷八，将“崔镇”列入《古迹》条下并进一步解释说：“崔镇，治西北四十里，旧有驿。《元丰九域志》曰崔野镇，属宿迁，元属桃源。文天祥被执北行留宿焉。明史可法率师御清兵南下，驻节焉。清高宗南巡驻跸于此，嫌其音同‘催朕’，不佳。是镇多于姓，改名于家店。后屡经河患，市井萧条，荒村野店，沦落河干。人犹知有崔镇，不知有于家店也。”因崔镇地名沿称历史已 1000 多年，相当古老，深入人心，而且历代史书多有记载，所以民国年间有人想将它改名，但事与愿违，改变不了，人们一直习惯称呼至今。民国《泗阳县志》总纂者为当时国内著名史地大家张相文先生，他家居泗阳南园，又系本邑人士，曾执教北京大学。当时他参阅大量地方谱牒文献散记等入志，将境内诸姓氏族脉徙居由来等胪列得一清二楚，凡其论列，均精博可取。乾隆帝第六次即最后一次南巡，随同其扈驾随行人等都驻跸崔镇，说明崔镇当时的接待条件等方面不差，否则，乾隆帝不会选择驻跸于此。

崔镇临河濒水，古镇风貌秀丽，景色优美，所以能吸引历代达官显贵包括皇帝在内的一些人士投宿驻跸于此。民国《泗阳县志》内，记述原县旧志内载有“桃源八景”之说，有“翠柳万行、夭桃千顷、三台雾锁、八垒云屯、车马两岸、舳舻七省、沙滩渔火、湖岸晓烟”，其中大多分布于河堤沿岸。对照历代诗人描绘，崔镇除少数景色外，其余大都具备。另外，据前人描述，崔镇还应有平沙古渡、大河落日、长堤柳荫、纤夫帆影、渔矶钓客、古木桃林等景色。

三

崔镇在历史上不仅环境优美，人文亦比较兴盛，据记载，崔镇有文丞相（天祥）祠、地藏庵、刘真君庙、奶奶庙等。崔镇一地，在历史上也出了不少名人。如宋代刘世勋，崔镇人，因办团练组织义军抗金有功，为岳飞赏识，从军河南，大败金兵于朱仙镇。由参谋官保太尉，后因岳飞被诬下狱，悲愤弃官归隐，卒于家。南宋高宗时（1127—1161）敕封他为“真君”之号，并于崔镇建“刘真君庙”以祭祀。镇上当时民间风俗，每遇大旱，人们会抬着真君坐像，走乡串村，簇拥着敲锣打鼓，呼唤求雨，一时热闹非常，往往时有应验。

泗阳科举之制实行较晚。据县志上说：“泗阳自元建邑，皇庆（1312—1313）初始行乡、会试。其时登科甲者，朱显一人而已。”（民国《泗阳县志》卷五《科第》）朱显，元至正间进士，曾官山东廉访使。后崇祀乡贤祠。朱显是泗阳建县以来有文献记载考取进士第一人。据江南淮安府桃源县顺德乡三图，即崔镇朱氏八世裔孙德辉纂、九世孙士全著，于康熙十五年（1676）刻本《朱氏族谱》卷之一资料，朱显也被尊为崔镇朱氏一世祖。崔镇康熙早年《朱氏族谱》至今已有350年的历史，能保存至今，实属珍贵，是朱氏家族重要史料，应永为妥善保藏。据该族谱记载，崔镇朱氏二世至五世期间，还有下述一些朱氏族裔曾仕宦于外，如朱洪，系朱笈之父，任遵化卫知事；朱润系太学生，任毂城县主簿；朱半泉任浙江都司断事；朱洗任天津卫知事。

另外，还有明代朱笈（1512—1574），系朱显六世孙，字懋学，别号龙冈。崔镇人。乾隆《江南通志》卷一四三《人物志·宦迹》，以及光绪《淮安府志》及《泗阳县志》内均有著录，可见影响很大。朱笈为明嘉靖二十二年（1543）举人，二十六年（1547）进士，与杨继盛、张居正等人同榜，曾授户部右侍郎，南直户部主事。因同年好友杨继盛劾奸相严嵩下狱，慑于严嵩淫威，故识不敢通问，朱笈极为不平，常派人探问安慰，因此触忤权相，被出为口北佥事。仇鸾等巡边，多枉纵不戢，朱笈绳之以法。后擢升为都察院右佥都御史，巡抚大同。因与总督杨顺不协，再忤权相严嵩被谪戍边。约九年的戍所生涯，令其心存委屈，关心国家，不言外事。隆庆初诏起巡抚宁夏、山西。万历初入为户部侍郎。万历二年（1574）因病卒于家，享年六十三岁，著有《龙冈文集》《奏议》等。娶田氏、继娶戴氏。遗有三子，德行、德重、德峻（《朱氏族谱》卷一，清康熙十五年刻本）。朱笈为一代廉正耿直守边功臣，誉满朝野。所以清初浙江著名学者谈迁行船驻泊崔镇时，还关注并提及说：“故中丞朱笈裔孙贫矣。”朱笈曾官山西、大同、宁夏等地巡抚，其职位在明代相当于“御史中丞”。此时上距明朝朱笈卒后已近 80 年，所以谈迁用“故中丞朱笈”的提法，可以说字字有根有据，符合实际。朱笈卒后，明万历四年（1576）四月二十五日，朝廷诏谕祭葬，并遣直隶淮安府知府邵元哲亲赴崔镇实地代朝廷宣读“谕葬”祭文，肯定朱笈“资性刚方，才猷敏达”“风猷屡试于边陲，威望素符于将士”（《朱氏族谱・谕祭文》，清康熙十五年刻本）。朱笈墓在崔镇西约五里九里冈之北，名金牛冢地方，又称“都堂墓”。按明代官制，凡官都御使、副都御使、佥都御史及差遣在外的总督、巡抚皆称“都堂”，朱笈曾任佥都御史及巡抚，故有此称。

另外，凡是世代居住在崔镇的朱姓，也被称为“都堂朱”。“都堂朱”的来历应与朱显有关，因他曾官山东廉访使，其职责即掌山东地方监察兼劝农等，上隶御史台。官秩为正三品。廉访使要赴中书省述事，述事中书省大厅称“都堂”，所以称崔镇朱姓为都堂朱。民国《泗阳县志》卷二一《氏族》中指出：“都堂朱，邑之旧族。元进士朱显任山东廉访使，明进士朱笈宣大巡抚，宁夏总督，迁户部右侍郎。墓在仓基湖畔。世居崔镇，户千余。谱系从朱显叙起，至今传二十二世，明万历十三年（1585）创修，至民国十三年（1924）凡五修。”从“创修”到民国年间，经过约 340 年，5 次续修，即每隔约 70 年，一代人修谱一次，这样修成的“家谱”应当是可信的。除见阅清康熙十五年《朱氏族谱》外，其余朱氏谱不详存世情况，有待查阅。民国《泗阳县志》内还补充说：“孝子朱，元末自安徽婺源县迁来。明嘉靖时，岁贡生朱仁旌表孝子，崇祀乡贤。子孙世居恩福乡（今来安）毛家湖。分支居陆城乡（今吴集）中营门、山子头一带，户八百。现与都堂朱合谱。”崔镇朱氏，从元代朱显一世算起，凡是“文”字辈者为第十八世，“克”字辈者为第十九世，其余以此类推。

朱笈墓位于（北）仓基湖西岸（南仓基湖在今仓集镇东南），此地相传为晋代“石崇建仓之所”，实际也是崔镇西边一处著名风景区。到处绿柳成荫，荷塘吐艳，楼阁错落，长堤短堰，菱藕遍布，湖水映天，湖中常有穿红着绿的女子，在夕阳照映下，驾驶轻舟，一边采莲，一边柔情歌唱。明代何九州有《咏仓基湖》诗曰：“石家在何处，孤霞映水明。湖边采莲女，学唱绿珠声。”又有李巽臣诗曰：“千顷澄波啸晚风，石家旧业满湖空。香浮画浆迎衣湿，歌咽珠楼坠粉红。”还有刘日燧《湖岸晚烟》诗云：“薄暮湖光接远天，长堤杨柳锁苍烟。孤舟荡漾波涛里，宛似星槎泛月边。”从以上诗文描写中，可见仓基湖一地风景不俗。朱笈墓坐落于此，墓道前有碑碣一座，祭台一座，拜石一方，石翁仲二尊，石马二匹，石鹿二只，石猴二只，谕祭文碑一座，石牌坊一座，规模较大。朱笈一生为国巡疆守边，保家卫土，功勋卓著，卒后奉旨谕葬，待遇堪称崇礼，十分隆重，同时还被奉祀名宦及乡贤祠。

四

崔镇从北宋中期建置设镇，历经宋、元、明、清各朝，经过 1000 多年的兴盛发展，其城镇规模以及繁荣景象与国内其他城市一样，在历史上给人们留下深刻的印象与记忆。直到清代道光同治前后，即清代后期，崔镇在防止河患水涝方面，在桃源县境内仍然占有十分重要的地位，如县志中指出：“道光二十二年六月，河溢桃源县北岸崔镇汛。”“崔镇汛”，这是从清初康熙年间直至道光年间历朝官府专设在崔镇的水情报测点与重点防修基地，派有河官与专门人力负责监管。崔镇一地是明清两代历朝都相当重视、不敢轻易忽略的地方。

崔镇现今为一处普通村落。但国内历代史

地专家，漕运、水利、运河史等研究学者人士都十分关注它。崔镇地名在宋代以来官私著述中出现不下万次。故应保持该地名的稳定性，不便随意更改或人为让其消失。因在历史上，好多重要事件与重大水利工程都紧紧与崔镇联系在一起。那么，崔镇在历史上从何时因什么原因使它发展受到制约影响而逐渐变得萧条中落的呢？从所接触到的史料分析判断，主要原因有两个方面。

一是水患。崔镇本为滨河都邑。自明代万历年间增筑黄河北岸遥堤之后，崔镇市政营建发展只能在遥堤北面一侧进行。其城镇规模范围三至五里。清初崔镇尚有“一千余户”人家，到清康熙年间中河开通之后，中河右岸河堤与黄河北岸遥堤大体平行而且距离不足三里，这使崔镇的发展空间受到很大压缩与限制。加上黄河、中河经常泛滥威胁，一些商户店主因缺少他业可谋，有的弃商业农，有的转徙他地另谋发展。这些客观因素，均导致崔镇当时的商品经济发展受到很大阻碍。民国《泗阳县志》中说：崔镇“屡经河患，市井萧条，荒村野店，沦落河干”。所以水灾河患是造成崔镇市井萧条的重要原因。

二是兵灾。清代中期以后，国家政局不稳，特别在咸丰、同治年间，南方广东等地有太平军活动，北方山东等地有捻军活动。这些农民运动所指的矛头与直接对象就是官府、地主、巨商、富室等，所以被官府诬称为“粤匪”“捻匪”等。当时的社会动荡对泗阳包括崔镇在内的一些地方均有影响。据记载，清“咸丰三年（1853），粤贼陷扬州，郡城（淮安）戒严”（光绪《淮安府志》卷四〇）。又曰：“咸丰十年，捻匪李大喜纠众东下，正月二十七日陷桃源县城，放狱焚署，大肆掳掠……是年，刘天福自沭阳西行至云家渡（今云渡）。民练御之，死伤百数十人，官军扼运河而守，贼焚其所掠衣物，抢渡而去。”（民国《泗阳县志》卷三）咸丰十一年，捻军李成复“据桃源之众兴镇，坚壁为长久计，日出肆掠”。光绪《淮安府志》卷四〇对此事还有补充，除“日出焚掠”外，并指出：“蹂躏数百里，时熟麦被野，民大恐。”崔镇离县城仅三十里，故也难逃劫难。另外，同治六年（1867），“粤匪赖文光与捻匪张宗禹、任桂合。五月，东犯登莱，沿海大扰，淮上戒严”（民国《泗阳县志》）。当时太平军及捻军所到之处，通常会焚烧官署、地主宗庙、家祠以及富户房舍等。崔镇在当时社会动荡下，一些富商巨室肯定会受到冲击，或破产，或避居他乡。民国《泗阳县志》内指出：“清咸丰十年，捻粤匪乱，人民涂炭，城郭丘墟。”又云：“刘真君庙，清咸丰十年，捻匪东窜，庙毁。”所以当时兵灾动乱也是导致崔镇市井萧条的原因。

五

崔镇是一处绿色文明的历史古镇。从清代末年起，崔镇以往的繁盛虽逐渐衰弱了，但它还留下不少传说与历史旧迹遗存。如民国十三年（1924）前后，崔镇明代朱笈墓及其墓碑、石翁仲、石马都还保存较好，只是碑文上的字迹，由于历时久远“模糊莫辨”了。另外，崔镇以往的居户人家还在，河干处尚存有“荒村野店”。由于崔镇古老，世代居此姓氏亦多。除以上提到的崔氏、刘氏、朱氏之外，还有下列一些姓氏居于崔镇。毕氏，元末因避乱，“由河南迁来，世居崔镇”。乔氏，明嘉靖年间，“由泗州迁来，世居崔镇”。张氏，明初从苏州迁来，别为三支，其中“次房卜居崔镇”。于氏，久居崔镇。另外，尚有下述姓氏亦居崔镇，世代生息繁衍，蒋、戴、冯、周、杨、高、苏、李、熊、姜、魏、费、孙、吴、樊、徐、董、尤、王、黄等，还有其他一些姓氏，恕不一一列举。

崔镇从北宋中期建置至今，其所在地理位置仍保持原处，地址没有发生任何变化。如南宋文天祥在北行途中，早发桃源，晚宿崔镇，约一天时间行程。明代前期，苏州吴宽，他系吴中才子，到北京“会、殿试皆第一”，就是既中“会元”，又中“状元”，曾任礼部尚书。明成化十五年（1479）三月，他居家“服阙上京”履任，“乙酉渡淮宿崔镇，丙戌宿迁”（明吴宽《家藏集》卷五七）。按干支推算，吴宽住宿崔镇后乘船去宿迁也为一日行程。明代中期，江西分宜人严嵩也曾住宿崔镇。他于正德十三年（1518）秋七月，从北京顺水路乘舟南行，“甲戌过宿迁县，至崔镇店宿，桃源县吏卒来候，乙亥过桃源县”（明严嵩《钤山堂集》卷二七）。这也是一天时间。严嵩为弘治进士。他居家在钤山读书10年。到嘉靖二十三年（1544）任首辅后，以子世蕃等为爪牙，贪赃纳贿，排除异己，残害忠良，成了臭名昭著的奸臣宰相，后被抄没罢官为民，老病而死。清初，谈迁乘船曾泊宿崔镇。他所记行程为：“自白洋河，十五里古城，二十里崔镇，二十里满家湾，十二里桃源县。”即崔镇距离古城二十里，距离桃源三十二里。清康熙中期，江西临川人李绂，他系康熙四十八年（1709）进士，也曾乘船经过崔镇。他记载行程为：“从白洋河起航，河稍折东南行二十里，有村曰古城。又折而东北二十里至崔镇，北岸草房数十间而已。又十五里至曹家咀（今曹渡），又十五里至中兴集，属桃源。”（清李绂《穆堂别集》卷一七）照上面行船里程计算，崔镇离曹渡十五里，离众兴三十里。

清乾隆年间，乾隆帝南巡时，扈从官事前向皇帝上奏标明的回銮经过的里程地名为：“从清口（今淮安）沿中河上行，自中大营起，三里黄家咀，十里堡埽工，十里众兴集，二里高工庄埽工，三里萧家庄泄水闸，十五里崔镇，十五里中林家庄水。”（《南巡盛典》卷八〇）这是扈驾官报告皇上的。从此计程看，崔镇距众兴镇刚好三十里。乾隆帝南巡经过的萧家庄，距崔镇东南大约十五里。道光二十二年（1842），“黄河自桃北崔镇汛、萧家庄北决口，穿运河，坏遥堤，归入六塘河，东注正河（下游处的黄河）。自杨工以下断流，去清口约有六七十里之远，回空漕船阻于宿迁以上”（《清史稿》卷三八三《潘锡恩传》）。今天，杨工地名尚在，其北有滚水坝地名，当为道光年间崔镇汛管辖地萧家庄决口处留下的遗迹。综上所述，崔镇地方处于洋河、众兴之间。崔镇东南距县城三十里，西北离洋河三十里。其确切地理位置，即地处黄河、运河之间，东西长十多里，南北范围三至五里。

还需说明的，现今崔镇西南的废黄河，实际就是原来的漕河。这一漕河为历代航运及沿河人民生活提供了极大方便，但也带来许多水患灾害。自金朝明昌五年（1194）河决东流夺泗合流入淮后，漕河航行治理问题就被提上议程，但从整体而论，从元代到明代前期，漕河运行还比较通畅，也无重大水患。但从明代中期以后，河患突出，崔镇河段也成为明清历代官府关注的重点治水工程。直到清咸丰六年（1856），黄河再次决口东流，“由张秋夺大清河入海。自是，桃源无黄河矣”（民国《泗阳县志》）。也就是说，从咸丰六年之后，黄河北移改道由山东境入海，而原来向南流入江苏徐淮境内的一段黄河故道逐步干涸淤塞，最终成为一条废黄河。

当地年长者在忆往怀旧时，常会津津乐道地说“崔镇以前赛苏州”“崔镇旧时有七十二座庙”，这些说法明显有溢美与夸张成分，但崔镇以往有许多庙宇寺观是肯定无疑的。如民国《泗阳县志》卷一二《建置·寺观》中说：“奶奶庙，在崔镇堤上，不知建于何年。”此庙确是坐落于明清时期所筑的黄河北岸遥堤上，后经修缮，一直沿存到20世纪50年代初。当时，庙宇齐整，瓦屋鳞鳞，有前堂、后殿、山门。庙内彩塑木雕佛像栩栩如生；前堂内佛像众多，有坐有立；门首、窗前、金柱上均有造像，姿态各异，金碧辉煌。庙有主持僧尼多名，远近信众常去拜佛，常年香火旺盛。此庙在1953年前后逐渐冷落被毁。

另外，在该庙左侧南北一线数里范围内，尚遗存有多处古建筑台基，高出周围地面数十米。有些台基并排连在一起；有些台基上面为平坦宽大的水平地面，虽然杂草荆棘丛生，但其上尚存原来建筑础石，宽大厚重，排列有序，甚至连原房舍平面开间大小均清晰可辨；还有，在每处建筑台基周围包括斜坡地面上，遗留有大量青灰色残砖碎瓦，其中还夹杂有许多青花瓷片以及陶瓦碎片等。在上述建筑遗存附近，还有古井、井圈及井周台地依然保存，附近村民常至此汲取用水。特别每年农历四月初八，这一天传为佛祖释迦牟尼生日，俗称“浴佛”节，每到此时，寺庙常备饭饮，设席于路，供人取用。崔镇以奶奶庙周围为中心，民间庙会与乡村农贸集市结合起来，一连几天，人们从四面八方，携带各种货物商品，来到崔镇进行交易。集市布列井然有序，各色商品琳琅满目。其中有日杂用品、土特产、蔬菜、果品、面食、豆制品、酒类、调料、水产、肉类、粮油、布匹、车木玩具、木器、文具、陶瓷、饭庄、茶店、锡箔、纸马、香烛等。另外，还有理发、博彩、套圈、游艺、唱书、相命测字、牛羊交易诸项。整个集市期间，人群拥挤，货品山积，物畅其流，一派兴旺景象，所有这些，都深深留在当年人们的记忆里。这也是崔镇以往文明的遗迹与历史见证。

崔镇现今隶属于宿迁市宿城区，是一处古老文明土地，人民安居乐业，处处充满无限生机，人们对崔镇发展抱有极大期待。首先，崔镇的自然条件与生态环境较好。黄河早已北移，水患很少。这里四季分明，气候适中。到处道路纵横，一马平川，土质肥沃，林木遍野，是江淮下游冲积平原的重要组成部分，比起山区、边区、牧区等，崔镇的自然条件得天独厚，非常优越，这是利用开发的良好基础。其次，崔镇历来地处南北交通要冲，是通往淮安、泗阳、宿迁的便捷通道，直线距离最短最近，所以古代驿道、水道都通过这里。今天，公路、铁路等也从这里通过，这与崔镇所处的地理位置密切相关。交通便捷了，城乡距离缩短了，商品往来频繁，信息交流加快，这对促进地方经济发展非常有利。最后，崔镇历来濒湖临水。南面成子湖、洪泽湖，近靠大运河。今天，水患变为水利，崔镇水利资源充沛丰富，为航运、灌溉、水产养殖、生产生活用水提供了极大的便利，而且洪泽湖、大运河都是重要水体，是南水北调东线流经的重要水源地之一，该水体质量直接影响到流经地区亿万人民的饮用水安全。国家与地方政府均已采取得力措施严加管控，严防水质污染，崔镇处于大运河畔，清洁水源长流不息，取之不竭，当地人民是该水源的长期受益者。只要利用好、规划好，就能发展好，人们全面奔向小康指日可待。崔镇在以往的历史上曾是闪耀在大河之畔的一颗璀璨明珠。在今后的建设发展过程中，它一定会突飞猛进，再现辉煌。

以上略述，可供参考。其中不妥，敬请纠正。

注 释

[1] 朱偰编：《中国运河史料选辑》，中华书局，1962年版，第88页。

[2] 〔清〕谈迁：《北游录》，《续修四库全书·史部·地理类》第737册，上海古籍出版社，1995年版，第187页。另有中华书局单行刊本行世。

[3] 常征、于德源：《中国运河史》，北京燕山出版社，1989年版。

[4] 泗阳县地方志编纂委员会编：《泗阳县志》，江苏人民出版社，1994年版，第280页。

苏东坡无锡诗歌二题

龚景春*

【摘要】一代宗师苏东坡，对无锡惠山的景物风光及著名泉水情有独钟，十分喜爱。其流传至今的十多首无锡诗歌，内容大都与此相关。尤其是他开创了“和三唐人惠山诗”的风气，为我国与世界诗歌史所罕见。同时，这些诗歌在流传过程中，个别文字出现了舛误。其《次韵完夫再赠之什》第三句中的“为我”，被误改作“我为”，成了东坡诗歌的一件错案。20世纪80年代初，宜兴著名书法家曾可述，为惠山漪澜堂书写门柱联，不用“我为”而用“为我”，并不是一时的笔误，恰恰是恢复了东坡的原文，为我们正本清源、纠正这一错案，提供了可贵的启示。

【关键词】苏东坡　无锡诗歌　钟情惠泉山　原文“为我”

一代宗师苏东坡，由于两次任职杭州，并到常州、润州（今镇江）一带赈灾，又一度任职湖州，所以曾屡次路过无锡。尽管公务冗杂，来去匆匆，他仍忙里偷闲，游览山水，赋诗会友，留下不少优美的诗篇。特别是对于惠山及其泉水情有独钟，十分喜爱。现存涉及无锡的十多首诗歌，内容大都与此有关。同时，有的诗歌在流传过程中，个别文字出现舛误，形成错案，并涉及惠山漪澜堂门柱联。我们应当正本清源，还东坡诗歌本来的面目。

一、钟情江南惠泉山

无锡惠山多泉水，尤以经唐代陆羽、刘伯刍品评的“天下第二泉”著称于世。北宋神宗熙宁五年（1072）八月，东坡三十六岁时，在以太常博士、直史馆通判杭州的任上，作了一首长达28句的五言古诗，向时任无锡知县的焦千之求赠惠山泉水。诗中写道：“故人怜我病，蒻笼寄新馥。欠伸北窗下，昼睡美方熟。精品厌凡泉，愿子致一斛。”[1]这里的“病”字，并非指一般意义上的疾病（当时他正忙于泛舟西湖，赋诗酬唱，巡视余杭，游览径山，监督考试等事，身体状况良好），而是癖好名泉的意思。故此舍近求远，向数百里外、刚到任不久的焦千之求取泉水。

焦千之（？—1080），字伯强，北宋焦陂人，寄居丹徒（今属江苏），为欧阳修所器重的门下士，也是苏东坡的好友，所以在诗中称他为“故人”。仁宗嘉祐六年（1061），召试舍人院，赐进士出身，任国子监直讲，熙宁初年任乐清知县，熙宁五年移任无锡知县，在当时很有名望。

惠山泉水，在唐宋之际极其充盈，不如现

* 龚景春：南京铁路分局芜湖电务段原总工程师

在量少珍贵。唐独孤及《慧山寺新泉记》说：其泉“若醴洒乳喷，发于禅床，周于僧房，灌注于德地，经营于法堂，潺潺有声，聆之耳清”[2]。直到明末清初，王永积在《锡山景物略》中还说：“近则一方，远则数千里，舟车络绎，水陆并运。但见瓶盎樽罍，交错于道，汲取无虚日，日无虚晷。”他又说：惠山“泉分二流，北由寺塘泾达双河，东由锡山涧下梁溪，汪汪渺渺，孰非吾泉之化身。而邑腴产，两地并推，正赖兹泉为灌溉”[3]。由此可见，当年东坡向老朋友焦千之求赠惠泉水，完全是情理之中的事情。

焦千之去世多年之后，东坡在钱邕仲处看到他生前的书疏墨迹，还写了《跋焦千之帖后》一文：“欧阳文忠公言‘焦子皎洁寒泉冰’者，吾友伯强也。泰民徐君，济南之老先生也。钱邕仲盖尝师之，以伯强与泰民往还书疏相示。伯强之没，盖十年矣，览之怅然。元祐五年（1090）二月十五日书。”[4]足见二人交情之深。

熙宁五年（1072）冬天，东坡曾到秀州（今浙江嘉兴），作长达20句的七言古诗《至秀州赠钱端公安道并寄其弟惠山老》，表示与钱顗“结交最晚情独厚，论心无数今有几”，称赞钱道人：“毗陵高山锡为骨，陆子遗味泉冰齿，贤哉仲氏早拂衣，占断此山长洗耳。”[5]

钱顗，字安道，北宋无锡人。庆历六年（1046）进士，曾任宁海军推官，赣县、乌程知县，殿中侍御史里行，因不满王安石推行新法，贬衢州盐税，后移秀州。由于家贫母老，向亲友借贷以维持生计，却怡然无谪官之色。后因东坡赠诗中有“乌府先生铁作肝”之句，世称他为“铁肝御史”。乌府，即御史府的别称。其弟钱颖，字菊友，号惠山山人，在惠山出家为道士，故东坡称他为“惠山老”。

熙宁六年（1073），江南发生严重旱灾。十一月间，东坡奉命以转运使檄赴常州、润州赈济灾民。在经过秀州时，钱顗设宴款待。东坡又作《钱安道席上令歌者道服》诗，除称赞钱顗“乌府先生铁作肝，霜风卷地不知寒”外，并与之相约“他日卜邻先有约，待君投劾我休官”[6]，希望将来相邻而居。

到达无锡以后，东坡曾去惠山拜访钱颖，作《惠山谒钱道人烹小龙团登绝顶望太湖》的诗歌。后人分别在惠山头茅峰山腰的半山亭畔、邻近三茅峰的石路旁，镌刻诗中的名句：“孙登无语空归去，半岭松声万壑传”（令人遗憾的是把其中的“声”字，误刻成了“风”字。参见拙文《惠山苏轼诗刻的错字》，载《吴文化研究》2006年第1期），“石路萦回九龙脊，水光翻动五湖天”[7]。

东坡在元丰七年（1084）八月所作的《次韵蒋颖叔》一诗中，有“琼林花草闻前语，罨画溪山指后期”之句，并在句下自注：“蒋诗记及第时，琼林苑宴坐中所言，且约同卜居阳羡。”[8]阳羡，即今宜兴。如果说，那时东坡仅二十来岁，与蒋之奇（字颖权，宜兴人）都是初出茅庐，卜居之约无非是出于年轻人的一种天真愿望，那么在江南赈灾期间，东坡与钱顗卜邻之说，尤其是他亲自到无锡、常州一带巡视、观察之后，所作《常润道中有怀钱塘寄述古五首》（其五）中的“惠泉山下土如濡，阳羡溪头米胜珠。卖剑买牛吾欲老，杀鸡为黍子来无？”[9]就确有定居无锡、宜兴一带的打算了。诗题中的“述古”，即当时杭州的知州陈襄，字述古。诗中的“土如濡”，指土地湿润，引申为土壤肥沃的意思。“卖剑买牛”，语见《汉书·龚遂传》：西汉渤海因岁饥，多盗劫，龚遂任太守后，“劝民务农桑……民有带持刀剑者，使卖剑买牛，卖刀买犊”。后引申为改业归农的意思。“老”，这里并不是指年老（当时东坡年仅三十八岁，正是年富力强的时候），而是打算辞官退隐的意思。“杀鸡为黍”，语见《论语·子微》：丈人“止子路宿，杀鸡为黍而食之”。后借以指招待宾客的饭菜。

早在唐代德宗贞元四年（788）秋天，太原王武陵（字晦叔），与嘉兴朱宿（字遐景）、京兆窦群（字丹列）相约，会于无锡惠山精舍。王武陵乐天知命，窦群有遁世之志，朱宿有尘外之心，三人怡然契合，良辰嘉会，赋诗道意，分别用不同的诗韵，各赋五言古诗一首，以纪方外之游。后人把他们的诗，刻于石壁，成为惠山的一道亮丽景观。

将近300年后，元丰二年（1079）春天，东坡从徐州知州调任湖州知州，秦观（字少游、太虚）、释道潜（字参寥子）随行。途经无锡时，一同到惠山游览，观看王武陵等三人的题诗，不期引发诗兴，每人依韵和诗三首。东坡在诗前有“叙”（其祖父名“序”，故东坡避讳“序”字而用“叙”字）：“余昔为钱塘倅，往来无锡，未尝不至惠山。既去五年，复为湖州。与高邮秦太虚、杭僧参寥同至。览唐处士王武陵、窦群、朱宿所赋诗，爱其语清简，萧然有出尘之姿。追用其韵，各赋三首。”其第一首为：

梦里五年过，觉来双鬓苍。
还将尘土足，一步漪澜堂。
俯窥松桂影，仰视鸿鹤翔。
炯然肝肺间，已作冰玉光。
虚明中有色，清净自生香。
还从世俗去，永与世俗忘。[10]

其中“五年”，是指从熙宁七年（1074），在江南赈灾完毕，到这次赴湖州任职，已经相隔五年。在这期间，东坡从杭州辗转密州、河中府、徐州，如今又将去湖州，公事繁忙，庶务劳顿，而年龄已从三十八岁上升到四十三岁，故有“梦里五年过，觉来双鬓苍”“还从世俗去，永与世俗忘”之叹。

东坡的诗题为《游惠山并叙》，秦观的诗题为《同子瞻、参寥游惠山三首》，道潜的诗题为《子瞻赴守湖州诗》，限于篇幅，不再详引。后人把他们的和诗，总称作“和三唐人惠山诗”，逐渐成为一个固定的诗题。从此以后，人们竞相继和，蔚然成风。仅笔者所见，秦梁、王世贞、邹迪光、王永积、吴兴祚、秦道然、妙复等30多人，都有和诗。无锡著名诗人严绳孙、顾贞观、秦松龄还一和再和，乐此不疲。这种现象，在我国诗歌史上，乃至世界诗歌史上，都是极其罕见的，而苏东坡正是承前启后，开创这一诗风的领头人。

这次惠山之游，东坡还作有七律《赠惠山僧惠表》，描写这位惠山寺老和尚的晚年生活，“山中老宿依然在，案上楞严已不看。欹枕落花余数片，闭门修竹自千竿”。此外还有《赠钱道人》诗[11]。

同时，游山赋诗，还得到一个意外的收获：由于秦观在第二首诗中，有“讵得踵三隐，山阿相与邻”之句，后来他的儿子秦湛在任常州通判时，遵照其生前的这一意愿，把他的灵柩从故乡高邮迁葬到惠山二茅峰南坡。而秦观的后裔，则由定居武进新塘乡（今雪堰镇）秦村，到入赘无锡富安乡（今胡埭镇）鸿禧监簿王野舟家，逐步发展成为江南望族。

此外，东坡在和胡宗愈（字完夫，常州人）韵的诗中，也有“雪芽为我求阳羡，乳水君应饷惠山”[12]之句。直到东坡远谪海南儋州，元符三年（1100）哲宗亡故，徽宗继位后遇赦北还途中，六月十七日经过琼州之东的三山庵时，因庵下有泉，庵僧惟德请他为该泉起个名字，东坡品尝之后，觉得水味类似惠山泉水，就意味深长地命名为“惠通泉”[13]。由此可见，东坡对无锡惠山及其泉水的印象之好，终生不忘。

相传北宋末年，金兵入侵，宋室南渡时，有一位姓蒋的酿酒者，从北方逃难来到无锡，用惠山泉水酿造黄酒，清醇甘洌，色香味俱佳，与绍兴黄酒并称为黄酒的两大品牌。后来，蒋家又在锡山之麓开设蒋氏酒楼，遐迩闻名。当初，东坡在宜兴购买庄田后，曾在《菩萨蛮》词中，写有“买田阳羡吾将老，从来只为溪山好”之句[14]。曹雪芹在小说《红楼梦》第16回、第62回，曾两次写到无锡的这一名酒——惠泉酒。他的祖父曹寅，则在《题锡山蒋氏酒楼》一诗中，打趣东坡道：“买田阳羡应犹过，此处楼居即是仙。”[15]其实，曹寅在这里忽略了一个时代的因素：北宋期间，不仅蒋氏酒楼尚未建造，而且惠泉酒也还没有酿造。所以此一时，彼一时，那时的锡山、惠山，无楼亦无酒，东坡买田宜兴，是并不过分的。

山水钟灵、物华天宝的无锡，尤其是惠山的灵泉古松、景物风光，给东坡留下了难以忘怀的美好印象；一生跌宕起伏，可歌可泣的东坡，尤其是他那道德风范，诗词篇章，也给无锡民众留下了难以磨灭的深刻影响。

二、不是“我为”是“为我”——《次韵完夫再赠之什》

无锡惠山“天下第二泉”，分上、中、下三池。在上、中两池与下池之间，建有漪澜堂，因宋代苏东坡《游惠山并叙》三首中“还将尘土足，一步漪澜堂”的诗句而得名。20世纪80年代初，已经七十八岁高龄的宜兴著名书法家曾可述，应无锡市有关部门的邀请，用东坡《次韵完夫再赠之什。某已卜居毗陵，与完夫有庐里之约云》（以下简称《次韵完夫再赠之什》）的颔联，为漪澜堂书写门柱联。曾老先生与好友徐步云反复斟酌，以篆体字写成“雪芽为我求阳羡，乳水君应饷惠泉”的对联（以下简称“曾联”），悬挂于漪澜堂的门柱之上。

此联一出，便陆续有人提出质疑，以为这是曾老先生一时的笔误所致，并称之为锡城最糟糕的修改对联。这是怎么一回事呢？原来，当时社会上流传的东坡诗歌，这两句作“雪芽我为求阳羡，乳水君应饷惠山”。曾联改“我为”作“为我”、“惠山”作“惠泉”，这又是什么缘故呢？

事情要追溯到北宋元丰八年（1085），东坡虚龄五十岁（按夏历）时，胡宗愈（1029—1094，字完夫，常州人）写了一首七律《宗愈闻子瞻舍人有怀居之兴，为小诗戏呈》，赠送给东坡，全诗如下：

苏公五十鬓髯斑，云袖青袍入汉关。
贾谊谪归犹太傅，谢安投老负东山。
黄冈泉白红尘外，阳羡牛羊返照间。
知有竹林高兴在，欲闲谁肯放君闲。

胡宗愈的这首诗，见于清查慎行《补注东坡编年诗》（又称《苏诗补注》）第26卷，和清王文诰《苏文忠公诗编注集成》（又称《苏轼诗集》）第26卷。但北京大学出版社出版的《全宋诗》第660卷虽收录其诗五首，大象出版社出版的《全宋诗订补》又补收其诗两首，这首七律却都漏收。

东坡接到胡宗愈的赠诗后，即作《次韵胡完夫》，回赠给他。胡宗愈觉得意犹未尽，又依原韵赋诗，再赠苏轼。从而苏轼又作《次韵完夫再赠之什》一诗，回赠给胡宗愈：

柳絮飞时笋箨斑，风流二老对开关。
雪芽为我求阳羡，乳水君应饷惠山。
竹簟水风眠昼永，玉堂制草落人间。
应容缓急烦闾里，桑梓聊同十亩闲。

其中，颔联上句的“为我”二字，在流传中存在异文，一作“我为”。曾联上句不用“我为”而用“为我”，并把下句的“惠山”改成“惠泉”。这是否可以，是否合适呢？就一般的文学常识而论，如下。

首先，关于体裁。对联，也称楹联，由诗词形式逐步演变而来，是我们中华民族所特有的最简洁、最凝练的文学样式。借用前人的诗句作对联，通常有两种情况：一是标明诗句作者的，必须一字不差地引用原句，不能随意改动；一是未标明诗句作者的，既可以一字不差地引用原句，也可以在不伤害诗句原意的前提下，作个别文字的适当改动，以切合对联（包括其他形式韵文）的需要。曾联即属于后一种情况，所以，“为我”“惠泉”这两处文字的变动，是完全允许的，并不是一时的笔误。在古典文学名著《红楼梦》里，就存在类似的情况：第 101 回“散花寺神签惊异兆”，王熙凤求得签文（又称“签诗”）中的“蜂采百花成蜜后，为谁辛苦为谁甜”，化用自唐代罗隐《蜂》中的诗句，由于原诗题目已经标明为“蜂”，所以原文直接作“采得百花成蜜后”，而签文并未提到蜜蜂，因此改为“蜂采百花成蜜后”，以使整个签文通畅妥帖。

其次，关于押韵和对仗。作为诗歌，尤其是律诗，必须按照一定的要求押韵、对仗。先说押韵：胡宗愈赠诗首句和二、四、六、八句的最后一个字“斑”“关”“山”“间”“闲”，押删韵。东坡依次使用同样的字押韵，称为“次韵”（或“步韵”），其第 4 句末必须用“山”字。饷，在这里是赠送的意思。惠山是不能赠送的，可以赠送的是它的泉水，即“天下第二泉”。所以，东坡诗中的“惠山”，实际上就是“惠泉”的代称。把诗句改作对联，就可以不受原诗韵脚的限制。曾联有意把“惠山”改作“惠泉”，从而显得更加直观、贴切。再说对仗。作为律诗，其颔联和颈联，上、下句之间应当对仗。而这种对仗，又可以有宽、严之分。上、下句对仗完全工整的，称为严对（或工对）；上、下句之间虽有对仗，但并不十分工整的，称为宽对。东坡的这首七律，属于宽对。其颈联“竹簟水风眠昼永，玉堂制草落人间”两句，对仗并不完全工整的情况尤为明显。既然如此，颔联以“为我”不完全工整地对应“君应”，也显然是允许的。曾联用“为我”而不用“我为”，并不是什么笔误。

最后，关于立意。诗贵立意，具有真切的情趣，对联尤其如此。《红楼梦》的作者曹雪芹，在第 48 回“慕雅女雅集苦吟诗”中，曾借林黛玉之口，对向她学诗的香菱说：律诗“不过是起承转合，当中承转是两副对子，平声对仄声，虚的对实的，实的对虚的（此两句有误，应为‘虚的对虚的，实的对实的’——引者）。若是果真有了奇句，连平仄虚实不对都使得的”。她又说：作诗“第一立意要紧。若意趣真了，连词句不用修饰，自是好的。这叫作‘不以词害意’”。东坡此诗，作于元丰八年夏历五月，正值他被贬为挂名的检校尚书水部员外郎、汝州团练副使，获准常州居住，归于宜兴（当时宜兴、无锡，均为常州属县）之际，故以“柳絮飞时”起兴，对胡宗愈和自己以“风流二老”相称。“开关”，语见楚屈原《离骚》：“吾令帝阍开关兮，倚阊阖而望予。”对开关，引申为相邻而居，倚门而望的意思。中间二联，描写两人的政事活动及交往情谊。尾联借用西汉大臣袁盎病免居家之典和《诗经·魏风·十亩之间》诗意，设想在与胡宗愈实现庐里之约后，自由自在的和乐生活。全诗达观超逸，进退自如，感情真挚，意趣盎然。颔联用“为我”完全切合诗的主旨。

以上所言，在于说明曾联对苏诗作这样的更改，都是可以的、允许的。但这仅仅是问题的一方面，而更加重要的另一方面，则是曾联为何要作这样的改动？东坡的原文究竟是什么？除前面已经提到，把“惠山”改作“惠泉”更为恰当，不必再费笔墨外，对于“为我”与“我为”之词的选用，我们应当作进一步的探讨，这就需要弄清楚东坡诗集版本的源流与变化情况。

东坡诗集的版本较多，但生前并无定本，都是在他去世之后，由他人陆续收集、编注而成的。主要有：①施元之、顾禧《注东坡先生诗》，宋嘉泰年间刊本、景定年间补刊本；②《王状元集百家注分类东坡先生诗》，宋黄善夫家塾刊本、泉州刊本；③《增刊校正王状元集注分类东坡先生诗》，元务本书堂刊本、熊氏刊本；④《东坡先生七集》，明成化年间刊本；⑤《重编东坡先生外集》，明万历年间刊本；⑥清邵长蘅删补《施注苏诗》，《四库全书》本；⑦清冯景补注《东坡续补遗》，《四库全书》本；⑧清查慎行《补注东坡编年诗》，《四库全书》本；⑨清乾隆《御选唐宋诗醇》第38卷，《四库全书》本；⑩清王文诰《苏文忠公诗编注集成》，《续修四库全书》本；⑪《苏东坡全集·续集》，北京书店，1986年影印版；⑫《全宋诗》第14册，北京大学出版社，1993年版。

其中，就东坡的七律《次韵完夫再赠之什》而言，查慎行在诗后曾说明："慎按：此诗施氏原本不载。新刻本载续补下卷。观所用韵，乃同时唱和作，今改编于此。"王文诰也在诗题下说明："诰案：此诗施编不载。查注从邵本补编。"由于邵长蘅所删补的《施注苏诗》，与冯景所补注的《东坡续补遗》，合刊于同一册（即《四库全书》集部别集类第1110册），所以，查慎行所说的"新刻本载续补下卷"，与王文诰所说的"查注从邵本补编"，实际上都是指邵、冯合册中冯景的《东坡续补遗》。王文诰又在"雪芽我为"下注明："《七集》作'为我'。"《七集》，即明成化年间刊本《东坡先生七集》。这是现知最早收录此诗的版本，其原文作"为我"。此后，冯景《东坡续补遗》，也作"为我"，乾隆十五年《御选唐宋诗醇》，也作"为我"，直到20世纪80年代，北京书店影印出版的《苏东坡全集·续集》，仍作"为我"。因此，我们完全可以确定，东坡的原文就是"为我"。

东坡的诗歌，在流传过程中，由于传抄、制版、印刷等原因，难免会造成某些舛误或异文。尤其是查慎行在对东坡的诗歌按年补注、改编时（或其据以补编的底本），把冯景《东坡续补遗》中的"为我"，改成了"我为"。王文诰在作东坡诗的编注集成时，又沿用了这一误文，以致后世（包括20世纪90年代北京大学出版社出版的《全宋诗》第14册）普遍按此流传，使人们误以为原文就是"我为"，成了东坡诗歌中的一件错案。

这种情况，在文学作品中，也是有例子可资参考的。《红楼梦》第7回，焦大醉骂宁国府时有两句话，早期抄本都作醉语颠倒的"红刀子进去，白刀子出来"，脂砚斋并且有"是醉人口中文法"的评语。但后来被一位自作聪明的人，并未领会曹雪芹的本意，却把这两句话改成了正常人口气的"白刀子进去，红刀子出来"，以致后世的通行本《红楼梦》，都一直按此流传。甚至连极其欣赏并屡次引用这两句话的无产阶级革命家瞿秋白，在文章里也将错就错地作"白刀子进去，红刀子出来"。直到20世纪80年代，红学界才按照早期抄本和脂砚斋的评语，把这两句话纠正过来。

当年，东坡卜居毗陵（今常州），与胡宗愈有庐里之约。胡宗愈作为本地的主人，为东坡寻求、赠送乡土特产——阳羡茶叶、惠山泉水，是完全合乎情理的事情。颔联"雪芽为我求阳羡，乳水君应饷惠山"两句，东坡都是对胡宗愈而言，并一气呵成的（颈联"竹簟水风眠昼永，玉堂制草落人间"两句，则是对他自己而言的）。把"为我"改成"我为"，东坡向胡宗愈表明要自己去寻求宜兴茶叶，则反而显得见外而不近情理了。查慎行（或其他人）没有理解东坡的本意，只看到上句"为我"，与下句"君应"对仗不工整的表面现象，就想当然地把"为我"改作"我为"，这样一来，对仗虽然工整了，道理却不通了。

综合以上所述，可见曾可述先生在书写惠山漪澜堂门柱联时，不用"我为"而用"为我"，绝不是一时的笔误，而是具有充分版本依据，经过反复推敲、深思熟虑之后确定的。他为我们纠正东坡诗歌中的这一错案，提供了可贵的启示。

附带说明：本文屡次引用曹雪芹《红楼梦》中的文字，并不是要以此生搬硬套于东坡的这首七律，只是试图为东坡诗歌的研究，开阔一些视野，拓展一些思路。是否妥当，欢迎指正。

注　释

[1]〔宋〕苏轼：《求焦千之惠山泉诗》，《全宋诗》第 14 册第 791 卷，北京大学出版社，1993 年版，第 9158 页。

[2]〔唐〕独孤及：《慧山寺新泉记》，《全唐文》第 4 册第 389 卷，中华书局，1983 年影印版，第 3950 页。

[3]〔明〕王永积：《锡山景物略》第 1 卷，《四库全书存目丛书》史部第 234 册，齐鲁书社，1996 年版，第 406、409 页。

[4]〔宋〕苏轼：《跋焦千之帖后》，《苏轼文集》第 5 册第 69 卷，中华书局，1986 年版，第 2197 页。

[5]〔宋〕苏轼：《至秀州赠钱端公安道并寄其弟惠山老》，《全宋诗》第 14 册第 791 卷，北京大学出版社，1993 年版，第 9168 页。

[6]〔宋〕苏轼：《钱安道席上令歌者道服》，《全宋诗》第 14 册第 794 卷，北京大学出版社，1993 年版，第 9192 页。

[7]〔宋〕苏轼：《惠山谒钱道人烹小龙团登绝顶望太湖》，《全宋诗》第 14 册第 794 卷，北京大学出版社，1993 年版，第 9193 页。

[8]〔宋〕苏轼：《次韵蒋颖叔》，《全宋诗》第 14 册第 807 卷，北京大学出版社，1993 年版，第 9348 页。

[9]〔宋〕苏轼：《常润道中有怀钱塘寄述古五首》（其五），《全宋诗》第 14 册第 794 卷，北京大学出版社，1993 年版，第 9198 页。

[10]〔宋〕苏轼：《游惠山并叙》，《全宋诗》第 14 册第 801 卷，北京大学出版社，1993 年版，第 9280 页。

[11]〔宋〕苏轼：《赠惠山僧惠表》《赠钱道人》，《全宋诗》第 14 册第 801 卷，北京大学出版社，1993 年版，第 9280-9281 页。

[12]〔宋〕苏轼：苏轼《次韵完夫再赠之什，某已卜居毗陵，与完夫有庐里之约云》，《全宋诗》第 14 册第 809 卷，北京大学出版社，1993 年版。其第 3 句中的"为我"，误作"我为"，第 9375 页。

[13]〔宋〕苏轼：《琼州惠通泉记》，《苏轼文集》第 2 册第 12 卷，中华书局，1986 年版，第 400 页。

[14]〔宋〕苏轼：《菩萨蛮》，《全宋词》第 1 册，中华书局，1999 年版，第 392 页。

[15]〔清〕曹寅：《题锡山蒋氏酒楼》，《楝亭集》，上海古籍出版社，1978 年影印版，第 465 页。

《黄杨集》版本考述

赵承中*

【摘要】《黄杨集》是元末无锡华幼武所撰诗集，自明洪武至民国间屡见传抄和刊印，本人经多方访求共检得八种，有的尚存于世，有的已经散佚。而后人对于这些版本的题跋和著录，亦间有讹误与缺漏。今据有关记述，对编辑者的背景及成书年代作一梳理，或有助于了解该书的源流和传播轨迹。

【关键词】华幼武 《黄杨集》 版本 源流

《黄杨集》六卷，元华幼武撰。华幼武字彦清，号栖碧，常州路无锡州人，世居梅里乡之隆亭，随曾祖父迁堠阳。华氏为无锡著姓，先祖华宝，东晋义熙末，其父豪将戍长安，谓宝曰："待吾归，为汝冠。"[1]后城陷。华宝奉父之言，终老未冠婚，以孝行闻天下。《南齐书》卷五十五、《南史》卷七十三有传。父铉，又名也先，一作野仙，字子举，仕元由宿卫授都功德使司都事，谢病归，殁年二十六。吴郡陈谦撰行述，义乌黄溍铭其墓。母陈氏名明淑，抚孤持家，矢志守节，至正二年（1342）获旌表。吴县俞贞木有墓志，邑志入列女传。华幼武生元大德十一年（1307）十月初六日，卒明洪武八年（1375）正月十八日，得年六十有九。俞贞木撰《栖碧处士圹志铭》，常州府志、无锡县志有传。

一

华幼武一生经历了元代中期的承平和元末的战乱。他的早年基本是在家乡度过的。当时，社会相对安定，他原本家道殷实，绍继先业后又勤于治生，蓄积益厚。但他雅志恬淡，不尚奢靡，无意于仕进，元丞相周伯琦等屡荐之，皆不就。事母至孝，构贞节堂奉娱颐养；另构春草轩[2]，取唐人孟郊《游子吟》"谁言寸草心，报得三春晖"诗意，以示不忘抚育之恩。为人敦厚和易，敬亲睦族，尊贤礼友，乐善多施，一以仁恕为归。

中年时期，反元义兵纷起，时局动荡。至正十三年（1353），四十七岁那年他复罹家难，老宅在一场突发的大火中化为灰烬，骤然间从一个锦衣玉食的富豪沦为一个居无定所的寓公，转辗于苏州、常熟、吴江之金泾、长洲之周庄，及常州等地，间关羁旅，野行舟宿，饱尝颠沛流离之苦。十年后的中秋，他一度回到梅里草堂废墟，作短暂的逗留。至明王朝定鼎南京，江南富民类多迁往濠州落户，他以《上徐相国》一诗独免，得重返故里。因旧址荒圮，命诸子择地另营新第，未及竣工而逝。

* 赵承中：无锡历史文献馆顾问

华幼武喜读书，工翰墨，尤好吟咏，老而弥笃。后至元初年，华幼武延聘谷阳陈子贞方坐馆课子，相与论诗，晨夕推敲，遂为师友交。尝手注杜甫诗，凡章句起结、境物意象莫不详辨，能得其大要，声名日隆。一时之名贤如张雨、王逢、倪瓒、张着、张翥、黄溍、郑元佑、杨维祯、陈基、陈谦、俞贞木辈，多乐与相往还。有著述两种，《杜诗评钞》，已佚，仅《黄杨集》传世。

《黄杨集》之名系陈方所题。其序云：“彦清爱诗甚笃，而莫于多事。予来此二年矣，见其录成帙者，未肆然而为之也，因戏题其帙之端曰《黄杨集》。世传黄杨之为木，遇闰岁则厄而不长。彦清能不为闰所厄，则干霄耸壑，予将承其余阴之下矣。”[3]陈方借黄杨之习性喻人，这显然是对作者的一种善意的勉励。陈谦在《续黄杨集序》中亦云：“(陈）子贞题其集曰：《黄杨》，盖勉其无厄闰云……兹木之退乎闰者，乃所以进乎闰也，名集《黄杨》固当。仍题以《黄杨续集》而归之。”[4]他认同了此名，但从“以退为进”的积极的层面加以诠释。这与陈方的原义已有所不同。而华幼武则在一首题为《黄杨》的诗中用形象的语言对二陈的题名作出了回应，诗云：“只尺黄杨树，婆娑枝干重。叶深团翡翠，根浅踞虬龙。岁历风霜久，时沾雨露浓。未应逢闰厄，坚质比寒松。”[5]他干脆改变了“黄杨”一名的内涵，由“习性”提升到“品格”，从而赋予此名以全新的意义。

华幼武现存诗歌511篇、词3首、文2通。词皆应酬之作，文为祭文，无甚可取；惟其诗歌，不但数量较多，而且五七言绝句、律诗、排律、古风众体兼备，代表了他的创作成就。明代莫息的《锡山遗响》、俞宪的《盛明百家诗》，清代钱谦益的《列朝诗集》、朱彝尊的《明诗综》、顾嗣立的《元诗选》初集、清圣祖玄烨裁定的《御选宋金元明四朝诗》、顾光旭的《梁溪诗钞》、卢文弨的《常郡八邑艺文志》等都选收有他的作品。后人称他“以诗闻于时”[6]并非谀辞。

二

《黄杨集》在明清两代乃至民国或是刊印或是传钞，不绝如缕，有冠以前缀者，但集名却始终未变。现将所见和所知者，无论存佚，均略加考识，标举如次。

（1）明洪武间华悰韡手录本，题《黄杨集》，一册，不分卷。悰韡，幼武仲子，字公恺，号贞固，明初以经明行修、孝廉、儒士数征之，俱以疾辞，生于元至正元年（1341）七月，卒于明洪武三十年（1397）九月，著有《虑得集》，事迹具浦江赵友同撰《贞固处士传》和吴郡陈镒撰《贞固华先生墓表》。此本凡十九页，无格，半页十六行，每行十六字，书体清秀规正，校改墨迹亦清晰可见。间有残损，如前集一首七古《九日见菊》，阙此诗题，不相衔接；又如续集末端一首七律《赠吕景方得子诗》，阙二十四字，应尚有下页，似已非全璧。据部分诗题下所标之年月看，大体是按时间顺序编排的，前集诗五十一篇，陈方作序；续集诗五十七篇，其中四篇为他人唱和之作，陈谦作序。后有明代弘治以来十八人之题识。长洲文壁识云：“无锡华顺德示余《黄杨集》写本，盖其远祖栖碧翁所为诗，翁之子贞固所手书也。前集五十篇[7]，陈方子贞为叙，续集五十七篇，陈子平为叙。”[8]清顾翃辄云：“元华栖碧先生《黄杨集》及《续集》，为序二，为诗百有七，钞之凡十九楮，先生之子贞固公所书。”[9]华鸿模题识所记之页数和篇数亦同。足见此本数百年间虽几度易主，但至少仍保持着明弘治十七年（1504）文壁所见时的原貌。此本无疑是《黄杨集》最早的版本。而清华翼纶则认为尚有更早的元代刻本，云：“《黄杨集》若干卷，为九世祖栖碧公所著，始刻于元至正十一年（1351），谷阳陈方、吴郡陈谦为之序。”[10] 民国间辛干先生沿用此语，亦云：《黄杨集》“初刻于元至正间，谷阳陈方、吴郡陈谦为之序”[11]。此说的唯一依据便是陈谦续集序所署的年份，并无其他旁证，所以只能将其看作是一种推测。

（2）明华悰韡辑，洪武二十年丁卯（1387）吕纬文刻本，题《黄杨集》，六卷。今佚。最先提及此本者是明人文璧，他在题记中写道：“此诗洪武丁卯其门人吕纬文尝刻入梓，俞贞木叙之，而吕亦自为之引。”但使他感到困惑的是：“无锡华顺德示余《黄杨集》写本……此有二陈序而无俞、吕之文，盖未刻前所录。但刻本类分六卷，共五百余篇，而此仅仅百余篇，又是漫录，岂选本耶？”[12] 关于此本与手录本之关系，华鸿模在手录本的题跋中做出了解答，云：“考刊本始于洪武丁卯，时（贞固）公尚在，则此册抄于丁卯前无疑，故有二陈叙而无吕、俞文。”[13] 这就是说悰韡生前辑有两种文本：一为其手录之“写本”，即华顺德奉示文璧求取题识者；一为俞贞木《黄杨集后序》所云“（栖碧）翁既没，其仲子公恺手编其遗稿，示余，因俾其外孙杨绎重为缮写，门人吕纬文锓木而广其传”[14] 之洪武丁卯六卷本。两者互不相干，文氏不明内情，误把手录本当作是洪武丁卯刻本之底本，故生此疑端。此本公私藏目罕有著录，仅见于清人邵懿辰撰、邵章续录之《增订四库简明目录标注》与吴焯之《绣谷亭熏习录》。前者在“《黄杨集》二卷”条下提到有“洪武丁卯刊”[15] 本，惜未作任何描述，详情无从考究；后者在卷二《集部》中则有“王乃昭手录本校洪武丁卯刊本，微有不同”[16] 之语。如此言不谬，则此本至清代前期尚存于世，只是见者寥寥而已。

（3）明华守方辑，成化十八年壬寅（1482）序刊本，题《黄杨集》，六卷。守方，悰韡曾孙，幼武玄孙，名方，号时茸，恩例寿官。生永乐五年（1407）二月，卒成化二十三年（1487）六月，事迹具长洲吴宽撰《冠带处士时茸公传》。刻本已佚。今存明末山阴祁氏淡生堂钞本，旧藏国立北平图书馆，后归台北故宫博物院，由此钞本得以概见刻本之大略。钞本为二册，蓝格，书口刻“淡生堂抄本”五字，半页十行，每行二十字，工楷书写。按体分卷，卷一，五言绝句、五言律诗；卷二，五言排律、五言古风；卷三，七言绝句；卷四，七言律诗；卷五，七言律诗续、七言排律；卷六，七言古风、诗余、文。都五百九篇，实诗五百四篇、诗余三篇、文二篇。卷端有安福彭华、陈方、陈谦序三通，和六卷诗文之总目；卷末有俞贞木后序。卷内钤有“淡生堂经籍记”“山阴祁氏藏书之章”“旷翁手识”“淡生堂中储经籍，主人手校无朝夕，读之欣然忘饮食，典衣市书恒不给，后人但念阿翁癖，子孙益之守弗失。旷翁铭”“茗上散人”“包虎臣藏”“包子庄秘籍印”等印记。彭华《重刊黄杨集序》称：“幼武既没，其仲子公恺收拾遗稿，仅得其半，门人吕纬文亟请锓梓。历岁既久，渐就湮讹。翁之玄孙守方旁搜徧购，又得若干篇，命三子炯、燧、焂考订完补，重刻以传。”[17] 据此可以认定，此本乃华守方自辑而非洪武丁卯本之重刊。近人王重民先生撰写《中国善本书提要》时在北平图书馆曾亲睹此书，并认为眉端之朱笔校字可能是傅增湘先生命校官校书所遗。则卷六末之《奉题东湖泛月诗卷》《秋江送别图》二题和《九日见菊》《忆昔》两首七言古诗，笔迹与之相同，当亦出自校官之手。

（4）明华守方辑，弘治间华烈重刊本，题《黄杨集》，六卷。书目无载，华氏后人也从未说起。今仅见广昌何乔新所撰《重刊黄杨集序》，曰：“锡山华先生彦清，在胜国时以诗名于吴中。所著《黄杨集》，门人吕纬文锓梓以传。岁久讹且缺，其玄孙守方购得善本，正其讹补其缺，重刊于家。然守方甚重斯集，不轻易传诸人，虽子姓宗戚，求摹印者亦靳不予。守方之族弟烈，由进士擢建昌郡推，以斯集传之未广，虑久而湮灭，乃捐俸重刊，以广其传。”[18]这篇序文未署年月，但为了解此本提供了一些重要信息。第一，此本系重刊而非新辑；重刊之原因是不满于华守方对己之所刻过分珍爱，秘不示人，恐日久湮灭；重刊之底本当为华守方所辑之六卷本。第二，此本乃华烈捐俸所刻。第三，付梓时华烈在建昌府推官任上。华烈，悰韡弟同韡曾孙，幼武玄孙，字武承，号东窗，生景泰五年（1454）七月，卒明弘治十三年（1500）十一月。《谱传》载：“甲辰（明成化二十年，1484）登进士，除广州府推官。丁外艰，服阕，补建昌府，决滞狱悉输其情，为巡按御史所奖异。满三载绩归，途闻母丧，哀毁垂绝。服除，改杭州府，政声视昔有加……钦取南道御史。至京，以疾卒。”[19]明成化共二十三年。按其履历，华烈举进士后，先是之广州府推官任，接着便是丁外艰，回家守制，二十七阅月而服阕，然后再赴京师候补，这一番奔忙足够耗费掉成化最后三年的光阴。待到建昌府署推官印时则已当改元弘治，故而将此本的重刊年代定在弘治间，应该不成问题。

（5）明华察辑，隆庆二年戊辰（1568）华承业刻本，题《黄杨集钞》，二卷。华察，幼武七世孙，字子潜，号鸿山，明嘉靖五年（1526）二甲进士，尝赐一品服出使朝鲜，官至翰林院侍读学士，掌南京翰林院事。生弘治十年（1497）六月，卒万历二年（1574）五月，著有《翰苑稿》《留院稿》《东行纪兴》《皇华集》《碧山堂集》《知退轩集》《岩居稿》等，事迹附《明史》卷二八七《王慎中传》，王世贞撰有《华公墓碑》。华承业，华察兄华宇之子，字以勤，号少泉，太学生，上谒选曹，授南京鸿胪寺司宾署署丞。生正德九年（1514）正月，卒隆庆四年（1570）正月，事迹具华察幼子叔阳撰《从兄少泉君行状》。此为选本，一册，半页八行，每行十六字，卷上收五言古诗、七言古诗三十一首；卷下收五言律诗、七言律诗、五言绝句、七言绝句九十七首，刀工精良，字体秀雅。卷端为陈方、陈谦二人集序和吕纬文引，卷末为俞贞木后序、华察《重刻黄杨集后语》。此本有“蕉林藏书”“苍岩山人书屋记”“苍岩子”“观其大略”等朱白文印记，应是清初收藏家梁清标家旧物；间为近代著名藏书家李盛铎所得，故又有李氏手题之书名、题跋与“椒微藏”三字；今藏北京大学图书馆。编选此集的缘起，华察在后语中述之颇详，云：“七世祖栖碧翁先生有遗稿，曰《黄杨集》若干卷，藏于家。其详具载前后序中……今按察使是堂俞公欲编辑《盛明百家诗》，上自缙绅，下至韦布，罔不搜括。察乃于所藏集中，手录诸体，凡百二十有八首，以备采择，非敢有所可否其间也。第《百家诗》卷帙浩繁，一时未易就绪。兹本恐其久而散失，因属兄子承业锓梓以传，盖不敢没先人之善云尔。”[20]可知此一百二十八首诗原是特意为“是堂俞公”编辑《盛明百家诗》时“采择”而选的。是堂俞公名宪，字汝成，是堂为其号，又号岳率，无锡人，嘉靖十七年（1538）进士，历官山东按察使。生正德三年（1508），卒隆庆六年（1572），著有《辽海集》《金陵集》《蓬莱集》《辇下集》《说诗》等。他的《盛明百家诗》辑成于去世前一年，共两编，前编一五三卷，后编一五零卷。编入后编卷二之《华氏黄杨集》选有华幼武诗四十七首，厘为一卷，皆取自华察手录之本，与《黄杨集钞》同出一源。民国《续修江苏通志·无锡征访类稿·艺文志》所载“明隆庆刊本，白棉纸精印的《黄杨集》一卷”[21]并非华察辑本，而应是《盛明百家诗》本。

（6）明华五伦辑，万历四十六年戊午（1618）序刊本，题《栖碧先生黄杨集》，三卷补遗一卷附录一卷。五伦，承业曾孙，幼武十一世孙，字永膺，号子虚，南京鸿胪寺序班，生万历元年（1573）五月，卒清顺治二年（1645）五月。此本四册，半页九行，每行十八字。卷上是五言古诗、七言古诗，卷中是七言律诗、七言排律，卷下是五言律诗、五言排律、七言绝句、五言绝句，补遗中汇录诸体，凡三百首整，各卷均有卷目。卷端为长水孙弘祖撰《重刻黄杨集序》，及《汇锲栖碧先生诗集原本序跋》四篇，即二陈之集序、续集序、吕纬文之锓梓引、俞贞木之后序，又有《重刻黄杨集后语》一目，此当为华察所撰者也。附录为俞贞木《栖碧先生圹志铭》、张翥《春草轩记》、陈方《栖碧轩记》、刘衢《题贞固春草第二轩》，亦四篇。《四库全书总目》有著录，入《集部·别集类存目一》；清丁丙《善本书室藏书志》亦曾著录，卷内有丁丙题跋，及“四库附存”“丁氏八千卷楼藏书记”等印书记，现藏南京图书馆。《四库全书存目丛书》即据此本影印。此刻多家图书馆有藏，《北京图书馆古籍珍本丛刊》《续修四库全书》所影印者俱为北图藏本。北图藏本有幼武十二世孙华汝高在清康熙五十二年（1713）闰五月分别于卷端、卷中空白处补录的华察《重刻黄杨集后语》全文和《喜幼子文韡远归》《过邹生》《次韵答赵季文》《遣怀奉呈东湖叔》等七言律诗、七言排律各两首。这两种藏本《中国古籍善本书目》都标注为“明万历四十六年华五伦刻本”。但是，著名版本目录学家王重民先生却称，此本是幼武仲子公恺即悰韡所辑，幼武十世孙与进所刻。其《中国善本书提要·集部·别集类》“栖碧先生黄杨集三卷补遗一卷附录一卷”条云：“是集有两本，繁简不同。一为幼武仲子公恺辑本，即此本是。一为玄孙守方辑本，凡六卷，今北京图书馆所藏淡生堂钞本是……此本为幼武十世孙与进所刻，诸家未道及，在公恺辑本中，亦罕传之本也。”[22]另一位著名版本目录学家傅增湘先生也有类似的议论，详见所著《藏园群书题记》卷第十六《集部六·元别集类》“校淡生堂钞本华彦清《黄杨集》跋”条。为辨明这个问题，先看孙弘祖之序，序曰：“余客子虚许两年，习其门风，并习其祖先遗集，往往祈向。顷重刻翁集，属余序之。夫碎金断璧，自是王谢家物，而不有贤子孙，将无作堂前之燕乎？子虚致足多也。”[23]文中两次提到子虚，表明此刻与五伦有关。再看五伦本人所作之《黄杨集后跋》，此跋未收入万历刻本中，而见于崇祯重刻本、嘉庆丙辰本、同治补修本、钞本《黄杨集》，及《华氏通四堠阳晴云支宗谱》数书。跋云：“兹集先学士有手抄，吾曾祖少泉翁刻而藏之家塾。伦惧后之人不复睹其全也，爰觅原集，汇为四卷，授之梓人，与抄本并存云。”[24]由此可知，是本确系五伦所辑且刻。而与进为华察曾孙，五伦之族叔，字晋明，太学生，著有《繁祉堂集》等，因孙弘祖之序为其所书而厕名其间，仅此而已。故王重民先生之说系误。但既是五伦辑刻，其后跋何以独不见于此本，而反梓入后之重刊本？华察之后语，又何以只立其目，却不著其名不录其文？此诚不可解者也。

（7）明华五伦辑，明崇祯十四年辛巳（1641）华允诚重刻本，题《栖碧先生黄杨集》，三卷补遗一卷附录一卷。此本付梓时五伦尚健在。允诚，幼武九世孙，字汝立，号凤超，受业于乡先达高攀龙。天启二年（1622）进士，历官兵部职方司员外郎协赞郎中事；南明弘光立，起为吏部文选司员外郎，寻改验封司，引疾归；后以不肯薙发殉节江宁。生万历十六年（1588），卒清顺治五年（1648），著有《春秋说》《春秋三传合删》《四书大全参补》《管见象钞》等，辑《高忠宪公（攀龙）年谱》，诗见《启祯两朝遗诗》中。事迹具《明史》卷二五八本传、无锡钱海岳撰《南明史》卷一百二本传、清汪琬撰《华凤超先生传》，及《东林列传》《南明忠烈纪实》《南疆逸史》等多种史籍。此本亦四册，半页九行，每行十八字，今人杜泽逊撰、程远芬编《四库存目标注》作“半叶十行”[25]，误。与万历刻本相比，增入华亭陈继儒撰《题黄杨集》，华允诚撰、文宠光书《黄杨集叙言》，华察后语，华五伦后跋文四篇。陈继儒题集曰：“栖碧先生以诗文垂世，厚积而发，代有闻人。自学士公递传子虚，文心慧业，世承风雅，将后序而传之。余诵先生之诗，想先生之遇。先生以《黄杨》传也，《黄杨》以子虚传也。”[26]此题集作于“癸酉春日”，即崇祯六年（1633）之春，允诚上年六月以后方以劾温体仁、闵洪学告归，尚未有重刻《黄杨集》之议，且文中言不及允诚，当是应五伦之嘱而撰。允诚之叙言则曰：“《黄杨集》者，九世祖栖碧府君诗稿……是集也，子虚既梓行于万历之戊午，又重梓于今，一若三复而不忘者，其亦有戒心也夫。”[27]“子虚”者，五伦之号，“万历之戊午”者，四十六年也。此两文足可视为万历本系五伦所刻之又一佐证。

（8）明华五伦辑，清嘉庆元年丙辰（1796）华宏源刻，同治十三年甲戌（1874）华翼纶诒榖堂补刊本，题《栖碧先生黄杨集》，三卷补遗一卷附录一卷。民国间，孙殿起曾经售过一种《黄杨集》，亦三卷补遗一卷附录一卷，“无刻书年月，约嘉庆间承先堂刊”[28]，此或即嘉庆元年丙辰华宏源刻本。而《四库存目标注》又载有“上海图书馆藏清咸丰六年（丙辰，1856）承先堂重刻本，书名卷数同前本。王培孙旧藏”[29]。如咸丰六年丙辰承先堂确曾重刻，则两本应为同一书板所印。但华翼纶《续修黄杨集跋》并未提到此次重刻，云：“《黄杨集》若干卷，为九世祖栖碧公所著，始刻于元至正十一年，谷阳陈方、吴郡陈谦为之序。逮明洪武丁卯，十世祖贞固公又续梓之。及隆庆戊辰、崇祯辛巳，族祖鸿山公、凤超公相继重刻之，各有弁言。以后屡废屡镘，殆非一次。嘉庆丙辰，族祖宏源公因旧板已毁，将原本付梓，以广其传。而代远年湮，时有残缺。同治癸酉十二年（1873），其曾孙继埙恐其久而散失也，将板送存义庄藏之，因命梓人修其残缺，以还旧观。亦犹是宏源公之志也。”[30]嘉庆、咸丰两刻皆为“丙辰”年，或许杜氏著录有误。以翼纶所述观之，诒榖堂本正是他延请吴郡王云泉将宏源所刻之原板修复后的重印本。宏源，名云泉，幼武十四世孙，国学生，以长子珙诰封奉直大夫，生乾隆二十年乙亥（1755）五月，卒嘉庆十九年甲戌（1814）十二月。继埙，宏源嫡曾孙，字伯吹，国学生，生卒年不详。翼纶，继埙族侄，字赞卿，号笛秋，道光二十四年（1844）恩科顺天府举人，由广西军功授江西永新县知县，累加知府衔，诰封中宪大夫，著有《荔雨轩文集》六卷、《续集》二卷、《诗集》三卷。生嘉庆十七年壬申（1812），卒光绪十三年丁亥（1887）。此本亦四册[31]，半页十行，每行十八字，同崇祯本相比，附录又添加了真如《贞固先生画像记并赞》《谒祠吟五言二首》，华云泉即宏源之《跋》和华翼纶《续修黄杨集后跋》。真如之记、诗，云泉之跋及刘衢之《题贞固春草第二轩》，俱同幼武与《黄杨集》无关，阑入于此似有乖体例，抑或出于对先祖的崇敬而辑录遗文，则亦情理可原者也。

（9）明华五伦辑，钞本，不著钞者名氏，题《黄杨集》，三卷补遗一卷附录一卷。二册，白纸无格，半页九行，每行二十字。卷内有“歙西长塘鲍氏知不足斋藏书印”朱记，知为清嘉庆十九年（1814）以前旧钞，曾经著名藏书家鲍思诩、鲍廷博父子收藏。1988 年无锡荡口已故华开荣先生在苏州购得，后归其从弟华百顺先生，2010 年初搬迁时遭遇雅偷，当尚存世间。此本四卷正文篇目与华五伦所辑之刻本无异，但比之万历戊午本多出两文，一在卷端之末，为华察所撰后语；一在附录，为《黄杨集后跋》，他书俱署“五伦”，惟此本落款“益祹”。检《华氏履历考》，载：“五伦，一名益祹，字永膺，号子虚”[32]，则益祹即五伦也。比之崇祯辛巳本，又少却陈继儒题集和华允诚叙言二文。若比之嘉庆丙辰本则差之更多。而鲍氏之前，四卷本《黄杨集》止此三刻，未闻有他。此本所据何本，抄于何时？实难论定。设或五伦本人或命人抄于万历戊午本之既刊，以补其未备，亦不无可能。其一，后跋乃其自撰；其二，落款“五伦”还是“益祹”，概任由己；其三，其后跋有云：“兹集先学士有手抄，吾曾祖少泉翁刻而藏之家塾”，则华察之后语在焉。而如系他人和后人所抄，一般不会擅改撰者署名。是为明钞，抑为清钞？姑存疑于此，以待方家。

（10）民国华堂重编，存裕堂木活字本，题《黄杨集》，三卷。《美国哈佛大学哈佛燕京图书馆藏民国时期图书总目》有著录。华堂，幼武十九世孙，字叔琴，吴县优附生。清光绪十九年（1893），堂之族祖华鸿模在无锡县西门外酱园浜开设宏仁堆栈。未几，堂入宏仁为学徒，升职员、账房，后出任总经理。光绪三十二年（1906）科考职二等，以典史签分浙江补用，奉委严州府收发委员，旋改江苏本省补用。民元后，历任无锡市议员、商会会董、全国商会江苏省干事、江苏省农会会员、省振务处干事、无锡商埠局顾问。民国十年八月，与同邑其他五人当选为第二届江苏省议会议员，遂离开宏仁堆栈，边从政，边经营自办的堆栈和丝厂。生光绪五年（1879）十一月，约卒于中华人民共和国成立之初。此本为线装二册，半页九行，每行二十五字，诗仍三百首。少补遗一卷，卷内之诗则按体分插至上中下各卷。此唯一有异于明万历戊午、崇祯辛巳、清嘉庆丙辰、同治甲戌各本及钞本者也。所以华堂自署“重编”，而不署重辑，用词甚是贴切。

三

如上所述，《黄杨集》版次众多，编辑与刊刻者几乎一色为作者之后人，但就现存的八种文本而言，不仅其卷帙和诗歌多寡不等，而且诗句甚至诗题也异文迭出。

华悰韡手录本是《黄杨集》最初的文本。其具体年代虽无法确考，但所录之诗无疑皆本于作者原作。若以此本为基准去观照其他文本，则不难发现，明末淡生堂钞华守方所辑之成化本、华察所辑之隆庆本，这两种成书较早的文本基本接近于原作，而对原作作较大更改者实始于华五伦所辑之万历本。

前文谈到，华悰韡手录本曾几度易主。光绪三十二年春，幼武十七世孙华鸿模在怀芬书屋“敬观”“贞固公手书《黄杨集》”时，所题跋文叙述了“此册之得失源流”，云：“贞固公之钞约在洪武初，明代中叶失去，弘治八年乙卯（1495），顺德购归，此一得也。明末又失去，流落在秦氏，崇祯十年丁丑（1637）由秦归于燕超，旋归凤超先生，此二得也。鼎革后又失，族人孟超赎回，时嘉庆二十三年戊寅（1818），此三得也。咸、同间，粤寇乱，又失，光绪初，笛秋又购回，此四得也。”[33]在收藏过此册的华氏裔孙中，有两位《黄杨集》的重刊者。一为笛秋，即华翼纶，他是重刊在先，购回在后。一为凤超，即华允诚，据江阴朱选作于崇祯十二年己卯（1639）十二月七日的题识中所说的，此册“始构于顺德公，继归于燕超公，今则珍袭于凤超先生”[34]之语可以证明，允诚至迟在是年已从其兄燕超处取得了此册。在此后至重刊《黄杨集》的将近两年中，他有非常充裕的时间去利用悰韡手录本，或直接将其付梓，或用以厘正万历戊午本，并增益所缺，使之回归原作。可他并没有这样做，却选择了最省心的方式：重刊万历戊午本。其中之缘由，于史无征，不敢妄加猜度。

注　释

［1］〔梁〕萧子显：《南齐书》卷五十五《孝义・华宝传》，中华书局，第 958 页。

［2］〔明〕俞贞木：《栖碧处士圹志铭》(〔元〕华幼武撰：《栖碧先生黄杨集》，明万历四十六年刻本附录）云："岁癸巳（至正十三年，1353），家毁于火。处士适在郭，闻之，亟问母安否，即驰骑归。见母无恙，心始释然，他不问也。其后仍构贞节堂、春草轩以奉养。时母年已七十矣。"把构贞节堂、春草轩之年代置于"岁癸巳（1353），家毁于火"以后。旧题〔明〕朱存理撰：《赵氏铁网珊瑚》(《景印文渊阁四库全书・子部・艺术类》第 815 册，台湾商务印书馆）卷九，有《无锡华氏贞节春草二卷》，内收元人干文传之《贞节堂记》，署"至正九年春正月望日"（第 536-537 页）；郑元佑之《贞节堂后记》，署"至正九年春二月"（第 538-539 页）；张翥之《春草轩记》，署"至正七年立夏日"（第 541-542 页）；陈谦之《春草轩诗序》，署"至正七年三月廿一日"（第 542-543 页）等数文。张翥记云："后至元二年（1336），中书表其闾，有司因名之曰旌节里。呜呼！天于贞贤之报，信必至此而后申之也。惟幼武每痛先人之早世，其嗣续几绝，微夫人，将无以至于今休，乃构堂曰贞节，轩曰春草。堂则夫人居之，轩则幼武奉亲之所周旋也。"足证贞节堂、春草轩实构于癸巳岁即至正十三年以前，而非以后。

［3］《黄杨集》，明华悰韡手录本。

［4］《黄杨集》，明华悰韡手录本。

［5］《黄杨集》卷一，明末山阴祁氏淡生堂蓝格钞本。

［6］清嘉庆《无锡金匮县志》，卷二十四《孝友・华幼武传》。

［7］华悰韡手录本前集有七绝《雾中行二首》，未分行缮写，首尾相接续，故文氏漏计一篇。前集实 51 首，续集 57 首，总 108 首，后如清代顾翃、华鸿模等人题识称"为诗百有七"，其误盖本于此。

［8］《黄杨集》题识，明华悰韡手录本。

［9］《黄杨集》题识，明华悰韡手录本。

［10］《续修黄杨集后跋》，《黄杨集》附录，清嘉庆元年华宏源承先堂刻，同治十三年华翼论诒穀堂补刊本。

［11］《无锡艺文志・长编集部・别集类》卷一，稿本，由著者外孙黄宁一先生捐赠，今藏无锡历史文献馆。

［12］《黄杨集》题识，明华悰韡手录本。

［13］《黄杨集》题识，明华悰韡手录本。

［14］《黄杨集》卷后，明末淡生堂钞本。

［15］〔清〕邵懿辰撰，邵章续录：《增订四库简明目录标注》，上海古籍出版社，1979 年版，第 809 页。

［16］〔清〕吴焯之：《绣谷亭熏习录》，清人书目题跋丛刊本，中华书局，1995 年版，第 587 页。

［17］《黄杨集》，明末淡生堂钞本。

［18］《椒丘文集》卷九，文渊阁《四库全书》本。

［19］《华氏通四堠阳晴云支宗谱・卷首下》，民国十四年存裕堂木活字本。

［20］《黄杨集钞》卷后，明隆庆二年华承业刻本。

［21］《续修江苏通志・无锡征访类稿・艺文志》，民国年间无锡钱基厚撰，方格抄本。

［22］《中国善本书提要》，《集部三・别集类》，上海古籍出版社，1986 年版，第 546 页。

［23］《重刻黄杨集序》，《栖碧先生黄杨集》，明万历四十六年华五伦刻本。

［24］《黄杨集后跋》，《栖碧先生黄杨集》附录，明崇祯十四年华允诚刻本。

［25］ 杜泽逊撰，程远芬编：《四库存目标注》，卷五十一《集部二・别集类一》，上海古籍出版社，2007 年版，第 2569 页。

［26］《题黄杨集》，《栖碧先生黄杨集》卷前，明崇祯十四年华允诚刻本。

［27］《黄杨集叙言》，《栖碧先生黄杨集》附录，明崇祯十四年华允诚刻本。

［28］《版书偶记续编》卷十三，上海古籍出版社，1980 年版，第 208 页。

［29］杜泽逊撰，程远芬编：《四库存目标注》，卷五十一《集部二・别集类一》，上海古籍出版社，2007 年版，第 2569 页。

［30］《栖碧先生黄杨集》附录，清同治十三年华翼伦补刊本。

［31］国家图书馆藏，傅增湘先生校补题跋本作三册。

［32］清乾隆间无锡华汝高辑，清抄本。

［33］《黄杨集》题识，明华悰韡手录本。

［34］《黄杨集》题识，明华悰韡手录本。

顾洞阳先生祠碑、匾、联考析

金其桢*

【摘要】惠山古镇祠堂群2006年5月被国务院列为全国重点文物保护单位。其中，祭祀明代著名诤臣顾可久的顾洞阳先生祠等10座祠堂，被列为“全国重点文物保护祠堂建筑”。顾洞阳先生祠遗存有众多宝贵的历史文物，但迄今研究大多还停留在宏观层面，缺乏深入的微观研究和考析，对其中许多宝贵文物的历史文化内涵还缺乏深层次的了解，这无疑是一项亟待进一步深化的工作。本文不揣浅陋，对顾洞阳先生祠部分文物微观研究考析作了粗浅尝试，以期起到抛砖引玉的作用。

【关键词】顾洞阳先生祠　碑　匾　联　历史文化内涵

位于无锡市区西部京杭大运河畔的惠山古镇，至今仍保存着自唐代至民国时期的118处计4.7万平方米的祠堂建筑，这一全国罕见的惠山古镇祠堂群，2006年5月被国务院列为全国重点文物保护单位。其中，祭祀明代著名诤臣顾可久的顾洞阳先生祠等10座祠堂，更是被列为“全国重点文物保护祠堂建筑”，成为不可多得的吴地历史文化瑰宝。顾洞阳先生祠（图一）等这些祠堂之所以被列为“重中之重”，跻身于“全国重点文物保护祠堂建筑”之列，除因其有保存完好的祠堂建筑、古韵悠长、景观赏心悦目之外，更主要的是祠堂中遗存有众多宝贵的历史文物。这些宝贵的历史文物，都蕴含着深刻而丰富的历史文化内涵和珍贵的史料价值。很显然，为了把对无锡祠堂文化的研究进一步由宏观到微观不断地引向深入，我们无疑有必要对这些重点祠堂中的重要历史文物加以深入的考释探析，从而更加深层次地发掘出这些祠堂深厚的历史底蕴和丰富的历史文化内涵，加以弘扬光大。

图一　顾洞阳先生祠大门

顾洞阳先生祠是祭祀明代无锡籍著名忠正刚直之臣顾可久（字舆新，号前山，别号洞阳）的祠堂，坐落在今无锡惠山下河塘史家弄内，始建于明穆宗隆庆四年（1570），为当时应天巡抚海瑞所奏建。据地方史志记载，顾洞阳先生祠建成后迄今大修凡七次，堂庑房舍都有

* 金其桢：江南大学老科技工作者协会副会长，江南大学教授（已退休），历史学研究员

增修，祠大门的朝向，亦由朝南而改为朝东。在清代，顾洞阳先生祠曾多次重建和增建。据清邵涵初辑、邵文焘编辑的《慧山记续编》记载："顾洞阳先生祠……康熙戊辰火，五世孙敦重建，乾隆丁巳给帑重修。"[1] 清康熙二十七年（1688），顾洞阳先生祠不幸毁于火，次年（1689），顾可久五世孙顾敦重建。清乾隆年间，顾洞阳先生祠又先后两次重修。一次是乾隆二年（1737），由地方官府给帑重修；另一次也是规模最大的一次，乾隆六十年（1795），顾可久八世孙、四川按察使顾光旭为纪念自己引以为豪的先祖，又对顾洞阳先生祠进行了重修，并在修葺原祠的基础上增建了后院。对此，顾光旭《乡泉年谱》作有明确记载："乾隆六十年……予于惠山洞阳祠后得隙地筑楼五楹……洞阳公竹素故园有巨石移置楼下……"[2] 正是由于得益前后多次大修，顾洞阳先生祠至今才得以较好地保存了下来，基本保持了完好的历史原貌。现存的顾洞阳先生祠分为前、后两个庭院，前院为顾洞阳先生祠原有建筑，后院建筑系顾光旭于乾隆六十年重修祠堂时所增建。顾洞阳先生祠大修凡七次，祠内的陈设，亦有新增。现存的顾洞阳先生祠历史文化遗存丰富，除肃穆庄重，清雅秀美，景色怡人的亭、台、楼、阁、榭、廊、池塘、石桥、假山、名木花卉等庭院建筑和景观外，还有多位明清名贤留存的碑刻、牌匾、楹联等具有丰富历史文化内涵的珍贵文物。现以微观着眼宏观阐发的视角，试对其中最有代表性的几件碑刻、牌匾、楹联作一个粗浅的考释解析，以期能对深入揭示顾洞阳先生祠的深厚历史底蕴、弘扬顾洞阳先生祠内在的历史正能量有所裨益。

一、顾洞阳先生祠碑刻考析

碑刻是顾洞阳先生祠中遗存最多，也是蕴含历史文化内涵最为丰厚、史料价值和书法艺术价值最高的珍贵文物。经祠中实地查考，现顾洞阳先生祠遗存的古碑共有六块。

（1）《顾洞阳先生祠堂碑记》。此碑系清顺治九年（1652）当时任国史院史官，后官至内阁学士、江宁巡抚、礼部尚书的汤斌，应顾可久四世孙顾煜所邀而撰写的，当时并没有立即勒石，直到乾隆十八年（1753），才刻石嵌于顾洞阳祠享堂前步廊东侧墙壁上，故人称"东壁碑"。由于时间久远，顾洞阳先生祠年久失修，此碑曾一度湮没，2010年7月在修葺顾洞阳先生祠时被重新发现，对后人了解顾可久生平事迹具有重要的史料价值。

（2）《重修顾洞阳祠记事碑》。此碑系乾隆六十年（1795）顾光旭在重修顾洞阳先生祠后撰书镌刻的，因刻后嵌于顾洞阳先生祠享堂前步廊西侧墙壁上，故人称"西壁碑"。此碑是研究了解顾洞阳先生祠兴建、演变发展历史的重要资料。

（3）由顾可久撰、书的《西斋雨中》《溪上避暑》诗碑。此碑原嵌在顾洞阳先生祠后院拜石山房明间壁间，后修缮时移至拜石山房南侧山墙上。顾可久工书，擅小楷，师法钟繇、王羲之，尽得其髓，当年其书法颇受时人称道，这一诗碑即被收录于《寄畅园法帖》中。顾可久亦擅诗，初学李白、杜甫，中年崇陶渊明，晚年追求王维风韵，其赋"文词宏尔雅，本之庄周氏"，著有《洞阳诗集》20卷，《四库总目》行于世。这一诗碑是顾可久代表作之一，人们无疑从中可一斑而窥全豹，加深对顾可久诗文和书法艺术的了解。

（4）顾光旭撰书的《诗冢歌》诗碑。此碑原先也嵌在顾洞阳先生祠后院拜石山房明间壁间，后修缮时与顾可久的《西斋雨中》《溪上避暑》诗碑一起移至拜石山房南侧山墙上。此碑系顾光旭于清嘉庆元年（1796）重阳节撰书。诗歌文字流畅，书迹秀美，全碑共29行270余字，还有"臣光旭""华阳""拜石山人”等三枚落款印章。顾光旭是当时著名的书法家，此碑是其代表作之一，只是由于时间久远，石质较差，风化严重，碑上有不少字迹现已模糊不清，颇为令人遗憾。

（5）“浴日泉”题名碑。相传顾洞阳先生祠初建时，祠内旧有一泉，但并无泉名，后来日久便淤塞了。清乾隆六十年（1795），顾光旭在大修祖祠时，发现了这口干涸的泉眼。他十分高兴，认为祠内有泉是通灵气的，该泉应是脉通惠山二泉之活水。他便命修祠匠工扒去污泥，见有清流汩汩涌出，在彻底清污以后，一潭清泉呈现在眼前，煮茶品泉，觉得味甘清冽，并不亚于二泉。顾光旭在惊喜之余，当即引用当年海瑞谒祠诗中“功同浴日再批鳞”句中的“浴日”二字，作为泉名，并命砌成月池，自己亲笔书写“浴日泉”三字，勒石刻碑，嵌于泉壁之上，于是乎顾洞阳先生祠中又多了一块珍贵的碑刻。

（6）除这五块碑刻外，更为弥足珍贵的是顾洞阳先生祠还拥有一块名闻遐迩的“海瑞诗碑”（图二）。海瑞原是海南琼山一介穷书生，明嘉靖十四年（1535），因诤言直谏先后两次遭到两代皇帝廷杖险些丧命的忠正刚直之臣顾可久得到明世宗的宽恕，出任广东按察副使备兵琼州，兼督学政，多次主持乡试。他以非凡的眼力识拔海瑞，并施以谆谆教诲，使海瑞于嘉靖二十八年（1549）考中举人走上了仕途。明穆宗隆庆三年（1569），因政绩卓著已升任应天巡抚的海瑞不忘师恩，到无锡来探访因励精图治得罪豪门权贵、遭权臣中伤而被勒令辞职归乡的恩师顾可久，但顾可久此时早已含屈去世，这使海瑞大为悲恸。海瑞仰慕先师顾可久两朝忠节、刚正不阿的高风亮节，于是乘当时朝廷正诏行优恤、“劝忠世风”之机，立即专疏上奏皇帝请求为顾可久平反、赐建专祠。朝廷准奏拨下专款后，海瑞又自己捐俸，于隆庆四年（1570）在无锡惠山寺塘泾建成了祭祀顾可久的专祠顾洞阳先生祠。但海瑞当时因故未能前来拜谒，直到明神宗万历元年（1573），才亲临无锡谒祠，并敬赋七律一首以祭恩师。诗云：“两朝崇祀庙谟新，抗疏名传骨鲠臣。志矢回天曾叩马，功同浴日再批鳞。三生不改冰雪操，万死仍留社稷身。世德尚余清白在，承家还见有麒麟。”220多年后，清乾隆六十年（1795），时任四川按察使的著名书法家、顾可久八世孙顾光旭重修先祖顾洞阳先生祠，他极为崇敬先祖顾可久和门生海瑞刚正不阿的高风亮节，便特地将当年海瑞谒顾洞阳祠先生祭拜恩师顾可久时所赋的诗，亲笔书写后勒石刻碑，立于顾洞阳先生祠中。

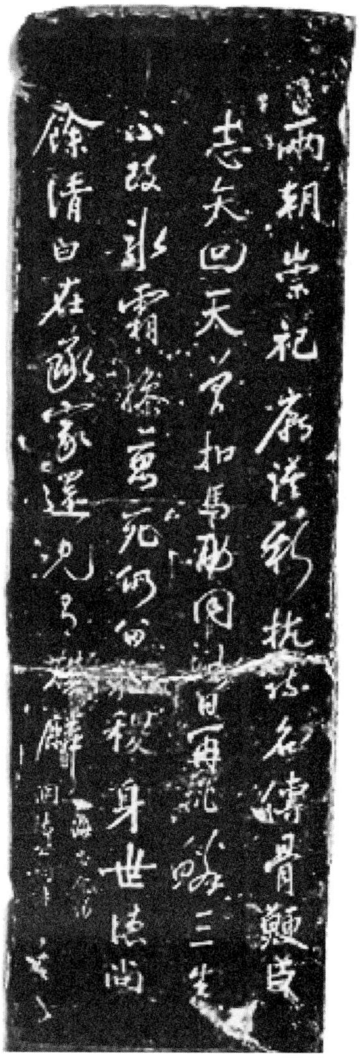

图二 海瑞诗碑

综观顾洞阳先生祠六块古碑，都是蕴含丰富的历史文化内涵、具有宝贵的史料价值和书法艺术价值的珍品，而其中“海瑞诗碑”思想内涵最为深刻，集中反映和体现了顾洞阳先生祠正气浩然这一内在特色，给人的教益和启迪尤为深刻。该诗用典众多，比喻精湛，意蕴深奥，韵味醇厚，为了能更好地洞悉其内在精髓，从中汲取宝贵的精神营养加以弘扬光大，我们无疑有必要对其作一番较为深入的考析。

诗的首联从追忆往事着笔，开首即给顾可久以崇高的评价。出句“两朝崇祀庙谟新”，“两朝”是指顾可久先后在明武宗和明世宗两朝任职；“庙谟”犹同“庙谋”，即朝廷对国事的计谋，语出范晔《后汉书·光武帝纪赞》。对句“抗疏名传骨鲠臣”，“抗疏”是指顾可久秉性鲠耿，直言敢谏，多次冒死在朝廷上对皇帝提出批评，因此，他“骨鲠臣”的崇高名声著称于世，名传千古。“骨鲠臣”这称号正是顾可久刚直清正、敢言敢谏、无所畏惧的高贵品格的高度概括和集中写照。

颔联“志矢回天曾叩马，功同浴日再批鳞”，“志矢回天”是说顾可久一生始终坚贞不渝地立志要改变朝廷政治不清明的局面；叩马，即勒住马，语出《史记·伯夷传》“伯夷叔齐叩马而谏”，引申为不顾触怒冒犯皇帝拼死诤谏；“浴日”，喻指卓异的功勋；“批鳞”是从“批逆鳞”这一传说脱化而来。据传，龙喉下有逆鳞径尺，谁敢触动这些鳞，那龙必定怒而杀之，“批逆鳞”意即引申为触犯帝王龙颜大怒。海瑞妙用“叩马”典故，将顾可久与上古先贤伯夷、叔齐相提并论，给顾可久以崇高的地位；又通过“浴日”“批鳞”这样形象生动的比喻，极为传神地表现出了顾可久大义凛然的精神，充分肯定他卓异的历史功绩。

在首联、颔联给顾可久崇高评价的基础上，颈联进一步深层次描述顾可久的高贵品质。出句“三生不改冰霜操”，“三生”系佛教语，指“前生、今生、来生”，即“过去世、现在世、未来世”，引申为自始至终永远如此；“冰霜操”是比喻像冰霜那样洁白清莹的节操。此句意思是说顾可久一生自始至终没有改变自己像冰霜那样洁白清莹的高尚节操。对句“万死仍留社稷身”，“万死”即“万死不辞”，形容其决心之坚定；“社稷身”即把自己所有的一切都献给国家。此句意思是说，顾可久尽管曾经多次因直言“抗疏”诤谏而遭受迫害，乃至“廷杖”死而复生，但他始终不屈不挠，不改变自己为国为民的初衷。“三生不改”“万死仍留”八个字，虽是夸张之辞，但用得恰到好处，并不使人感到言过其实，给人留下了极其深刻鲜明的印象。

尾联“世德尚余清白在，承家还见有麒麟”，出句是说顾可久一世品德高尚，他虽然已经与世长辞，但他的高风亮节和清莹洁白的节操已留在了人间。对句“承家”原指继承家业，这里引申为继承顾可久的事业和高尚的情操品德。“麒麟”原是传说中的“麋身、牛尾、狼蹄、一角”的一种仁兽，这里则借以暗用《诗经·周南·麟之趾》篇诗意，颂扬顾可久子孙宗族皆化于善。又南朝徐陵早慧，数岁时宝志上人手摩其顶，称为“天上石麒麟”，后来就用“麒麟儿”来作为颂人少子聪颖的美称。海瑞活用这两个典故，称赞顾可久的子孙很有作为，已经继承了他的事业。“尚余”“还见”四字，蕴含着海瑞对顾可久事业后继有人的欣慰之情和立誓继承顾可久遗志的坚毅决心，内涵深刻。

纵观全诗，不仅文采斐然，而且豪气万丈。在诗中，海瑞通过屡屡妙用典故和形象生动的比喻，讴歌了顾可久刚直清正、敢于直言诤谏，无所畏惧，与腐败邪恶势力斗争宁死不屈的高贵品格，像冰霜那样洁白清莹的高尚节操和威武不屈的凛然正气，为世人树立了一个光辉的学习楷模。使人读后，内心无不受到震撼，灵魂无不受到洗涤，斗志无不备受激励，深受教益和启迪。

"海瑞诗碑"诗的作者是中国历史上最著名的清正刚廉之臣海瑞，诗的内容是讴歌明代著名的方正刚直的骨鲠之臣顾可久，而书写碑文的是清代著名书法家顾光旭。一块碑上融合和展现了明清两代三位历史名人的风采，这是极为难得的，因此从一定意义上来讲，"海瑞诗碑"堪称无锡的一块"三绝碑"，是顾洞阳先生祠当之无愧的镇祠之宝。"海瑞诗碑"因具有深刻而丰富的思想内涵，鼓舞人心的精神力量，重要的文学价值、历史价值和很高的书法艺术价值，受到后人的高度重视和喜爱，使顾洞阳先生祠大为增色。无锡市文物管理部门为妥善保存这块碑刻瑰宝，数年前特将其移置于无锡碑刻陈列馆，嵌于壁间加以保护，这从文物保护的需要来讲不失为一个有效之法。不过，以笔者之愚见，这块"海瑞诗碑"是顾洞阳先生祠重中之重的核心历史文物，是顾洞阳先生祠深厚历史文化内涵最重要、最集中的体现者，因此在不影响文物保护的前提下，最好还是不要祠碑分离，能物归其主，将"海瑞诗碑"放回顾洞阳先生祠妥加保管为好。因为，作为顾洞阳先生祠镇祠之宝的"海瑞诗碑"若从顾洞阳先生祠分离出去，与顾洞阳先生祠"天各一方"，那无疑会使顾洞阳先生祠所具有的深厚历史文化底蕴大打折扣，魅力大减。即使要将原碑移置保存在无锡碑刻陈列馆加以集中统一保管，文物管理部门也应在顾洞阳先生祠原"海瑞诗碑"立石处，树立一个标识，放置一幅"海瑞诗碑"的照片，作必要的说明和介绍。相信如果这样做的话，对于弘扬洞阳先生祠的历史文化精华是大有裨益的。

此外，关于"海瑞诗碑"还有一个问题值得加以关注，那就是根据查考，长期以来，不论是学界还是社会人士，对"海瑞诗碑"的题目称呼五花八门，在各类文献、资料中，名称各不一致，相当混乱，莫衷一是。如在《无锡地方资料汇编》中，引载了"海瑞诗碑"全部八句诗，但全诗无标题，无诗碑名称[3]；在网上流传的一些民间关于"海瑞诗碑"的介绍材料中，则把此诗碑标为"谒先师顾洞阳公祠"或"谒宪副洞阳顾夫子祠"等名；在清邵涵初辑《慧山记续编》中将"海瑞诗碑"称为"海忠介公瑞祠诗"[4]；在重庆出版社出版的《中国名人胜迹诗文碑联鉴赏辞典》中，则将"海瑞诗碑"称为"题宪副洞阳顾夫子祠堂诗"[5]。诸如此类，不一而足。那么，这块名闻遐迩的"海瑞诗碑"究竟是什么题目呢？为什么各种文献材料所出现的名称各不相同呢？根据对现存放在无锡碑刻博物馆的乾隆六十年（1795）由顾可久八世孙顾光旭在重修先祖顾洞阳祠时亲笔书写勒石的"海瑞诗碑"的考证，可以清楚地看到，当时海瑞在洞阳祠所题之诗并未题写诗名（这在古人写诗时是常有之事）。所以最早由顾光旭书刻的这块"海瑞诗碑"全篇是没有诗名的，碑石上唯有八句七言诗诗句。这就清楚地证明，后来所出现的"谒先师顾洞阳公祠""谒宪副洞阳顾夫子祠""海忠介公瑞祠诗""题宪副洞阳顾夫子祠堂诗"等诸如此类"海瑞诗碑"名称，都是后人根据自己的理解而编写的，并非是当年海瑞自己题写的。"海瑞诗碑"之所以长期以来在各种文献、诗集、资料中会出现各种不同的题目和名称，其根本原因就是因为当年闻世时"无题"。

二、顾洞阳先生祠牌匾考析

牌匾是历史文化的重要载体。根据查考，现顾洞阳先生祠中遗存有四块牌匾，其中三块是标识性牌匾。其一是悬挂在临街顾洞阳先生祠大门上方的"顾洞阳先生祠"六字牌匾，该匾由顾光旭书写，是顾洞阳先生祠的标识；其二是悬挂在顾洞阳先生祠享堂内后壁上方正中的“宝忠堂”牌匾。据考，此匾在顾洞阳先生祠始建时原题为“守忠堂”，乾隆六十年（1795），顾光旭在重修顾洞阳先生祠时，将享堂改建为三间，并亲笔题书将“守忠堂”易名为“宝忠堂”，是顾洞阳先生祠享堂的标识；其三是悬挂在顾洞阳先生祠后院拜石山房大门上方的“拜石山房”牌匾，是拜石山房的标识。这三块牌匾都是书法精品佳作，具有很高的书法艺术价值。除此之外，更为不可多得的是，在顾洞阳先生祠中现在还珍藏着一块蕴含丰富历史文化内涵、具有宝贵历史文物价值的“两朝忠节”匾（图三）。此匾原是顾洞阳先生祠中的一块重要文物，在“文化大革命”中遭到“破四旧”厄运，被从顾洞阳先生祠中清除出去而流落民间，长期不知下落。据《无锡日报》报道，2010 年 7 月，地方政府和文物管理部门开始修葺顾洞阳先生祠，多年前偶尔从垃圾堆中捡到并收藏此匾的一位热心市民，得知此匾是一件重要文物后，于 2011 年 11 月 24 日主动将匾送回了顾洞阳先生祠，从而使这块此匾失而复得，重现光彩[6]。现在此匾被珍藏于顾洞阳先生祠后院祠楼东侧松风阁前的厅房中。

图三 “两朝忠节”匾

在上述“顾洞阳祠碑刻考析”中已提及，2010 年 7 月在修葺顾洞阳先生祠时，发现了一块一度被湮没的清初顺治九年（1652）时任国史院史官的汤斌应顾可久四世孙顾煜之邀而撰写、乾隆十八年（1753）刻石嵌于顾洞阳先生祠享堂前步廊东侧墙壁上被人称为“东壁碑”的《顾洞阳先生祠堂碑记》。这块“两朝忠节”匾不仅命运与《顾洞阳先生祠堂碑记》一样，一度被湮没而再次失而复得，而且两者关系极为密切，两者都出于同一人汤斌之手。据查考，这块“两朝忠节”匾，是汤斌撰写《顾洞阳先生祠堂碑记》碑文几年后，升任江宁巡抚之后再次专门为顾洞阳先生祠题写的，后由我国著名雕塑家钱绍武的先祖、清咸丰五年（1855）锡邑举人钱勖书写后制成牌匾悬挂于顾洞阳先生祠。“两朝忠节”牌匾为杉木材质，长 2.53 米，宽 0.57 米，虽然由于时间久远且在“文化大革命”中遭受破坏，牌匾已破损，已无外框，木板部分也已破损，但朱红的底色和金色题字还能看清。牌匾正中从右到左遒劲有力的“两朝忠节”四个擘窠大字和匾额右款首“汤文正公题额”六个字，和匾额左款“钱勖敬书、丙寅仲秋十”等两行文字及印章都依然清晰可识，可谓弥足珍贵。

汤斌用“两朝忠节”四个字，极其精辟地概括了顾可久的一生。根据考析可以发现，汤斌仅相隔几年先后所写的《顾洞阳先生祠堂碑记》和“两朝忠节”匾额，两者相辅相成内在关系极为密切。可以说，“两朝忠节”四字匾额，是从《顾洞阳先生祠堂碑记》长达 1600 字的碑文中深思熟虑提炼出来的，是《顾洞阳先生祠堂碑记》长达 1600 字的碑文内容的高度浓缩。而《顾洞阳先生祠堂碑记》洋洋洒洒的 1600 余字碑文，实质上则是“两朝忠节”四字生动、具体、形象化的体现。碑文记叙了明代正德、嘉庆年间，昏庸腐败的明武宗和明世宗采用“廷杖”酷刑处罚劝谏官员的情况。其中明确记载“累次叠谏廷杖不一次者”“若顾可久等三人”。碑文盛赞顾可久的高风亮节，记载了朝野对顾可久所作的高度评价，称他“烈烈忠肝义胆，皎皎高节清风”“从容就义，视死如归，一腔热血，千古丹心”“两朝忠心，不避天威，匡扶宗社，幸或全生，宪副东粤，树绩琼海，丰功大节”“宪副粤东，布威得觞，法纪辑岗，黎民怀其惠”，等等。碑文所述，正是顾可久“两朝忠节”的生动具体表现，汤斌以此为他自己所写的“两朝忠节”匾额做了最好的注解[7]。故而，如果参访瞻仰顾洞阳先生祠，要想弄清楚“两朝忠节”匾额所蕴含的深刻内涵，就必须好好读读“东壁碑”《顾洞阳先生祠堂碑记》。而要弄清楚“东壁碑”《顾洞阳先生祠堂碑记》的核心思想内容，就必须好好领悟“两朝忠节”匾额的深刻内涵，将两者有机联系起来。

三、顾洞阳先生祠楹联考析

根据查考，顾洞阳先生祠遗存的楹联为数甚少，仅在享堂“宝忠堂”中间两根顶梁柱子上镌有一副楹联。不过，正应了“少而精”这一评价，细细观赏品味，可以发现，这全祠唯一的一副楹联，是一副文彩、书法、意境俱佳的上品。上联为“事君以道无惮杀身昔人称锡谷四谏之冠”，下联为“当官而行不求利已后世高碧山十老之风”（图四）。该楹联由顾可久八世孙顾光旭，在乾隆六十年（1795）重修先祖顾洞阳先生祠改建享堂时撰书镌刻的。顾光旭是当时知名文人，也是著名书法家，其所撰书的这副楹联不仅书法艺术上乘，而且文笔精湛，言简意赅，蕴含着十分丰富而深刻的历史文化内涵，精炼而生动地概括了顾可久一生的坎坷遭遇，以画龙点睛之笔展现了顾可久直言敢谏、刚正不阿的高贵品格和清正廉洁、不谋私利的高风亮节，对顾可久的一生作了客观公正的评价，弘扬了浩然正气，使人咏读后沉思再三，感触良多，深受教益。全联上句和下句虽然都仅仅有17个字，但善用典故，妙用比喻，生动形象，见解精辟，内涵丰富。

图四　顾洞阳先生祠享堂立柱楹联

上联“事君以道无惮杀身昔人称锡谷四谏之冠”（图五），据考析，系讲述了当年顾可久在朝事君置生死于度外，直言诤谏，两次遭受廷杖的经历，称颂了顾可久刚正不阿的可贵品格。据《明实录》和《武宗外纪》等史籍记载，明武宗朱厚照耽乐嬉游，近小人，信方士，迷炼丹，掠民女，还经常出京跑到外地去寻欢作乐。正德十四年（1519）春，刚从太原等地巡幸返京的武宗，又下诏要南巡。以兵部郎中黄巩、翰林院修撰舒芬、吏部员外郎夏良胜等为首，包括顾可久在内的100多名中下级官吏纷纷上疏谏阻，言辞激烈，批评武宗“陛下轻万乘，弃九重，忽庙堂之戒，峒而甘驰骏之游，纵不自惜，如宗庙太后何……”。结果，龙颜大怒，“下黄巩等六人于锦衣卫狱”，翰林院舒芬等107人，被罚跪午门各杖三百，顾可久被罚跪陪绑。由于武宗不听劝谏，一个月后，顾可久等第二批39人又跪门榜击，再次诤谏。结果，“天威震赫，如雷如霆”，武宗下令廷杖跪谏的官员，当场“即毙者六人”，顾可久被杖四十，皮开肉绽，“亦几殆，绵绵痼疮者，五旬而始复”，并从正八品行人司行人被降职为正九品国子监学正。明武宗朱厚照无嗣，死后其堂弟明世宗朱厚熜嘉靖皇帝即位。嘉靖三年（1524）七月，继位不久的世宗召集群臣到左顺门，下诏要将尊号中“本生”二字删去，并凭借权力要将他的生身父亲兴献王朱佑杬追尊为兴献皇帝。这种滥用皇权不合封建礼制的做法，引起群臣的一致反对。首辅杨廷和等愤而辞官回乡，一批中下级官吏纷纷跪谏，上疏极论，伏阙固争。世宗先劝说群臣，见群臣不服，便雷霆盛怒，下令镇压。四品以上官员夺俸，五品以下官员处廷杖。耿直的顾可久和众臣一起上疏抗言，又参加了左顺门跪谏，因而再次被廷杖。这次有 180 余名官员被处以廷杖，16 人当场被打死，顾可久的棒疮在精心调治后才得以逐步恢复。当时，与顾可久一起因抗疏诤谏而受廷杖的无锡籍京官还有户部给事中曹怀、兵部郎中华钥和户部主事杨淮，后人将他们称为"锡谷四谏"。而四人中，顾可久是最不惧杀身之祸、最敢于直谏之人，并因此先后两朝两次廷谏遭受严酷廷杖，故而联语中谓顾可久"昔人称锡谷四谏之冠"。

下联"当官而行不求利己后世高碧山十老之风"（图六），据考析，系讲述了当年顾可久为官清正廉洁、不谋私利，勤政为民，公正执法的事迹，赞扬顾可久传承弘扬光大了当年备受锡人推崇的碧山十老的崇高风范和美德。据汤斌《顾洞阳先生祠堂碑记》等资料记载，顾可久明武宗正德九年（1514）考中进士，授行人司行人，后历任户部员外郎、户部郎中、福建泉州知府、江西赣州知府、广东按察司副使等职。他为官清正，廉洁奉公，勤政爱民，得到百姓的爱戴，颇有政绩，而且颇有识拔人才的眼光。出任福建泉州知府时，他廉平守正，平反诬冤；出任江西赣州知府时，他革除军需多征之弊，订立社仓贩济之法；出任广东按察司副使并兼管海南岛防务时，他遍访海南各地，了解民情，勘察地形，凡关隘、险阻、冲要，连同海港、山川一并绘制成图，一一加以注说，编制成《琼州府山海图说》2 卷，为治理海南、加强海南防务做出了许多贡献。在琼州兼督学政时，他曾多次主持乡试，为国家悉心察识选拔人才。但是，由于顾可久为人秉性耿直，为官刚正不阿，直言敢谏，因而一生仕途坎坷。他曾先后两次因诤谏皇帝而遭受廷杖。在任职广东按察司副使时，他正直行事，触犯了当地豪强大族的利益，他们通过朝中权臣，散布流言蜚语，对顾可久进行恶意中伤诬陷。结果，顾可久遭到皇帝贬弃，被勒令辞官回乡。回乡后，他虽受委屈，但他并不灰心丧气，与 19 位同邑老人一起复举"碧山吟社"，在吟诗作赋，切磋文章的同时，大力倡导弘扬以前"碧山吟社"十老的高尚道德情操，以身作则，开创地方良好社会风气[8]。地方文史资料记载，"碧山吟社"成立于明宪宗成化年十八年（1482），系当时宋代婉约词派领军人物秦观的后裔、诗人画家秦旭迁居无锡后，购置山地，在惠山北麓建房筑亭、开径堆坡、引泉浚池、修竹茅林，与无锡八位年过花甲、一位四十八岁的在野学士、老诗人共十人结为碧山吟社，后世称之为"碧山十老"。"碧山十老"每月约聚惠山，分题赋诗，风流洒脱。同

图五　享堂柱楹联上联

图六　享堂柱楹联下联

时，“碧山十老”将碧山吟社视为老年道德修养论坛，直率鲜明地批评众多“多田翁”——当时缙绅地主之类的有钱人，漠视慈善与公益的自私态度，主张积极倡导体现高度社会责任感与高尚道德情操的公益行动[9]。作为在野民间文人，“碧山十老”大力倡行良好的社会风气，受到无锡本地人的广泛关注和好评。而顾可久正是传承和发扬了当年“碧山十老”的好传统。联语通过“碧山十老”这一典故，褒扬了顾可久高尚的道德风范。顾洞阳先生祠“宝忠堂”这副楹联，寥寥 34 个字，极其生动形象地向世人展现出了顾可久令人可敬的光辉形象，给人们留下了极为深刻的印象，为顾洞阳先生祠倍添光彩和魅力。

顾洞阳先生祠珍贵的历史文物众多，深入加以考释解析，无疑将大大加深我们对其深厚历史文化底蕴的了解，使这一国家级重点文物保护单位，放射出更加绚丽夺目的光彩！同样，我们如能对惠山古镇祠堂群其他祠堂的历史文物作一番深入的考释解析，那么整个惠山古镇祠堂群的历史文化底蕴将更加厚重，将放射出更加耀眼的灿灿光芒，更具迷人的魅力，也为惠山古镇祠堂群“申遗”再增添点砝码。

注　释

［1］王立人主编:《无锡文库》第 22 册，凤凰出版传媒集团、凤凰出版社，2012 年版，第 143 页。

［2］王立人主编:《无锡文库》第 54 册，凤凰出版传媒集团、凤凰出版社，2012 年版，第 562-563 页。

［3］无锡地方志编纂委员会办公室:《无锡地方资料汇编 · 名胜古迹专辑》(内部发行)，1984 年版，第 188 页。

［4］王立人主编:《无锡文库》第 22 册，凤凰出版传媒集团、凤凰出版社，2012 年版，第 143 页。

［5］诸定耕主编:《中国名人胜迹诗文碑联鉴赏辞典》，重庆出版社，1994 年版，第 305 页。

［6］《市民为惠山古镇建设出力“两朝忠节”匾额重现》，《无锡日报》2011 年 11 月 25 日。

［7］汤斌:《顾洞阳先生祠堂碑记》，见顾洞阳先生祠享堂前步廊东侧墙壁上的“东壁碑”。

［8］汤斌:《顾洞阳先生祠堂碑记》，见顾洞阳先生祠享堂前步廊东侧墙壁上的“东壁碑”。

［9］王立人主编:《无锡文库》，凤凰出版传媒集团、凤凰出版社，2012 年版。第 22 册，第 74、249 页；第 23 册，第 69 页。

邹迪光考证四则

石　雨*

【摘要】阅读与分析明无锡邹迪光"郁仪""石语"等四个诗文集以及相关明清史料，可以获知邹迪光生卒年为1549—1625年，而非坊间流传的1550—1626年。邹迪光以高第入仕，是率真刚直有作为的中青年官员，两任学政两受排挤打击，两次"拂衣归"，最终蹉跎三十多年，老于林泉。愚公谷是邹迪光追求完美与无神论思维的园林杰作，升级版的榆枋馆，是明后期全国四个著名园林之一。邹氏父子种种张扬之举是明后期文人士大夫对黑暗政治的另类叛逆与反抗。

【关键词】邹迪光　生卒年　"拂衣归"　榆枋馆　愚公谷

明万历后期，无锡同时存在两道亮丽人文景观。一是东林书院，顾宪成、高攀龙等在此聚众讲学，激扬儒学，指点朝政，为当时全国清流注目的政治高地；二是邹迪光与他的园林"愚公谷，即海内所传'邹园'"[1]，为大江南北文艺人士所推重，如文学家钟惺是当时竟陵学派领袖，特地撰文为邹迪光七十诞辰贺寿。愚公谷还是无锡历史上向全社会免费开放的最早的"公花园"。然而，无锡多年来对邹迪光缺少深度研究，以致邹迪光许多基本情况缺失，甚至讹传。本文从考证邹迪光几个基本要素着手，抛砖引玉，俾各界重视并展开对邹迪光与愚公谷的研究，以丰富无锡城市历史文化内涵，提升无锡城市文化软实力。

一、1550—1626年还是1549—1625年

历史人物研究，其生卒年之界定，是一个基本要素问题。目前，邹迪光生卒年对于人们来说，还是一个众说纷纭的问题。究其原因，是缺乏对之研究，而研究缺乏的原因，则是因为现在没有邹迪光生卒年的现成资料，如他的墓志铭一类文字现很难觅得。目前人们能够阅读到的两部无锡邹氏家族文献，其中一部较为完整，载有邹迪光家族的世系与邹迪光小传，却违背常理地未直接记录其生卒年份[2]，更使这一问题添上扑朔迷离的色彩。

近年作为无锡重大文化工程推出的大型丛刊《无锡文库》，得到海内外多位著名专家、教授、学者的智力支撑，收录有邹迪光的文集《始青阁稿》，在其"提要"中，编纂者将邹迪光生卒年记为1550—1626年[3]，似乎是比较权威的。而1990年代出版的《江苏艺文志·无锡卷》的邹迪光条目，其生卒年也如是说。但在全面深入阅读与对比相关资料之后，我们发现这一生卒年记载并不准确。

---

* 石雨：华东旅游报社记者（已退休）

无锡邹氏家族文献未直接载明邹迪光的生卒年份，但载有邹迪光生平的简略文章《提学副使愚谷公小传》，传中包含解决生卒年问题的线索。该传称邹迪光“年二十五举于乡，万历甲戌联捷成进士”，“享年七十有七”[4]。这一记载与其他资料，如清多部《无锡县志》中关于邹迪光的记载是大体一致的，清康熙《无锡县志》说邹迪光“卒年七十余”[5]。据此我们可以推算出邹迪光的生卒年：邹迪光二十五岁考中举人，这年是万历癸酉年——1573年，翌年二十六岁；万历甲戌年——1574年，又考中进士。据此从万历癸酉年上溯25年，是1548年，但古人习惯以虚岁计年龄，我们实际只能上溯24年，所以邹迪光应生于1549年、嘉靖己酉年。邹迪光生年确定后，又知道他享年七十七岁，那末他的卒年就应是1625年——天启乙丑年。

上述邹迪光生卒年的推算结果，只是一个孤证，说服力尚为不足，我们理应进一步探索证明之。

明钟惺，字伯敬，亦字景伯，号退谷、止公居士，文学家，为明代竟陵学派领袖，是邹迪光录取的秀才，因此按当时惯例，钟惺就此成为邹迪光门生。他在《邹彦吉先生七十序》文中说：“辛卯，惺年十八，出就郡国童子试，吾师无锡邹彦吉先生督学楚中，时年四十三，玉貌铁骨……惺亦以庚戌举进士通籍，戊午请假寓南都，则先生七十矣。”[6]钟惺为邹迪光祝寿的文章，披露邹迪光的两个年龄节点值得关注。一是辛卯，即万历十九年（1591），邹迪光四十三岁；二是戊午，为万历四十六年（1618），邹迪光七十岁。据此两个数据推算，邹迪光的生年都是1549年、嘉靖己酉年。

另外，明娄坚，字子柔，又字歇庵，嘉定人，从归有光游，隆庆万历间贡生，书法甚佳，是邹迪光同时代人。他也撰写过邹迪光七十岁的贺文称：“兹岁戊午，公年七十以老矣，而飘须未改，双颊犹童，望之如神仙中人也。”[7]很明显，娄坚所说“兹岁戊午，公年七十以老矣”的邹迪光年龄信息，与钟惺文章的记载完全一致，足以相互参证。

上述邹迪光生卒年推算方法的正确性与结论的准确性，具有直接的证据，它来自明末清初邑人辛陞《邹公履传》：“……乙丑愚公卒。”[8]邹公履，即邹德基，邹迪光仲子；引文中的“愚公”，即邹迪光；乙丑，为天启五年，即1625年。

至此，我们可以肯定地说邹迪光准确的生卒年应为1549—1625年，他经历了嘉靖、隆庆、万历、泰昌、天启等五个朝代。邹迪光生卒年的确定，有利于人们厘清他与重要历史人物的关系、与重大历史事件的关联等问题。

二、高第入仕——率真刚直有作为的中青年官员

邹迪光二十六岁，万历二年（1574）以二甲第四十四名进士[9]，算上一甲状元、榜眼、探花三名进士在内，即以全国第47名进士的高第步入仕途，到四十三岁致仕，除去中间从福建官场“拂衣归”，在无锡赋闲四年（一说“二年”[10]）多时间，他实际为官时间不过13年，但其官场生涯丰富多彩、大起大落，对他后来30多年的生活、处世态度等均产生极大的影响。所以弄清他宦海浮沉过程，是研究邹迪光不可或缺的重大问题。

有关邹迪光的经历，虽广有记载，如《列朝诗集》《无声诗史》《画名会要》《明画录》等著作皆载有邹迪光传，但都非常简单。其中清陈田所撰《明诗纪事》中有关邹迪光的仕途记载虽也颇简略，却颇准确：“迪光，字彦吉，无锡人。万历甲戌进士，除工部主事，历员外、郎中，出为黄州知府，迁福建副使，左迁浙江佥事，改湖广。”陈田这一记载，与无锡邹氏家族文献中的邹迪光记载可大致互相印证：“迪

光……授工部主事，出为黄州府知府三年，升福建提学副使……挂冠归。后调浙江嘉湖兵备道……迁湖广提学副使。”[11]我们再佐以其他史料，就可以勾勒出邹迪光从政历程。

邹迪光先是任京官，工部主事六品，接着升员外郎从五品，再升郎中五品，可谓一路顺利升迁。由于史料限制，我们看不到邹迪光任官工部时的上佳作为，但在邹迪光为夫人吴氏写的悼念文章中，我们可以知晓一些端倪。如“恭人从余尚书郎邸五年，寒约不减，而鸡鸣有加。余孱书生，振举曹事，清誉鹊起，则恭人助之也”[12]。从邹迪光夫人吴氏跟随邹迪光在京城生活 5 年，“寒约不减，而鸡鸣有加”，邹迪光自己则“振举曹事，清誉鹊起”的内容看，这是一对相敬如宾、相互励志的青年伉俪，而年轻时的邹迪光为人为官，皆非常简朴低调，正直有为。邹迪光作为刚入仕途的新人能“振举曹事”，即能推动自己所在部门的工作，确非易事。当时为万历初期，张居正任内阁首辅，大力推行新法，其中“考成法”科学考核官员业绩决定升降，政治较为清明。工部尚书有郭朝宾，嘉靖十四年（1535）进士，历官户部主事、郎中、布政使、顺天府尹、浙江巡抚等，是从基层崛起的高官。潘季驯为有明一代治水名臣，更加注重务实，万历六年（1578）夏至八年（1580）春，曾任工部左侍郎、尚书[13]。由此可见，当时的工部是朝廷中很正气很务实的政府部门，在敢干事、会干事的正直主官熏陶、提携下，邹迪光一步步成长为德才具备的清官能臣，应是非常符合逻辑的事。

京官表现好，就会晋升外放，以增加从政阅历。邹迪光京曹考绩优异，由五品工部郎中升任四品外官，出为湖广黄州知府。他任黄州知府的表现也有相关记载：“恭人从黄州，每闻鞭挞声，则蹙然不悦；及余入衙斋，谈所挞某某者，盗耳奸耳，胥舞文耳，顷坐堂皇间；而所雪某冤，救某困殆，凡若而人，则跃然喜。终黄之治，闾阎一清，十属奉命惟谨，诸台荐剡以数百计，旁郡不敢与均茵伏，则恭人助之也。”[14]邹迪光上述文字是怀念夫人对他任黄州知府时的帮助与支持，但在无形中侧面记述了他 3 年黄州知府的为官经过：铁腕施政，对各类罪犯惩治毫不手软，坚决为百姓伸张正义，因此社会治安良好，下属各县令行禁止，百姓安居乐业。黄州大治，上至湖广布政使、按察使好评如潮，其他各府钦佩有加。邹迪光再升官顺理成章。

至万历十一年（1583）十一月，邹迪光由黄州知府升任“福建副使，提调学政”[15]。提刑按察司副使提调学政，简称提学副使，是重要岗位关键职务，足证邹迪光为官出色，“古无督学之专官，前明正统元年始命提学宪臣，南北直隶各设监察御史一员，他省则为提学副使，或提学佥事，专主提督学校，不许巡按御史侵其权，其推举必由吏部会礼部、都察院，重其任也”[16]。由此可知，学政作为省级教育主官，其选拔由吏部、礼部、都察院等 3 个中央政府部门联合考察推举，皇帝任命，而且“巡按御史”，即地方监察官员也不得“侵其权”。如此郑重的选拔学政过程，反映出邹迪光作为府级的地方主官确是非常优秀的。

但为官学政仅 10 个月，邹迪光就遭受重大挫折。万历“十二年九月庚子……福建巡抚赵可怀参提学副使邹迪光狂肆，内言一生员夜粘揭于臣门，臣稍惩之。迪光嫌其碍己，遂拂然去，各官留之，坚不可挽。越一日忽自回，举动乖张，殊非师范。上命镌二秩”[17]。邹迪光的顶头上司、福建巡抚赵可怀竟亲自出面弹劾邹迪光“狂肆”，不能为人师表！事情起因是赵可怀惩处一个夜晚在其门上贴大字报的秀才，邹迪光对此愤怒，不顾劝阻，挂冠离去，翌日又回到官署。这事相当蹊跷，巡抚为一省主官，直接惩处行为不端的秀才，虽存在不尊重学政之嫌，但邹迪光也不至于愤怒到辞官而去的程度。这里面是否有隐情?

另一则相关记载与上述信息基本相同:“巡抚赵可怀责一诸生,迪光怒解官径去,僚友挽之不可得,越一日,复自还,可怀所劾。巡按御史并劾其不贺圣节。诏贬二秩。”[18]原来除巡抚弹劾外,巡按御史也以“不贺圣节”为由攻讦邹迪光。福建这种抚、按联合一致的打击行动,从侧面暴露出其中的隐情,很可能是邹迪光在选拔人才时,得罪了上司与同僚,诸如拒绝“请托”“开后门”。此类科考舞弊当时是司空见惯的,即使是张居正,在晚年为使自己儿子登高第,也曾上下其手。而无锡邹氏家族文献则点明是邹迪光“拂中丞意”[19],即违背了巡抚的意愿。

尽管福建抚、按一致弹劾邹迪光,朝廷只是给予邹迪光免职与降二级的处分。邹迪光被免职一事,不直接见于明实录,但有记载:“万历十二年十月甲辰,复除浙江提学副使王世懋为福建提学副使。”[20]邹迪光九月受降二级处分,王世懋十月接任福建提学副使,足见邹迪光降二级的同时是被免职的。邹迪光对处分显然不服,于是“拂衣归,青衿数万人露宿草际,挽辔不得,旁皇出涕,恭人见而喜曰:‘官可得士心,不可要也已’”[21],后“诸生作‘春风亭’”[22]感恩邹迪光。这两则记载太生动了,说明邹迪光虽被福建官场排斥,但福建读书人普遍对他心存感激与同情,以至于在他离开福建返回家乡无锡时,那么多读书人伤心哭泣,恳求留下,后又建造“春风亭”纪念他。邹迪光在福建读书人中间能够如此深孚众望,十分可贵。所以,邹迪光夫人不为邹迪光辞官烦恼,而为他能够获得读书人拥戴而喜悦!

至万历十七年(1589)四月,朝廷起用邹迪光——“降补原任福建按察司副使邹迪光为浙江按察司佥事”[23],实际官职是“备兵嘉禾”[24],即邹迪光以浙江按察司嘉湖兵巡道再度入仕。虽仍是降二级,毕竟又获得为社稷苍生服务、一展自己政治抱负的机会,所以他还是离开无锡赴浙江上任了。

邹迪光到浙江2个月,就遇“飓风大发,海水沸涌,杭州、嘉兴……桑麻田禾皆滑于卤,父老为万历十五年后又一变也”[25]。至七月嘉兴等地又“大旱,民食树皮,疫死者无算”[26],以致“群情汹汹”[27],甚至连驻军也缺粮,军心不稳,情况危急。邹迪光做过黄州知府,有地方主官经验,对于自己分管地区百姓身处水深火热灾害中,当然不会坐视不救,他提出积极有效的救灾建议,协助嘉兴等地官员活民无数,帮助驻军平安度过饥荒,稳定军心。邹迪光自己对此的记载是:“时当大旱,龢龄不得食,日呼庚癸,欲脱巾起,余多方调之,肠为之腐。”[28]

此外,邹迪光浙江任官期间,在修建海盐海堤重大工程中也有积极贡献。“嘉湖兵巡道佥事邹迪光……悯时艰而殚力经营,起孑遗于昏垫之中,口远策而协恭率作,与斯民以康阜之惠”,至“万历十八年六月癸酉,以海盐塘工成,叙赉先后在事诸臣,巡抚傅孟春以下升赏录荫有差”[29]。邹迪光作为有功官员,以按察司佥事官衔调往湖广再任学政这一重要官职。由此可见,邹迪光在浙江为官虽只短短一年余,但干实事,有作为,有政绩,有声望。

然而,邹迪光任湖广提学佥事仅一年余,又遭受弹劾,“万历十九年十一月甲戌……礼科左给事中丁懋逊论劾湖广提学佥事邹迪光、职方司员外郎殷都,宜改调别职。依议行”[30]。为何弹劾?明实录无载。我们梳理相关史料之后觉得,弹劾很可能与邹迪光不同凡响的录取方式有关——“其取士不守成格,所录首等,或一县数人,或数十人,或竟无一人。凡所赏识,多取科第去”[31]。

明《神宗实录》与清万斯同的这两记载相当重要,我们解读可得到两个重要信息:

一是邹迪光主持湖广全省秀才录取考试

时，不搞地区平衡，达标的就录取，不达标的就淘汰，坚持实事求是原则。于是考试后，有的县录取的“首等”秀才不过几人，有的县却多达几十人，而有的县甚至一个“首等”秀才都未考中！这样的考试结果、录取方式，当时简直是惊世骇俗，于是舆论大哗，消息传到京城，监察官员因之弹劾邹迪光，提出“宜改调别职”，朝廷也同意这样的处理意见，即免去邹迪光学政职务，另有任用。

二是邹迪光对此处理再次不服气。他不是后来很多记载所说的从湖广“罢归”，而是不满意朝廷调动他学政官职，再次“拂衣归”——邹迪光后曾在文章中回忆此事称之为“挂冠”[32]，而明邑人王永积在其著作《锡山景物略》中称之为“解绶”[33]，都是辞官的意思。另外，事后的事实证明邹迪光为官湖广学政也是非常出色的，礼科左给事中丁懋逊的弹劾，以及朝廷将之调职的处分，皆不恰当。邹迪光录取的“首等”秀才，后来考中举人、进士者，人数远超其他学政录取的“首等”秀才，即其作为学政，为官业绩也优于他人，用邹迪光自己的话说：“士论自在，迄于今兹，屈指学使者，必首及余。”[34]此话并非邹迪光自己一厢情愿的片面说法，钟惺之言可为之佐证：“先生遂中忌者归，归而楚士之先后起家，中外为名硕者，十九出先生之门。”[35]这些记载表明，尽管邹迪光辞官而去，但他选拔的“首等”秀才后来大多考中举人、进士，并且不论在朝廷还是在地方做官，大多政绩出色，享有好名声。这也是后来一些记载称邹迪光“擅衡鉴，楚士实爱而归之。以吏议罢，送者数千人，生祀之濂溪书院”[36]的真实原因。

应指出的是，邹迪光不仅当时得“楚士”青睐，三十年后仍受“楚士”尊重。如明著名作家、文学理论家，竟陵学派另一领袖谭元春在邹迪光督学湖广时还是六岁小孩，但三十年后与年过七十的邹迪光晤谈之后，竟情不自禁地吟唱：“昔为童子时，杂听父老言。水镜照江湘，目落成渊源。至今三十载，明德莫能谖。今日登公堂，其健如飞翻。长衫裹光仪，执手无不论。霁心行高简，亦似纳之门……”[37]这是谭元春对当年邹迪光为官湖广学政光明磊落善选人才、对老年邹迪光仍怀赤子之心仰慕的自然流露，由此也可见邹迪光的人格魅力巨大，至老不衰。

邹迪光从湖广回无锡的原因，无锡邹氏家族文献另有一说：邹迪光主持秀才考试阅卷期间，半夜“一人白衣戴巾，手持一剑，以笔甲乙其卷而去。公大惊，试毕即请休归”[38]。此说从情节看，实匪夷所思；从逻辑分析，更不符合邹迪光铁腕施政的坚强性格与强硬作风。邹迪光自己关于此事的说法是：“既已卒十五郡试事，而白简随至。”[39]“白简”者，代指弹劾奏章，邹迪光显然是因其与众不同的录取“首等”秀才方式被弹劾，朝廷认可御史提出邹迪光“宜改调别职”的建议，而负气返回无锡的。所以，上述清光绪无锡《邹氏家乘》的“剑客改卷”说，可以忽略不计。

有关邹迪光最后在湖广的具体官衔官职也是史料中常被人们忽视的一个细节。明《神宗实录》称邹迪光为“湖广提学佥事”，全称“湖广提刑按察司佥事提督学政”，这是当时朝廷的正式说法，当以此为准。现今无锡碑刻陈列馆收藏有《重修无锡县学记》石碑，碑文由邹迪光于万历四十年（1612）[40]撰写，文末署“赐进士第、中宪大夫、两奉玺书督八闽三楚学政、湖广等处提刑按察司副使邹迪光撰”。该文收录在邹迪光的《石语斋集》卷十七《记》，文本文字与碑文对照，字句稍有增加，但文末所署一连串官衔官职全删除。石碑上邹迪光的官衔若要写全，按照明《神宗实录》记载，应是“福建提刑按察司副使”“浙江提刑按察司佥事”“湖广提刑按察司佥事”。邹迪光万历十九年（1591）从湖广“拂衣归”，至万历四十年（1612）写《重修无锡县学记》，已过去21年，此时邹迪光六十四岁，已错过为官从政、一展抱负的最佳时机，四品的副使、五品的佥事之类于他已是浮云，因此统以自己的最高官衔“副使”简言之，这是可以理解的。而清陈田所言“迪光……迁福建副使，左迁浙江佥事，改湖广”是准确记载，其他公私史料，包括无锡邹氏家族文献，称邹迪光为“湖广提学副使”者，实皆是未弄清史料细节的不恰当称谓。

综上所述，将邹迪光为官的侧面自述与钟惺、万斯同等人的相关记载联系看，邹迪光是一位率真刚直有作为的中青年官员，先为京曹，后为地方主官，都有政绩，两任学政也深得士人之心，但两受官场排挤打击，两次负气“拂衣归”，表现出性格极为倔强的一面。第二次“拂衣归”后，邹迪光未得起用，从此蹉跎三十多年，终老林泉。

与这一结论存在冲突的是万斯同所写邹迪光传中的另一些信息：“……诏贬二秩。御史叶成遇言，迪光以狂悖被论，而其贪残纵恣，在先任黄州尤甚，不可不重按。乃诏湖广抚按官勘问。迪光妻与申时行妻兄弟也，竟得释罪，以故官莅浙江，旋移湖广，仍督学政。”[41]这段文字指出邹迪光“贪残纵恣，在先任黄州尤甚”，依靠官场裙带关系才“释罪”，做了湖广学政。事情究竟是怎样的呢？

万斯同，浙江人，为清初史家，有民族气节，以布衣参与史局，前后十九年写成明史稿500卷，实属不易。但个人力量毕竟有限，笔误、讹误难免产生，如其邹迪光传开头称“迪光，字彦吉，第万历五年进士”[42]，就是明显笔误。邹迪光为万历二年进士，这是明以降公私史料一致的记载。那么“御史叶成遇言”与“迪光妻与申时行妻兄弟也，竟得释罪，以故官莅浙江，旋移湖广，仍督学政”二条又是什么情况？

御史叶成遇，确有其人，也确有其弹劾邹迪光事：万历“九月壬寅……云南道御史叶承遇参福建提学邹迪光原任黄州府赃私。令湖广抚按官从公勘问以闻，仍严限勿令稽缓”[43]。万斯同笔下的“叶成遇”，就是明实录的“叶承遇”，应以明实录为准，“叶成遇”笔误而已。关键问题是这位叶承遇御史是“云南道”监察官，黄州属湖广，由湖广道御史弹劾邹迪光“贪残纵恣，在先任黄州尤甚”，更可称正道。此外，在皇帝已做出处分“贬二秩”的情形下，叶御史还继续落井下石，这种地方高官福建巡抚赵可怀弹劾邹迪光在前，京城都察院云南道御史叶承遇呼应在后，进一步提出清算邹迪光任黄州知府时的“赃私”罪行。这是不是明后期政坛常见的党同伐异的把戏？朝廷对此的处理意见也很有意思：令湖广巡抚、巡按御史站在公正立场，迅速调查，据实报告，不得延误，并没有只据叶承遇一语而定罪，可见叶承遇的弹劾不得人心。

至于“迪光妻与申时行妻兄弟也，竟得释罪……”那条说法，万斯同很可能是有些情况未弄清而讹传信息。申时行，苏州人，明著名的“状元宰相”，是当时的内阁首辅，为政宽大，广开言路。邹迪光和申时行时有诗文往来，曾应邀至苏州申时行家“适适园”（今为世界文化遗产苏州“环秀山庄”）宴饮，有诗记之[44]。申时行夫人吴氏去世后，邹迪光为之撰写墓表[45]。而邹迪光夫人吴氏，父为苏州人，母赵氏为松江（今上海）人，只生吴氏一女，且在吴氏六岁时去世，但父有兄四人，即邹迪光夫人吴氏有四位伯父[46]。因此邹迪光夫人吴氏与申时行夫人吴氏，很可能是堂姊妹，这恐怕就是万斯同笔下“迪光妻与申时行妻兄弟也”的由来。

不过即使有这层亲戚关系，万斯同所言“竟得释罪，以故官莅浙江，旋移湖广，仍督学政”，也是不恰当的。所谓“罪”是什么？

邹迪光与福建巡抚冲突，所得处分就是免职降二级，这处分在叶承遇弹劾之前就已做出，而邹迪光最后受的仍是同样处分，可见叶承遇弹劾邹迪光黄州“赃私”的“罪”并不存在，“竟得释罪”所言不当，这是万斯同疏忽之一。“以故官莅浙江”，也是不当之语。邹迪光从福建“拂衣归”，在无锡家居数年后，才以降二级的“佥事”莅浙江，而其在福建的故官是“副使”，这是万斯同疏忽之二。邹迪光能赴湖广再任学政要职，是他在浙江出色宦绩所致，万斯同失察于此，这是万斯同疏忽之三。所以，将万斯同所撰邹迪光传中的不妥当记载澄清之后，历史真相大白，邹迪光为官率真刚直有作为，这个结论是可以成立的。

三、愚公谷——追求完美与无神论思维的园林杰作

明万历十二年（1584）邹迪光36岁，遭受福建巡抚、巡按御史排挤打击，被免去学政官职并降二级，因此愤而辞官回到家乡无锡。后来邹迪光在撰写《愚公谷记》时，回顾这往事，称之为“不四十便拂衣归”，并同时提及“结为菟裘”[47]的问题。古人所谓的“菟裘”，是指官员退隐后的居所。

邹迪光那时的“菟裘”还不是愚公谷，而是无锡城里的榆枋馆——一座美轮美奂的园林府第，“读‘枌榆馆七记’，幽深壮丽，已极城居之胜”[48]。此处王永积提及的“枌榆馆七记”应是笔误，实际是邹迪光介绍自己在无锡城里住宅的系列文章《榆枋馆记》，共7篇，应为“榆枋馆七记”。明末清初的王永积通过读文章，了解榆枋馆之美，给出“极城居之胜”优异评价，但他在《锡山景物略》书中未具体描述榆枋馆之胜。

现在读邹迪光“榆枋馆七记”，对于这座已经消失的园林美宅，似乎可概括为以下几个特点。

一是厅堂楼阁等建筑美观高雅。如榆枋馆的主建筑鸿宝堂是宴请宾客的大厅，“堂三楹，广可布二十席，深十席，飞檐骞翥，反宇岌嶪，棼楣联绵，朱栏横亘，墁壁以垩，饰栋以雘，衣柱以漆，甃阶以石，琢石必细，砺砖必精，蔺木必称，舒采必匀，朴不伤陋，华不及靡，不湫而隘，不峻而抗”[49]。这段描述鸿宝堂的文字，节奏铿锵，简洁生动。

鸿宝堂非但飞檐灵动，结构精巧，就面积言，也比现今世界文化遗产苏州拙政园卅六鸳鸯馆、十八曼陀罗花馆合起来还大数倍。卅六鸳鸯馆、十八曼陀罗花馆一厅两馆，至多广布八席，深四席。另外，邹迪光用的石、砖、木等建材，都是精细打磨过的优质品，再加上施工认真细致，粉墙、朱栏、丹栋等色彩亮丽搭配，和谐悦目，使得鸿宝堂格调，高贵非奢华，质朴不简陋，超凡脱俗，非比寻常。

榆枋馆其他建筑，如一指堂、郁仪楼、玉屑斋、调象庵、益心堂、羼提斋、小西斋、华胥阁等，也莫不精致精美。其中大西斋“通设十二度贮书，四度贮字帖。书自汲冢竹书而下，若经若史若子若集，为卷二万；有奇帖自周籀秦篆而下，若汉若晋若唐若宋元若国朝，为册二千有奇……亦自足披阅；又二度贮钟吕、敦彝、卮匜、樽簋、颂琴、良剑之属”[50]，堪称收罗相当丰富的私家图书博物馆，而响斋“四壁立木为骨，而护砖于外，用粉代墙，以胶粿之，丹青其上，宋君明之画中、右二堵，赵君文度画左堵，山川云树，墨汁淋漓，令人置身岩壑间”，“斋内绝不贮一书一帖，第陈丹铅，供绘事而已”[51]，邹迪光刻意为自己，也为友人，建成艺术氛围极具大自然雄奇情调的画室。

二是回廊具居家舒适性更富于艺术性。榆

枋馆“中间为堂者四，为阁者三，为楼者一，为斋者七，为修廊者亦四，其短者六，为寝室者一，为洞、为亭者各二”[52]。以现代人目光观之，榆枋馆作为私人住宅已是够大的了，但这也带来问题，雨雪天往来堂、阁、楼、斋等建筑之间，如何避免淋湿衣裤？古人的办法是建回廊，现今保存较为完好的古典园林都建有廊道沟通各个主建筑。

榆枋馆的回廊特别富于个性化与实用性。鸿宝堂是招待宾客的主建筑，故左、右、后三面皆建设长廊连接其他楼阁斋室：“左廊狭，仅通趋走，右比左而加阔，后又比右而加阔。左曰‘瘦影榭’，后曰‘辛夷榭’，率蜿蜒窈窕，如回龙旋凤，然中设石床、棐几、纸屏、文椸之属甚具，供客时憩。循廊而竹，参差蔽亏，葱菁在目，从风琤琮，带雨淅沥，笼烟斐亹，濯露襳㰦，靡所不可。”[53]此三廊功用不同，宽度亦不同，从而显得不呆板不重复，左、后两廊还设有床、几等供休息。沿廊率竹，四季翠绿，人走廊中，不论晴雨，与绿同行，空气清新，人之视觉、听觉、呼吸如同行走于大自然怀抱，非常惬意！

“‘申椒广’亦廊也，从华胥阁右堵架出，视‘瘦影’稍狭而长倍之。循廊亦皆竹，与‘瘦影’‘辛夷’等而数倍之，其竹以庭窄，不受酷日而易茂，婀娜倍之……廊凡十六间，一间第置一杌，不设余物，诸散饭、行药、哦诗、持咒于此，阔步甚适……廊尽而郁仪楼。”[54]华胥阁在榆枋馆内苑，是邹迪光的寝室，郁仪楼在外院，楼上是客房，邹迪光的友人们都下塌于此，“此中客既不乏，又有云间友人宋明之者，善绘事，为海内绝技，时时盘礴窗下，令余日与顾恺之、宗敬微、吴道玄诸人配对，故余自摊书翻经而外，居此独多”[55]。邹迪光密友画家宋明之常住郁仪楼。很显然，“申椒广”是又一种风格的回廊，它不但沟通外院与内苑，还是邹迪光与友人们“阔步”健身锻炼的所在。

三是园林庭院绿化讲究色彩化景观化。园林庭院绿化非植绿、见绿即佳，更多的是应该通过绿化布景，营造诗情画意，让人产生美感愉悦感。这方面榆枋馆做得极具匠心，如主建筑鸿宝堂前后庭院景观以白色为主调，“前后有庭，前庭玉兰二树，后二十树，开时晶白如雪，令人作姑射山想”[56]。玉兰树与腊梅一样都是先开花后长叶，但玉兰春天开花，满树花朵晶莹如堆雪更胜腊梅，人们身处玉兰花白到极致的鸿宝堂庭院，视觉震撼，心无纤尘、纯洁高尚之感，无疑会油然而生。而邹迪光以“令人作姑射山想”形容之，用的是庄子《逍遥游》中的典故，意即让人联想到姑射山上那位肤白且美若处子的神仙。

一指堂“庭中有牡丹四十余本，开时斗色竞艳，晔晔如锦，令人有沉香亭畔想”[57]。另一以牡丹为主题的庭院是“药房，其窄视小西而衡踰其半，雕窗刻楯，回复错互，又踰其半，中除无杂植，第植牡丹数十本，甃以石台，高可及丈，重栏护合，其为花与所以居花者，较一指堂亦踰其半”[58]。一指堂与药房的庭院都以牡丹国色天香为胜，但布局不雷同，体现出邹迪光艺术思维的多样性。一指堂为副厅，举行宴会时“客少‘一指’，客多则‘鸿宝’”[59]，故其庭院面积也相当可观，所以院中40余棵牡丹皆地栽。而药房小，其庭院也小，牡丹数量也少，故筑石台集中栽种，魏黄姚紫，花团锦簇，也能达到南宋宜兴词家蒋捷《解连环·岳园牡丹》“驻媚景、别有仙葩，遍琼甃小台，翠油疏箔”的美妙境界。邹迪光似乎特别欣赏之，后来他在愚公谷复制此牡丹石台景观。

据“榆枋馆七记”载，榆枋馆绿化除竹、玉兰、牡丹外，先后栽种过各类香草、桃树、李树、桂树、海桐、石榴、茶花树、腊梅、夹竹桃、芭蕉、芍药等树木花卉，但其中最动人的绿化景观当推调象庵“堂前一山，湖石深秀，岩势回合，孤松踞之，龙拏虬踢，亭亭干霄，怒风则大鸣，冷风则小鸣，砰磕飕浏，可以代娑罗，亦可以当海潮音”[60]。以太湖石垒假山，在古典江南园林中司空见惯，并不稀奇，如世界文化遗产苏州留园、狮子林等园林中太湖石假山比比皆是。但榆枋馆调象庵太湖石假山只栽种一株松树却是神来之笔，不单产生“月中桂”诗意景观——南宋洪迈《容斋四笔·娑罗树》指出“世俗多指言‘月中桂’为娑罗树”，邹迪光因此称之“可以代娑罗”，更告诉读者静态的景观还能产生出荡涤红尘、纯化心灵的音响效果——邹迪光称之为“海潮音”。“海潮音”是佛教经典比喻佛适时说法的声音，能像大海涛声那样触及人的灵魂。邹迪光创建的榆枋馆调象庵前能带来天籁之音的“孤松潮音”绿化景观，未知是否已录入“中国园林史”这样的巨著中。如未录入，这一杰出的园林绿化景观化范例，似是值得将之记录在案，以启迪后来的园林设计建设者。

榆枋馆既然如此之美，邹迪光为什么还要建设愚公谷？对于这问题，邹迪光未直接回答，但在他著作的字里行间却是有明确答案的，归纳之，可为三点：

一是榆枋馆太小。“榆枋馆七记”头篇就介绍，邹迪光经过十余年努力，“今年拓地数十武，则结书屋数楹，明年拓地数十武，则又结书屋数楹”，以聚沙成塔的方式，将榆枋馆“积地至十余亩，积屋至百余楹”，然而“世有规地百亩，去天尺五而为居者，以吾庐视之则榆枋也”[61]。文中为此述说庄子《逍遥游》中成语“榆枋之见”的由来。

二是榆枋馆无池沼之胜。“独以形家言宅不宜泄，苦无池沼漾涟漪而浴空明，则余之憖也。”[62]邹迪光以自嘲口吻，道出榆枋馆的不完美之处，而他心中理想的园林美学要求是“园林之胜，惟是山与水二物，亡论二者俱无，与有山无水，有水无山，不足称胜”[63]。

三是邹迪光第二次“拂衣归”后，一直未获起用，满腔政治抱负只得转化为园林艺术思维，月他自己的话说就是“夫人不能表著竖立以骋其踔厉，迈往之气则必寄于物焉，以自排释”[64]，而愚公谷就是他追求完美的精神寄托。

邹迪光有《愚公谷记》，亦有版本称《愚公谷乘》，共十一篇，详细描述愚公谷山水胜景。阅读“愚公谷十一记”，惠山锡山怀抱之中，一代名园的绝世风姿跃然眼前，榆枋馆三个特点得到进一步发挥及栽培花木品种、数量增加之外，感觉最深刻的是邹迪光对水因势利导的运用达到了园林艺术水准的极致——“以一二泉水为千百亿化身之水，而皆听约束于吾园，斯所为胜耳。”[65]

惠山黄公涧，亦称春申涧，愚公谷大门南向面对之，整个地形西南高，东北低。邹迪光凿地垒石为涧，引进春申涧水，“自一曲至此，为第七堰”，“屋具上曰‘蕖梁’”，“计涧五十余丈，地已下丈许，乘高注下，故势极猛，较上诸堰更厉”[66]，愚公谷内人工涧全长约 150 米，共筑 7 堰，落差约 3 米，涧水蜿蜒，时奔腾时流淌，极富水之灵动美感。邹迪光将这自己开凿砌建的人工涧也称为“春申涧”[67]。

水是愚公谷山水美景的生命线，而筑堰是为控制涧水之流速与流向，以设置各色优美景观。春申涧水进愚公谷时，“势如建瓴，度不可御，则为堰以捍之……第一堰即所谓‘春申涧一曲’。第二堰是号为‘水边林下’处也，大雨时至，两堰之水，沸乎暴怒，滂濞滵汩，如渴猊，如纵马，如奔虬，如舞犀象，其声湍湱泶灂，如雷如霆，千铁并奏，令人耳根震撼。至四堰而杀矣，五堰而又杀矣”[68]。

愚公谷占地“四十亩，山得其二，水得其四，屋得其三，竹树得其一”，而其中的“屋”，即愚公谷的建筑又可细分，“为堂者四、为楼者三、为阁者六、为亭者七、为斋者五、为榭者二、为廊者六、为池者五、为涧者二、为桥者三、为馆者一、为滩者一、为岭者二、为舍者三”[69]，著名的愚公谷瀸瀸亭、流梵渡、菩提场、六通楹、频伽岭、柏子林、九莲台、七征斋、天均堂、绳河馆、木香径、射鸭陂、枝峰阁、倚锻处、小有天、洗耳泉、四照关、蝶慕寮、醉石滩、桐街、梅峡、语花簃、具茨楼、结仪榭、石语斋等六十景，错落布置在愚公谷春申涧跌宕起伏的水环境之中，与扶疏花木为伴，与青翠惠山锡山交相辉映。

愚公谷最美之水景，当推第六堰下的玉荷浸、温凉沼。两池之间设一堰，隔而不断，两水相通处覆石为桥，桥上建亭曰“净月”，可揽两池秀色。玉荷浸“右有丛桂，左有垂柳，中有芙蕖”[70]，夏日荷花“朱房紫的，摇风浥露，润滋三伏，香达百舍”[71]，名“玉荷浸”。而温凉沼岸边高树耸立，树荫覆沼半，水一半温，一半凉，“一池而二侯备焉”[72]，邹迪光为此写诗，“为池不盈亩，邻树侵其半。阴阳界一池，荷荇自分窜。匹鸟乏中洲，游鱼乃无篹。有时对清冷，恍惚坐天汉”[73]，完全是另一种水的风情，名“温凉沼”。两池岸边景色如画，“木香径是傍玉荷浸者，径直往为射鸭陂，是傍温凉沼者。两堤皆就水，汀花浸渍，渚叶鲜新，游人来往，如行镜中”[74]。

玉荷浸、温凉沼下游有“方塘可四亩”，塘中有双屿，屿上“古木如虬……亭亭水面，宛若青螺华亭，鹤六头与凫鹥鸳鸯之属以百计，视为薮泽，孳息其间。客至群然相向，不少惊窜。若六鹤则瞥然起舞，或歌动率倾耳而听，似欲语者。与之食，则就掌食……”[75]，这“方塘水禽”景观可能是一项空前绝后的古典江南园林纪录。邹迪光友人安绍芳的园林“西林”，其图册中最多只有四鹤，寄畅园曾有鹤飞临的记载，苏州拙政园卅六鸳鸯馆建于清光绪，比愚公谷晚几百年，其前面的观赏水池至多40平方米，鸳鸯最多时就是36只，未见饲鹤记载，皆不及愚公谷水禽之多之温馨，特别是六鹤在园林中能够自由翩跹，与人互动，更是愚公谷天人合一的象征。

邹迪光把自己的园林变为“公花园”，愚公谷免费向全社会开放，这似是以前论者的盲点。古代私家园林历来是文人士大夫的专利，不论无锡寄畅园、苏州拙政园或其他私家园林，只有文人士大夫才能敲开大门，进去游览，故百姓进私家园林游览的诗文绝少，如寄畅园明清时那么多诗文，就未见有相关记载。然而，邹迪光有诗《方倚园门，值游者踵至二首》[76]，诗题中“踵至”一词，表明当时愚公谷很受百姓追捧，纷纷前来游园。他的另一诗云：“人步鹤亦步，行过杨柳陂。经房一衲待，茶碗二童持。葛袙长露胫，藤枝不隐眉。喜逢游客好，屡谢主翁随。”[77]“葛袙长露胫”显然是贫苦劳动人民的衣着，但也可到愚公谷赏景，邹迪光不顾自己士大夫身份，亲作导游，还茶水招待，这种与贫苦劳动人民在自己的园林中同游同乐的意识与行动，古之士大夫能有几人？此外，邹迪光此举，还可视为近代无锡民族工商业者将自己园林向公众开放的嚆矢。

今之邹迪光论者，绝少关注邹迪光建愚公谷的无神论思维。邹迪光“拂衣归”后，以佛教排遣心中郁闷，甚至自称“有发僧”[78]，但愚公谷实际是建设在坟地之上的，除购买顾起纶坟地“玉鹿元丘”外，还“尽买殷氏墓”“拓其园”，被时人讥为“万鬼含冤地”[79]。但邹迪光不为所动，“朱明白藏时，余携眷属以居者也”[80]，即在夏秋时邹迪光带全家住愚公谷，后来更是移家愚公谷。早先大门名为“愚公谷”[81]，后来大门改称“揭车坞”，又改成“九龙山下人家”，而将后门名为“愚公谷”[82]。邹迪光不信鬼，他为什么具有这种无神论思维，今后进一步研究邹迪光，应该重视这一问题。

万斯同在邹迪光传中称“时邑人顾宪成、

高攀龙辈，方于理学风节相矜尚，而迪光独耽于声乐，故不为清议所容”[83]，万斯同这结论颇片面。高攀龙实际曾说过这样的话：“学宪愚公筑名园惠山，极泉石之胜……乃构祠泉上……愚公之味于兹山者深矣，为德于兹山之人久矣，其与致远公同配享，公而永永不朽也，宜哉！”[84]高攀龙是严谨学者，他称愚公谷为“名园”绝非应酬性套语，而时人亦称“以余耳目所睹记，如娄水之王、锡山之邹、江都之俞、燕台之米，皆近代名区”[85]，这表明愚公谷是跻身明后期全国四大名园行列的。邹迪光因建“名园愚公谷”“极泉石之胜”，又建邹忠公祠，更为惠山增色，“与致远公同配享”将永远不朽。高攀龙这个崇高评价是给邹迪光的，也是给愚公谷的。

四、邹氏父子是否需要再认识

万斯同为一代史家，其影响可谓深广，比如，他称邹迪光“复被劾罢归，卜筑惠山之下，征歌度曲，诗酒欢歌，极园亭声色之乐”[86]。清康熙《无锡县志》总纂严绳孙、秦松龄皆为无锡乃至江南饱学名彦，但在写邹迪光时亦云：“极声伎觞咏之乐，几三十年。”[87]从此邹迪光被定格为奢靡的追求享乐之人，其子邹德基也因之成为怪诞读书人，邹迪光、邹德基父子种种张扬之举至今还时见于著述。

其实邹迪光并非声色士大夫，就如他收到汤显祖为他写的序后，“喜极发狂，大叫三日夜不止”[88]，你不能就此说邹迪光是疯子，说他“极园亭声色之乐”太过分！所谓“声伎觞咏”只是邹迪光生活的一小部分，他自己的戏班“歌不令作淫靡声，能按节逐律厌心而已”[89]。倒是邹迪光的友人屠隆，可称“极声伎觞咏之乐”，自编自导自演，入戏太深，因“情寄之疡”[90]，在性病折磨中痛苦死去。邹迪光生活严谨，夫人吴氏、妾毛氏去世，他都写文章深情悼念。

邹迪光从湖广“拂衣归”后，虽曾函告汤显祖自己“以病废、酒废、游废……以佞佛废”[91]，但他于时事一直很专注，营建“菟裘”，先是榆枋馆，后是愚公谷，而对于社会慈善公益，他也是一如既往地积极支持。除自己的愚公谷免费向全社会开放外，凡县学修缮、施粥活人、医生施药、寺庙修建、修桥方便行人、为孤寡老人建养老堂等，邹迪光都积极参与，为此撰写的劝助文、募缘文，在“郁仪”等4个诗文集共有40篇之多。

与此鲜明对比的是，邹迪光的同年、考进士成绩比他好的邑人状元孙继皋“官声乡评为一时之望”[92]，但在孙继皋的诗文集《孙宗伯集》中，类似公益性的劝助文、募缘文竟一篇也没有，却有55篇墓志铭，而邹迪光“郁仪”等4个诗文集合起来墓志铭也只有20篇。古人替人写墓志铭要收费的，如唐之白居易、明清之钱谦益等皆为此中好手。孙继皋是状元，找他写墓志铭的很多，孙继皋的墓志铭稿费当然比邹迪光丰厚得多。

邹迪光是务实有作为的官员，归隐林泉后，不忘初心，始终情系社稷苍生。万历四十五年（1617），无锡“开原、扬名、天授三乡，实生蝗多至数百万”，知县何舜岳亲自带头捕蝗，“得蝗四万一千余斤”，“更为烧芦焚苇，捣其巢穴”，扑灭蝗灾，邹迪光撰文表扬何知县，更告诫他造福百姓，更要“捕人中之蝗”[93]。

天启元年（1621），邹迪光已七十三岁，端午节他邀友人在景色优美的愚公谷小饮，得诗二首，写出“干戈日渐满，珍重辟兵符”句[94]，十分关心东北边境安全。原来这年三月后金兵攻占沈阳、辽阳，多位明军将领战死，多路明援军战败[95]。邹迪光归隐30多年直至去世，一直关注国家安危。明军出战朝鲜，将入侵的日军驱逐出朝鲜，邹迪光有《闻倭警》[96]《平壤之什》[97]等诗，支持抗倭国策。万历四十七年（1619），萨尔浒决战，明军惨败，民心震骇，古稀之年的邹迪光心急如焚，夜不能寐，连续写诗十首，就激励士气、军粮储备、间谍渗透、多设预案等提出积极建议及对新任辽东经略熊廷弼的殷切期望[98]，邹迪光爱国赤子之心，堪称弥老弥坚！

邹迪光有二子仁基、德基，皆为太学生。以藐视礼制，奇装异服，被人称为“二痴”的邹德基种种张扬之举至今还被视为奇闻，常见于相关著述中。但邹德基为何怪诞？数百年来却鲜有人关注与探讨。清乾隆时邑人嵇承咸难能可贵地指出其原因：邹德基“负不羁之才，好为警绝之行。尝走燕京，愿以家财助边，上书请缨，冀得所效，而当事者索重赂，乃得请，因发愤归，佯狂玩世”[99]。这颇类现代西方“嬉皮士”。

当时类似邹德基“佯狂玩世”的，并非个案，如苏州才子张献翼也被称为“奇士”，“好怪诞以消不平”[100]。所以，邹迪光、邹德基父子种种张扬之举，是否是明后期文人士大夫对政治黑暗的另类叛逆与反抗？诸如此类的问题，是否可以取代现今猎奇式抄传古人此类奇闻记载的现象与倾向，是否可以作为学术课题深入研究？

注 释

[1]〔明〕王永积：《锡山景物略》卷四《愚公谷》。
[2]〔清〕邹仁溥：《邹氏家乘》，《提学副使愚谷公小传》，《邹迪光》第915-916页。
[3]〔明〕邹迪光：《始青阁稿》（影印本）扉页背面“提要”，《无锡文库》第4辑，凤凰出版社，2011年版。
[4]〔清〕邹仁溥：《邹氏家乘》，《提学副使愚谷公小传》，第169页。
[5]〔清〕康熙《无锡县志》卷二十《文苑》《邹迪光》。
[6]〔明〕钟惺：《邹彦吉先生七十序》，《隐秀轩文盈集》序四，《四库禁毁书丛刊》，集48，第324-325页。
[7]〔明〕娄坚：《邹愚谷先生七十寿序》，《学古绪言》卷五，《四库全书》，集234，上海古籍出版社，2005年版，第60-61页。
[8]〔明〕辛陞：《邹公履传》，《寒香馆遗稿》卷七，《清代诗文集汇编》，集7，上海古籍出版社，2010年版，第789-790页。
[9]〔清〕邹建烈：《邹氏西南庄支谱》卷一《科甲考》。
[10]〔明〕邹迪光：《亡妻吴恭人墓志铭》，《石语斋集》卷十九，《四库全书存目丛书》，集159，第298-301页。
[11]〔清〕邹仁溥：《邹氏家乘》，《提学副使愚谷公小传》，第169页。
[12]〔明〕邹迪光：《亡妻吴恭人墓志铭》，《石语斋集》卷十九，《四库全书存目丛书》，集159，第298-301页。
[13]〔清〕张廷玉等：《潘季驯》，《明史》卷二二三，《列传》第一一一，中华书局，2000年版，第3915-3917页，
[14]〔明〕邹迪光：《亡妻吴恭人墓志铭》，《石语斋集》卷十九，《四库全书存目丛书》，集159，第298-301页。
[15]〔明〕《神宗实录》卷一四三，第2676页。
[16]〔清〕汪望求：《学政源流考》，《锡山游庠录》卷首。
[17]〔明〕《神宗实录》卷一五三，第2840页。
[18]〔清〕万斯同：《邹迪光》，《明史》卷三八八《文苑传》，《续修四库全书》，史331，第182-183页。
[19]〔清〕邹仁溥：《邹氏家乘》，《提学副使愚谷公小传》，第169页。
[20]〔明〕《神宗实录》卷一五四，第2845页。
[21]〔明〕邹迪光：《亡妻吴恭人墓志铭》，《石语斋集》卷十九，《四库全书存目丛书》，集159，第298-301页。
[22]〔清〕邹仁溥：《邹氏家乘》，《提学副使愚谷公小传》，第169页。
[23]〔明〕《神宗实录》卷二一〇，第3938页。
[24]〔明〕邹迪光：《亡妻吴恭人墓志铭》，《石语斋集》卷十九，《四库全书存目丛书》，集159，第298-301页。
[25]〔明〕《神宗实录》卷二一二，第3970页。
[26]〔清〕光绪《嘉兴府志》卷三十五《祥异》。

[27]〔明〕《神宗实录》卷二一三，第3990页。
[28]〔明〕邹迪光：《亡妻吴恭人墓志铭》，《石语斋集》卷十九，《四库全书存目丛书》，集159，第298-301页。
[29]〔明〕《神宗实录》卷二二四，第4157页。
[30]〔明〕《神宗实录》卷二四二，第4513页。
[31]〔清〕万斯同：《邹迪光》，《明史》卷三八八《文苑传》，《续修四库全书》，史331，第182-183页。
[32]〔明〕邹迪光：《榆枋馆记》，《调象庵稿》卷二十九，《四库全书存目丛书》，集159，第753-754页。
[33]〔明〕王永积：《锡山景物略》卷四《愚公谷》。
[34]〔明〕邹迪光：《亡妻吴恭人墓志铭》，《石语斋集》卷十九，《四库全书存目丛书》，集159，第298-301页。
[35]〔明〕钟惺：《邹彦吉先生七十序》，《隐秀轩文盈集》序四，《四库禁毁书丛刊》，集48，第324-325页。
[36]〔清〕康熙《无锡县志》卷二十《文苑》《邹迪光》。
[37]〔明〕谭元春：《访邹彦吉先生山庄谈宴两日夜作》，《谭元春集》卷三，上海古籍出版社，1998年版，第90-91页。
[38]〔清〕邹仁溥：《邹氏家乘》，《提学副使愚谷公小传》，第169页。
[39]〔明〕邹迪光：《亡妻吴恭人墓志铭》，《石语斋集》卷十九，《四库全书存目丛书》，集159，第298-301页。
[40]〔清〕嘉庆《无锡金匮县志》卷六《学校》。
[41]〔清〕万斯同：《邹迪光》，《明史》卷三八八《文苑传》，《续修四库全书》，史331，第182-183页。
[42]〔清〕万斯同：《邹迪光》，《明史》卷三八八《文苑传》，《续修四库全书》，史331，第182-183页。
[43]〔明〕《神宗实录》卷一五三，第2843页。
[44]〔明〕邹迪光：《夏日少师申公要饮适适园，赋谢四首》，《调象庵稿》卷十六，《四库全书存目丛书》，集159，第615页。
[45]〔明〕邹迪光：《明诰封一品夫人申母吴氏墓表》，《始青阁稿》（影印本）卷十八，《无锡文库》第4辑，凤凰出版社，2011年版。
[46]〔明〕邹迪光：《亡妻吴恭人墓志铭》，《石语斋集》卷十九，《四库全书存目丛书》，集159，第298-301页。
[47]〔明〕邹迪光：《愚公谷记一》，《石语斋集》卷十八，《四库全书存目丛书》，集159，第279-280页。
[48]〔明〕王永积：《锡山景物略》卷四《愚公谷》。
[49]〔明〕邹迪光：《记二》，《调象庵稿》卷二十九，《四库全书存目丛书》，集159，第754-756页。
[50]〔明〕邹迪光：《记七》，《调象庵稿》卷二十九，《四库全书存目丛书》，集159，第760-761页。
[51]〔明〕邹迪光：《记七》，《调象庵稿》卷二十九，《四库全书存目丛书》，集159，第760-761页。
[52]〔明〕邹迪光：《榆枋馆记》，《调象庵稿》卷二十九，《四库全书存目丛书》，集159，第753-754页。
[53]〔明〕邹迪光：《记二》，《调象庵稿》卷二十九，《四库全书存目丛书》，集159，第754-756页。
[54]〔明〕邹迪光：《记三》，《调象庵稿》卷二十九，《四库全书存目丛书》，集159，第756页。
[55]〔明〕邹迪光：《记三》，《调象庵稿》卷二十九，《四库全书存目丛书》，集159，第756页。
[56]〔明〕邹迪光：《记二》，《调象庵稿》卷二十九，《四库全书存目丛书》，集159，第754-756页。
[57]〔明〕邹迪光：《记二》，《调象庵稿》卷二十九，《四库全书存目丛书》，集159，第754-756页。
[58]〔明〕邹迪光：《记六》，《调象庵稿》卷二十九，《四库全书存目丛书》，集159，第759页。
[59]〔明〕邹迪光：《记二》，《调象庵稿》卷二十九，《四库全书存目丛书》，集159，第754-756页。
[60]〔明〕邹迪光：《记五》，《调象庵稿》卷二十九，《四库全书存目丛书》，集159，第758-759页。
[61]〔明〕邹迪光：《榆枋馆记》，《调象庵稿》卷二十九，《四库全书存目丛书》，集159，第753-754页。
[62]〔明〕邹迪光：《榆枋馆记》，《调象庵稿》卷二十九，《四库全书存目丛书》，集159，第753-754页。
[63]〔明〕邹迪光：《记十一》，《石语斋集》卷十八，《四库全书存目丛书》，集159，第293-294页。
[64]〔明〕邹迪光：《〈愚公谷乘〉自序》，《石语斋集》卷十三，《四库全书存目丛书》，集159，第206-207页。
[65]〔明〕邹迪光：《记十一》，《石语斋集》卷十八，《四库全书存目丛书》，集159，第293-294页。

［66］〔明〕邹迪光：《记五》，《石语斋集》卷十八，《四库全书存目丛书》，集159，第284-285页。
［67］〔明〕邹迪光：《春申涧第一曲》，《石语斋集》卷三，《四库全书存目丛书》，集159，第57页。
［68］〔明〕邹迪光：《记二》，《石语斋集》卷十八，《四库全书存目丛书》，集159，第280-281页。
［69］〔明〕邹迪光：《愚公谷记一》，《石语斋集》卷十八，《四库全书存目丛书》，集159，第279-280页。
［70］〔明〕邹迪光：《记五》，《石语斋集》卷十八，《四库全书存目丛书》，集159，第284-285页。
［71］〔明〕邹迪光：《记六》，《石语斋集》卷十八，《四库全书存目丛书》，集159，第285-287页。
［72］〔明〕邹迪光：《记五》，《石语斋集》卷十八，《四库全书存目丛书》，集159，第284-285页。
［73］〔明〕邹迪光：《温凉沼》，《石语斋集》卷三，《四库全书存目丛书》，集159，第66页。
［74］〔明〕邹迪光：《记六》，《石语斋集》卷十八，《四库全书存目丛书》，集159，第285-287页。
［75］〔明〕邹迪光：《记九》，《石语斋集》卷十八，《四库全书存目丛书》，集159，第290-291页。
［76］〔明〕邹迪光：《方倚园门，值游者踵至二首》，《石语斋集》卷七，《四库全书存目丛书》，集159，第119-120页。
［77］〔明〕邹迪光：《行园偶值游者》，《始青阁稿》（影印本）卷五，《无锡文库》第4辑，凤凰出版社，2011年版。
［78］〔明〕邹迪光：《婆罗阁集自序》，《郁仪楼集》卷三十五，《四库全书存目丛书》，集158，第705-706页。
［79］〔清〕黄印：《逆孙》，《锡金识小录》卷十《前鉴》。
［80］〔明〕邹迪光：《记十》，《石语斋集》卷十八，《四库全书存目丛书》，集159，第291-292页。
［81］〔明〕邹迪光：《记二》，《石语斋集》卷十八，《四库全书存目丛书》，集159，第280-281页。
［82］〔明〕王永积：《锡山景物略》卷四《愚公谷》。
［83］〔清〕万斯同：《邹迪光》，《明史》卷三八八《文苑传》，《续修四库全书》，史331，第182-183页。
［84］〔明〕高攀龙：《邹忠公惠山祠堂记》，《高子文集》卷三《记》。
［85］〔明〕张宝臣：《熙园记》，清《古今图书集成》《经济汇编》《考工典》卷一二〇《园林部》。
［86］〔清〕万斯同：《邹迪光》，《明史》卷三八八《文苑传》，《续修四库全书》，史331，第182-183页。
［87］〔清〕康熙《无锡县志》卷二十《文苑》《邹迪光》。
［88］〔明〕邹迪光：《与汤义仍》，《调象庵稿》卷四十《书四十首》，《四库全书存目丛书》，集160，第122-123页。
［89］〔明〕邹迪光：《记二》，《调象庵稿》卷二十九，《四库全书存目丛书》，集159，第754-756页。
［90］〔明〕汤显祖：《长卿苦情寄之疡，筋骨段坏，号痛不可忍，教令阖舍念观世音稍定。戏寄十绝》，徐朔方笺注：《汤显祖全集》《诗文卷十五》，北京古籍出版社，1999年版，第644-645页。
［91］〔明〕邹迪光：《与汤义仍》，《调象庵稿》卷三十五《书三十七首》，《四库全书存目丛书》，集160，第55-56页。
［92］〔清〕黄印：《四状元》，《锡金识小录》卷四《综考》。
［93］〔明〕邹迪光：《邑侯何公捕蝗文》，《始青阁稿》（影印本）卷十九，《无锡文库》第4辑，凤凰出版社，2011年版。
［94］〔明〕邹迪光：《辛酉端午，要徐日方于山斋小饮，得诗二首，时边耗甚急》，《始青阁稿》（影印本）卷五，《无锡文库》第4辑，凤凰出版社，2011年版。
［95］〔明〕《熹宗实录》卷八，第380页、390页。
［96］〔明〕邹迪光：《闻倭警》，《郁仪楼集》卷二十四，《四库全书存目丛书》，集158，第622-623页。
［97］〔明〕邹迪光：《平壤之什》，《郁仪楼集》卷二，《四库全书存目丛书》，集158，第467-468页。
［98］〔明〕邹迪光：《辽左之役，陷城杀将，国家大事，几不可支，普天率土，咸惟熊经略之是赖。爰赋十律，用写杞忧》，《始青阁稿》（影印本）卷九，《无锡文库》第4辑，凤凰出版社，2011年版。
［99］〔清〕嵇承咸：《邹迪光子德基》，《梁溪书画徵》，〔明〕王绂辑、〔清〕嵇承咸校：《书画传习录》癸集。
［100］〔明〕沈德符：《张幼予》，《野获编》卷二十三《士人》，《四库禁毁书丛刊》，史4，第436-437页。

高攀龙乡土纪念物变迁记

汪春劼　刘泽源*

【摘要】乡贤历来为地方所重视，他们的事迹被一代又一代所传颂，他们留在家乡的遗迹也被反复地修缮。高攀龙生前就是一位在全国有影响力的与邪恶势力抗争的意见领袖，其舍身自尽后更使其人格为士林称道。其去世300多年间，他的居所、墓地、祠堂成为地方上的重要古迹，但因战乱因年久，这些建筑物受到破坏。屡坏屡建的过程既说明地方有识之士对乡土文化的重视，也说明乡土文化的维护需要人力与物力的投入。

【关键词】高攀龙　乡土纪念物　东林党

东林党领袖高攀龙生前已是一位同邪恶势力搏斗的有影响力的异议人士，他效屈原自沉后，更为其形象加分。300多年间，他成为无锡一张靓丽的名片，为方志反复述说，也常为地方文人雅士所追怀，如1921年国学大师钱基博在其所著《江苏省立第三师范学区纪念人物志》一文中，把高攀龙作为该学区（包括无锡江阴武进宜兴靖江五县）十位值得纪念的杰出人物之一，理学：顾宪成、高攀龙；地理：徐霞客、顾祖禹；文学：张惠言、恽敬；艺术：倪瓒、恽寿平；科学：徐寿、华衡芳[1]。为保管与擦亮这张名片，几百年间高攀龙的居所、墓地、祠堂在几度兴废中多次修葺。

一、高攀龙的人生

每个人都生活在一定的时空背景下，有人生活在和平年代远离战火，有人却在战争年代经历生离死别；有人所生活的时代政清人和，有人生活的时代贪腐遍地。高攀龙（1562—1626）生卒年月同明朝第十三位皇帝朱翊钧（1563—1620）基本重叠，朱翊钧十岁继位，年号万历，在位48年，是明朝在位时间最长的皇帝。执政前期他还有所作为，后因立太子之事与内阁争执长达10余年，从1589年起，30年间不出宫门、不理朝政、不郊、不庙、不朝、不见、不批、不讲。就在这位奇葩皇帝晏处深宫，万事不理，导致从内廷到外廷闹得不可开交之际，辽东后金迅速崛起。1616年后金政权正式建国，成为明朝的主要威胁。1619年3月，萨尔浒之战，明军四路大军，三路全军覆没，丧师九万，败局遂成。虽然明朝还苟延残喘了20多年，但历史学家多认为明朝之亡，亡于万历。在这样一个内忧外患恶人当道的时

*　汪春劼：江南大学马克思主义学院教授
　刘泽源：江南大学马克思主义学院研究生

代，高攀龙既不幸又幸运。不幸的是他的人生多了挫折与磨难；幸运的则是在与恶势力的抗争中成就了其人格的光辉。

在成千上万的读书人中，高攀龙是一个幸运儿，在考试的路上，他过五关斩六将，相当顺利，二十七岁时便高中进士，更多的失败者在这个年龄连秀才功名都没有。考中进士不久，因嗣父病逝，高攀龙回家守丧。三年后他来到北京，被授行人司行人，分管颁诏、奉使、慰问、祭祀等事。但他在部里当办事员时间仅一年，却因上《君相同心惜才远佞以臻至治疏》，被贬广东揭阳典史。

流放途中，高攀龙刚开始胸中常“理欲交战，殊不宁帖”，路过杭州钱塘江六和碑时，明月如洗，江山明媚，好友殷勤款待，可高攀龙却难以释怀。登舟后，他开始用理学追求心理的平衡。船上半日静坐，半日读书，夜不解衣，倦极而睡，睡醒复坐，心气清澄时，便有塞乎天地气象，第不能常。次年得准还乡，潜心学术。

在奸臣当道、正不压邪的明朝后期，高攀龙等士人以家事国事天下事事事关心的情怀，投身于匡正时弊的社会斗争中。1604 年，高攀龙与同乡顾宪成、钱一本等人于无锡重建东林书院，倡程朱理学，以纠王学流弊为职志。1612 年，顾宪成病逝，高攀龙继任书院山长。1621 年，东林党因扶主有功，纷纷被委以要职，年近花甲的高攀龙复起为光禄寺臣，旋即擢刑部右侍郎，次年升督察院左督御史。1625 年 6 月，左副督御史杨涟奏劾魏忠贤二十四款罪，东林党与阉党之矛盾全面激化。同年 10 月，高攀龙疏奏御史崔呈秀贪渎之罪，崔投靠魏忠贤，假其羽翼，而魏忠贤则立得托词，矫旨以斥高攀龙等人结党，迫使其辞官。1625 年 3 月，杨涟、左光斗等六人被捕，惨遭杀害，史称“东林六君子”。

1626 年 2 月，阉党又兴大狱，当锦衣卫的缇骑到达江南，按名进行逮捕时，高攀龙听到消息后，自知不能幸免，决定以死抗争。《东林列传·高攀龙传》记道：“是日，攀龙谒道南祠，作告龟山先生，文焚之。归与二门生、一弟酌后园池上，闻官旗已至吴门逮顺昌，笑曰：‘吾视死如归，今果然矣。’晚复与家人饮。夜半信益急，乃整衣至书斋，谓诸子曰：‘吾稍料理，为就道计，姑暂退。’遂作字二纸，锁箧中，复入与夫人语而出，二孙侍，取所封纸置几上，示之曰：‘明日以此付官旗，毋先发。’因扃户移时，不闻声，诸子排户入，一灯荧然，发所封纸，则遗表也。云：‘臣虽削夺，臣系大臣，大臣受辱则辱国，故北面叩头，从屈平之遗，则君恩未报，愿结来生。臣攀龙垂绝书。乞使者执此，以报皇上。’复有别友书云：‘仆得从李元礼、范孟博游矣，一生学问至此，亦稍得力。’诸子惶骇奔池畔，则已沉死，衣冠端立如平生，年六十五。”高攀龙一生著述有《周易简说》《春秋孔义》《高子遗书》等。

二、移位的高子水居

1598 年，在漆湖（今名五里湖、蠡湖）之东，三十六岁的高攀龙构建水居，名为可楼，取无所不可之义（图一）。他在《水居记》一文中对他的“别墅”有精彩描述：

漆湖之干有洲焉，可二十步。三分赢一以为广，其外，池周之，其外，堤周之，又其外，山周之，所谓军将漆塘诸山也。主人即洲作居，以水为垣，豁然四达；主人偃息其中，以水为娱，泊然自得。或凭轩而眺，或隐几而瞑，或曳杖而游，目之所赴，意之所遇，魂魄之所安，无非水也。居久之，于是主人阅日月升沉，云霞起灭，草木荣悴，禽鱼去来，与四时百物相代谢于一水之间，而忘乎其为我也。居又久之，于是主人且宅天宇之寥廓，餐元和之膏润，乘浩气而翩跹上下于无穷之门，而忘乎其为水也。或曰：子之乐，微矣，独矣。主人谢不敏，曰：夫造化者固逸余。于是夫请问之，及命

图一　高子水居图（选自《锡山高氏宗谱》卷七）

之泰筮，得节之兑，其卦曰水泽，其辞曰：安节，亨。主人莞尔而笑，乃歌曰：可以乐饥，泌之洋洋兮；所谓伊人，在水中央兮。

水居建有一座小楼，四面开窗，“可以被风之爽，可以负日之暄，可以宾月之来而饯其往，优哉游哉，可以卒岁矣；于是名之曰：可楼，谓吾意之所可也”（高攀龙《可楼记》）。水居曾悬一联：“得闲且闲，今日莫思明日事；当做就做，一年可作百年人。”家住城里水阙巷的高攀龙，不时到可楼静坐思考。“携一二童子相羊湖上，动以旬月计。同志如吴子往、归季思（归有光之子）来访，相与焚香兀坐。坐必七日，取大易‘七日来复’之义，作复七规程。”

清朝替代明朝后，高攀龙仍为士林所敬重。他的水居常让文人骚客触景伤怀。明末清初的严福孙曾赋诗《高忠宪公水居次题壁韵》：“小桥石断行人绝，烟水茫茫夕晖发。寒潭独照孤臣民，散作千山万山月。斗酒凭浇故国愁，悲歌击筑事俱休。回看芳草当时路，渔父江潭是胜游。”康熙时无锡文人王灏来到水居，处处感念先贤的事迹行述，产生一种向往先贤的感动、仿效先贤行事的愿望，“登涉怀往迹，旷望悦幽心。群峰散平湖，空翠来苍岑。伊人虽绵邈，虚室悬铭箴”（《高忠宪公水居》）。全诗贯穿作者对高攀龙思想理念的无限敬仰，在作者眼中，无论山川草木、虚室铭箴，无不蕴含着先贤遗意[2]。乾隆时国子生黄世则写下了《高忠宪公可楼用韵》：“读书何处访遗踪，短棹遥牵露苇丛。半亩宫开山四面，三间楼占水当中。清流祸且同元祐，点将编成数钜公。薄暮渔村一声笛，白蘋红蓼起悲风。”

康熙时的《无锡县志》中，水居被列入古迹。雍正初，华希闵偕忠宪丛孙愈窿辈修之。嘉庆八年，秦瀛又修之，有记。以后又沦为废墟，片瓦不存。道光年间，秦赓彤“往尝泛舟五里湖之滨，将访先司寇公所葺高子水居，榛芀满目，欲求败屋颓垣不可得。为之喟然，继又思先贤名迹当不至久而湮没”（秦赓彤《重筑高子水居记》）。太平天国占据南京，无锡岌岌可危之时，为弘扬高攀龙的气节，1857年地方绅士又募资重修水居，1860年无锡城陷，水居毁坏。1894年，由金匮知县王念祖与地方名流薛福成、薛福祈、许珏、廉泉、裘廷梁捐资，秀才顾典书主持工程，加以修复[3]。身在异国的薛福成怀着对先贤的景仰，写下了《修复高子水居记》一文。但民国初年失于火，化为灰烬。

1930年在绅商高映川的主持下，重修已毁坏的水居，耗资6000余元，其中“高氏任十之三，出于邑人捐助者十之七”[4]。华屋落成，当时乡贤们纷纷撰写楹联，最佳者当推裘可桴与杨范甫先生联，裘联云：“后左徙二千年，谪宦归来，聊寻渔父濯缨乐；接太湖三万顷，烟波浩渺，常照孤臣恋阙心。”杨联云：

"入水不濡，至人炼性如明月；裁湖作障，终古渔歌满夕阳。"9月5日举行落成典礼，参加者有县长潘忠甲与公安局长、警察大队长等政要；有地方著名绅商荣德生、荣鄂生、薛明剑、王心如等。公祭仪式主祭杨筱荔，司赞王祺卿，读祝邹同一，礼生高涵叔、高直云。祝文道：

惟中华民国十有九年九月五日，邑后学杨志濂等，谨致祭于有明恤赠尚书赐谥忠宪景逸高先生之灵曰："惟先生，朝阳远谪，归隐漆湖，可楼一室，以水为娱。卅年栖止，主静工夫。先生之学，追杨溯朱。先生之友，推归与吴。湖光山色，风月随书。无言相对，其乐何如。气夺奸阉，神游太虚。湘累自拟，始终不渝。当先生水居新屋落成，谨以清酌庶羞，恪恭将事，惟祈尚飨。"[5]

可1937年日本的侵华战争爆发，高子水居又被损毁。中华人民共和国成立后，高攀龙后裔曾在水居遗址树立一块碑以示纪念。1970年，正值"文化大革命"期间，推广围湖造田，无锡县东埄公社在东蠡湖北侧鱼池头西围成鱼池头圩，把著名的人文景点"高子水居"遗址填在泥土下[6]。

20世纪90年代初，按无锡市城市规划功能定位，该湖田出让给房地产开发商，建成了"山水湖滨花园"住宅小区（一期）。2006年，市政府在水居原址西侧200米处的一片沿湖鱼池（俚称"惠大池"）处重建了一个占地15公顷的"水居苑"公园，以全新的方式"复制"了高子水居。园内建有湖岸、荷池、水榭、廊桥、拱桥、亭台、楼阁、画廊、曲径等园林景观。还建了一座造型古雅的两层楼房，取名"五可楼"，以纪念旧时高子水居的"可楼"。在"五可楼"东侧的庭院中专门砌了一个圆形石台，以还原当年水居中的月陂。在月陂近旁的一个纪念亭内树立着一块石碑，上面刻着由冯玉祥将军于20世纪30年代题写的"高子水居"四个大字（图二）。此外，水居苑内还有一座高达2米的高攀龙坐姿石像（图三），56块刻有高攀龙语录、诗画的石碑和一个高攀龙纪念馆等[7]。

图二 "高子水居"石刻

图三 高攀龙坐姿石像

三、无迹可寻的"止水祠"

城内近南门处的高宅后园占地较大，池塘面积有一亩多。高攀龙死后，其住宅池园也被没收，变卖银两上交入官。直到 1660 年，高的侄子高世泰将原宅赎回。1666 年，在高攀龙投水捐躯园池处葺屋三楹，名曰止水祠（图四），成为县城中祭祀高攀龙专祠。1733 年，无锡地方官府勒石祠右，公布保护措施。1789 年，地方官府再次勘定池界，并颁给永禁告示，对止水遗址加以保护[8]。民国年间有竹枝词咏“高子止水”曰：“天涯待罪有孤臣，辱国何殊即辱身。止水一湾明月在，臣心端似屈灵均。”[9]

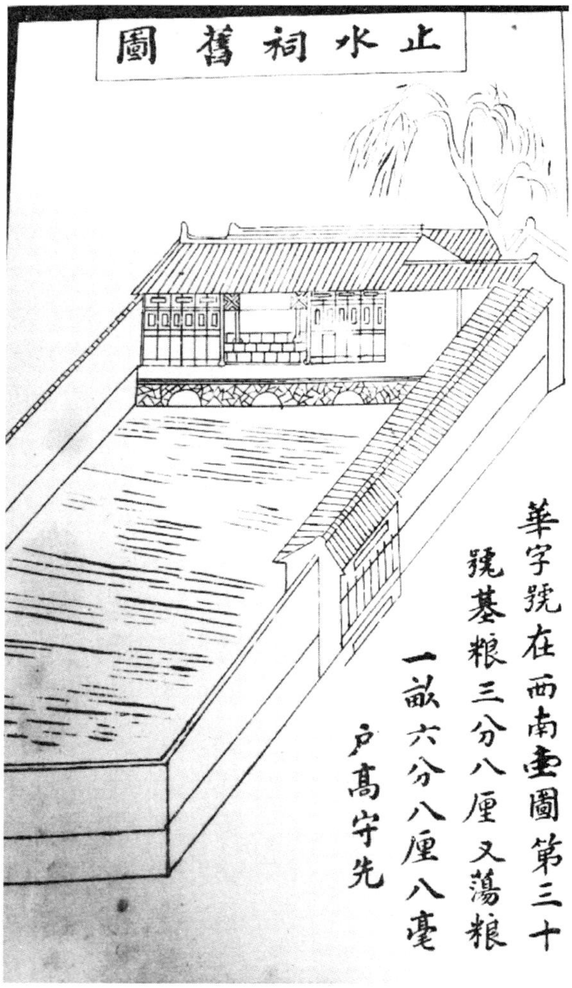

图四　止水祠旧图（选自《锡山高氏宗谱》卷七）

中华人民共和国成立后，止水祠划入江南中学（后更名为七中）校园内，1953 年高氏后裔高昌运请郭沫若题“高子止水”四字，摹勒石上，置于池的南壁。1957 年列为市级文物保护单位。1960 年 5 月，原《人民日报》总编邓拓来此，写《访高子止水》诗：“力抗权奸志不移，东林一代好男儿。攀龙风节扬千古，字字痛心绝命辞。”“文化大革命”伊始，邓拓首先被打倒，城门失火殃及池鱼，止水池被填平，刻石砸为两截，丢在池中。1979 年，市第七中学在原址发土重筑，池周驳以黄石，面积仅有 8.73 平方米，并将郭沫若原题刻石胶合后，置于池北壁[10]。2010 年江南中学迁往通扬路，高子水居也被毁弃。

四、新造的高攀龙墓

高攀龙的墓，原在梅园附近南华利湾，当时埋葬简单。明崇祯二年（1630），高攀龙得到昭雪，谥忠宪。次年十二月二十八日，他的儿子世儒奉旨在原址重新改葬，并由他生前的挚友钱谦益、钱士升、叶茂才等人，分别撰写神道碑、墓志铭等。因是皇恩赐葬，高墓被称为“谕茔”，有罗城、祭台、墓碑等石刻件，占地 4.7 亩。

到清顺治三年（1646）二月二十九日，高家在铲山南麓约 500 米处按原样造了新墓，将高攀龙灵柩迁到这里。这便是后人常说的河埒口高攀龙墓。后因没有专人管理，日久年长，坟田被零星变卖侵占，此墓遭到拆毁。清乾隆二年（1737）进行重修，后来又逐步成为一座荒墓。到清光绪元年（1875），又做全面整修，新植松柏 130 余棵，墓门围墙等均按原样修复。石坊宽 2.31 米，高 3.8 米，门楣上刻“谕茔”两字。经墓道直达墓垣，垣墙高 1.1 米，墙顶出檐 0.3 米，厚 0.5 米，顶如屋脊作瓦垄状，高 0.2 米。墓门两旁有石方柱，高 2.2 米，每面宽 0.2 米，柱顶有石狮，柱上镌“一代硕人，昭明绝学；四朝耆德，独抱孤忠”的对联，横额刻“玉音”。门的两侧石壁上，左镌麒麟花纹，右饰狮子花纹。墙正中的壁面上有人物、梅桃等浮雕。墓墩前立有石碑，高 1.55 米，上刻“皇明都察院左都御史恤赠太子少保兵部尚书谥忠宪景逸高公暨配王夫人墓”。据高氏家谱记载，在墓域内还葬有高攀龙的 3 个儿子，左墓是他长子世儒，右上墓是他次子世学，右下墓是他三子世宁（图五）。

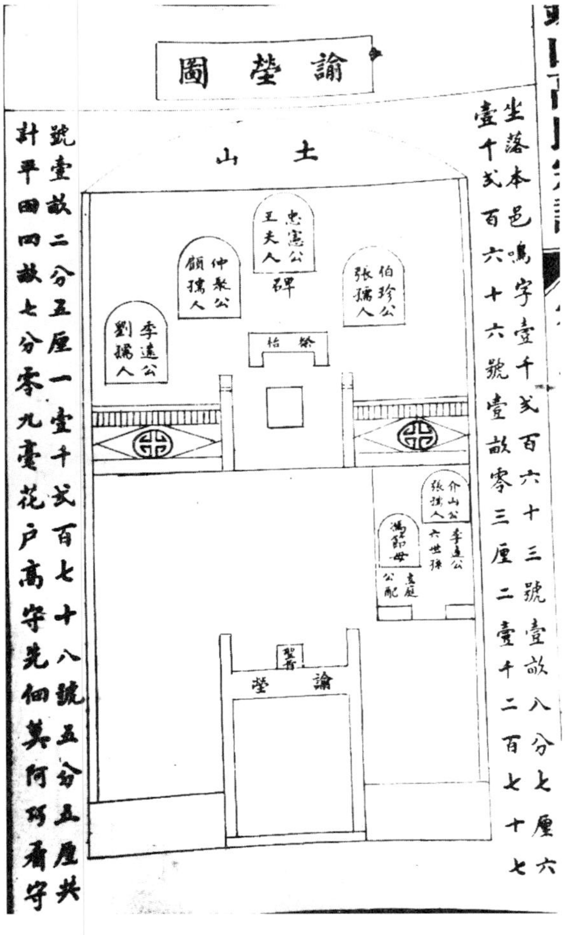

图五　高攀龙“谕茔图”（选自《锡山高氏宗谱》卷八）

在咸丰年间，因为太平天国而使得墓园受到了严重的破坏，在光绪元年进行了重修。1949 年后，墓地基本完好，仅失神道碑，江苏省人民委员会于 1957 年 8 月 30 日批准公布的“江苏省第二批文物保护单位无锡名单”（共 6 处），高攀龙墓名列其中。以后墓地遂为开发使用。“文化大革命”初，因邓拓曾写过有关文章，高攀龙被作为“三家村”的祖师爷，被红卫兵翻棺倒骨，烧掉遗体遗物，墓前石刻被砸碎，夷为菜田后，江苏省人民政府在 1982 年 3 月调整省一、二批文物保护单位时，被撤销文保资格，不再列为省第二批文物保护单位[11]。1979 年墓地上建起无锡市展览馆，此馆在 21 世纪初被拆除，现为河埒广场。

1985 年，由无锡文化管理委员会在离原墓约 1 千米处的青山公园新造了一个规模较小的墓地。墓园的周围由石砖砌成，里面用石块围成墓墩，前面有石刻的墓碑，上面刻着“明高攀龙之墓”六个大字。园内种植青松和翠柏，显得格外清幽肃静。1986 年，高攀龙墓作为市级文化保护单位受到政府的保护，因无说明性文字，这个新墓日久完全有可能让后人误以为真。

五、反复修葺的东林书院

东林书院占地基田 6 亩，园田 10 亩。规模虽不宏巨，但前有绿水近绕，岸柳垂青，东依高耸城墙，西、北两面有小巷相隔，院内古木森森，虽处城内，却无车马喧杂之扰，庄严清寂，是读书讲学，砥砺节操的理想之地。其鼎盛时，不少“私家船”从江南各地开来，门庭若市。天启五年（1625）八月，阉党派人来毁书院，该年只拆依庸堂、若燕居，庙暨左右长廊、书室赖高攀龙保护获存，但讲会遭禁。书院成了荒芜的废院，高攀龙有诗记其心志，表示了与阉党斗争到底的决心：“蕞尔东林万古心，道南祠畔白云深。纵令伐尽林间木，一片平芜也号林。”次年五月，东林书院成为瓦砾区。

东林党平反后，崇祯年间（1628—1644），无锡吴桂森捐银重建东林书院丽泽堂。清顺治十年（1653）之秋，常州郡守宋之普政暇亲临东林书院讲学。当时尚无学舍，于是就在东林遗址上搭盖草棚数间会讲，并向高攀龙之侄高世泰当面建议说：“此地急宜兴复，后死者不得辞责。”1655年春季，高世泰捐资修建了燕居庙以及三公祠、祭器室、典籍室、再得草庐，同时修葺道南祠与丽泽堂等。经高世泰此次修复后，东林书院除依庸堂这一重要主体建筑尚未修复外，其余大部分明末被毁建筑均得到恢复，书院基本恢复旧貌。

从清康熙二十六年（1687）至清乾隆五年（1740）这50余年间，在官府重视及地方士绅积极赞助下，东林书院共进行过四次重大修缮。其中康熙二十六年（1687），由无锡高世泰之子高菖生、高芷生兄弟发起，会同里中亲朋好友，并呈报官府后，对书院建筑进行了修缮，使讲堂学舍规制较从前更加完备。康熙三十二年（1693）十月至三十三年（1694）二月，由无锡知县徐永信亲自督理经始书院修复之事，经一年时间工程告竣。其中东林书院主体重要建筑依庸堂，拆毁80年后，也于康熙三十三年（1694）三月同时正式修复落成。雍正九年（1731）春，书院各堂斋等进行重修，凡“栋宇之攲者植之，垣墉之缺者完之，黝垩丹漆之漫漶而剥落者新之”，经此次整修油漆后，书院面貌焕然一新。

雍正四年（1726），无锡县东境分出，另外析置金匮县。东林书院隶属于金匮县管辖。雍正十二年（1734），金匮知县王允谦莅职到任后，即首先捐俸修葺依庸堂及道南祠。次年（1735），于依庸堂左建时雨斋四楹，又于堂右建寻乐处等。乾隆元年（1736），再修丽泽堂。乾隆五年（1740）春，于院内易址重建再得草庐，并恢复门外“观海来游”之石坊。同时，在无锡地方官府及学人的大力支持下，于雍正十一年（1733），由无锡许献等人编纂的《东林书院志》计22卷也正式刊行问世。这是记载东林书院创建始末、兴毁大端及沿革历史、人物轶事、祠祀典仪、会约规条、碑文典籍等项内容的书院专志，它胪列史事详备，体例完整，内容翔实，是人们认识了解和研究东林书院的必读之书和重要文献。

东林书院经康熙、雍正、乾隆三朝多次修复后，其讲学、祭祀、藏书建筑及生活用房等基本恢复到明代万历年间形制规模和原来院貌。有些学舍斋室较明代还有增建，如时雨斋、寻乐处等均为清代新增建筑。

清代中期，于嘉庆七年（1802），重修书院。嘉庆十八年（1813），重修道南祠。道光二十六年（1846），重修东林书院。道光二十七年（1847），新建东林报功祠。同治七年（1868），重建被太平天国所毁坏的道南祠。清光绪元年（1875），四川廖纶出任无锡知县，到任后，曾修复书院，并亲笔为道南祠书匾额。同时，锐意振兴东林讲会之事，曾召集地方士绅学人，大会于东林书院依庸堂，并推年长者一人手执《高子遗书》，升座领讲。清光绪二十八年（1902），东林书院在兴办新学的浪潮中改成东林学堂。1947年，唐文治、钱基博、顾宝琛等人发起，地方各界人士捐款进行全面修葺，唐文治撰写了碑文。

中华人民共和国成立后，1957年，东林书院旧址定为省级文物保护单位。《人民日报》总编辑邓拓1960年到东林书院时曾吟诗一首：“东林讲学继龟山，事事关心天地间；莫谓书生空议论，头颅掷处血斑斑。”时任国家副主席董必武于1962年东林小学建校60周年时，曾到东林书院参观，赋诗一首：“东林讲学继龟山，高顾声名旧史传；景仰昔贤风节著，瞻楹履阈学弥坚。”

“文化大革命”期间，书院部分文物被毁。1983年东林书院文物保管所成立，修复丽泽堂、依庸堂、东林精舍、道南祠、碑亭、石牌坊，并恢复部分在“文化大革命”中被毁匾联。1994年更名为东林书院文物管理处，修复来复斋、晚翠山房，重建大门、石桥、泮池、西廊等。2002年6月至2004年6月，无锡市政府协调搬迁东林小学，并拨专款对东林书院进行全面保护，修缮燕居庙、典籍室、祭器室和三公祠建筑，并对西园、东园进行全面环境治理，恢复明代原有弓河，并对原弓河驳岸进行修理。

修复后的东林书院占地面积13500平方米，各类建筑15余幢，各式匾额楹联40余副，再现书院明清时期布局形制与鼎盛时期风貌。自全面修复以来，书院先后被评为无锡市旅游十八景，国家“AAA”级景区，省、市爱国主义教育基地，2006年由国务院公布为全国重点文物保护单位。

六、其他相关遗存

鼋头渚1916年被开发成观光景点，此前因交通落后，来鼋头渚的人极少。据说，高攀龙来此踏浪吟哦，留有“鼋头渚边濯足”遗迹。抗日战争胜利后，无锡人朱松黯书写“明高忠宪公濯足处”镌于石壁上，以示对高攀龙的纪念。如今每天来鼋头渚游玩者众多，但对这一遗迹关注者极少。

位于东林广场的“东林八贤”群雕（图六）中，高攀龙处在中心位置。“东林八贤”是无锡籍著名雕塑家钱绍武大师在2001年率10位学生精心创作而成的大型石雕群像，该雕塑群总长12.5米，高4.2米，原料全部采用福建惠安崇武的青草石。塑像人物是以顾宪成、高攀龙为代表的“东林八君”，他们个个形态各异，栩栩如生，或慷慨激昂，或义愤填膺，或悲天悯人，或低头沉思。石雕群采用线条明亮，整体性和艺术性强的明代版画，把当时书院知识分子积极参政议政、讽议朝政、直陈明末昏庸统治的情景表现得淋漓尽致。但“东林八贤”在无锡的知晓度低得可怜，原因在于石雕群像的背后是一丛竹林，繁茂的竹叶将“东林八贤”密密遮挡起来，大大影响了其“能见度”。

高攀龙是无锡城中高氏“最著”的人物，可是他的后裔却建树不多。除其次子高世学因恩荫官生（高攀龙三个儿子均系恩荫官生），历任都督府南京户部主事、北京刑部主事、补上林苑蕃育署丞、中军都督府经历而进入仕途外，以后的子孙再未中过举，更未授过官。特别是该支脉在传至第16世时便断续无传。无锡城中高氏在清代140多名生员中，基本上是出在高攀龙长兄附凤和七弟士鹤支脉的后裔中。民国以后，无锡城中高氏子孙，凡学业或事业有成者，大体已散居于外地，尤其是当1992年无锡市政工程的扩建、学前东路的拓展、八佰伴商厦的兴建，在原岸桥弄、欢喜巷的无锡城中高氏旧居也随之而拆除无存[12]。

图六 “东林八贤”群雕

在惠山下河 8 号，坐落着祭祀高攀龙的“高忠宪公祠”，有三进深，挂有顾光旭写的楹联：“君子无所争，立纲常、扶名教；大臣不可辱，感天地、泣鬼神。”祠建于崇祯年间，康熙三十八年（1699）火灾后，移祀于城中高子止水祠。乾隆元年（1736）在惠山原址复建。咸丰兵乱祠毁。同治十三年（1874）知县廖纶倡捐重建。以后高松涛再修。高松涛（1833—1916），是高攀龙之兄鸣阳十世孙。九岁丧父，家贫，先后在米业、丝业任职，性好地方文献，精于掌故，数十年中，搜集断编残简，旁及各姓谱牒，手札心记，网罗散失。刊行《高子遗书》《高子年谱》《锡金历朝书目考》《锡金科第考》《锡山游庠录》《锡金游庠录》《锡金续游庠录》《高子水居志》《补编》《锡山揽袂集》《松滋祠庙记》《锡山高氏余芬集》，先后倡导，与邹渭清、许静山、陆绍云、秦牧卿、顾季钦等募捐筹资，在惠山重建高攀龙祠、王其勤祠、尊贤祠，创设贞节祠、保墓局，在南桥五里湖北滨，重建高子水居，协助知县裴大中修葺城垣等。2009 年政府拨款大修。

七、结　语

以顾宪成、高攀龙为领袖的东林党人，在明末阉党专政、朝政黑暗之际，所表现的家国情怀，所展示的文人风骨，一直为后人所称道。黄宗羲在《明儒学案》中专为东林立案，他指出东林讲学，实质上是清议，而清议的本质是对统治者监督的一种形式，士人所带动起来的民间舆论，对于有权者肆无忌惮、为非作歹有些防止作用。“正是以东林为代表的清议，激扬了正气，促进文人士大夫独立精神的觉醒。明代亡国的原因很多，不能归罪到东林头上；而且在扶危救亡中许多东林人士前赴后继，为国赴难比比皆是。”[13]

本着对东林党人的景仰，高攀龙的遗迹得以保存与修缮。但因风吹雨淋的自然因素与战争的破坏，遗迹常遭毁坏，可 300 多年间，乡绅与当局屡毁屡建，从而使这一地方名片得以延续至今，没有失传。只是近几十年城市的发展加上对遗迹的保护不当，也使高攀龙的墓地与止水祠这两处重要遗存遭到了难以弥补的破坏。

注　释

［1］傅红星主编，郑娉校订：《钱基博集·方志汇编》，华中师范大学出版社，2013 年版，第 263-278 页。
［2］徐志钧：《滨湖诗存》，古吴轩出版社，2016 年版，第 224 页。
［3］无锡市园林管理局等编：《梁溪古园》，方志出版社，2007 年版，第 356 页。
［4］《锡山高氏宗谱》卷七，无锡市图书馆藏。
［5］《公祭高忠宪公——水居复兴落成典礼》，《锡报》1930 年 9 月 6 日。
［6］王晓羿：《高子水居何在》，《无锡日报》2000 年 9 月 25 日。
［7］无锡市滨湖区政协学习文史和社会法制委员会编：《滨湖乡土》，南京出版社，2005 年版，第 355 页。
［8］《无锡文化大观》编委会编：《无锡文化大观》，新华出版社，2000 年版，第 43 页。
［9］政协无锡市崇安区委员会编：《崇安名胜史话》，山东画报出版社，2006 年版，第 108 页。
［10］无锡市地名委员会编：《江苏省无锡市地名录》，1983 年，内部资料，第 192 页。
［11］荣巷街道志编纂委员会编：《荣巷街道志》，凤凰出版社，2011 年版，第 554-555 页。
［12］赵永良、蔡增基主编：《无锡望族与名人传记续编》，中国文联出版社，2007 年版，第 38 页。
［13］王学泰：《清代有经学无儒学说》，《随笔》2011 年第 5 期，第 133 页。

从窑业技术浅析宜兴紫砂壶明中后期的兴盛

张　帆*

【摘要】从明中期到晚期，宜兴紫砂壶窑业技术发展迅速，无论是从胎体、成型技术、装饰造型、装烧方法还是窑炉，水平都止现了大幅度的提升。本文试着从文献和考古发现两方面来对比呈现这种技术上的提升，并浅要分析窑业技术在明中后期得以迅速提升的原因。

【关键词】紫砂　紫砂壶　窑业技术　明中后期

虽然目前学界对于紫砂器烧造的起源尚有争议，但对于传统意义上冲泡散茶的宜兴紫砂壶在明中期开始烧造已经基本达成共识。从明中期烧造伊始到明中后期，宜兴紫砂发展非常迅速，很快打开局面，占领市场。从目前考古发现的有明确纪年可考的最早的紫砂壶——南京吴经墓出土的紫砂提梁壶，最晚烧造时间不超过明嘉靖二十三年（1544）[1]算起，不过百年时间。在这百年时间内，宜兴紫砂壶从开始烧造到备受青睐，从金沙寺僧到名家辈出，从质朴到造型装饰丰富多样，明中期的紫砂壶的造型技艺和丰富程度与晚期不能同日而语。宜兴紫砂壶在明中后期发展迅速的原因是多方面的，本文尝试从宜兴紫砂壶窑业技术上的进步来探究明中后期宜兴紫砂壶的兴盛。

一、紫砂与紫砂壶

对于紫砂和紫砂壶，人们并不陌生，甚至很多人都能说上几句，然而对于如何明确地界定紫砂以及紫砂壶却并非易事。冯先铭主编的《中国古陶瓷图典》对紫砂的定义是："用江苏宜兴丁蜀镇所产的一种质地细腻、含铁量高的特殊陶土紫泥烧成的无釉陶器，也指这种陶器的质地。"[2]定义中明确指出紫砂只产自于宜兴丁蜀镇，那用产自其他地区的紫砂矿制成的泡茶的壶能不能称之为紫砂壶？至于"特殊陶土紫泥"，笔者认为应该指的是紫砂优良的特性。

宜兴地区陶土资源丰富、品种繁多，"当地一般把陶土分为白泥、甲泥和嫩泥三大类"[3]，紫砂泥夹生于甲泥矿中，包括紫泥、本山绿泥和朱泥。完全用紫砂泥制成的器物称之为紫砂是毫无疑问的，但早期的紫砂胎体中除了用到紫砂泥，还大量伴有更易取得的甲泥矿，我们对紫砂的界定要考虑对紫砂利用和认识的过程，早期紫砂与普通陶土混合到完全使用紫砂是一个历史发展的过程。所以明早期那些胎体夹杂甲泥，虽类似缸胎，一般我们也称之为

*　张帆：供职于无锡博物院

紫砂。那是否胎体中利用到了紫砂土制成的器物就是紫砂壶呢？答案显然是否定的，既然原料的使用是一个历史发展过程，那如何界定何为紫砂壶？发现的汉代的黑釉壶，其胎体中的钾、钙、铁、铝、硅与明清紫砂乃至近代紫砂的含量相当或接近[4]，是否能称之为紫砂壶呢？这显然与我们所说的在明中期开始烧造的紫砂壶并非同一概念。陆明华指出要区分紫砂器和紫砂壶，不能把紫砂器同紫砂壶混为一谈[5]。紫砂器的起源要远远早于紫砂壶，除了那一对汉代的紫砂胎黑釉壶，在宜兴“当地生产的原始青瓷（或者说是釉陶）和施青釉的六朝产品，居然出现了紫色胎，而这种紫色胎与我们通常所见的陶胎不完全一样……从外观上看，这种紫色胎土颜色和明清时期的紫砂胎较为接近”[6]，还有镇江市的宋代古井中出土了一对挂釉紫砂质带流壶[7]，在宜兴溪隐古井中，也发现不少明代施酱釉的紫砂壶和罐[8]，这些都是宜兴利用紫砂已久的证明，但并不是我们所说的紫砂壶。紫砂壶之所以区别于其他器物，是因为其胎体紫砂的优良特性。所以，从自然属性上来说，自觉利用了紫砂本身优良特性而制成的壶具才能称之为紫砂壶。

紫砂壶除了自然属性外，还有其社会文化内涵。因为紫砂的优良特性的认定，不仅是紫砂土本身所具有的多色、双重气孔、可塑性强、收缩率低等自然属性，也离不开社会文化对其的认同。紫砂壶与茶文化密不可分已是一种共识。紫砂壶的兴起，不仅是陶工匠人对紫砂土认识的加深，更是伴随着饮茶习惯和风尚的改变而兴起的。至于不用产自宜兴的紫砂泥制成的冲泡散茶的茶壶，能否称之为紫砂壶，本文不作过多讨论。本文中所说的紫砂壶是指随着明代冲泡散茶而兴起的茶具，即是泡茶所用的茶壶，非煮水器或作其他使用的器具。

二、明中后期紫砂壶烧造在窑业技术上的提升

（一）对紫砂土的认识提升

宜兴陶工对紫砂土的认识是在实践摸索中不断提升，经历了从早期把它作为施釉器的粗糙胎体到明中后期视为“富贵土”的过程。从上文可知，宜兴对紫砂土的使用早已有之，但早期多在这种胎体上施釉，紫砂这种粉砂质泥岩作为施釉器的胎体，不仅不能发挥其砂质泥料的优良特性，还会因颗粒感强胎体粗糙，增加成型难度，再加上紫砂土含铁量大大高于高岭土，胎体颜色深，也不利于釉的发色。早期“一些蕴藏在甲泥中的紫泥也被人们当作一般泥料来对待，大家尚未认识到它的真正价值，更未具备一种文化自觉”[9]。所以在明中期以前，宜兴陶工对优良紫砂土真正价值的认识和利用都还不够。

但从明中到后期，宜兴陶工匠人对紫砂土的认识则迅速提升。从明周高起《阳羡茗壶系》记载可知：①至迟在明后期宜兴的陶工匠人能区分不同矿产泥料并根据其不同特性加以利用。当时已划分出嫩泥、石黄泥、天青泥、淡红泥、密泥、梨皮和白砂、老泥、白泥等，对不同泥的特性也有合理的认识，如嫩泥可以掺和一切色土，增加黏性，石黄泥质地坚硬，制成壶后变朱砂色等，而且已经能拓宽“五色土”制成壶的颜色，“琲以天青、石黄和之，成浅深古色”[10]。②对紫砂土的加工技法已然成熟。深山挖数十丈洞穴取土，然后风干捣碎，过筛浸泡，后入窖中“养土”，不同的陶工匠人对紫砂土的取用配比各有心法，可见当时对紫砂土的加工已经非常成熟。③对紫砂土实用性和美学认识的提升。至迟在明晚期，紫砂匠人已经认识到紫砂因其“砂”性特质适宜冲泡茗茶，专业

上说就是紫砂的“团粒结构”形成的“双重气孔结构”[11]使其具有良好的透气性，时大彬制壶“或杂硇砂土”[12]，就很好地利用了紫砂这一特质。从美学上不仅逐渐认同紫砂壶的各色之美，对紫砂这种“朴雅坚栗”的自然泥性和砂质之美也逐渐认同，“縠绉周身，珠粒隐隐，更自夺目”[13]。

目前考古也验证了这一点，如无锡南禅寺古井出土的明正德嘉靖年间的鼓墩形四系紫砂壶（图一），近似于缸胎，“粗砂含量大，并不适合用来品茗……这反映了明代中期，宜兴紫砂尚混同于一般日用陶器”[14]。到明晚期至晚不过崇祯二年下葬的无锡华师伊墓出土的时大彬制三足如意紫砂壶[15]（图二），虽略有杂质，砂质较粗，但朱砂隐现，骨肉亭匀，胎体与现在的紫砂壶相比已相差不大。

图一　明鼓墩形四系紫砂壶

图二　明时大彬制三足如意紫砂壶

（二）成型技术的进步

明中后期，宜兴陶工对紫砂泥认识的提升，促使紫砂壶的成型技术有创造性的进步。紫砂土的“砂”性特质，黏性不强，但韧性十足，可塑性强，宜兴的陶工在不断地探索中，摸索出打身筒和镶身筒的成型方法，改良壶嘴、流、纽的成型和相接方式，为紫砂壶丰富的壶式和造型提供技术上的支撑。

明中期到后期，紫砂壶的成型技术迅速改良，飞跃发展。从文献记载来看，大约在明中期，金沙寺僧从粗陶的成型技术中汲取营养并加以改良，“削竹为刃”[16]，“抟其细土，加以澄练，捏筑为胎，规而圆之，刳使中空，踵传口、柄、盖、的”[17]。此时的紫砂壶成型工具较少，技术也相对粗糙简单。继而供春“更斫木为模”[18]，“亦淘细土抟胚，茶匙穴中，指掠内外。指螺纹隐起可按，胎必累按，故腹半尚现节腠”[19]。此时紫砂壶成型工具增加，技术得以进一步改良，最显著的就是木模的使用和壶腹的胎接。到时大彬时，紫砂壶的成型技术得到飞跃进步。

土色五，腻密不招客土，招则火知之。时乃故入以砂，炼土克谐，审其燥湿展之，名曰土毡。割而登诸月，有序，先腹两端相见，廉用媒土，土湿曰媒，次面与足，足面先后以制之丰约定。足约则光面，足丰则光足，初浑然虚含为壶，先天，次开颈，次冒，次耳，次嘴，嘴后着戒也，体成于是。侵者刹之，骄者抑之，顺者抚之，限者趁之，避者剔之，暗者推之，肥者割之，内外等时[20]。

上面这段文字详细记述了时大彬的紫砂壶成型工艺。紫砂土中掺砂——拍成泥片——把泥片用脂泥（媒土）相接于腹身——后制作盖和足——制壶颈、流、把——修坯成型。时大彬站在前辈紫砂匠人的肩上，放弃了模具成型的方法，创造出了凭空泥片相接的拍身筒、镶身筒成型法。这一创造性的改良影响深远，一直延续至今。

从考古发现的紫砂器和标本来看，也能直观地看出明中期到后期紫砂成型技术的改良和进步。无锡南禅寺出土的明正德嘉靖年间的鼓墩形四系紫砂壶，腹部有明显的胎接痕迹（图三），应该是使用供春时期木模成型法，腹部中间偏下部割开脱模，再在壶身内部用泥条粘合。明晚期的时大彬三足如意壶壶身外部修胚光整，但在壶身内部可以看出明显的泥片镶接痕迹（图四），也印证了文献的记载。早期鼓墩形四系紫砂壶的流与壶身在外部用泥条相接，仍能看出泥条相接的痕迹。此外，考古发现早期紫砂壶流不少采用卯榫法，将壶流插入身筒，流底端在壶里面按平相接（图五[21]），流在壶颈壶身没有过多修饰的按压相接[22]。明晚期时大彬三足如意紫砂壶的壶流和壶把与壶身相接平整，过渡自然（图六）。早期吴经提梁壶的壶盖，盖内有“十”字筋，在宜兴沧浦村也采集到同样类型的标本[23]（图七[24]），到明晚期时大彬三足如意壶，壶纽与盖相接则不采用此种工艺，盖内平整，壶纽气孔内大外小，十分精致（图八）。从时大彬三足如意紫砂壶的成型工艺来看，“工具已经使用较多，使用了勒子、篦子、线梗、明针等诸多工具，已经比较精细，整个加工工艺与今日的加工工艺已无多大区别”[25]。此外，扬州江都万历四十四年曹墓出土的大彬六方壶[26]，则采用镶身筒的成型方式[27]。综上可见，明中期到晚期紫砂成型技术提升迅速，到明晚期紫砂壶的成型工艺已相当成熟了。

图四 明时大彬三足如意紫砂壶（内部）

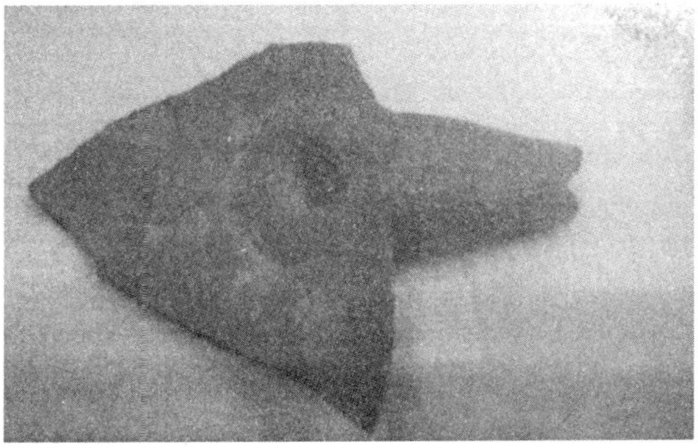

图五 蜀山窑址出土壶嘴标本

图三 明鼓墩形四系紫砂壶（内部）

图六 明时大彬三足如意紫砂壶（局部）

图七　明吴经柿蒂海棠提梁壶

图八　明时大彬三足如意紫砂壶（盖内）

（三）造型、装饰技法的丰富

（1）从明中期到后期，壶式更加多样小巧，日渐从实用性向艺术性升华。从初创时，金沙寺僧捏筑的圆形一种壶式，到董翰“始造菱花式”，筋纹器开始出现，赵梁“多提梁式”，到徐友泉“有汉方、扁觯、小云雷、提梁卣、蕉叶、莲方、菱花、鹅蛋、分档索尔、美人垂莲、大顶莲、一回角、六子”等壶式造型，至陈仲美“壶象花果，缀以虫草……”，紫砂壶的壶式已具备光货、筋囊货、花货和方货的四大类完整器类造型。另外，紫砂壶的制作逐渐从大壶到小壶的转变。从早期的圆壶到各式样壶的出现，从大壶到小壶，不仅是壶样式的增加，壶容量大小的改变，而是紫砂壶不再仅仅满足实用这一功能，逐渐从实用性过渡到工艺品，向艺术品升华的过程。

（2）紫砂壶装饰技法的多样和丰富。除了上文说过，紫砂壶在明代配比出颜色多样的胎土、调砂等胎装饰外，壶表面的装饰技法也日益丰富。早期紫砂壶大多素面，“有的在盖、嘴、口肩等部位装饰有柿蒂纹、如意纹等，嘴部饰以捏塑的龙纹”[28]，虽然以实用功能为主，但有向工艺性转变的趋势。到时大彬时，刻字开始出现，虽从考古发现来看，多在不显眼的地方刻名款或年名款，但所刻之字也颇讲究美感，“即时大彬初请能书者落墨……书法闲雅，在《黄庭》《乐毅》帖间”，后有李茂林、陈辰等陶家之书君。虽然此时的刻字，装饰功能并不显著，多是名家以示区别，但为此后开创紫砂壶与文人诗书画印的结合，在技术上提供了支撑，也加速了紫砂壶向艺术品的升华。除了以上的贴花、捏塑、刻字等装饰，明晚期“偶见有用两种泥料绞在一起制作的绞胎器”[29]，不仅装饰技术的丰富，更是装饰技法技术成熟的表现。

（四）装烧技术的进步和专门窑炉的出现

明中后期，紫砂烧造技术最显著的特征是匣钵的使用和烧造紫砂窑炉大增。从文献记载来看，在金沙寺僧时，紫砂壶制作还处于创始时期，制作的紫砂壶“附陶穴烧成”，搭在普通日用陶器的窑炉中烧成，可看出此时紫砂壶数量少。到李茂林时期，已出现紫砂壶制作的明四大名家，紫砂壶制作日渐成熟，“壶乃另作瓦缶，囊闭入陶穴，故前此名壶，不免沾缸坛油泪”，有了专门为紫砂壶装烧制作的匣钵，避免了紫砂壶在窑炉中直接过火，提高了烧成率，发色也更加均匀，也避免了紫砂壶沾上窑渣杂质而更加美观。

从考古发现的紫砂壶特征来看也印证了文献的记载。吴经墓出土的紫砂提梁壶壶面就沾有缸坛釉[30]，壶身不同部位发色显然不同，显然没有装匣钵，是在窑炉中裸烧而成，考古发现的早期紫砂壶多有这些特征，明晚期“出土大彬壶无飞釉泪斑，胎质精细工整，造型古朴雅致”[31]。考古发掘宜兴明代羊角山窑址，“出土了大量紫砂与欧窑器残片”，蜀山窑址“有的龙窑窑床几乎是并列而筑，窑墙相距不到30厘米，出土了许多具有典型明代工艺特征的均窑和紫砂器物残片”[32]，无论是在数量还是规模上，与早期紫砂“附陶穴烧成”不能同日而语。从窑址发掘的堆积来看，可以推测在明晚期已经有专门烧造紫砂的窑炉出现。

三、明中后期紫砂壶窑业技术迅速提升的原因

明中后期紫砂壶烧造窑业技术迅速提升并非是孤立偶然的现象，而是诸多因素相互作用的结果。它既受明代社会经济发展的大环境影响，也直接与明代饮茶风尚的改变相关；既根植于江南发达的商品经济，也离不开文人茶人团体的推动；既离不开宜兴窑业特有的资源优势，也是外来大师与陶工带来先进的窑业的结果。

（一）明中后期对宜兴紫砂市场需求的扩大

明中后期商品经济的复苏发展，增加了紫砂的需求，拓宽了紫砂的行销区域。明朝建国初期，推行重农抑商、提倡节俭、禁止奢靡的政策，打击商品经济的发展，致使江南很多商贾富户逃离至江北。到了仁宗、宣宗之后，国家财政日益紧张，出于增加赋税的需求，放松了对商品经济的抑制，到明中晚期商品经济逐渐恢复活跃起来，尤其是自唐宋以来富庶的江南地区。随着江南商品经济的发展，社会财富的增加，大家富户的增加，世风日渐奢靡，增加了对紫砂壶的购买力。另外商品流通的旺盛，加上宜兴优越的地理位置，紫砂壶能够行销到更广阔的区域，甚至在明晚期开始出现了紫砂的外销。

明朝饮茶风尚和方式改变，人们逐渐认识到紫砂宜茶的特性，因而对宜兴紫砂倍加推崇。明洪武二十四年九月，明太祖朱元璋因爱惜民力，下诏“罢造龙图，惟采芽茶以进”[33]，此举对之后的影响很大，从此不仅确定了叶茶的地位，也逐渐改变了人们的饮茶风尚。但明初期，人们还是习惯于煎茶，如明初活跃在江苏南部的高启《烹茶》一诗中写到“活水新泉试自烹”[34]，又如明初无锡画家王绂与惠山寺住持性海在听松庵仍是用竹炉烹茶。但到了明中期之后，瀹饮散茶的饮茶方式日渐普及，逐渐替代之前煎茶烹茶。由于饮茶风尚和饮茶方式的改变，宜兴紫砂“盖既不夺香，又无熟汤气”[35]的特性被人们所认识，因而有了“世间茶具砂为首”[36]这样的地位。叶茶这种瀹饮法更为接近茶的自然本真，也更加简便，再加上皇帝的推崇，这种饮茶方式在明中后期逐渐改变大众的饮茶习惯。随着饮茶风尚和方式的改变，“壶黜银锡及闵豫瓷，而尚宜兴陶”[37]，市场对宜兴紫砂的需求也就日益旺盛。

（二）江南文人茶人团体的追捧为紫砂壶的烧造带来巨大的经济价值

（1）明中晚期江南茶事的兴盛，文人茶人团体对紫砂壶的追捧。明朝初年虽然有高启、王绂、朱权等著名茶人的出现，甚至有“惠山听松庵竹茶炉”茶文化现象，但明朝初年的社会经济发展水平和社会文化生活状况，不足以支持文人大规模的茶事活动[38]。待到明中期以后，商品经济逐渐恢复，尤其是江南地区社

会财富日益增加，苏南地区出现了以沈周、吴宽、文徵明等人组成的著名的茶人集团，到明后期追求闲情雅致的文人茶人集团日益壮大。在世风日渐奢华的环境下，文人们追求名泉、名茶，对茶之名器紫砂壶也十分讲究。“至名手所作，一壶重不数两，价重每一二十金，能使土与黄金争价”[39]，这为紫砂壶的烧造带来了巨大的经济利益。

（2）紫砂壶主动迎合文人审美，赋予了紫砂壶更高的经济价值。文献明确记载，时大彬“初自仿供春得手，喜作大壶，后游娄东，闻陈眉公与琅琊、太原诸公品茶施茶之论，乃作小壶”，时大彬从大壶转向小壶的制作，是受到陈继儒、王鉴、王时敏等文人对茶道评论的影响，主动迎合文人审美而改作小壶。虽然看似只是壶体大小的变化，实则是紫砂壶发展方向的转变。一方面，“茶壶以小为贵，每一客，壶一把，任其自斟自饮，方为得趣，何也？壶小则香不涣散，味不耽阁”[40]；另一方面，小壶也日益向工巧精致的工艺品、艺术品方向发展。在巨大的经济利益下，紫砂壶的“雅流”“神品”不断涌现，这就在紫砂壶艺术价值与经济利益间形成了良性循环。紫砂壶向工艺艺术性的转变，带来巨大的经济利益，远非烧造普通的日用陶器能比肩。

（3）宜兴本地的窑业基础和外来名家的加入。宜兴地区有着悠久的陶瓷烧造传统，“早在7000多年前的新石器时期，宜兴便开始制陶，其后历代均为间断”[41]。宜兴地区深厚的窑业传统，再加上丰富的紫砂土矿藏，为紫砂壶的烧造提供了得天独厚的条件。但除此之外，宜兴明中后期吸引了不少外来名家能手，为窑业技术的迅速提升注入了活力。陶工匠人窑业水平的提升，是宜兴紫砂窑业技术提升最直接的原因。

宜兴紫砂外来名家能手的加入，与明中后期匠籍制度的松动紧密相关。明朝“凡军、匠、灶户，役皆永充”，其中“匠户二等：曰住坐，曰轮班，皆世袭”[42]，严格限制了陶工匠人的流动。到明中期，匠籍制度开始松动，成化二十一年，明朝允许轮班匠以银代役，到嘉靖四十一年，轮班匠由力差全部改为银，政府可以银雇工，轮班匠制度名存实亡。

在匠籍制度的松动下，匠人的人身束缚大大削弱，优秀的陶工匠人被吸引到宜兴。“陈仲美，婺源人，初造瓷于景德镇，以业之者多，不足成名，弃之而来”[43]，所造的紫砂器“细极鬼工”，被誉为神品。明朝紫砂巨匠时大彬，文献记载“昆人时大彬，善陶……”[44]，据陆明华考证，时大彬为昆山人[45]。此外，明末名人王穉登游历宜兴说见“陶者穴火，负山而居，累累如鬼窟……陶者，甬东人，非土著也”[46]，同时宜兴蜀山窑的发掘也发现刻有“甬东郡”字样的器物，甬东在今浙江宁波一带，说明至迟在明晚期有浙江宁波陶工参与宜兴窑业。由此可见，明朝的两大著名窑业中心——景德镇和龙泉的名家能手参与了宜兴的紫砂烧造，促进了宜兴紫砂窑业技术的迅速提升。

四、结　语

明朝中期到晚期，紫砂壶的烧造从紫砂土原料—成型—装饰—装烧—入窑都得到了迅速的改良和提升，窑业技术迅速提升。紫砂壶窑业技术在明中期后提升迅速，可以说汇集了天时、地利、人和诸多因素。明中期以后，商品经济日益繁荣，饮茶习惯和方式的改变，可谓紫砂壶兴起的“天时”；江南地区财富日益增加，世风日趋奢华，文人茶事活动的兴盛，再加上宜兴丰富的紫砂矿藏的发现，可谓紫砂壶兴盛的“地利”；匠籍制度的松动，优秀的陶工匠人的到来，可谓紫砂壶兴盛的“人和”。明中期以后紫砂壶窑业技术的进步为此后紫砂壶的发展壮大提供了良好的基础。

注　释

［1］龚巨平：《明代御用监太监吴经及其墓葬出土紫砂提梁壶考》，江苏省考古所、宜兴市文管办编：《紫泥沉香——2015 年宜兴紫砂学术研讨会论文集》，译林出版社，2017 版，第 217 页。

［2］《中国古陶瓷图典》编辑委员会编：《中国古陶瓷图典》，文物出版社，1998 版，第 47 页。

［3］韩人杰、叶龙耕、贺盘发、李昌鸿、高海赓、江苏省陶瓷研究所、宜兴紫砂工艺厂：《宜兴紫砂陶的生产特点和显微结构》，《硅酸盐》1981 年第 4 期，第 26 页。

［4］孙振、徐俊杰：《早期紫砂胎初探——记一件紫砂胎黑釉壶》，《宜兴窑古代陶瓷学术研讨会论文稿》，宜兴市文物管理委员会办公室编印，2014 年版。

［5］陆明华：《宜兴紫砂器起源与明代名家茗壶研究》，江苏省考古研究所、宜兴市文管办编：《紫泥沉香——2015 宜兴紫砂学术研讨会论文集》，译林出版社，2017 版，第 127 页。

［6］陆明华：《宜兴紫砂器起源与明代名家茗壶研究》，江苏省考古研究所、宜兴市文管办编：《紫泥沉香——2015 宜兴紫砂学术研讨会论文集》，译林出版社，2017 版，第 125 页。

［7］贺云翱、张勇盛著：《宜兴紫砂》，译林出版社，2013 年版，第 28 页。

［8］黄兴南、徐俊杰：《宜兴溪隐古今出土宜兴窑陶器》，江苏省考古所、宜兴市文管办编：《紫泥沉香——2015 年宜兴紫砂学术研讨会论文集》，译林出版社，2017 版，第 228-229 页。

［9］贺云翱、张勇盛著：《宜兴紫砂》，译林出版社，2013 版，第 170-171 页。

［10］〔明〕周高起：《阳羡茗壶系》，中华书局，2012 年版，第 65 页。

［11］孙荆、阮美玲：《宜兴紫砂陶的显微结构和紫砂器的透气性》，《中国陶瓷》1993 年第 131 期，第 25 页。

［12］〔明〕周高起：《阳羡茗壶系》，中华书局，2012 年版，第 82 页。

［13］〔明〕周高起：《阳羡茗壶系》，中华书局，2012 年版，第 82 页。

［14］朱建新：《无锡南禅寺出土的明代紫砂器》，《文物》，2002 年第 4 期，第 94 页。

［15］冯普仁、吕兴元：《江苏无锡县明华师伊夫妇墓》，《文物》1989 年第 7 期，第 58 页。

［16］〔明〕周容：《阳羡瓷壶记》，清《阳羡名陶录·下卷》收录。

［17］〔明〕周高起：《阳羡茗壶系》，中华书局，2012 年版，第 22 页。

［18］〔明〕周容：《阳羡瓷壶记》，清《阳羡名陶录·下卷》收录。

［19］〔明〕周高起：《阳羡茗壶系》，中华书局，2012 年版，第 26 页。

［20］〔明〕周容：《阳羡瓷壶记》，清《阳羡名陶录·下卷》收录。

［21］翻拍自黄兴南：《宜兴窑古代陶瓷概述》，《宜兴窑系》，中国文化出版社，2016 年版，第 88 页。

［22］吴光荣、许艳春：《管窥明清时期宜兴蜀山窑址出土紫砂壶标本制作工艺之演变》，江苏省考古研究所、宜兴市文管办编：《紫泥沉香——2015 宜兴紫砂学术研讨会论文集》，译林出版社，2017 版，第 23 页。

［23］黄兴南：《宜兴窑古代陶瓷概述》，《宜兴窑系》，中国文化出版社，2016 年版，第 89 页。

［24］刘黎平编著：《紫砂壶典》，湖北美术出版社，2014 年版，第 968 页。

［25］吴芝娟：《明代紫砂泥片成型工艺发展研究》（硕士学位论文），中国美术学院，2009 年，第 22 页。

［26］蒋华：《江都明墓出土时大彬六方紫砂壶》，《文物》1989 年第 6 期，第 91 页。

［27］吴芝娟：《明代紫砂泥片成型工艺发展研究》（硕士学位论文），中国美术学院，2009 年，第 21 页。

［28］黄兴南：《宜兴窑古代陶瓷概述》，《宜兴窑系》，中国文化出版社，2016 年版，第 88-89 页。

［29］黄兴南：《宜兴窑古代陶瓷概述》，《宜兴窑系》，中国文化出版社，2016 年版，第 89 页。

［30］龚巨平：《明代御用监太监吴经及其墓葬出土紫砂提梁壶考》，江苏省考古所、宜兴市文管办编：《紫泥沉香——2015 年宜兴紫砂学术研讨会论文集》，译林出版社，2017 年版，第 217 页。

［31］袁志洪：《宜兴紫砂茗壶起源考述》，《无锡文博》1995 年第 1 期，第 259 页。

[32] 黄兴南：《宜兴窑古代陶瓷概述》，《宜兴窑系》，中国文化出版社，2016年版，第88页。

[33]《明太祖实录》卷二一二，洪武二十四年（1391）九月乙酉朔，台湾中央研究院历史语言研究所校印本。

[34]〔明〕高启著，〔清〕金檀辑注，徐澄宇、沈北宗校点：《高青丘集》，上海古籍出版社，1985版。

[35]〔明〕文震亨：《长物志》，中华书局，2012年版，第179页。

[36]〔明〕林古度：《林茂之陶宝肖像歌》，《阳羡茗壶系》收录，中华书局，2012年版，第91页。

[37]〔明〕周高起：《阳羡茗壶系》，中华书局，2012年版，第13页。

[38] 胡长春：《明朝文人茶事活动概述——兼论明朝江浙地区的文人饮茶集团》，《农业考古》2008年第4期，第58页。

[39]〔明〕周高起：《阳羡茗壶系》，中华书局，2012年版，第13页。

[40]〔明〕冯可宾：《岕茶笺一卷·论茶具》，清世楷堂藏板。

[41] 黄兴南：《宜兴窑古代陶瓷概述》，《宜兴窑系》，中国文化出版社，2006年版，第79页。

[42]〔明〕张廷玉等，《明史》卷七十七《食货一·户口》，中华书局，1987年版，第1878页。

[43]〔明〕周高起：《阳羡茗壶系》，中华书局，2012年版，第53页。

[44]〔明〕冯梦龙：《古今谭概》不韵部卷八，明刻本。

[45] 陆明华：《宜兴紫砂器起源与明代名家茗壶研究》，江苏省考古研究所、宜兴市文管办编：《紫泥沉香——2015宜兴紫砂学术研讨会论文集》，译林出版社，2017年版，第130页。

[46]〔明〕王稺登：《荆溪疏》上卷五，《王百谷集十九种》收录，2010年版。

明清外销紫砂研究史回顾与反思

姜胜楠*

【摘要】明代茶文化的变革，促成了宜兴紫砂的崛起。明清时期，宜兴紫砂不仅畅销于国内各地，同时还出口到欧洲、东南亚、日本等地。近年来，紫砂研究越发系统化、成熟化，本文将简单梳理外销紫砂的研究情况并探讨相关问题。

【关键词】外销　宜兴紫砂　研究

一、宜兴紫砂外销的背景

宜兴窑的历史最早可追溯到7000年前，以生产原始瓷、印纹硬陶为主，东汉至宋，受浙江窑口的影响，宜兴窑属于典型的青瓷系统。一般认为传统意义上的紫砂壶大致始烧时间是明代中期，但宜兴以紫泥为胎的罐、壶等煮水器的始烧年代或许更早[1]。明太祖朱元璋即位后，为减轻广大民众疾苦，巩固统治，洪武二十四年（1391），“太祖以重劳民力，罢造龙团，一照各处，采芽以进”[2]，此后“一瀹便啜，遂开千古茗饮之宗”[3]，瀹饮法逐步取代唐宋饮法，并成为主要的饮茶方式。明代茶文化的变革，一方面促使饮茶由贵族化、文人化走向大众化[4]，另一方面又促进了茶具的改革，继而带动了宜兴紫砂的崛起。宜兴充分利用当地的资源优势，加之景德镇匠人“以业之者多，不足成其名，弃之而来（宜兴）”所带来的技术，促使宜兴窑异军突起，逐渐形成以“紫砂陶”和“均陶”为鲜明特色的制陶工艺系列，实现了“宜兴窑”的成功转型[5]。明清时期，宜兴紫砂闻名各地、备受追捧，这在宫廷和盛行功夫茶的东南沿海地区尤为明显，以致后来出现了“至名手所作……价重每一二十金，能使土与黄金争价”[6]的局面。在中国古代陶瓷外销的大背景下，宜兴紫砂也在明末开始走向外销，东北亚、东南亚、欧洲等地的博物馆均可以发现外销紫砂的背影。近年来，随着水下考古事业的发展，海域沉船陆续发现，其中也有不少宜兴紫砂，年代从明末一直到清朝晚期，这为全面研究宜兴紫砂提供了良好的素材。本文将简单梳理外销紫砂的研究情况，并以国外博物馆馆藏、海域沉船中发现的宜兴紫砂为依据，结合国内外专家的研究成果，探讨外销紫砂研究的相关问题。

二、外销紫砂研究史回顾

基于历史文献，结合考古发现，内销紫砂

* 姜胜楠：供职于无锡博物院

的研究相对来说是比较全面的，各类专著、论文层出不穷，同时也先后多次召开过紫砂专题研讨会，进一步加深了学术界对紫砂的认识。但目前对外销紫砂的研究大多是简单的、零碎的介绍，系统的、深入的专门研究还比较匮乏。回顾国内外对外销紫砂的研究状况，分列如下。

（一）以外销紫砂为媒介的海外贸易及文化交流

这主要表现在两方面。一是宜兴紫砂对海外各国窑业的影响。“几乎所有欧洲的重要博物馆陶瓷收藏中都有宜兴紫砂，有时并不是因为是其器物本身的精美典雅，而是因为其在启迪欧洲瓷器发明中所扮演的重要角色。”[7]这种重要角色不仅体现在对欧洲窑业的影响上，而且在促进日本窑业的发展中，宜兴紫砂也有着十分重要的作用。20 世纪 90 年代以来，陆续有学者从这个角度研究外销紫砂。1995 年，贺盘发简要介绍了欧美、日本传世紫砂器，并分析了紫砂对德国、英国、西班牙、日本等国陶瓷业的影响[8]。在《宜兴紫砂和欧洲》一文中，柯玫瑰（Ross Kerr）着重讨论了东西方的精细红土，并论述宜兴紫砂影响了欧洲窑业的发展，同时指出英国窑工通过探索，创造了符合本土特色的形制和装饰[9]。黎淑仪以沉船资料为依据，阐述了紫砂壶近销东南亚、远销欧洲的情况及在推动欧洲窑业发展中的作用[10]。台湾著名陶瓷专家黄健亮也在多篇文章中论述了紫砂器在启迪欧洲陶瓷中扮演的重要角色[11]。王林仙结合历史记载及清单记载，简要回顾了明清时期紫砂的外销史[12]。而法国著名陶瓷专家帕特里斯·万福莱（Patrice Val）在《销往欧洲宜兴茶壶》一书中，从外销到欧洲的宜兴茶壶着手，探讨了其在欧洲的贸易方式、外销路线、历史时期的不同称谓、特点及分类，同时列举了欧洲王室及私人收藏家收藏的紫砂壶，叙述了宜兴陶瓷对西方窑业的影响及由此带来的各种仿制品，并收录了 300 余张在欧洲、泰国、印尼、马来西亚等地区发现的宜兴茶壶的珍贵图片，这是欧洲专门研究紫砂的开山之作，为学术界研究输欧紫砂奠定了基础[13]。在 2015 年紫砂专题研讨会上，施云乔浅析了 17—19 世纪欧洲人钟情紫砂壶的原因，阐述了欧洲不同时期紫砂的不同称谓，并探讨了“紫砂”的中英文名称，概述了紫砂在欧洲的收藏及欧洲仿造紫砂壶的情况[14]。

二是茶文化与外销紫砂的关系。宜兴紫砂进入欧洲市场主要是“各国的东印度公司把大量茶叶运往欧洲促成的”[15]。此外，日本的煎茶道与宜兴紫砂外销也有着千丝万缕的联系。所以不少学者从茶文化与茶壶的关系上进行研究，如《东瀛遗朱——培集轩珍藏输日宜兴壶》一书中，收录了明末至民国初期出口至日本的中国茶壶，图文结合，着重分析了各时期外销茶壶的特点，论述了日本煎茶道对紫砂壶的影响，而茶壶本身的造型、尺寸也从侧面反映了日本独特的茶道精神[16]。相似研究的还有高振宇的《宜兴紫砂茶陶在日本的传播之缘起——从隐元禅师爱用之壶说起》，文中他从隐元禅师所爱用的 2 件紫砂壶出发，阐述了中国禅学、茶文化给日本带来的影响并指出日本煎茶道的流行，又促进了宜兴茶壶的出口[17]。黄巍锋、李昭慧在《日本江户时代的输日宜兴窑紫砂茶壶》一文中，结合日本当时的饮茶习俗，还原宜兴紫砂外销日本的历史，介绍了输日紫砂的四个品种，从器形、色彩、装饰三个方面探究了紫砂的艺术特征及其对近代日本陶业的影响[18]。同样，施茜也从茶文化与茶壶的角度，介绍了宜兴紫砂在欧洲的历程及其在传播过程中是如何影响欧洲窑业发展的[19]。

（二）海域沉船中的紫砂

随着水下考古事业的发展，近年来不少学

者研究沉船中发现的紫砂，主要有宋伯胤、林业强和黄健亮等人。宋伯胤在《沉埋海底二百年的紫砂壶》一文中，重点介绍了捷达麦森号（Geldermalson）沉船中发现的 8 件宜兴紫砂壶，分析了它们的造型、器形、款识等方面的工艺特征[20]。林业强在 2007 年国际紫砂研讨会中，从年代、沉没地点、国籍、航程等方面介绍了发现于中国、东南亚、南非水域的 8 艘沉船，指出出水宜兴紫砂器分为船员自用品、船员私货、船上载运外销货物三大类，并分析了沉船紫砂壶的器形演变规律，这为紫砂壶的断代提供了依据[21]。在《南海沉船中的茶事讯息》一文中，黄健亮以清代三艘海洋沉船（即捷达麦森号、泰兴号、迪沙如号）为基点，分析了不同沉船中出水紫砂的特点（存在精粗差异），指出这是外销目的地群体心理需求和实用需求差异导致的结果，从而折射出东南沿海地区的移民文化面相，从另一方面也透露了即使在现实的生活压力下，中国移民也从未忽略根深蒂固的饮茶习惯[22]。此外，刘明倩[23]、埃娃·施特勒伯[24]、黎淑仪[25]、熊微、黄巍锋[26]等人也简单介绍过明清时期载有紫砂的沉船，这些都为我们研究出水紫砂提供了丰富的实物资料。

（三）海外博物馆馆藏、私人收藏紫砂的介绍

刘明倩在《英国维多利亚阿伯特博物院藏明清紫砂器》一文中介绍了英国维多利亚阿伯特博物院藏的 120 件宜兴紫砂，着重介绍了孟臣贴花壶，并结合历史文献，说明了贴花装饰对 17 世纪欧洲陶工仿制紫砂器装饰的影响，同时也探讨了 18 世纪紫砂装饰的变化，并采用模塑、贴花和堆花三者结合的工艺[27]。谢瑞华介绍了旧金山艺术博物馆、加利福尼亚州私家珍藏及西雅图艺术馆所藏外销宜兴紫砂的情况[28]。埃娃·施特勒伯（Eva Strober）介绍了强人奥古斯都收藏的宜兴瓷和德化瓷，指出它们为欧洲窑工提供了灵感和模型，在欧洲瓷器历史的开始阶段起到了重要作用[29]。其《欧洲的宜兴紫砂器》则介绍了德国安东·乌尔里希公爵博物馆、法沃利特宫博物馆、东亚艺术博物馆、日耳曼民族博物馆、汉堡艺术与工艺博物馆，英国大英博物馆、维多利亚阿伯特博物馆，荷兰阿姆斯特丹国立博物馆、格罗宁根博物馆、普林塞霍夫博物馆、阿纳姆博物馆，奥地利维也纳艺术史博物馆、应用美术馆等 13 家博物馆的紫砂馆藏及德累斯顿强人奥古斯都收藏紫砂，重点阐述了外销紫砂在欧洲的泥色、造型、装饰，且具有典型的巴洛克风格，并启发了欧洲窑工，叙述了欧洲各国仿制紫砂的历史，同时也点出了宜兴紫砂与欧洲饮茶礼仪的关系[30]。霍吉淑（Jessica Harrison-Hall）则重点介绍了大英博物馆 1876 年以来宜兴紫砂的馆藏情况[31]。此外，施云乔还列举了丹麦王室、丹麦和挪威国王弗雷德里克三世、德国奥古斯都二世、英国艾勒斯福德伯爵、英国佛兰克家族、法国格兰德迪尔、法国托马斯·多伯雷、法国万福莱等紫砂收藏的情况[32]。

（四）对外销紫砂工艺特征等方面的专门论述

最早对此进行研究的当是日本著名实业家兼收藏家奥玄宝，他于 19 世纪 70 年代著《茗壶图录》一书，以自己和朋友收藏的 32 件带款识的茶壶为基础，从源流、式样、形状、流鋬、泥色、品汇、小大、理趣、款识、真赝、别种等方面进行论述，以图文并茂的形式介绍了茗壶的尺寸、命名缘由、款识、形制、制作年代及工匠，这为研究明清时期输日紫砂提供了有价值的资料[33]。黄健亮在《17、18 世纪外销欧洲紫砂壶的风格与特征》一文中简述了宜兴陶器输入欧洲的原因，将外销欧洲的紫砂

壶分为纯粹中国本土风格的紫砂壶和迎合欧洲装饰品味的紫砂两类风格，指出这是受宜兴传统紫砂壶形制、中国青花瓷装饰及欧洲装饰三个元素的影响，并详细介绍了紫砂壶在器型、泥料、工艺、装饰、款识等方面的工艺特征[34]。熊微、黄巍锋结合物质文化研究各方面，论述了紫砂外销欧洲的年代及不同时期的称谓，并分析了输欧紫砂壶的结构、材料、色彩、装饰等方面的特征，提出了紫砂壶的输入受到贸易全球化的影响[35]。同时，英国著名陶瓷专家柯玫瑰（Ross Kerr）介绍了丹麦、瑞典、英国等国博物院收藏的一些纪年紫砂器，并简要分析了它们的特征[36]。2016年，潘奕宇、刘恋探讨了销往泰国的“抛光壶”，分析了泰国进口紫砂壶的原因，并粗略指出远销泰国紫砂的造型、装饰及特征[37]。当然，对外销紫砂壶的特征研究，不少学者在文章中都会部分论及，这些都有利于了解不同区域外销紫砂的不同特征。

三、总结及反思

综上所述，目前学术界对外销紫砂的研究主要集中在海外贸易、文化交流、馆藏紫砂及风格特征等方面。近年来，国内外学者的交流互动、紫砂专题研讨会的召开，都在不同程度上加速了学术界对外销紫砂的认识，外销紫砂研究成果也越来越显著。当然，由于语言的限制、资料的匮乏，外销紫砂的研究还存在一些问题，主要表现在：

（1）外销紫砂的专门研究还不是很多，很多学者大多侧重于从文化交流或者海外贸易的角度进行研究，而一些专题研究还没有突破瓶颈，比如外销紫砂的断代、辨伪问题。

（2）由于区域、资料的限制，还未能从整体上把握外销紫砂，目前大部分学者的研究主要以不同的外销区域为中心，而未真正实现外销紫砂的整体研究。

（3）明清时期，东南亚是宜兴紫砂不可忽视的一个外销市场，但关于东南亚外销紫砂的专题研究还不是很多，虽部分专著、文中均有所涉及，但大多都是简单、零碎的介绍，作者认为这都可以是今后研究的一个方向。

由于能力有限，在外销资料的收集上还不是很全面，不妥之处，请各位专家多多批评指正。

注　释

［1］陆明华：《宜兴紫砂器起源与明代名家茗壶研究》，江苏省考古研究所、宜兴市文管办编：《紫泥沉香——2015宜兴紫砂学术研讨会论文集》，译林出版社，2017年版，第127页。

［2］〔明〕何孟春：《馀冬序录摘抄内外篇》，中华书局，1985年版。

［3］〔明〕沈德符：《万历野获编》，北京中电电子出版社，2004年版，第744页。

［4］徐学、朱海燕：《明清时期茶文化的发展成就与历史地位》，《湖南农业大学学报社会科学版》2012年第13卷第5期。

［5］贺云翱：《“宜兴窑”初论》，《东南文化》2015年第4期。

［6］〔明〕周高起：《阳羡茗壶系·骨董十三说》，中华书局，2012年版。

［7］〔荷兰〕埃娃·施特勒伯（Eva Strober）：《欧洲的宜兴紫砂》，龚良主编：《紫玉暗香·2008南京博物院紫砂珍品联展》，江苏文艺出版社，2008年版。

［8］贺盘发：《浅谈宜兴紫砂的对外文化交流》，《江苏陶瓷》1995年第2期。

［9］〔英〕柯玫瑰（Ross Kerr）：YiXing Ware and Europe（《宜兴紫砂和欧洲》），《2007年国际紫砂研讨会论文集》，紫禁城出版社，2009年版。

［10］黎淑仪：《宜兴紫砂之海外贸易与文化交流》，《东南文化》2009年第2期。

［11］黄健亮：《茶文化视野下宜兴贸易壶》，《2007年国际紫砂研讨会论文集》，紫禁城出版社，2009年版；黄健亮：《宜兴紫砂在欧洲的文化历程》，《东南文化》2016年第3期。

［12］王林仙：《浅述宜兴紫砂古代商贸》，《山东陶瓷》2011年第34卷第2期。

［13］〔法〕帕特里斯·万福莱（Patrice Val）著，施云乔译：《销往欧洲的宜兴茶壶》，西泠印社出版社，2015 年版。

［14］施云乔：《宜兴紫砂西行印迹》，江苏省考古研究所、宜兴市文管办编：《紫泥沉香——2015 宜兴紫砂学术研讨会论文集》，译林出版社，2017 年版。

［15］乐宾纳（Donald Rabiner）：《宜兴陶艺西渐》，《宜兴陶艺——茶具文物馆罗贵祥珍藏》，香港市政局，1990 年版。

［16］黄怡嘉：《东瀛遗朱——培集轩珍藏输日宜兴壶》，台北盈记唐人工艺出版社，2007 年版。

［17］高振宇：《宜兴紫砂茶陶在日本的传播之缘起——从隐元禅师爱用之壶说起》，江苏省考古研究所、宜兴市文管办编：《紫泥沉香——2015 宜兴紫砂学术研讨会论文集》，译林出版社，2017 年版。

［18］黄巍锋、李昭慧：《日本江户时代的输日宜兴窑紫砂茶壶》，《宜兴窑系——华夏第一陶窑系》，中国文化出版社，2016 年版。

［19］施茜：《从中国功夫茶到英式下午茶——宜兴紫砂壶在欧洲的传播与流变》，《农业考古》2014 年第 2 期。

［20］宋伯胤：《沉埋海底二百年的紫砂壶》，《紫砂苑学步宋伯胤紫砂论文集》修订本，台北盈记唐人工艺出版社，2005 年版。

［21］林业强：《紫泥沉浮：沉船所载宜兴紫砂壶》，《2007 年国际紫砂研讨会论文集》，紫禁城出版社，2009 年版。

［22］黄健亮：《南海沉船中的茶事讯息》，《故宫文物月刊》2008 年总 302 期。

［23］刘明倩：《英国维多利亚阿伯特博物院藏明清紫砂器》，《2007 年国际紫砂研讨会论文集》，紫禁城出版社，2009 年版。

［24］〔荷兰〕埃娃·施特勒伯（Eva Strober）：《欧洲的宜兴紫砂》，龚良主编：《紫玉暗香·2008 南京博物院紫砂珍品联展》，江苏文艺出版社，2008 年版。

［25］黎淑仪：《宜兴紫砂之海外贸易与文化交流》，《东南文化》2009 年第 2 期。

［26］熊微、黄巍锋：《明清输欧宜兴紫砂壶的文化语境及造物特征研究》，《宜兴窑系——华夏第一陶窑系》，中国文化出版社，2016 年版。

［27］刘明倩：《英国维多利亚阿伯特博物院藏明清紫砂器》，《2007 年国际紫砂研讨会论文集》，紫禁城出版社，2009 年版。

［28］谢瑞华：《美国西海岸宜兴紫砂收藏概况》，《2007 年国际紫砂研讨会论文集》，紫禁城出版社，2009 年版。

［29］〔荷兰〕埃娃·施特勒伯（Eva Strober）：《强人奥古斯塔收藏中的宜兴瓷和德化瓷以及欧洲瓷器的发明》，《2007 年国际紫砂研讨会论文集》，紫禁城出版社，2009 年版。

［30］〔荷兰〕埃娃·施特勒伯（Eva Strober）：《欧洲的宜兴紫砂器》，《紫玉暗香·2008 南京博物院紫砂珍品联展》，江苏文艺出版社，2008 年版。

［31］〔英〕霍吉淑（Jessica Harrison-Hall）著，张婧婧译、谢北一校译：《大英博物馆自 1876 年宜兴器物的收藏》，江苏省考古研究所、宜兴市文管办编：《紫泥沉香——2015 宜兴紫砂学术研讨会论文集》，译林出版社，2017 年版。

［32］施云乔：《宜兴紫砂西行印迹》，江苏省考古研究所、宜兴市文管办编：《紫泥沉香——2015 宜兴紫砂学术研讨会论文集》，译林出版社，2017 年版。

［33］［日］奥玄宝著，杜斌注解：《茗壶图录》，山东画报出版社，2010 年版。

［34］黄健亮：《17、18 世纪外销欧洲紫砂壶的风格与特征》，《紫玉暗香·2008 南京博物院紫砂珍品联展》，江苏文艺出版社，2008 年版。

［35］熊微、黄巍锋：《明清输欧宜兴紫砂壶的文化意境及造物特征研究》，《创意与设计》2015 年总第 39 期。

［36］〔英〕柯玫瑰（Ross Kerr）著，谢北一译：《在欧洲丹麦、瑞典和英国的宜兴器物举要》，江苏省考古研究所、宜兴市文管办编：《紫泥沉香——2015 宜兴紫砂学术研讨会论文集》，译林出版社，2017 年版。

［37］潘奕宇、刘恋：《销往泰国的“抛光壶”》，《江苏陶瓷》2016 年第 6 期。

“有降将军，无降典史”

——阎应元与江阴守城之役

廖章荣*

【摘要】江阴典史阎应元在崇祯末年领导江阴民众击退海寇进犯，提高了他在江阴绅民中的威望，也为他日后组织江阴守城积累了经验。清廷占领南京后，强制推行剃发令，遭到了江阴军民的强烈反抗。在阎应元等人的领导下，江阴军民坚守城池近三个月之久，给予清军沉重打击，在一定程度上延缓了鲁监国政权和隆武政权的覆亡。阎应元、陈明遇等人虽以中兴大明为旗号，但其本意则在于维护传统的衣冠之制。

【关键词】阎应元　陈明遇　南明　江阴守城之役

清顺治二年（1645），南明弘光政权覆亡后，清廷强制推行剃发令，江阴县军民在阎应元、陈明遇等人的领导下，坚决抵制剃发令。江阴军民在处于绝对劣势的情况下，坚守江阴城近三个月之久，成为南明史上的一个奇迹。学界对阎应元与江阴守城之役的讨论，大多注重对这一事件过程的梳理，对阎应元守城前的事迹则似乎未有涉及。实际上，阎应元领导江阴民众守城之前，已有率领江阴民众抵御海寇的经历，并因此在江阴绅民中取得较高的威望，这对阎应元后来领导江阴民众守城显然具有一定影响，但学界多未注意到此点。而关于江阴守城之役的具体情节，各书所载极为混乱，后人梳理这一事件时，一般将托名韩菼的《江阴城守纪》作为主要参考资料，事实上，此书不仅成书时间较晚[1]，且错讹较多，史料的真实性值得怀疑。因此本文在梳理这一事件时，主要参考许重熙《江阴城守后纪》、计六奇《明季南略》、温睿临《南疆逸史》等较早的史籍，《江阴城守纪》则酌情参考。学界在评价江阴守城之役时，一般将其视为复明反清运动，本文则认为阎应元、陈明遇等人虽以中兴大明为旗号，但其本意则在于维护传统的衣冠之制。本文主要围绕上述问题展开讨论，以期就教于方家。

一、阎应元在江阴典史任上的事迹

江阴县，明代隶属于南直隶常州府（今属江苏无锡市）。此地民风朴实，很少出现官民对抗的现象，《江阴县志》云：“毗陵（指常州府）与吴接壤，大抵吴之俗文，毗陵之俗较朴，其在属邑江阴尤以朴称……百姓畏官府，

---

* 廖章荣：湖北大学历史文化学院研究生

遇事怯甚，讼言盈庭累数十年，未尝一犯其上。岁办钱粮，非甚凶岁，岁皆迎期而集，诸县莫先焉。"[2]但江阴百姓在遭到外来侵略时却勇于反抗，崇祯末年阎应元率领乡民抵御海寇即是这方面的典型。

阎应元，字丽亨，原为浙江绍兴人，其四世祖为锦衣卫校尉时，全家迁居北直隶通州，遂为通州人（一说河间人）。崇祯十四年（1641），阎应元以功授南直隶常州府江阴县典史[3]。阎应元在江阴典史任上时，海寇顾容（人称顾三麻子）率人入侵江阴县，而江阴知县恰好已外出，县城一时之间"男女窜奔"，人心惶惶。在这种形势下，阎应元带上弓箭，跃马大呼于市："好男子从我杀贼护家室！"一时之间，从者竟有千人之多，但众人苦无器械，阎应元大呼："事急矣，从我，人假一竿。"在他的组织下，众人手持竹竿，沿江而列，与海寇展开激战。阎应元在此役中表现得尤为勇敢，他往来驰射，一连击毙三人，海寇遭到了重创，只好扬帆而去[4]。此次战役不仅大大提高了阎应元在江阴绅民中的威望，也为他日后组织江阴守城抵御清军进攻积累了经验。

崇祯十七年（1644），阎应元以御海寇有功，迁广东英德县主簿，因母生病而未赴任。此时又恰逢甲申之变，阎应元一家寓居于江阴县东砂山。但时值乱世，江阴县治安情况不佳，尤其是崇祯帝死讯传到江阴以后，"市井不逞之徒，乘机生乱，三五成群，各镇抢掠焚劫，杀人如草"。面对此等情形，江阴知县方之骥束手无策，"乃恳诸生中老成硕望者同学师分往各乡，谕以理义，动以利害。东北滨江一带，许学师晋，诸生陈明时；正东，徐学师廷退，诸生章经世；西乡，冯学师厚敦，诸生吴幼学；南乡，邑绅汤澄心，诸生张鼎泰"，而已经离职的阎应元也单骑前往申港一带劝解[5]。不久，从南京传来福王朱由崧即位的消息，东南一带稍安，但弘光政权仅仅存在一年即土崩瓦解。

二、阎应元、陈明遇等人守城始末

清顺治二年（1645），清军南下，南京不战而下，弘光帝也在芜湖被俘，弘光政权覆亡。清军占领南京后，自以为统一天下指日可待，故限令各处军民一律剃发，如有不从，则军法从事。顺治二年六月，清廷接管江阴县后，明朝知县方之骥去职，清廷委任的知县方亨到任后，诸生及耆老对方亨说："今江阴已顺，想无他事矣。"方亨则答道："止有剃发耳，前所差四兵为押剃发故也。"众曰："发何可剃耶？"方亨答："此清律，不可违。"方亨回到县衙后，接到常州府下达的剃发令，其中有"留头不留发，留发不留头"之语，书吏写至此处时竟投笔于地，曰："就死也罢！"方亨欲笞打书吏，众人"共哗而出"[6]。江阴绅民得知清廷颁布的剃发令后，群情激愤，诸生许用等人在孔庙明伦堂集会，表示："头可断，发不可剃。"[7]

与此同时，北门乡兵率先而起，率领众人抵制剃发，方亨见形势不妙，遂"闭衙不出"，并致函常州知府宗灏报告江阴的形势，信中说："江阴已反，速下大兵来剿。"[8]但方亨的信并未送达宗灏手中即被江阴乡民缴获，江阴绅民得知信中内容后极为愤慨，立即将方亨逮捕，并推举现任典史陈明遇为首，打算以武力抵制清廷的剃发令，陈明遇则推辞说："吾智勇不如阎君，此大事，须阎君来。"遂连夜遣人迎阎应元入城，"应元投袂起，率家丁四十余人入城协守"。阎应元入城后，"料尺籍，治楼橹，令户出一男子乘城，余丁传餐"，及时清除奸细，并集合各处乡兵，很快组织了一支数量可观的民兵队伍。至于财物，则主要向城内绅民劝输，规定："输不必金，出粟、菽、帛布及他物者听。"即捐输的物品不限于钱财，监生程璧首捐二万五千两白银，于是"捐者麇集”，阎应元对城内的财物实行统一分配，以做到物尽其用。阎应元对各门守御也做出安排，由武举黄略（一作王公略）守东门，汪把总（其名已佚）守南门，陈明遇守西门，阎应元本人除自守北门外，还与陈明遇负责巡视四门[9]。

常州知府宗灏得知江阴形势后，急忙派兵三百前往江阴镇压义军，并试图与城内奸细里应外合。但阎应元、陈明遇早已抓获城内细作，细作对宗灏的计划和盘托出，故城内义军已有提防，而宗灏所派的三百兵将也最终被义军歼灭于秦望山下。清廷得讯后，又增派军队攻打江阴城，义军与清军在城外进行了多次交战，但野战终非义军所长，故转而固守城池。清军合围后，云集在城下的清兵数以万计，清军除采取驾云梯、掘地道等办法外，又用红衣大炮攻城，双方均死伤惨重。在清军的炮轰下，城墙已有多处坍塌，“应元命用铁叶里门板，贯铁绲护之；取空棺，实以土，障隤处”[10]。江阴军民在没有外援的情况下，多次击退清军进攻。由于江阴久攻不下，刘良佐多次试图招降阎应元。刘良佐，绰号花马刘，曾为南明弘光四镇之一，在弘光朝官拜总兵，爵封广昌伯，清军南下之时，刘良佐与东平伯刘泽清不战而降，刘良佐还充当了清军攻城的先锋。对于刘良佐之流，阎应元自然是嗤之以鼻，故不仅对刘良佐的劝降无动于衷，还痛斥刘氏“进不能恢复中原，退不能保障江左”，并以“有降将军，无降典史”回复刘良佐，刘氏一时语塞，惭愧而退。其后，清廷又多次对阎应元等人进行劝降，但均未能奏效。

清廷劝降失败后，从他处抽调兵力围城，并加紧了攻势。清军围城日久，城内不仅伤亡惨重，且粮食日乏，情况已极不乐观，但江阴军民抵抗却依旧激烈。时人计六奇《明季南略》云：“江阴未破前三日，昼夜炮声不绝。予乡距江城（即江阴）四十余里，炮声发，卧床间地亦震动，枕上梦恒为之醒。予下午往四河口访内家，遥望东北一带烟火冲天而起，炮声轰烈，令人胆堕。”[11]当时战事之激烈，由此可见。

在清军重兵围困之下，阎应元、陈明遇几次派人出城请援，但均徒劳无功。八月二十日，清廷又从南京运来24门大炮，集中攻打东北城。八月二十一日，在清军猛攻之下，城墙终于打开了缺口，江阴城失守。江阴城破之时，阎应元在东门索笔写下了一副对联，云：“八十日带发效忠，表太祖十七朝人物；十万人同心死义，留大明三百里江山。”随后，阎应元亲率千人与清军展开巷战，但终难以挽回大局，阎应元受伤后投湖，但因湖水过浅而被清兵拽出，阎应元随即被押往见刘良佐，刘良佐两手拍阎应元肩膀而哭，但应元不为所动，云：“何哭？事至此，只有一死。速杀我！”随后又被押往见贝勒，应元则“挺立不屈，背向贝勒，骂不绝口”[12]。次日天明，阎应元遇害，而陈明遇则在城破之日与清兵巷战时阵亡。康熙时人许廷鑅赋诗赞曰：“壮哉陈尉气若云，阖门举火以自焚。阎尉受伤战益力，杀人如草犹纷纷。被綮刺伤血出漉，大呼速斫深宵闻。衔须而死死得所。此城岂有降将军！”[13]

清军破城后，对城内居民进行了惨无人道的屠杀，“然竟无一人降者”。到清军出榜安民时，城中居民已所剩无几，八月二十三日清军“封刀”时，城中仅剩53人。清军最终虽然攻下了江阴，但在此役中付出的代价却极为惨重，据史籍记载，先后参加围城的清军达二十四万，而“死者六万七千，巷战死者又七千，凡损卒七万五千有奇”[14]。清人傅以礼认为：“大兵围城者二十四万，战死七万有奇，其说殊不足信。考是时贝勒方征两浙，至城下者仅李成栋、刘良佐所统数千人耳。迨秋后各兵四集，故一鼓而下。要之贝勒并未亲至江阴，其围城之兵，亦断不及所记十分之二。”[15]参加围城的清军人数，或可存疑，但傅以礼说参加围城的清军将领仅李成栋、刘良佐二人，此说有误。江阴之役期间，李成栋正奉命镇压侯峒曾等人领导的嘉定起义，根本无暇顾及江阴。而傅氏说“贝勒并未亲至江阴”，亦属失考，事实上，参加围城的清军将领除总兵刘良佐外，尚有恭顺王孔有德、贝勒博洛、贝勒尼堪等人[16]。

三、江阴守城之役的评价

顺治二年清军南下之时，各地文武或不战而降，或一触即溃，故清军不费吹灰之力即占领了南京、杭州等战略要地，但清军却在江阴这座小城遭到入关以来最为激烈的抵抗，江阴军民在阎应元、陈明遇的领导下前后坚守了 81 天，这在当时而言，不啻是一个奇迹。而这一奇迹的出现，与阎应元个人的作用关系甚大，诚如清人温睿临所言：“江阴，小邑也，而城守之严，江以南无若之者，则赖于典史阎应元。”[17]在守城期间，阎应元措置有方，与广大军民同甘共苦，从而赢得了众人的拥护，这是江阴得以长期坚守的根本原因。

时人许重熙得知阎应元、陈明遇等人领导的江阴守城之役后，对此感慨道：“有明之际，士林无羞恶之心。居高官、享重名者，以蒙面乞降为得意，而封疆大帅，无不反戈内向，独陈、阎二典史乃于一城见义。向使守京口如是，则江南不至拱手献人矣。”[18]温睿临也有类似的评论：“嗟乎！应元之守善矣。惜所守者小邑耳，使南京得如应元者而守之，明岂其亡哉！隆武闻而泣曰：‘吾家子孙遇江阴人，虽三尺童子亦当敬而拜之。’”[19]温氏又说：“阎应元之守江阴，奇矣！烈矣！”[20]其对阎应元的赞美之情可谓跃然纸上。近人顾诚先生也对阎应元、陈明遇等人予以高度评价：“在江南各地望风披靡之时，阎应元、陈明遇以微末下吏凭借江阴百姓的支持，竟然面对强敌，临危不惧，坚持了近三个月，实在是南明史上光彩夺目的一页。学术界一些人为史可法大唱颂歌，本书作者却认为更值得歌颂的是阎应元、陈明遇为首的江阴百姓，在他们面前，史可法的官愈大、权愈重，就愈显示出其作为之渺小。”[21]顾先生此论确具卓识。

乙酉之变时，阎应元已辞官归隐，所谓不在其位不谋其政，况且江阴也并非其桑梓，阎应元并无守土之责，但他却勇于担当，在危难之际毅然受命。在江阴城危如累卵之际，他仍然视死如归，并多次拒绝清廷的诱降，其中所表现的大无畏气概令人赞叹不已。江阴城隍庙西建有愍忠祠，原为祭祀嘉靖三十四年（1555）抵御倭寇而死难的知县钱錞等人，清康熙二十四年（1685），知县陆次云云：“以前主簿曹廷慧、典史阎应元从祀。”[22]这说明阎应元在清初时即已得到江阴当地官民的认可。颇值得玩味的是，曾经“不识天命”“婴城固守”的阎应元、陈明遇，在乾隆朝时均予以谥号，其中阎应元谥“忠烈”，陈明遇则谥“忠愍”，时移世易，令人不禁感慨。

不过，探讨江阴守城之役，还应从文化的角度进行考察。清廷攻占南京后不久，即强行推行剃发、易服，这不啻是对当时汉族传统文化的摧残，从这一层面来讲，阎应元等人所捍卫是汉族的传统文化，当时诸生许用说“头可断，发不可剃”所反映的正是这种心态。时人顾炎武曾有“亡国”与“亡天下”之辩，顾炎武认为：“易姓改号谓之亡国；仁义充塞，而至于率兽食人，人将相食，谓之亡天下。”[23]而清廷所推行的剃发与易服，对当时汉族人民而言即是“亡天下”。因此，阎应元、陈明遇等人虽以中兴大明为旗号，但其目的已不仅仅在于维护明朝统治，更重要的是在于维护现行的衣冠之制。计六奇《明季南略》里有一段材料颇值得注意：“闰六月朔，方（亨）行香，诸生耆老等从至文庙。众问曰：'今江阴已顺，想无他事矣。'方曰：'止有剃发耳，前所差四兵为押剃发故也。'众曰：'发何可剃耶？'方曰：'此清律，不可违。'遂回衙。"[24]可见江阴绅民起初并不反对清朝统治，只是因为清廷强制推行剃发令而迫使他们走上抗清的道路。

再就战略角度而言，江阴守城之役对当时局势所产生的影响也不容忽视。据许重熙《江阴城守后纪》及沈涛《江上遗闻》记载，先后参加围城的清军达二十四万之多，此数或有夸大，但从清军的死亡人数来看，参加围城的清军定不在少数，而指挥攻城的高级将领恭顺王孔有德、贝勒博洛、贝勒尼堪等人，均为清廷独当一面的大将。而阎应元、陈明遇等人领导江阴军民守城期间，正是鲁监国政权和隆武政权的草创阶段。在此期间，江阴城牵制了清廷大量兵力，使鲁、唐二藩得以从容建国，也一定程度上延缓了鲁监国政权和隆武政权的覆亡。

注　释

[1] 据顾诚先生考证，《江阴城守纪》并非韩菼所撰，认为"是乾隆年间一位有心者整理旧文，托名于韩菼"。见顾诚：《南明史》，中国青年出版社，1997年版，第235页。

[2]《江阴县志》卷四《风俗记第三》，明嘉靖刻本。

[3]《常州府志》卷十八，清康熙三十四年刻本。

[4]〔清〕邵廷采：《思复堂文集》卷二《明江阴县典史阎应元传》，浙江古籍出版社，2010年版，第145页。

[5]〔清〕韩菼《江阴城守纪》（上），上海书店，1982年版，第42页。

[6]〔明〕计六奇：《明季南略》卷四《江阴续记》，中华书局，1984年版，第244页。

[7]〔明〕计六奇：《明季南略》卷四《江阴纪略》，中华书局，1984年版，第241页。按，许重熙《江阴城守后纪》亦记此事，唯"许用"作"许用德"。

[8]〔明〕计六奇：《明季南略》卷四《江阴续记》，中华书局，1984年版，第244页。

[9]〔清〕许重熙：《江阴城守后纪》，上海书店，1982年版，第81-82页。

[10]〔清〕许重熙：《江阴城守后纪》，上海书店，1982年版，第82页。

[11]〔明〕计六奇：《明季南略》卷四《江阴续记》，中华书局，1984年版，第250页。

[12]〔清〕韩菼《江阴城守纪》（下），上海书店，1982年版，第77页。

[13]〔清〕许廷鑅：《栖霞庵双忠祠》，〔清〕沈德潜选编：《清诗别裁集》卷二十四，河北人民出版社，1997年版，第470页。

[14]〔清〕许重熙：《江阴城守后纪》，上海书店，1982年版，第85页。又见〔清〕沈涛：《江上遗闻》，上海书店，1982年版，第99页。

[15]〔清〕傅以礼：《华延年室题跋》卷上，上海古籍出版社，2009年版，第126页。

[16] 顾诚：《南明史》，中国青年出版社，1997年版，第236页。

[17]〔清〕温睿临：《南疆逸史》卷三十三《列传第二十九》，中华书局，1959年版，第231页。

[18]〔清〕许重熙：《江阴城守后纪》，上海书店，1982年版，第85页。

[19]〔清〕温睿临：《南疆逸史》卷三十三《列传第二十九》，中华书局，1959年版，第233页。

[20]〔清〕温睿临：《南疆逸史》卷三十六《列传第三十二》，中华书局，1959年版，第257页。

[21] 顾诚：《南明史》，中国青年出版社，1997年，第237页。

[22]《常州府志》卷十八，清康熙三十四年刻本。

[23]〔明〕顾炎武著，〔清〕黄汝成集释：《日知录集释》卷十三，上海古籍出版社，2014年版，第297页。

[24]〔明〕计六奇：《明季南略》卷四《江阴续记》，中华书局，1984年版，第244页。按，《江阴城守纪》也收录了这段材料，唯个别字词不同。

陕北延安清代郑杰会试、乡试硃卷考释

杨　军*

【摘要】硃卷，科举试卷的名目。明清两代，为防考官徇私舞弊，在乡试及会试场内，应试人的原卷（即墨卷）须密封糊名，由誊录人用朱笔誊写一遍，送交考官批阅，称为硃卷。考中后，将本人在场中所作之文刊印赠人。本文通过郑杰的硃卷描述，让人们对硃卷认识和了解，为研究清代进士郑杰及清代科举制度提供参考。

【关键词】清硃卷　会试　乡试　郑杰

硃卷，也叫朱卷。乡试取中者称为举人，第一名称为解元，乡试毕竟是地方科考，中试的学子们取得举人身份，初步具备入仕资格了。其次，还要考好国家级大考——会试。中举后，将本人在场中所作之文刊印赠人，叫硃卷。这种硃卷先载姓名、履历；继载始祖一下尊属，及兄弟、叔侄，妻室子女；附载受业、受知师；最后本人应试中选的文章。

据考，硃卷一般有两种：一指科举制度中的试卷。明清两代乡试场内应试人的原卷须由誊录人用朱笔誊录一遍方能送给考官批阅，称为硃卷，以防考官徇私舞弊。二指会试考生考中进士后，将本人在试场中所作的应试文章及有关内容刊印成册分赠友人乡党以显荣耀。此郑杰先生的会试硃卷及乡试硃卷当属后一种。

现将洛川县博物馆馆藏郑杰会试、乡试硃卷介绍如下：该硃卷为线装，木刻版，印刷于宣纸上，黑宋体字。纵 25.5 厘米，横 14.8 厘米。重 0.05 千克。两卷做一本装，共 54 页，为郑杰的会试硃卷和陕甘乡试硃卷全文，可谓是科举考试的实物标本。

郑杰，原名葆恬，字静山，一字捷三，号午峯，生于道光二十三年（1843）十月十七日，祖籍陕西延长县。陕西鄜州直隶州洛川县东南乡吕家山村人氏（今陕西省洛川县石头镇吕家山村）[1]。同治十三年（1874）以第一百零五名的成绩考中进士，曾任过湖南省桑植县（今湖南省张家界市管辖）知县，三年而亡，年仅三十多岁。

郑杰祖先约在元末自延长迁居澄城县店头镇，清乾隆年间又迁洛川县吕家山村。据《郑氏家谱》载，郑氏世代为渭北望族，其远祖郑英在元顺帝间官至参知政事；郑学为明永乐丁酉科进士，曾任辽东监察御史、刑部广西主事、浙江主事；郑世英为明宗室保安王嫡长女之婿。清代郑氏渐衰，但仍以书香传家。

---

* 杨军：洛川县博物馆馆员

一、会试硃卷

会试，明清两代每三年在京城举行的一次考试（会试在乡试的第二年举行），各省的举人及国子监监生皆可应考，录取300名为贡士（又称中式进士），第一名叫会元。

该硃卷共28页，封面印有三条红色龙纹，正中方框内有“钦命四书诗题”字样，硃卷内由三部分组成。第一部分为考生履历，记载考生郑杰的姓名字号、籍贯、出生年月日、身家情况，以表明身家清白。身家的内容实际上是他的族谱，叙述从他的始祖到其家人历经多代的明细履历，凡有科名、官阶、封典、著作，亦注入名下。再录师承传授，如受业师、问业师、受知师之姓名、字号、科名、官阶，以示学问渊源有自。第二部分为科份页，载中试举人的基本情况、中试名次，主考官的职务、姓氏，对考生的推荐意见、对文章所作的评语。第三部分是试卷与文章。

第一部分履历，郑杰的出身家世叙说较详（图一）。大意如下：郑杰，原名葆恬，字静山，一字捷三，号午峯，行二，道光癸卯年十月十七日吉时生，陕西鄜州直隶州洛川县拔贡生，民籍。太高祖郑太展，配马氏，原籍不详；高祖郑万才，配王氏；曾祖郑谏，字说正，例赠文林郎，配寻氏，例赠孺人；本生祖郑旭，例赠文林郎处士，配王氏，例赠孺人；祖郑作新，字宁武痒生，乐善好施屡次出粟赈荒，例赠文林郎，祖母王史秦，例赠孺人；父郑鹏翮，字云若，号展池，邑痒生，分缺先用县，丞性严正，延（严）师教子，不吝修脯，例封文林郎；母杨氏，太学生□公会孙女，生员生桂公女，岁贡生，前渭南县训导，例封太孺人；堂伯郑云翰，字翮，天太学生乡钦介宝；郑云章，字文，乡齐奏厅；胞叔郑鹏海，字搏，百武痒生，与父（郑鹏翮）同考入痒生嗣；堂兄郑士彦，（齐）奏厅，郑示范，太学生，郑士荣；胞兄郑栋，字子隆，痒生；胞弟郑葆谦，业儒；堂弟郑葆真，幼读。堂弟郑从周、郑岐周、郑振家，业儒；堂侄郑养身、郑养正、郑养志、郑养育、郑新娃；侄儿郑长庚。妻员氏，系贡生玉声公孙女，增生、廉陛公侄女，痒生、半干公女，痒生、鹏霄公堂妹。继娶杨氏，顺治壬辰进士、系湖广巡抚素蕴公裔孙女，增生、上卿公侄女，处士少卿公女处士铎铭公妹。郑杰生三子，系郑谋、郑彬、郑堃。该硃卷收录郑杰的族亲有六十余人。

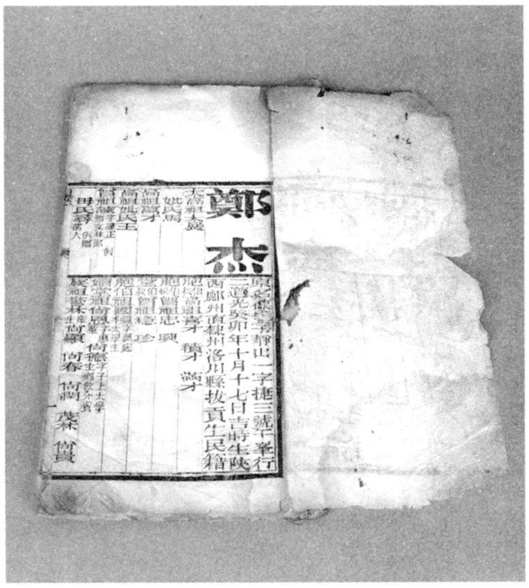

图一 郑杰会试硃卷履历首页

郑杰的庭训受业恩师有八人，分别是路老夫子，字鉴塘，廪生；赵桐庭太老夫子，印衣言，岁贡生，前石泉县训导白水县人；任春台夫子，讳树楷，壬戌进士，广东孔源县知县，澄城人；王镜山夫子，讳三德，甲午举人，富平人；邓约齐夫子，印林选，甲辰举人，前洛川县教谕；董晓江夫子，讳连成，咸丰已未，恩科经魁本邑人；王焕堂夫子，印交蔚，辛亥恩科举人，现任洛川县训导；王孝凤夫子，印家壁，甲辰进士、大理寺少卿，前主讲关中书院，湖北武昌人。

课师八人，分别是刘棠村夫子，讳建中，

辛卯举人，前洛川县知县，江西奉新县人；车云衢夫子，讳顺轨，庚子翰林国子监祭酒，前主讲关中书院；周养园夫子，印贵痒，己酉拔贡生，前代理洛川县知县，四川人；陈蔚东夫子，印从甲，同治己巳□行，壬戌、甲子（两）科举人，现任洛川县教谕；邵汴生夫子，印亨豫，庚戌翰林，现任陕西巡抚乡试监临，顺天宛平人；谭文乡夫子，印钟麟，丙辰科翰林，现任陕西布政使司，湖南茶陵州人；赵又铭太夫子，印新，壬子翰林，现任陕西督粮道，福建侯官人；沈少莲夫子，印鹏元，丁酉科举人，现任陕西监法道，浙江钱塘人。

受知师十二人，分别是邓平塘夫子，讳鉴，前鄜州直隶州知州；慎芙乡夫子，讳疏林，庚戌翰林，前任陕甘学政，浙江归安人；左季高夫子，印宗棠，协办大学士一等伯爵，现任陕甘总督，湖南湘阴县举人；毕星楼夫子，讳应辰，庚戌进士，京铁道监察御史，前陕甘学政，云南昆明人；许仙屏夫子，印振祎，癸亥进士，翰林院编修，前提督陕甘学政，江西奉新人；吴镇生夫子，印钦会，运同衔，钦赐花翎，前署鄜州直隶州，现任邠州直隶州；伊树人夫子，印尤桢，癸亥进士，现任洛南县知县，陕甘乡试同考官；周煦生夫子，印曜东，壬子举人，补用同知城固县知县己巳科补行，壬戌、甲子两科房荐师；吴子宝夫子，印宝恕，翰林院编修国史馆协修，陕甘乡试大主考，江苏吴县人；潘峄琴夫子，印衔桐，翰林院编修，癸酉科陕甘乡试大主考，广东南海人；朱俊轩夫子，印运还，钦赐蓝翎，现署洛川县知县，同知衔；契兄党兰修，癸酉科同年举人，合阳县人。

履历最后页刻有癸酉选拔贡生第一名，本科乡试中试第一百十一名，会试中试第一百零五名，复试二等，殿试三甲，朝考三等，钦点候选知县（图二）。世居县南乡吕家山。

第二部分科份页，共有两页。第一页载郑杰在同治甲午戌科，中试名次为第一百五名。

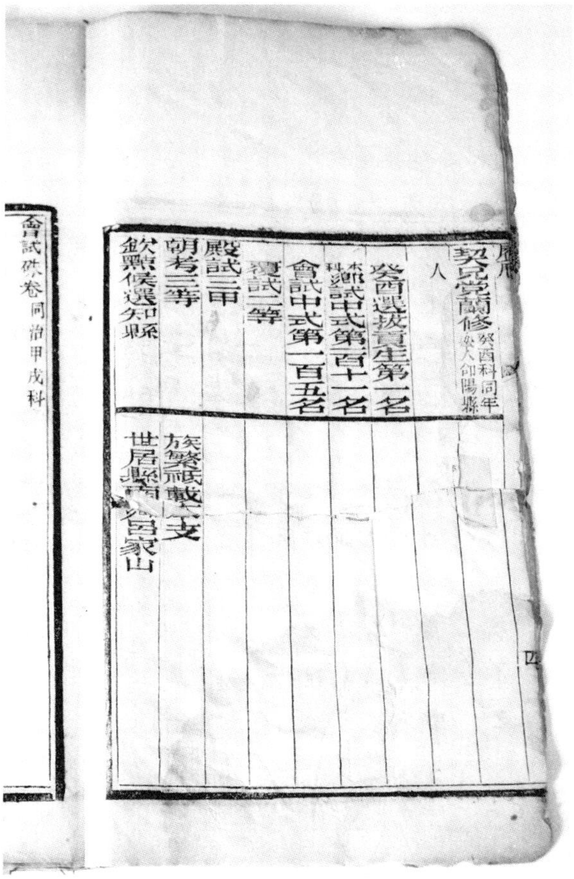

图二　郑杰会试硃卷履历尾页

主考官姓名、官阶与批语，内容为“同考试官翰林院编修、国史馆协修、武英殿纂修、记名御史胡阅，荐；大总裁头品顶戴吏部左侍郎正白旗满洲副都统总管内务府大臣，加三级魁，又取批，息深达亹；大总裁经筵讲官、太子少保、弘德殿行走、武英殿总裁工部尚书教习庶吉士军机大臣，加三级李，又取批，气静神恬；大总裁经筵讲官、刑部尚书镶白旗蒙古都统稽察、坛庙大臣，加三级崇，又取批，笔无纤尘；大总裁经筵讲官、礼部尚书兼管顺天府府尹，加三级万，又中批，简老不支”。第二页是本房原批，第一、二、三场考试分别所作的批语及聚奎堂（贡院内批卷的场所）原批。内容：“本房原批，第一场：笔意清爽，扫净肤词，次三一，律诗稳。第二场：易艺六通四辟，善于穿穴经义，诗韵错落人古，余俱妥。第三场：条对详明。聚奎堂原批：水明沙净，

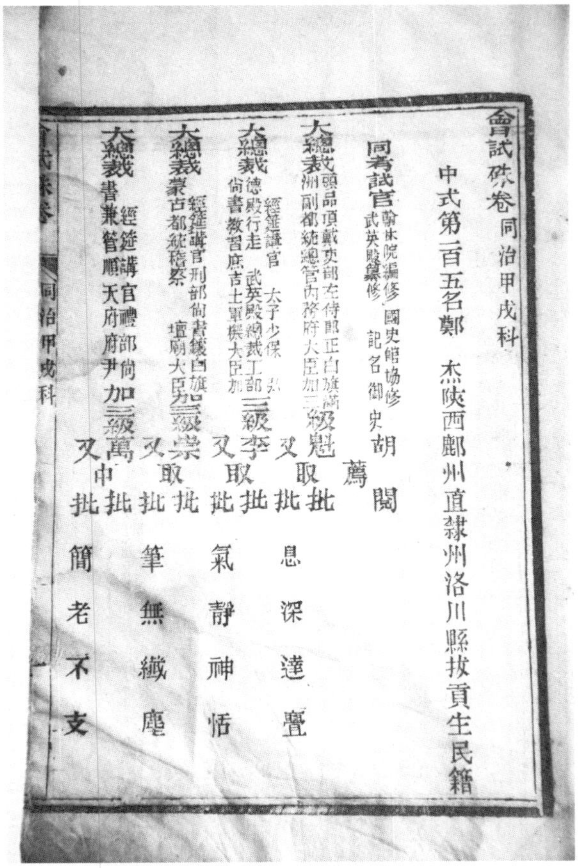
會試硃卷 同治甲戌科

中式第百五名鄭 杰陝西鄜州直隸州洛川縣拔貢生民籍

同考試官翰林院編修 國史館協修 記名御史 胡 薦 閱 批 息深達亹

大總裁頭品頂戴吏部左侍郎正白旗滿洲副都統總管內務府大臣加二級 魁 取 批 又批

大總裁經筵講官 太子少保 武英殿總裁工部尚書教習庶吉士[illegible]大臣加三級 李 取 批 又批 氣靜神恬

大總裁經筵講官刑部尚書鑲白旗蒙古都統稽察壇廟大臣加三級 桑 取 批 又批 筆無纖塵

大總裁經筵講官禮部尚書兼管順天府府尹加三級 萬 中 批 又批 簡老不支

图三　郑杰会试硃卷批阅页

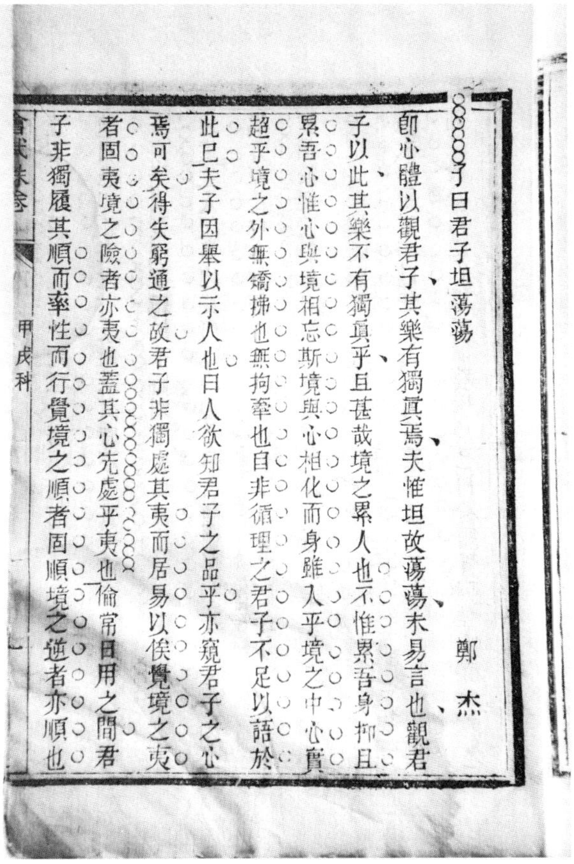
子曰君子坦蕩蕩 鄭杰

即心體以覿君子，其樂有獨真焉。夫惟坦，故蕩蕩未易言也。觀君子以此，其樂不有獨真乎？且甚哉境之累人也！不惟累吾身，抑且累吾心。惟心與境相忘，斯境與心相化，而身雖入乎境之中，心實超乎境之外，無嬌拂也，無拘牽也，自非循理之君子，不足以語於此已。夫子因舉以示人也，曰：人欲知君子之品乎？亦窺君子之心焉可矣。得失窮通之故，君子非獨處其夷，而居易以俟，覺境之夷者固夷，境之險者亦夷也，蓋其心先處乎夷也。倫常日用之間，君子非獨履其順，而率性而行，覺境之順者固順，境之逆者亦順也。

图四　郑杰会试硃卷文章《子曰君子坦荡荡》

简练不支，次有真诠三，机势洋溢，诗得体，经艺尤有出色处。”

从这份资料中可考当时一份会试卷要经过五个层次批阅，分别是同考试官阅批、大总裁取批、大总裁中批、本房荐批、聚奎堂原批（图三）。可见古时科举阅卷制度的严格程度。

第三部分是试卷与文章，共有四篇。第一篇题为《子曰君子坦荡荡》（图四），郑杰用了526个字发表观点，文章短小却言之有法，无本房加批。第二篇题为《自诚明谓之性》，此题论述共516字，也是一篇言之有物的好文章，无本房加批。第三篇题为《孟子曰君仁莫不仁君义莫不义》，此题郑杰用了629个字进行阐述，无本房加批。第四篇为诗题，题目为《赋得无逸图》（图五），得勤字五言八韵诗一首。题诗：“周室贻谋远 ，唐臣献纳殷，披图无敢逸，勖德贵能勤，似守铭盘训，还追负扆动，食忘朝与昃，阴惜寸兼分，一代艰难业，千秋诰诫文，幽风齐入会，宋史并流芬，乃谚箴同写，于田念莫纷。”

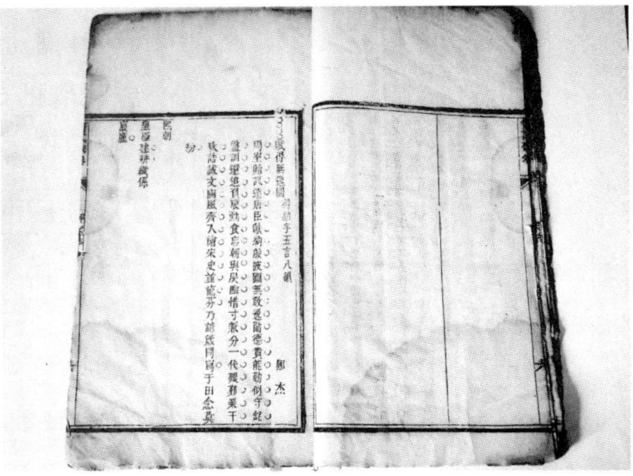

图五　　郑杰会试硃卷试题《赋得无逸图》

二、陕甘乡试硃卷

乡试，清代乡试，考期在秋季八月，故又称“秋闱”。明清两代每三年在各省省城举行一次考试，凡本省科举生员与监生均可应考。

该陕甘乡试硃卷共26页，硃卷内由三部分组成。第一部分为履历；第二部分为科份页，载本科科份、中试名次、主考官姓名、官阶与批语等；第三部分是试卷与文章。

第一部分履历，内容与会试卷第一部分履历相同，这里就不再逐一介绍。其中不同之处，覆历最后一页简单提到选拔贡生第一名，本科乡试中试第一百十一名，钦点。世居县东南乡吕家山。

第二部分科份页，共有两页，科份页第一页载郑杰在同治癸酉科，中试名次为第一百十一名举人。其次为主考官姓名、官阶与批语，内容为：“同考试官山东进士商州洛南县知县伊阅，荐”；大主考两位，一位是翰林院编修潘，批：“取”，“虑周藻密，气静神恬”；另一位是大主考翰林院编修、国史馆协修吴，批：“中”，又批：“真力弥满，万象在旁”。科份页第二页是本房原批和衡鉴堂原批。内容：“本房原批：首艺力厚思沈斟酌满次三英词锐笔尤觉挥洒自如诗圆畅；衡鉴堂原批：首艺以天字作骨三比能切宝发挥次有意议三亦开展诗妥。”批阅分别是同考官阅批、大主考官取批、大主考官中批、本房荐批、衡鉴堂原批。从这份资料中可考当时一份乡试卷也要经过五个层次批阅，可见古时科举阅卷制度的严格程度。

第三部分是试卷与文章，共有四篇。第一篇题为《信则民任焉敏则有功公则说》，郑杰用了862个字发表观点，文章短小却言之有法，有“本房加批”为证：“气度雍容，笔情修洁，三比中有涵□一切之致”，足见当时考官对其文章的高度赞赏。第二篇题为《贱货而贵德所以劝贤也》，此题论述共694字，也是一篇好文章，“本房加批”为：“理精法密后二尤，畅所欲言。”第三篇题为《古之人所以大过人者无他焉》，此题用了707个字进行阐述，“本房加批”为：“行神如空，行气如虹，想见得意，疾书之乐。”第四篇为诗题，题目为《赋得秋澄万景清》，得秋字五言八韵诗一首，郑杰题诗：“绘出澄清象，长空豁远眸，九霄临静夜，万景丽中秋，地远红尘净，天高素月流，雁声枫叶岸，人语荻花洲，斜汉明如洗，微云淡欲收，凉都归玉宇，朗拟住琼楼，皓魄三生证，冰心一片投。”“本房加批”为：“清华朗润。”

三、硃卷中提到官名与职位的考释

知州。唐代末期，地方行政长官刺史和节度使，常独断专行，目无中央，为防止弊端，宋太祖登基后，改派朝臣至地方任州一级行政长官，以中枢官带权知军州事衔，兼管军事，称为知州事，简称知州。元代州分上、中、下三类，上州的汉人长官称州尹，中州、下州的汉人长官称知州。明代，始正式称一州的行政长官为知州。相当于府的州称直隶州知州，相当于县的州称知州，这种州称为散州或属州。直隶州知州为正五品，散州知州为从五品。

知县。宋初期，派朝臣掌管一县的行政，有戍兵驻县的，更监管兵事。因本非县令而管县，故称知某县事，略称知县，明代始正式称为知县，为一县的行政长官，清代随之为正七品。

翰林院。翰林，即文翰之林，意犹文苑，官署名。唐代初设，集各种才艺之人于院中供皇帝使令。开元末另开学士院，供职者称翰林学士。宋代设翰林学士院，为皇帝起草诏旨。明代成为外朝官署，清代沿设，为储才之所，掌编修国史、进讲经史、草拟文书等事务，长官是掌院学士。

文林郎。隋代，文帝于吏部所置之八郎官之一。南北朝时期，北齐始建文林馆，募天下文学之士居之，称为文林郎。唐代以后，均仿隋制，金代升为正八品，元代升为正七品，明代定为正七品。清代文林郎亦为正七品。

训导。源于唐代。明代，始于县的学校中置训导，以为教授或学正，教谕之副，掌训迪所属生员。清代效仿。

教授。官名，唐代从中央到地方遍置担当学生教育之任的博士官，称为教授。宋代各路，州、郡广设学校，配置教授之官。元代诸路设散府及中州学校与明清之府学均置教授，教授、学正、教谕、教导统称为教官。

廪生。廪膳生员的简称。明代，州、府、县学的生员，在额内者皆给廪食。其增额者，称增广生员，不给廪食。清代经岁科两试而在一等前列者，方获廪生资格，其主要职责是为保证应考童生无身家不清及冒名顶替等舞弊行为。

庠生。科举制度中府、州、县学的生员别称。

贡生。由增生升廪生，由廪生选贡生。贡生分拔贡、岁贡、恩贡、优贡、副贡。贡生系贡举到国子监成为太学生。实际贡生并不入监读书，不过取得太学生的资格，一方面可以直接参加乡试，一方面可以通过诠选出任官职，主要是担任地方学校的教官。

童生。明清两代没有考取，或没有考秀才的读书人。

增生。是古代生员的一种，对缺额的生员可以递补，或以成绩或以恩准。明代增生有月米，清代又称增广生，没有月米，仅次于廪生。

民籍。是指平民户籍，说明郑杰先生中举前应是拔贡生身份，平民户籍。

四、结　语

（1）考证。鄜州[2]，公元618年唐王朝建立，改上郡为鄜州，洛川属之。五代时期，鄜城、洛川全境皆属鄜州。后延续于清朝。同治甲戌科，同治为清朝穆宗皇帝年号，甲戌为同治十三年（1874）。同治癸酉科，癸酉为同治十二年（1873）。该郑杰“硃卷”距今已有140多年的历史。

（2）从郑杰的硃卷中可以看出以下几个特点。

一是硃卷对郑杰先生的身家叙说较详，他的长者均为庠生、贡生、监生一类的文人，具庆下庭训，受过良好的家庭教育。师承传授老师中，一般受业师与考生的学问渊源最为密切，问业师次之，而受知师不一定与考生有真正意义上的师生关系，更多的是学籍行政隶属关系的官员或本科考试的考官。名师出高徒，郑杰从小受书家的优良训教，使他的才智得以有效发挥。

二是郑杰硃卷包含了论、疏、诗三部分，试题所涉及的知识以及难度，具有一定科学的合理性，能够从政治修养与文学修养等多个方面考核学子的水平。经考证，清初每场科目，时有更迭，乾隆至光绪年间，以八股文取士，因流弊日深，不得不因时变通，光绪二十七年（1901）谕内阁：“自明年为始，嗣后乡会试，头场试中国政治史事论五篇，二场试各国政治艺学策五道，三场试四书义二篇，五经义一篇。”仍沿旧制。因此，自光绪二十八年（1902）始，光绪帝下旨废除了科举制度。开启了废除科举，兴办学堂现代教育，所有乡会试、殿试策问等，均不准用八股文，科举取士从此废除，反映出社会文化思潮的一种转变。

三是在郑杰先生的履历中，最后写到继娶杨氏，从中看到清朝是个封建社会，多妻制，不是一妻制。

（3）清朝时期，继续设延安洛川县，属鄜州[3]。清乾隆三十三年，洛川知县因梦凤凰衔县引入现在县城所在地，遂由旧县将县城迁治于今址凤栖镇。清朝时，洛川人才辈出。乾隆四十七年（1782），洛川知县石养源创建朝阳书院（现为省级文物保护单位）。洛川县志载："岁子庚，湖南石明府由名进士出宰兹邑，再埔下车，课试生童，以兴学为己任，慨然议建书院……"自此，洛川文风昌盛，中科第者不绝[4]，如书院高材生董彩凤官至内阁中书，河南主考。此外，尚有王兰桂、王明福等人值得大书特书。光绪三十二年，朝阳书院改为洛川第一高等小学堂。

根据文献记载，清朝同治年间，洛川境内也处在混乱的反清斗争中[5]。同治元年（1862），关中一带回民起义，回民义军转战至化石、槐柏一带，攻打村落寨子，义军马长顺、吕得彦率众万余，占据董志原、黄龙山。太平军将领张宗禹率六万余众前往陕甘，捻军由关中经白水、洛川北上，攻打鄜州，未克，改攻甘泉、安塞，转折宜川。清总兵李祥所部和洛川攻义军，鄜州境内义军又向洛川、白水进军，围攻韩城。同治六年（1867）二月，义军大队攻占鄜州城，提督刘端昆由中部（今黄陵县）、洛川向鄜州出击。同治七年，义军败于清总兵周绍廉。

（4）中国科举制度虽然有 1300 多年的历史，但是被保存下来的试卷寥寥无几。赵秉忠状元卷是全国保存下来的唯一的明朝殿试卷，现珍藏于山东省青州市博物馆。进士殿试朱卷目前被发现的还有清光绪辛卯科（1891）举人，戊戌科（1898）进士的丁惟鲁会试卷。该洛川县进士郑杰硃卷的出现，经受了历史的风雨沧桑，值得我们去珍藏。朱卷的发明及使用，历尽各代使用不衰。在今天，我们仍然将全国的文科状元和理科状元的试卷，供老师、学生、家长们参考使用。

总之，郑杰的会试、乡试硃卷为研究延安洛川郑杰及清代科举制度提供了珍贵的实物资料。

注 释

［1］段双印编著:《陕北古事钩沉——纸上的仕途梦》，陕西三秦出版社，2008 年版，第 185 页。

［2］陕西省文物局编:《陕西第三次文物普查丛书·洛川文物》，陕西旅游出版社，2012 年版，第 4 页。

［3］洛川县地方志编纂委员会编:《陕西地方志丛书·洛川县志》，陕西人民出版社，1991 年版，第 4 页。

［4］姬乃军主编:《延安文博》第 2 辑，《洛川县博物馆藏清代木匾考释》，陕西旅游出版社，2004 年版，第 158 页。

［5］段双印:《洛川县文史资料·洛川历史与民间艺术》，《浅谈洛川的历史与文物》1993 年第 6 期，第 3 页。

唐文治“一折一章程一片”小考

刘桂秋*

【摘要】在唐文治所著的《茹经堂奏疏》中，收有作于光绪三十二年（1906）的《请调用人员设立储才馆折》《谨拟储才馆暂行章程二十五条缮具清单恭呈御览》和《请遣派学生出洋片》。长期以来，学界都认为这“一折一章程一片”的作者是唐文治本人；“一折一章程一片”是为商部所作，所奏请设立的储才馆当然也应是由商部所设。本文通过考订，指出：“一折一章程一片”是为外务部所作，所奏请设立的储才馆是由外务部所设；唐文治可能不是“一折一章程一片”的起草者，而是其修改审定者

【关键词】唐文治　一折一章程一片　修改审定

民国九年（1920）农历二月，唐文治先生将自己早年于清廷任职时历年所作的公牍文字，编为《茹经堂奏疏》三卷。在第三卷中，收有作于光绪三十二年（1906）闰四月的《请调用人员设立储才馆折》，此折奏请于“臣部”“设立储才馆一所，凡有调用人员，及凡与有关涉之事，均由该馆经办”。奏折中又提到，为设立储才馆，已“拟具章程二十五条，另缮清单，恭呈御览”，故在此折之后，紧接着的便是《谨拟储才馆暂行章程二十五条缮具清单恭呈御览》，而在暂行章程二十五条之后，又接以《请遣派学生出洋片》，奏请俟储才馆设立后，凡“按年遣赴外洋分习政治、法律、商务、理财各学，以备办理交涉之需，所有一切事宜，均归臣部储才馆一并办理”。

《请调用人员设立储才馆折》《谨拟储才馆暂行章程二十五条缮具清单恭呈御览》和《请遣派学生出洋片》（以下简称“一折一章程一片”）均作于光绪三十二年（1906）闰四月，其时唐文治正担任商部左侍郎。据此推论，这“一折一章程一片”当然应该是为商部所作，所奏请设立的储才馆当然也应是为商部所设。但是，笔者这几年在撰作《唐文治年谱长编》的过程中，曾就此有所追索考订，发现实际情形并非如此。为了尽量还原事情的真相，试作小考如下。

一、“一折一章程一片”并非为商部所作

上文提到，《请调用人员设立储才馆折》《谨拟储才馆暂行章程二十五条缮具清单恭呈御览》和《请遣派学生出洋片》作于光绪三十二年（1906）闰四月，其时唐文治担任商部左侍郎。据此推论，这“一折一章程一

* 刘桂秋：江南大学人文学院副教授

片”当然应该是为商部所作，所奏请的储才馆是设立于商部之内。历来的研究者和唐文治传记作者正是这样理解的，如凌微年《唐文治》一书云：

1906 年（唐文治）又上奏《请调用人员设立贮（储）才馆折》和《请遣派学生出洋片》，希望朝廷注意培养国际商务和外交人才，同意商部设贮才馆一所，并由该馆经办此项事务，选择一批“品端学优事理通达或娴习各国语言文字或研究中外政法条约者”，到商部边工作边进修，几个月后再择优拔擢，经过“专任用”“严考察”“优禀饩”的悉心培养。造就国家急需的专门人才。[1]

余子侠《工科先驱 国学大师：南洋大学校长唐文治》一书云：

《请调用人员设立储才馆折》所奏明之事，则旨在为国际交易储蓄经济外交人才。在该折中，唐文治考虑到对外商务之交涉文件“应从主国之制”，故而建议朝廷为储养这类人才，准允商部特设储才馆一所，“凡有调用人员及凡与有关涉之事，均由该馆经办”。为此应于京外现任候补候选各官及国内各学堂卒业或出洋留学卒业的学生中，择其“品端学优事理通达或娴习各国语言文字或研究中外政法条约者”，随时咨调到商部，一边实习一边进修。数月之后，选留那些才堪造就名实相副者“即时拔擢”，然后对其“专任用”“严考察”“优廪饩”，以其养成“真才”，使国家“隐受无穷之利益”。[2]

陆阳《唐文治年谱》一书云：

（光绪三十二年）闰四月，拟奏《请调用人员设立贮才馆折》，并附陈《拟储才馆暂行章程二十五条》，并《请遣派学生出洋片》。请求“于本署设立储才馆一所，凡有调用人员及凡与有关涉之事，均由该馆经办”。选择一批“品端学优事理通达或娴习各国语言文字或研究中外政法条约者”，到商部边工作边进修，几个月后再择优拔擢，经过“专任用”“严考察”“优廪饩”的悉心培养，造就急需的专门人才。[3]

曾田三郎《清末产业行政的分权化和集权化》一文，对《请调用人员设立储才馆折》和《请遣派学生出洋片》中的有关内容，进行了这样的解读：

……实际上，商部不但从其他行政部门调入人员，而且积极录用了有留学外国经历的人。任用留学生特别热心的是唐文治，他为了培养能够胜任产业行政的人才，把给驻外使馆和各省配备的有留学经历者改调商部，并促使新录用一批正在留学中的人，同时还计划将留学中的学生和在国内受过新式教育的人作为商部自派的官费留学生给予待遇（作者原注：《请调用人员设立储才馆折》，丙午闰四月，《茹经堂奏疏》卷三）。对唐文治来说，用有留学经历者不但重要而且紧迫。为此他不仅制定了长期性录用计划，而且考虑根据当前需要，只要是优秀学生，不分官费私费，均由商部对留学生支付学费，对该学生还考虑其毕业后专任商部的职务（作者原注：《请遣派学生出洋片》，丙午闰四月，《茹经堂奏疏》卷三）。[4]

以上引述的论著对“一折一章程一片”的阐述和解读，应该都是建立在唐文治此时在商部任职这一基础上。但如果撇开这一因素不论，而是只就《请调用人员设立储才馆折》《谨拟储才馆暂行章程二十五条缮具清单恭呈御览》和《请遣派学生出洋片》这三个文本本身细加研读揣摩，就会发现：这三个文本的内容重点是要派遣学生出洋留学，“娴习各国语言文字”“研习外交学术”。同时在“臣部”设立储才馆，专门集储这方面的人才，以备相关各方调用——这些似乎都应该是外务部而非是商部的职能。再看三个文本中的一些具体的文字，如：

……至各国使署参赞、领事、随员、翻译，向章可用臣部司员充当。惟每馆或仅派一人，或未派往。嗣后各国使署所有参赞、领事、随员、翻译，应专用臣部所调人员充补。[5]

再查各国外部，均派遣学生留学外国，研习外交学术，以备任使。前总理衙门附设同文馆，亦曾迭派学生分赴各国，肄习专门，历年以来，颇有成就……[6]

上引第一节的“至各国使署参赞、领事、随员、翻译，向章可用臣部司员充当”，按哪怕是最一般的常识来看，向各国派遣参赞、领事、随员、翻译，只能是外交（外务）部，而不可能是商部；所引第二节举外国的例子，派遣学生留学外国的也是“各国外部”。所以说，这些文字，无论从内容看，还是从语气口吻看，这里的“臣部”只能是外务部而非商部。

如果再深入追索下去，我们还能发现更直接的证据来证明这一点。

在《请调用人员设立储才馆折》中，两次提到，在上此折之前的光绪三十二年二月二十一日，“臣部”曾先奏上一折，“奏请司员需人，随时调用京外各官及卒业学生到部行走”：

窃光绪三十二年二月二十一日，臣部奏请司员需人，随时调用京外各官及卒业学生到部行走等因。奉朱批：“依议，钦此。”……前奏内称“无论京外现任、候补、候选各官，及各学堂卒业、出洋留学卒业各学生，择其品端学优，事理通达，或娴习各国语言文字，或研究中外政法条约者，随时咨调到部”等语……前奏又称“咨调到部，分派各司额外行走，试看一年，如果才堪造就，再行奏留，酌定归何项班次候补。如有实不副名、未能得力之员，仍即咨回，以昭慎重”等语……[7]

这个“前奏”的全文，我们现在还能看到：

奏为外交需才，拟请变通旧章，随时调用人员，以期得力，恭折具陈，仰祈圣鉴事：

窃维庶政得人则理，而邦交所系，尤贵选夫通才。用人必广其途，而时势已殊，更难拘以成格。从前总理各国事务衙门所用满汉各章京，均由内阁六部等衙门咨送考取，按次传补。迨改设外务部，奏定章程，司员保送考试，仍照总署旧章办理。惟现在时事日艰，臣部承办一切外交事宜，倍加繁剧，而中外风气日见开通。凡讲求交涉、究心时务者，随在不乏其人。若仍照从前办法，仅由京员内保送，凭考试以定去取，似未足以广搜罗而核名实。臣等公同商酌，拟请嗣后遇臣部司员需人，毋庸照向章咨取考试，即由臣等悉心采访，无论京外现任、候补、候选各官，及各学堂卒业、出洋留学卒业各学生，择其品端学优，事理通达，或娴习各国语言文字，或研究中外政法条约者，随时咨调到部，分派各司额外行走，试看一年，如果才堪造就，再行奏留，酌定归何项班次候补。如有实不副名、未能得力之员，仍即咨回，以昭慎重。臣等为外交重要、博采人才起见，所有拟请变通旧章，随时调用人员是否有当，理合恭折具奏，伏乞皇太后、皇上圣鉴训示。谨奏。

将上引文字的划线部分和《请调用人员设立储才馆折》引用的“前奏”进行比较，文字完全相同。此折曾先后刊载于《外交报》第6卷第17期、《山东官报》第43期、《南洋官报》第40期、《四川官报》第14期、《秦中官报》“闰四月份”、《北洋官报》第962期和

《中华报》第 493 期，而刊载时用的题目都叫《外务部奏请变通旧章随时调用人员折》。这就再清楚不过地表明，曾经“奏请司员需人，随时调用京外各官及卒业学生到部行走”的“臣部”，指的是外务部而非商部。

而这一点，从《请调用人员设立储才馆折》和《请遣派学生出洋片》这“一折一片”本身，也能得到进一步的证明。《请调用人员设立储才馆折》也曾刊载于报章，并被收录到一些史籍文献中，但刊载收录时的题目也和《茹经堂奏疏》有所不同，如《东方杂志》第 3 卷第 8 期和《政艺通报》第 5 卷第 12 期刊载时题作《外务部奏陈调用人员办法并设立储才馆折》；王克敏、杨毓辉编《光绪丙午（三十二年）交涉要览》一书收载此折，题为《外务部奏续拟调用人员办法并设立储才馆章程折》；又据《光绪朝东华录》载，此折于光绪三十二年闰四月十三日由外务部上奏，“得旨，如所议行”。另外，《请遣派学生出洋片》本就是附于《请调用人员设立储才馆折》之后一起上奏的（片中有云“谨附片陈明”），而《政艺通报》第 5 卷第 12 期于《外务部奏陈条用人员办法并设立储才馆折》文后，亦紧附此片。

综上所述，可以得出一个确切无疑的结论：《请调用人员设立储才馆折》《谨拟储才馆暂行章程二十五条缮具清单恭呈御览》和《请遣派学生出洋片》是为外务部所作，并非是商部，而储才馆也是由外务部而非商部所设立。

二、唐文治可能不是“一折一章程一片”的起草者，而是其审定修改者

上一节论证明“一折一章程一片”是为外务部所作，而非是商部。那么，紧接而来的问题是，唐文治其时在商部担任左侍郎，他怎么会为外务部起草这一奏折、章程和附片呢？

实际上，这“一折一章程一片”的最初起草者可能都不是唐文治，而是另有其人。

清光绪十八年（1892），唐文治进京赴考，中二甲第一百零五名进士，同科考中进士的还有张元济。到了光绪三十二年（1906）三月初七日，张元济到学部供职，为参事厅行走。但在学部供职“未及两旬，复蒙外务部奏调，并请以员外郎补用”[8]。

据张人凤、柳和城编著《张元济年谱长编》一书载，张元济到外务部供职后，曾“代外务部拟《办理储才馆事宜奏折》上奏”，又“起草《储才馆暂行章程》”。在《张元济年谱长编》中，并录有《办理储才馆事宜奏折》和《储才馆暂行章程》的全文。此外，《办理储才馆事宜奏折》和《储才馆暂行章程》还先后被收录于张元济的一些著作集如《读史阅世》《张元济诗文》和《张元济全集》第五卷《诗文》等书中。

经比较，收入张元济多种著作集中的《办理储才馆事宜奏折》与收入《茹经堂奏疏》中的《请调用人员设立储才馆折》内容相同，而张著中的《储才馆暂行章程》与《茹经堂奏疏》中的《谨拟储才馆暂行章程二十五条缮具清单恭呈御览》亦同为一文。

那么，这一篇奏折、一篇章程，到底谁是它们的最初起草者呢？从现有的一些或较为直接或较为间接的证据来看，说张元济是其最初的起草者，有比较大的可能性。

上文提到，张著中的《储才馆暂行章程》与《茹经堂奏疏》中的《谨拟储才馆暂行章程二十五条缮具清单恭呈御览》同为一文，但张著中的《储才馆暂行章程》，于正式的章程条款内容之前，还有两段文字，为《茹经堂奏疏》中的《谨拟储才馆暂行章程二十五条缮具清单恭呈御览》所无：

本月十三日，奉堂谕“本部现拟设储才馆，

著派张元济为提调，筹办一切事宜”等因，闻命之下，不胜惶悚。并奉瞿中堂面谕，前元济呈递《预储本部人才说帖》已蒙王爷俯赐采纳，饬令照办。储才馆之设，即为他日办理此事之地。并传邸谕，毋许再辞。伏念元济知识庸陋，时愧滥竽，今后畀以重任，益惧陨越。然堂谕谆切，何敢故违。谨将应办事宜筹具大略，恭呈鉴核。如蒙批准，元济谨当暂摄馆事，俟所调人员到部，即当择举堪胜其任者，禀请堂宪另行点派。

窃维近日交涉愈益艰难，推堂宪设馆之意，无非欲多得贤能与图挽救。然学术渊邃者，其志趣必广；闻誉昭著者，其声价必高。志趣广则伍之庸众必不足以牢笼；声价高则薄其廪饩必不足以维絷。故任用之法。优礼之方，非预为筹定，足以餍天下士之望，则应命而来者必仍属驽骀而非上驷。虽有兹馆，殆虚没矣。若夫提调有综理馆事之责，搜饬考察，皆其专任，非特予以全权，则将来事事牵掣，必至一无成效。元济不才，固不足以语此，然欲仰体堂宪求贤若渴之意，不得不预为久远之谋。谨本此旨，拟具章程二十五条，并列具说帖一件，伏乞王爷、中堂大人察核施行。[9]

上引文字中的“元济不才，固不足以语此，然欲仰体堂宪求贤若渴之意，不得不预为久远之谋。谨本此旨，拟具章程二十五条……”，很清楚地表明，《储才馆暂行章程》应是由张元济所草拟。又张元济于光绪三十二年六月十一日曾致函盛宣怀：

宫保钧鉴：敬肃者，久未趋谒，伏维起居绥吉为颂。外务部设立储才馆折片，暨元济在部时所上条陈，谨呈钧阅……[10]

信函中的“外务部设立储才馆折片”，当即为《请调用人员设立储才馆折》和《请遣派学生出洋片》。照一般情理推测，如果张元济本人不是这一折一片的起草者，似乎也没有必要专门将其呈送盛宣怀“钧阅”。

如果上面的分析推论可以成立，张元济是《请调用人员设立储才馆折》《储才馆暂行章程》和《请遣派学生出洋片》的最初起草者，那唐文治为何要将这三个文本收入《茹经堂奏疏》呢？一个很大的可能性是，张元济是这些文本的最初起草者，但这些文本在正式上奏清廷前，曾经过了唐文治的审阅和相当程度的修改。其时唐文治为商部左侍郎，而张元济在外务部只是“以员外郎补用”，唐的职级要远高于张；此外，唐文治在任职于商部之前，数年中，曾先后供职于总理各国事务衙门（清外务部前身）和外务部，熟谙外交方面的相关事务。所以，这些文本由张元济起草后，再由张本人或外务部的某个主事官员请唐文治予以审阅修改，也是情理之中的事[11]。

注　释

[1] 凌微年：《唐文治》，西泠印社出版社，2008年版，第29页。

[2] 余子侠：《工科先驱 国学大师：南洋大学校长唐文治》，山东教育出版社，2004年版，第65页。

[3] 陆阳：《唐文治年谱》，上海三联书店，2013年版，第88页。

[4]〔日〕曾田三郎：《清末产业行政的分权化和集权化》，丁日初主编：《近代中国》第6辑，立信会计出版社，1996年版，第112-113页。

[5] 唐文治：《请调用人员设立储才馆折》，《茹经堂奏疏》卷三，见沈云龙主编：《近代中国史料丛刊》第6辑（56），文海出版社有限公司，1967年版，第193页。

[6] 唐文治：《请遣派学生出洋片》，《茹经堂奏疏》卷三，见沈云龙主编：《近代中国史料丛刊》第6辑（56），文海出版社有限公司，1967年版，第204页。

[7] 唐文治：《请调用人员设立储才馆折》，《茹经堂奏疏》卷三，见沈云龙主编：《近代中国史料丛刊》第6辑（56），文海出版社有限公司，1967

年版，第 190-192 页。

［8］张元济：《为恳请据情代奏事呈文》，《张元济全集》第 5 卷《诗文》，商务印书馆，2008 年版，第 561 页。

［9］张元济：《储才馆暂行章程》，《张元济全集》第 5 卷《诗文》，商务印书馆，2008 年版，第 129 页。又张人凤、柳和城编著：《张元济年谱长编》，上海交通大学出版社，2011 年版，第 205 页。又张元济著：《张元济诗文》，商务印书馆，1986 年版，第 149 页。

［10］张人凤：《上海图书馆藏盛宣怀档案内张元济致盛宣怀信书写年份考》，《历史文献》第 15 辑，上海古籍出版社，2011 年版，第 281 页。

［11］可以作为旁证的是，据《张元济年谱长编》引《严修日记》中的有关记载，张元济此前在学部任职时，所起草的有关文档，也经常由时任学部左侍郎的严修进行审阅修改，如光绪三十二年四月十一日，严修阅“菊生（即张元济）驳奖励折，不应与捐纳、保举合而为一”；四月二十八日严修审阅张元济与罗振玉所拟“外国留学章程”；闰四月初二日严修批改张元济所拟学部办事章程。

民国初期视学制度概述

——以江南无锡张鉴视学活动（1919—1921）为例

钱　江*

【摘要】在欧风美雨的吹拂下，发端于清末，肇始于民国初年，中国社会出现了一个很小众的新职业——视学，并因此建立起视学制度，成为民国教育体系的有机组成部分。视学人数虽少，但在推动新学、发展教育的过程中发挥了不可替代的作用。长期以来，该课题被教育史研究者所忽略。本文通过对民国初期江南无锡视学活动的概述，还原县域视学在推动地方教育发展过程中的作为，并探讨其作用发挥后面的制度设计，以提示这一制度在中国近代教育史发展中的价值。

【关键词】民国初期　视学制度　无锡　张鉴

就世界范围来说，教育督导制度最早建立于英国。我国近代督导制度起于清末，兴于民国，时称“视学制度”[1]，从事这项工作的人被称为“视学”。在民国初期，这个新兴职业虽涉及小众人物，但由于纳入了当时中国的教育体制之内，故他们在推动区域教育发展过程中发挥的作用却不可小视。但这一课题，尤其是县域层面的运行状况如何，未见有专门研究成果的披露。本文以1919—1921年间无锡县视学张鉴为例，对县级视学制度作一概述。

一、舟 行 视 学

张鉴（1868—1938），字杏村，无锡张泾桥人，年十七，设私塾授徒。光绪壬辰（1892）秀才，后入中表兄严金清军幕。“性好游，自辛卯（1891）迄戊申（1908），期间先后十年，风雪关山，不离戎马”，“从军古榆关外，东经辽海，西越秦岭，南过苍梧之野，北踏长城之窟”。1908年冬，他回无锡，为无锡县劝学所总董孙仲襄、蒋仲怀之招，“任劝导宣讲职”。民国成立，“孙君掌县学务……逾年，改任视学”，他“佐之，主文牍”。后任江苏省立第三师范学校舍监[2]。他概括自己的一生：“诵读十年，训蒙十年，游幕十年，委身学校教育以及教育行政先后都二十余年。”[3]

1919年10月，无锡县视学孙仲襄“中风不起”[4]，不久即去世，年仅“四十有九”[5]。县知事杨畦韭“呈准省厅”[6]，定由张鉴接任，并请县署三科钱孙卿主任、县劝学所秦铭光所长“促令克日莅事”。此时，在省立第三师范学校任职的张鉴，已年逾半百，正“乐其事之简而心安”；年前，他还修葺了旧居，在所写的《杏花邨舍记》中写道：“乃将椽槛之腐霉者易之，瓦甓之破缺者补之，上饰承尘，前辟窗户，而地敷以板，亦苟完矣。庭中旧植

---

*　钱江：无锡市滨湖区教育局原党委书记、局长

天竹杂卉，亦遂增妍胜。乃于南窗置方案一，藤椅一，为余憩息地也。对面设几一，椅二，为宾坐也。”这一切，都是为奔波了大半辈子的自己安度晚年，“为退休计也”[7]。但政府的委任，旧友的敦促，也算是信任和器重，“公义私情”都不可却。故他用一个月的时间办好移交，便“暂住劝学所”，正式上任。

11月8日下午，天下着淅沥的秋雨，张鉴由无锡县城西水关乘船，经梁溪河、五里湖，一路顺风，傍晚赶到了开化乡南方泉镇，见到了当地的学务委员王肱和开化乡第一国民学校校长陆珗。他们一起叙谈当地的教育，还有第二天将举行的开化乡第一国民学校二十周年纪念会及运动会的筹备情况，“事毕归寝”。张鉴的视学之行就此开始。

从1919年11月到1920年的7月，在9个月的时间里，无锡县视学张鉴，跑遍了无锡县所辖城区和农村的16个市、乡，视察了包括职业学校、普通学校，男校、女校以及公立学校、私立学校在内351所学校中的345所，“优良者奖励之，腐败者纠正”[8]。当时无锡的视学仅他一人，因此，他也是以一己之力，维系着一个县域视学制度的存与废，优与劣。

那时，无锡城乡的交通还是依靠很传统的方式。虽然南京到上海之间的京沪铁路已通了十多年，但那是点到点的城际穿越，解决不了县域内的交通问题。当然，也有教师借铁路之便，如新安镇泰伯市第四校校长吴佩德，家在武进，因火车的便利，他每逢周日必归，周一乘火车到校上课，但这仅是个案而已。整个乡村的道路状况仍是很原始，以土路为多。而江南水乡的河、溪、浜等，就像毛细血管，能将县域内所有的村落连接起来，所以，出行最方便的方式依然是走水路，乘小船。更何况那时，县城到一些乡镇，还通了提速的轮船，更为便捷。

县视学张鉴的出行，主要靠船。在他写的日记中，时常会看到这样的记载，“视毕，开赴南门伯渎港”；“开赴北张巷，停宿”；“阅毕，开船至硕望桥，即赴泰伯市第七校”；“开船出南门至坊前，视察景云市第二校”；“是夜，开赴蠡㭨”等，可谓是舟行视学。

江南的天气，还是晴和日丽的日子多些，“时以风色稍和，归舟，开赴老鸦桥，停宿”。即使有风雨也是柔和的，“冒雨开船出西水关，南行过五里湖，忽遇顺风，傍晚抵方泉镇”。所以选择这样的方式，不失为是上策。有时视学的地点离开县城较远些，他就在乡村镇上或村里夜宿，有时，干脆睡在了流动的船上，“折回梅村，开赴北张巷停宿”；“是夜，开赴坊桥停宿”；“是夜，仍泊周新镇”。而有时，船就成了他的游动办公室，“午后，华学务员振域到船，商榷整顿该市学校办理办法，并询义务教育”。

当然，天不会总是理想的，狂风、雷电、冰雪，都会遇上。“上午开赴金城湾，至五里湖口，颠簸难行，陆行至扬名乡第四校”；“上午开赴景云市之潮音庵，以风狂难行，沿途停泊，直至下午五时，抵苏巷住宿”；“上午由城开赴天上市，过张塘河，忽遇雷雨，沿途停泊，午后四时半，抵观前头”；“星期六，雨雪，上午视察怀上市第一校”；“星期二，晴，大风，上午陆行至芦村，视察扬名乡第五校……天冷砚冻……下午，风狂河冻，折回周新镇，陆行至戴家坝”。发了大水，船过不了桥洞也会碰到，“星期五，大雨如昨。上午拟赴怀下市之严家桥，开之关王桥，水涨桥低，不能行，改道赴陈墅”。有时，天气突然转冷，迫使他“下午，回张泾桥取寒衣”。有时，一天要行很远的路，如“上午七时，开赴天上市，下午一时半，抵江阴交界之对祁，计程四十里”。

有时，乡村里的学校，地处僻壤，找寻还是不太容易的。例如，一次他去开化乡第十六校，舟行三小时还不见叫“王村庄”的村落，只能耐着性子，边找，边赋诗以解闷：“雨后溪山分外明，山重溪复自纵横，今朝错认王村路，借问渔人何处行。”[9]

当然，假如在一个乡范围内或邻乡附近不远的几所学校之间进行视学，他也会“陆行”，“上午陆行至张舍，视察富安乡第十一校……折回，视察万安乡第六校”。偶然也能看到他在县城近郊“乘人力车”的记载，“上午，乘人力车西北行五、六里，至陆店桥，视察扬名乡第二校”；“上午，乘人力车陆行至邵巷，视察扬名乡第八校”。

从他留下的日记来推测，当时他只有从县城到他家乡张泾桥，搭乘轮船，“午间，微雪，由张泾桥乘轮回城，宿劝学所”；“上午十二时，由张泾桥乘轮回城，夜宿舟中”。其他往返都是专门雇佣的小船。经常乘船，花费自然也不少。他的月奉为60元，这在当时教育机关、团体里是最高的了。时每月，无锡劝学所所长为40元，乡学务委员最高30元，最低13元，一般只在20元上下。所以，他所得的月俸中，应该也包括了船费。当时，无锡雇用便船计价，“至城市邻近二三里左右，三角至四角；三、十里，六角至一元七八角”[10]。

张鉴，作为一位县级视学是勤奋的，在9个月的视学经历中，他只在寒假歇了20多天，其余时间几无休息。即使在1920年元旦，学校是休业了，可他依然就着半阴半晴的天光，“整理景云市视察报告暨十二月份日记，呈县核转”；午后，他又开始了新一年的视学，开赴荣巷；翌日，他就视学新建在镇区的公益工商中学。有时，患了痢疾也不歇。从他所写的日记里，笔者只看到一次游览，那是他到怀下市去，上午视察了第一校，下午与校长赴附近牛腿山访谒商朝贤人胶鬲墓。实际上，这也不能算游览。任视学是孤独和辛苦的，我们能从他当年一路留下的诗句来感受。如《听雨》：“孤舟一夜雨，湖水涨三篙。倚枕愁无寐，衾寒屡曲腰。”他曾与家人约定，每月得暇，回去一次，可因工作，常常错过，“奔忙敢信合时宜，花样翻新未有崖。猛忆故园曾有约，诸孙相对数归期”（《忆家》）。他自少年就患失眠症，人到半百，依然如此。“劳人恒不寐，静听鸡声喔。霜气入船窗，月光斜欲落。坐看青灯灺，还怜布衾薄。披衣迎朝爽，寂寞寒江独。”（《刘谭桥》）“年来学静坐，此心久忘机。夺我清闲福，终日如鸟飞。鸟飞有时倦，余役不得归。”（《后宅述怀》）[11]

所以他对自己的这种视学经历，认为是“夙夜兢惕，暑雨祁寒，无少间非”，确不为过。

二、视学指向

张鉴视学的内容是什么呢？来看他写的几则日记：

11月9日，星期日，晴。尽管是周日，可他上午七时半就到了开化乡第一国民小学。“先行参观上学年成绩，（一）、（二）年级填句造句，间有可取；（三）、（四）年级尺牍均合应用，优等生徐时杰、赵祖康进步甚速，即劣等生陈宝华亦有进境。次阅算术、图画、手工，也尚可观……午后运动会，因欲赶赴新安乡，未及观览。即行开船，傍晚五时三刻抵华大房庄。”

11月10日，阳光依然温暖。“上午八时，先至杨室里，视察新安乡第七校分教室，校舍借用杨姓祠屋，年久失修，不甚清洁，校具略备，学童多拘谨，殊少活泼，单级编制，学生共到63人。薛教员英授（全体）修身，异程度同教材，教授尚合顺序，续授（一）、（三）、（四）读法，问答、复讲均有变换，（二）书法亦能兼顾笔顺，惟时间配置未能适合，有妨下节授课，尚须研究耳。阅毕，折回华大房庄，视察第一（小学），教室、校舍较上清洁，学童亦活泼。倪教员敬臣授（二）读法，（三）、

（四）珠算，指名讲读，殊太呆板，（四）年生运珠尚熟。孙校长士杰授（一）、（二）算术，（三）、（四）缀法，教管面面俱到，态度亦极自然。该校及分教室，每周星期日上午均温课二时，举行小学艺会一时。而孙校长又于夜间令（三）、（四）年级之年长儿童补习一小时，颇得家属欢迎。阅毕，开赴陆庄桥。”

11 月 11 日，星期二，晴。“上午八时半，视察新安乡第九校。抵校时，值日学童扫除教室，余在休息室拍球。三刻，行朝会礼，先呼吸运动，次校长训话，次唱歌，毕，休息五分。上课单级编制，学生实到 32 人。龚教员熙载授（全体）算术，教授尚有次序，惟错误矫正宜一律用班决法方合。陆校长凤喈授（一）、（二）读法，（三）、（四）尺牍，按部就班，尚觉从容，惟轮入多而自动少，未免减色。阅毕，东行开抵新安镇。午后，视察新安镇第五校。胡校长家骥授（一）、（二）读法，（三）、（四）算术，教法均尚有序，惟（二）年生齐讲时，声浪混淆，不若对讲、伴讲之为合。张教员学稼授（一）、（二）书法，（三）、（四）读法，多输入欠纯熟，且发问、命读及矫正均不用班决，尚须研究。检查成绩，国文尚合，算术欠齐，是校附近私塾两处，迎合社会心理，授课时间较多，因令照章删改，（三）、（四）略增课余温习，以省脑力。”

他的视学记录，以当时的教育状况为内容。大凡，主要记载视学时间、学校名称、班级编制、办学规模、校舍建筑、环境面貌、教学质量、学校卫生、教师授课情况、学生学习情况等。当然，每到一地，他还向当地学务委员等地方人士，问询教育的困难，商讨克服的办法，如“上午，函约扬名乡丁学务员鹏振，面商校务，并至县立第三高小学校，与陆校长凤藻复看新校舍基地。据云，寒假前定可开工建筑，春假后约能落成。下午，丁学务员来商榷该乡各校应行整顿事宜及义务教育情形，据称，学区已经划定呈县，俟学龄儿童调查报告竣，即从推广”。

乡村的学校，以小学为主，校舍以借用，或改建的为多，新建的很少。以扬名乡为例，第一校，“校系庵房改建，尚属合宜”；第七校，“校设盛新桥，借用庵房，尚欠适宜”；第九校，“校租庄姓房屋，不甚合宜，且厕所迫近，有碍卫生”；第十校，“校舍借用真武殿，勉强布置”；私立尚志学校，“校舍借用唐姓房屋，甚不相宜”；唯有私立廷弼第一校，“校舍周氏义庄，房屋宽敞”。而新安乡第十一校，“租郁氏祠屋，装修未备，勉强使用”。开原乡第四校，“校租吴氏祠屋，布置合宜”；第七校，“校借吴氏祠屋，教室潮湿不甚相宜”。南延市第十二校，“校借朱姓房，屋前有猪棚，不合卫生”。泰伯市第七校，校舍是借黄姓祠堂，黄姓家次日开吊，利用教室扎蓝白彩球，学校只能暂时停课。这样的学校，规模均不大，班级一到二个。班级编制以单级或复式为主，少数学校也有两种编制并存的。如同是扬名乡，第一校，稍具规模，编制有单式、有复式；第五校，采用复式编制；私立廷弼第二校，实行单级编制。

那时的校长办学，最担心两件事，一是，学生来多了，教室不敷使用，故要不断扩充。因此，当时发展教育，扩充校舍是当务之急。开原乡私立公益第二校，校址在梅园门首，校舍特建，复式编制，学生实到 122 人，但仅有两只教室，不敷容纳，校长张九如就“特赴荣巷与荣校董（德生）商榷推广办法”。但添建教室，看似仅是个经济问题，而其实上并不简单，如开化乡第一小学，学生有 100 余人，但校舍只设一教室，学校就打算“另于镇西庵内设一分教室”，可家长认为“上、下半年，易地授课，殊属未合”，坚决反对，无奈，学校只能“请学董设法筹款，于校门外隙地，添筑教室，以便管理而免分裂”。此事不知后来是如何解决的。二是，办了学校，学生不来。学生因为家庭经济拮据、季节农忙，或因天气原因，路远难行，辍学或请假、旷课成为较普遍的现象。无锡市，全区域共有公立 13 处，女学 1 处，私立 1 处，“共计男女学生 924 人。视察时，半值农忙，实到 658 人”。而一所学校一百多学生只到几十，几十学生只到几个，这绝不是个案。当然，还有一种情况，就是在学校附近，存在的私塾也与学校争夺生源，他以价格低廉，办学灵活为吸引，还是能争得部分家长和学生的选择。

教师的教学状况是他视学的核心工作。授修身，有的“反复譬喻，颇能扼要”，而有的“预备欠充分”。授算术，有的“指示详明，精神能顾全级”，有的“教态安舒”，有的“教法尚祥”。授笔算、珠算，有的“订正讲演，教授有方”，有的“指导殷勤，演草正确，教法、教态均极自然”。授国文，“同教材异程度，虽一年生，时有补习，终觉参差，尚须研究”。授读法、缀法，“问读订正，巡视甚勤”，“儿童答问，活泼有趣，教师循循善诱，带有感情的教态，洵属合法”，有的“逐个问答，话颇浅近，惟指导笔顺，稍嫌亓合”，有的“讲解明晰，惟未经预习直接授抄，尚须研究”。

对于教法和教态是他关注的重点。真不知他怎么收罗了那么多的词来评说教师：“教法精辟”“教法甚合”“教法颇合”“教法纯熟”“教法周密”“教法周详”“教法从容”“教法有序”“教法诚恳”“教法尚合”“教法尚可”“教法宜究”“教法亟宜研究”“教法略少变换”“教态和蔼”“教态沉毅”“教态安舒”“教态安和”“教态舒展”“教态合度”“教态从容”“教态亦可”等。

由于那时的学校太小，当然也是张鉴的认真，他视学所点评，不仅到教师、校长，还到学生。在新安乡第十校，他指出：“四年生薛雍生各科均属平均”，张如山“书法整齐”；在景云市第十一校，三年级学生沈元章，“笔姿秀润，书法独佳”；在南延市私立镇南学校，四年级学生钟松年的缀法作业，因口音问题，“西湖”之“湖”，误作“沪”，而教师订正时，又错改作了“河”。

偶然，学校因故没有教师，张鉴还亲自代课。如一天上午，他赴双河视察万安市第三校，校长唐以仁因母亲去世回家处理丧事了，教师马志良家中也有事，均没到校；所延请代课教师龚仁元周末回家后，尚未到岗。张鉴就先请级长带领同学按照课表所列修身课程，进行温习，他在一旁监视，以作等候。然久不见归，无奈，张鉴就亲自上台讲解。

他曾在赴景云市立第私小学时作有《景云道中》的诗，表达了他对教育发展的期盼：“风顺扬帆逆背纤，扁舟到处尽歌弦，乡村此后顽童少，都抱诗书列讲筵。”[12] 1918 年 4 月 30 日，北洋政府教育部公布被誉为“标志着近代地方视学制度的正式确立”[13]的第 39 号令——《县视学规程》，其第五条对“县视学之职务”作了明确的规定，共 13 条。对照之下，应该讲，张鉴很好地履行了视学应尽之责。

三、机 制 保 障

在九个月的时间里，张鉴几乎每天都舟行在江南水乡密如蛛网的河道上，从一所学校再到另一所学校。每天，把在每所学校的见闻，以日记的形式一一记载；每月，按《江苏省视学规程》的规定，将日记呈送县府和省教育厅。当视察完一个乡的所有学校后，他会将日记加以整理，把成绩和突出的问题以简练的文字，再形成反映一个区域教育情况的视学报告，上报县政府知事并呈省教育厅厅长，同时，还会交地方的主流报纸予以公布发表，公示于众。期间，张鉴共呈文 19 件，县署发指令 19 件、训令 16 件。

张鉴认为，视学工作很重要。“视学一职，关系于地方小学甚巨。果能察其强弱、虚实、得失、利弊，因其势而利导之，固属无惭；若只凭成绩以别学生之优劣，因优劣而定教员之勤惰，或震其一端而不能会其通，拘于片长而莫能究其极识，小遗巨恶，在其能称职乎？”这是作为视学对自己主观上的要求。事实上，当时的视学还是很有些权威的，不仅对学校教学有着重要的批评权和建议权，还对教师的辞退与留用、校长的任免有发言权。碰到开明的省、县官员，他的话还是很能被听进去而转化成为行政命令的。

如在视察了天下市的学校后，他对学校视察报告的点评是这样的：“其间，教法、教态俱证灵敏者，如第十一校之柳教员；教法甚合、教音清朗者，如第二校之辛教员；教法纯熟，教态亦合者，如蓉阳学校之刘校长；此外，讲解过勤，则接近输入，教授虽合，而配置失宜。第八校，李校长暂拟废止排班。第六校过教员及第十二校孙校长，回家后均未按时到校，于管理、教授均属未合。”县知事读到报告后反馈的训词是：“至此后，校长、教员因事归家，务须按时回校授课。如假期在一星期者，应先商准学务员，自请相当之人代理，以免旷误。”他视察富安乡第五校，校租张氏祠屋，单级编制，学生实到 39 人。教员秦昌源授（全体）国文，四级同时齐读，声浪喧扰，教师行走室内，毫无指示。他认为“此种教法，无异私塾”，建议乡学务委员复加考核，酌定这位教员的去留。那天，他到新安乡视察乡第四校。该校只有一个班级，由孟宗彦任校长兼教师，单级独教，张鉴到校时，他不在，询诸学生，有的说他因族中讼事进城了；有的称他父亲得病，去华大房庄探望了。校课请陈颂清代为温理，实到学生 21 人。半小时后，孟校长忽然回到校，授课读法，错误未加订正，校务又复废松。张鉴毫不留情，认定：他这样难以胜任校长之职，当即通知乡学务委员，要求寒假后应即撤换，以免贻误，并将此情如实上报县府。不久批文道：“新安乡第四国民校校长孟宗彦，办理疏懈，校务废驰，应即撤换，以免贻误”，同意张鉴撤换校长的提议。

当时的地方报纸，对视学的活动经常报道，对视学所写的报告也安排了版面，予以刊登。仅就《锡报》1920 年上半年为例，1 月 21 日有《视察扬名乡学务后之奖惩》，2 月 4 日有《县视学之行踪》，2 月 13 日有《视察新安乡学务后之奖惩》，3 月 27 日有《县视学视察乡校》，3 月 30 日有《县视学视察乡校续》，4 月 13 日有《视察开原学务状况之报告》，4 月 14 日有《开化学务状况之令知》，4 月 29 日有《县视学视察开原学校》，5 月 4 日有《县视学视察富安乡》……由此可见，频率还是较高的，这也增加了社会各方对视学制度的了解。他视学还随身带着奖品，如 1921 年 4 月 20 日赴县立第三高等小学，“择学生中国文最优”的学生，分别奖给《南湖诗词》《西湖游记》等书[14]。

对于 20 世纪 20 年代前后的视学及其他们生成的视导制度，当时有不少人不以为然。在对比了美国的道路和教育后，陶行知说：“回看中国，道路不修，交通不便，县视学视察本县教育，多则每年二次，少则一次还不到。”[15]他对民国初年视学的状况，流露出了怀疑的态度。在新文化运动已进入高潮的 1918 年初，胡适对一些乡村学校不顾条件地追求规范化、城市化办学的做法非常不满，他写道：“列位办学堂，尽不必问教育部规程是什么，须先问这块地方上最需要的是什么。譬如我们这里最需的是农家常识，蚕桑常识，商业常识，卫生常识，列位却把修身教科书去教他们做圣贤！又把二十块钱的风琴去教他们学音乐！又请一位六十块钱一年的教习教他们的英文！列位且自己想想看，这样的教育，造得出怎么样的人才？所以我奉劝列位办学堂，切莫注重课程的完备，须要注意课程的实用。尽不必去巴结视学员，且去巴结那些小老百姓。视学员说这个学堂好，是没有用的。须要小老百姓都肯把他们的子弟送来上学，那才是教育有成效了。”[16]他把这冤枉官司打在了视学的身上。假如说，这是谈了教学内容与社会需求的关系，那么，美国教育家孟禄1921年底考察中国教育，也对中国当时的视学制度颇有微辞：“视学须匡辅教师之不逮；并非徒作学校之侦探。美国学校辅助员，多系专家，分工极细。吾国视学，按部令每省四至六人，每县一人至三人，其视察犹学政之观风，是亦亟宜改良。”[17]这倒说得还有些道理。

同是无锡人的钱穆，晚年在台湾回忆民国初年在无锡从教经历时，还特意提到了张鉴的前任视学。那时，钱穆在无锡县立第四高小教书，前天晚上，他灵感大发，“忽念臂与壁皆形声字。辟属声，但臂在身旁，壁在室旁，凡辟声似皆有旁义。如避，乃走避一旁；璧，乃玉悬身旁；嬖，乃女侍在旁；譬，乃以旁言喻正义；癖，乃旁疾非正病；躄，乃两足不正常，分开两旁，盘散而行；劈，乃刀劈物分两旁”。“是夜在床兴奋不寐，连思得形声字十数例。”第二天，钱穆上课“未涉及课文，离题漫述”，向学生讲了他这一发现。正巧那天县视学来校视察，结果，该视学不仅不批评，反而将钱穆讲课的内容“作一笔记报道，登载在县署所发之月刊上”。后来，他到南通去考察，有人问他：“君乃往年讲臂壁右文之钱某耶？”因为视学的这篇文章，让钱穆蜚声大江南北[18]，因此，他对视学充满了感恩之情。这也从另外的体验和视角，印证了视学的作用。

时任无锡县县长的赵汝梅是这样评价张鉴的，称：“余承乏锡山，时逾半载，每以事出至一校，莫不周览，徒苦于案牍，鲜暇不克，时与当地诸教育家相商榷。幸杏村视学服务贤劳，凡余所不及闻见者，举能巨细靡遗，观其视察日记，不激不随，深合循循善诱之旨。”笔者对民国年间的视学情况没有做过全面、深入的研究，但仅就无锡县视学张鉴的勤勉和作为，可以这么认定：民国初年，至少是张鉴任内，视学制度还是切实地推动了无锡区域城乡教育的发展。更进一步，近代无锡教育的发展超越周边，视学所发挥的作用无疑不可忽视。有专家研究后认为：这一时候，“县视学也有了法律依据。但由于客观情况，各地执行的情况差异很大，学务较先进的地区如江苏、湖北等执行得较好”[19]。民国年间长期担任江苏省教育视学的侯鸿鉴，在介绍同样担任省视学的他的同学兼同事郑鼎元时说：“君性从容，任事必三思，细贴处问不容缕，缜密处天表无逢，学术长于文算哲理。视察各郡县，能摘发他人不经意之缪误，而指导殊殷挚。”[20]这也从侧面反映当时视学选任的要求及视学自身的能力与水平。

张鉴曾撰对联云：“想行路出门难，但得居家便是福；除读书写字外，别无生计所由穷。”这确是他视学活动的写照。1921年10月，秦颂硕接任为新一任县视学，张鉴的视学生涯结束了[21]。

注　释

[1] 清末及北洋军阀时期称“视学”，南京国民政府建立后改称“督学”。

[2] 赵永良主编：《无锡名人辞典》第1辑，南京大学出版社，1989年版，第124页；张鉴：《辛庐拾存》，1926年刊印。

[3] 张鉴：《张鉴自述》，《锡金游庠同人自述汇刊》上册，1932年春铅印本。

[4] 张鉴：《辛庐拾存》，1926年刊印。

[5]《追悼县视学之筹备前》，《锡报》1919年11月16日。

[6] 张鉴：《民国八年度无锡县视学服务概况》，1921年铅印本。本文所引资料，非注明出处者，均摘

自该书。

［7］张鉴：《辛庐拾存》，1926 年刊印。

［8］张鉴：《张鉴自述》，《锡金游庠同人自述汇刊》上册，1932 年春铅印本。

［9］张鉴：《由南方泉至王庄村》，《辛庐拾存》，1926 年刊印。

［10］薛明剑等编：《无锡指南》，无锡锡成印刷公司 1919 年印行，第 26 页。

［11］张鉴：《辛庐拾存》，1926 年刊印。

［12］张鉴：《辛庐拾存》，1926 年刊印。

［13］江铭主编：《中国教育督导史》，人民教育出版社，1994 年版，第 121 页。

［14］《县视学之行踪》，《锡报》1921 年 4 月 23 日。

［15］陶行知：《道路与教育》（1919 年 3 月 24 日），《陶行知全集》第 1 卷，四川教育出版社，2005 年版，第 253 页。

［16］胡适：《归国杂感》，发表于《新青年》，转引自雷颐：《历史：何以至此》，山西人民出版社，2010 年版，第 131 页。

［17］陶行知：《陶行知全集》第 1 卷，四川教育出版社，1905 年版，第 337 页

［18］钱穆：《八十忆双亲・师友杂忆》，生活・读书・新知三联书店，2006 年版，第 73-74 页。

［19］孙培青主编：《中国教育管理史》，人民教育出版社，1996 年版，第 471 页。

［20］侯鸿鉴：《郑君勋伯诔》，《南社丛刻》1923 年第 22 集。

［21］《劝学所长就职后之通令》，《锡报》1921 年 10 月 6 日。

梁祝诗词　文苑奇葩

路晓农*

【摘要】梁祝传说脍炙人口，不仅引起人们的遐想，也成为文人墨客的吟咏对象。在历代方志、古籍里，宜兴的梁祝诗词甚多，占到全国梁祝诗词的四分之三，它既是我国梁祝文苑的奇葩，也是中国梁祝文化的宝贵遗产。在宜兴历代遗存的梁祝诗词中，既有我国最早的梁祝诗和最早的梁祝化蝶诗，也有多首“祝英台近”词，其中苏东坡的“祝英台近·挂轻帆”很可能就在宜兴所作。同时，宜兴的梁祝诗于元代流传到了日本，清乾隆《清水县志》中也发现了宜兴“梁祝”诗。

【关键词】梁祝　诗词　奇葩

“梁祝”以坚贞纯洁、曲折凄婉的爱情故事而脍炙人口，特别是“化蝶双飞”的经典性结局，更常常引起人们的无限遐想，同时也为历代文人所同情与感叹，成为人们吟咏的对象。在宜兴的方志、古籍中，发现了不少梁祝诗词，它们是“梁祝”文苑的奇葩、中国梁祝文化的宝贵遗产。

一、我国最早的梁祝诗词

（一）最早的梁祝诗——唐李蠙《题善权寺石壁》[1]并序

明弘治甲子（1504）的《善权寺古今文录》载有唐李蠙《题善权寺石壁》诗，云：“四周寒暑镇湖关，三卧漳滨带病颜。报国虽当存死节，解龟终得遂生还。容华渐改心徒壮，志气无成鬓早斑。从此便归林薮去，更将余俸买南山。”原诗有序：“常州离墨山善权寺，始自齐武帝赎祝英台产之所建之，会昌以例毁废。唐咸通八年，凤翔府节度使李蠙闻奏天廷，自舍俸资重新建立，奉敕作十方禅刹，住持乃命门僧玄觉主焉。因作诗一首，示诸亲友，而题于石壁。”[2]

李蠙（？—约879），唐宗室后裔，字懿川，原名虬。武宗会昌元年（841）进士，官昭义节度使、凤翔节度使，累加司空。约乾符末（879）卒。该诗作于李蠙老退后，公元876—879年。

李蠙未第前，曾在善权寺修读五六年，善权寺是他的发迹之地。李蠙借榻之处就是原祝英台的读书处碧鲜庵，所以他对善权寺、碧鲜庵的感情很深。善权寺在会昌灭佛运动中被毁后，他曾上奏懿宗皇帝，要求用自己的俸禄收赎重建，并书刻“碧鲜庵”三个大字于石壁。他通过寺内南齐的《善卷寺记》碑刻，得知齐武帝赎祝英台故宅创建善卷寺的史实，于是，

* 路晓农：中国梁祝文化研究会研究员，华夏梁祝文化研究会副秘书长

在诗序中记录了这一历史事件。《善权寺古今文录》是释方策根据寺内碑刻等遗存的辑录，题下注明“李相公留题并序”，应当是十分可靠的。李蠙的这一记录，不仅是南齐《善卷寺记》的重要见证，而且本身也是中国早期的“梁祝”直接记载。

（二）最早的“梁祝化蝶”诗《游祝陵善权洞》

南宋初的理学家薛季宣，在世仅39年，但却多次来到宜兴，写下了多首诗词。他的《浪语集》收录了《游竹陵善权洞》五言诗二首，第一首云：“万古英台面，云泉响珮环。练衣归洞府，香雨落人间。蝶舞凝山魄，花开想玉颜。几如禅观适，游鲕戏澄湾。”（第二首主要咏洞中之景，此略）原诗在“练衣归洞府”后加注“洞水倒流入水洞中”，在“游鲕戏澄湾”后注“寺故祝英台宅，唐昭义帅李蠙尝见白龙出水洞而为雷雨，今小水洞存鳠鱼四足”[3]。诗题中的“竹陵”即“祝陵”。因唐宋诗均咏有“祝陵”地名，宋《咸淳毗陵志》有名胜“祝陵”条，故可肯定薛季宣之“竹陵”，属于同音误记。

诗人在游善权洞时，看到《善卷寺记》碑刻，得知善卷寺以祝英台故宅而改建，深有感触。他在写游善权洞的诗中，以祝英台为开头，而且贯穿全诗，生发出丰富的想象与感叹。他称祝英台英灵不死，传说万古长存；善卷洞中钟乳滴水叮咚，仿佛是祝英台身上玉佩撞击发出的琮琮声；洞水倒流入洞，仿佛看到穿着白衣素服的祝英台向洞中隐去；洞外翩翩起舞的彩蝶，是“梁祝”的精灵化成了山魂；盛开的野花，使人想起了佳人的玉貌；祝英台的英灵，多次来到如今已成为禅观的故宅旧地；而今，旧日的读书处已经荒芜，传说中的“龙”——四足蝾螈，还在清澈的洞水中嬉戏。

他在第二首诗中又咏道：“世事嗟兴丧，人情见死生。”一方面为金人南侵、国运衰弱、仕途坎坷而叹息；另一方面赞赏祝英台为追求坚贞爱情不惜殉情的精神，认为正是这种精神，才使祝英台的英灵得以万古长存，借此表达了自己坚决主战、为国献身、流芳百世的决心。

薛季宣（1134—1173），字士龙，号艮斋，浙江永嘉（今温州）人。出身官僚世家，绍兴三十年（1160）以荫知鄂州武昌，坚守抗金，成绩卓著。乾道八年（1172）官大理正，言失七日而罢，出知湖州；次年改知常州，未上而卒，终年三十九岁。该诗作于绍兴二十六年（1156）。绍兴二十五年，薛的岳父孙汝翼丁忧回常州守孝，薛于次年春抵常探望，游览了宜兴善权洞、张公洞，瞻仰了岳飞生祠。不久孙也去世，薛守丧直至绍兴二十八年之后。该诗应作于孙汝翼去世之前。在《游祝陵善权洞》中，诗人不仅对祝英台充分肯定，而且直接反映了“梁祝”精魂化蝶的传说，是现存最早明确写“梁祝化蝶”的诗作。

二、“祝英台近”词

“祝英台近”又名“月底修箫谱”，越调词牌名，始见《东坡乐府》，有《祝英台近·挂轻帆》一首，词云：“挂轻帆，飞急桨，还过钓台路。酒病无聊，倚枕听鸣橹。断肠簇簇云山，重重烟树，回首望、孤城何处？闲离阻。谁念萦损襄王，何曾梦云雨。旧恨前欢，心事两无据。要知欲见无由，痴心犹自，倩人道、一声传语。”[4]，据清朱孝臧编年，该词作于宋熙宁六年（1073），这一年，苏轼在杭州任通判，冬，往常、润等州赈济灾民，于是过去一般认为该词可能作于杭州。殊不知，东坡十一月便到了宜兴，住同科进士单锡家，直至除夕方离宜去常州，夜宿城外舟中，作《除夕夜宿常州城外二首》；七年正月初一，舟自常州发，经丹阳至润州赈灾，所以，苏轼真正的赈灾时间是在熙宁七年的一月到三月[5]。而熙宁六年的十一、十二两月是住在宜兴的，期间曾与单锡同游祝陵善权洞，并留下了“寻祝陵酒”“捐玉带桥”的传说。就该词来分析，“挂轻帆，飞急桨”是指从宜兴县城出发，经西氿到祝陵。过去到祝陵，山路曲折难行，水路是主要通道；“钓台”是指宜兴西氿之滨的南梁任昉钓台，该台临荆溪，高二丈，属中国十大古钓台之一。任公《长溪诗》云：“道遇垂纶叟，聊往问津惑。长泛沧浪水，平明至熏黑”[6]，从宜兴出发，须从钓台旁经过，而杭州则无古钓台遗迹；“断肠簇簇云山，重重烟树”乃指在西氿沿途看到青葱连绵的铜官、芙蓉、离墨诸山；“回望孤城”则是从西氿西端回望二十里外的县城；后阕则引楚襄王游云梦典，以祝英台比作未嫁而死的巫山神女，又引“旦朝云”典，表达对侍妾朝云的思念。

在宜兴历代的“梁祝”诗词中，有三首“祝英台近”的词，其中明代一首，清代两首。

明代历城人谷兰宗曾作《祝英台近·碧鲜岩》词，云：“草垂裳，花带靥，春笋细如箸。窈窕岩扉，苔印读书处。看他墨洒烟云，光流霞绮，更谁伴、儒妆容与？无尘虑。恰有同学仙郎，窗前寄冰语。芝砌兰阶，便作洞房觑。只今音杳青鸾，穴空丹凤，但蝴蝶、满园飞去。”[7]在潇潇的春雨后，草儿低垂着叶片，花朵含着水珠，诗人看到一支支细细的英台竹（又名碧鲜竹）笋破土而出，从而进入了无际的遐想：狭窄的善卷洞门外，青苔覆盖了“梁祝”读书处。你看那弥漫的流光霞霭，如英台笔下的泼墨山水，又如飘逸的华丽罗裙，分外迷人。是谁为你梳妆打扮呢？你没有常人的忧虑，因为同学梁山伯，正在窗前和你说着知心的悄悄话。长满了香草的台阶，俨然就是你们的洞房。然而，现在青鸾和丹凤都已飞走，你们变成了双飞的蝴蝶，给人们留下了永久的美好回忆。原词有序：“阳羡善权禅寺相传为祝英台宅基，而碧鲜岩者，乃与梁山伯读书之处也。予省郊两舍于此，见其岩势巍耸，壁立数丈，真是文娥仙境。但竹陆离，花芝凄冷，有可伤耳。因题其崖，复作词一阕，其亦取旧名云。”谷兰宗为明嘉靖十一年至十三年（1532—1534）宜兴县令。在任三年，两省碧鲜，缅梁祝之真情，感古迹之凄零，不仅题“碧鲜岩”于石壁，还用《祝英台近》的词牌写祝英台，可见其浪漫情怀。为了纪念祝英台，善卷寺曾在殿后碧鲜庵碑旁，建有一丈多高的石台，上面刻着谷兰宗的《祝英台近·碧鲜岩》词，石刻上有横额，刻当年谷兰宗所题“碧鲜岩”三个大字。该石台乾隆年间尚存，今已消失。

清代的两首《祝英台近》词，一首是陈维嵋的《蝴蝶》，另一首是史承谦的《碧鲜岩》。史词有序：“碧鲜岩相传为祝英台读书处，明邑令谷兰宗先生镌一词于壁，秋日过之，因和原韵。”其词云：“楚云归，湘佩杳，芳意寄琼箸。碧藓苍苔，曾记读书处。未输锦水鸳鸯，花丛蛱蝶，长自向，春风容与。便应虑，留作粉本流传，千年赋情语。缥缈青鸾，应把旧游觑。只今月冷空山，香消幽谷，想犹有、凌波来去。”[8]史承谦（1707—1756），清荆溪（今宜兴）人，字信存，号兰浦。读书十数行下，诗歌飘洒不群，尤工于词，为阳羡词群第四代领军人物，撰有《小眠斋词》。

三、“宜兴梁祝”诗词荟萃

宜兴历代的“梁祝”诗词，目前发现的有63首，其中唐代2首，宋代4首，元代1首，明代22首，清代34首，占到全国历代“梁祝”诗词遗存的四分之三。

唐代除李蠙《题善权寺石壁》外，还有李郢《阳羡春歌》一首，其中有“祝陵有酒清若空，煮糯蒸鱼作寒食”句[9]。王穉登云：“祝陵，祝英台葬地。”[10]因祝英台殉情后封为“义妇”，民间称其墓“祝陵”，后来演变为地名。

宜兴宋代的“梁祝”诗，除薛季宣《游祝陵善权洞》外，还有僧仲殊《云霁游善权寺》、顾逢《题善权寺》及无名氏各一首。僧仲殊是苏东坡的好友，曾到善权寺游览，留下了《云霁游善权寺》诗，云：“千年名刹占云崖，一日清游踏雪苔。相国亲题离墨石，女郎谁筑读书台？洞疑水自琉璃出，岩想龙将霹雳开。为问庭前柏树子，古灵诸老几人来？”[11]诗中“离墨石、读书台”为怀古句，诗人看到这里的古迹、遗址，想到唐丞相李蠙曾诗题善权寺石壁，这里还有祝英台的书斋——碧鲜庵和李丞相读书台。因诗中说到“踏雪”，故疑题目中“云霁”为“雪霁”之误。

宋末顾逢《题善权寺》诗云：“英台修读地，旧刻字犹存。一阁出霄汉，万松连寺门。洞深云气冷，池浅鹿行浑。山下流来水，风雷日夜喧。”[12]原诗在“旧刻字犹存”后注“即碧鲜庵”四字。其诗称“碧鲜庵”碑为旧刻，为考证碧鲜庵碑的书刻时间提供了佐证。

宋无名氏诗，见于《咸淳毗陵志》。其卷二十七《古迹・祝陵》称：“祝陵在善权山，岩前有巨石刻，云祝英台读书处，号碧鲜庵。昔有诗云：‘蝴蝶满园飞不见，碧鲜空有读书坛。’”[13]此诗为残句，作者无考，写作时间不详，然《咸淳毗陵志》称“昔有诗云”者，必在修纂该志以前较远的时间，则至少为宋诗。

明代的22首梁祝诗词，除谷兰宗的《祝英台近・碧鲜岩》外，还有21首。辽东都御史郭铛《碧鲜坛》诗，云：“善权山前有故坛，夕阳望断树团团。半生春思归韩重，千载芳名凝木兰。载酒客来狂蝶乱，读书人去野花残。至今风景谁收管，输与蒙岩倚醉看。”[14]该诗由碧鲜坛贯穿，围绕梁祝传说展开。他把祝英台女扮男装比作花木兰，把“梁祝”比作韩重、紫玉。韩重事，见于《搜神记》，吴王夫差小女紫玉，才貌双全，看上有道术的韩重，私下送信给他，愿做韩妻。韩重外出游学，托父母求婚。吴王不许，紫玉结郁而死。三年后韩重归，前往悼念。紫玉的灵魂从墓中出，邀重入墓三日，结为夫妻。临出，取一寸明珠给他，嘱其向父王致敬。韩重走出坟墓，拜见吴王，不料吴王以盗墓、造谣罪逮捕了他。一日，紫玉现身跪见吴王，说明缘由，求父王放过韩重。吴王夫人看到女儿来，忙将女儿抱住，但紫玉却化烟而去。

明末副贡生许大就《祝英台碧鲜庵》诗云：“女慕天下士，游学齐鲁间。结友去东吴，全身同木兰。伯也不可从，洁己殉古欢。信义苟不亏，生死如等闲。蛱蝶成化衣，双飞绕青山。捨宅为道院，祝陵至今传。当年梳妆台，即汉风雨坛。嵯峨石壁下，遗庵名碧鲜。春秋荐苹藻，灵响来珊珊。晴天披石发，恍惚见云鬟。”[15]该诗是历代诸诗词中最能反映“宜兴梁祝”史实与传说的一首。诗的前半段写了祝英台的作为，后半段写了史实与遗迹。他说祝英台仰慕天下贤士，女扮男装求学，曾与梁山伯一起去齐鲁游学、到东吴访友；她深爱着梁山伯，始终保持着贞操；她托言嫁妹，心许山伯，且言而有信，守义守节，用殉情的壮举，向世人宣告自己与山伯之间爱情的纯真与高尚；他们死后，衣裙化成了蝴蝶，自由自在地在善卷山中飞舞，成双成对，形影不离。诗人说，祝英台的遗迹很多：一是她的故宅被改建成了寺院（原文“捨宅为道院”是“施捨”之“捨”，不是“房舍”之“舍”）；二是因英台墓而得的祝陵村名；三是当年祝英台梳妆台的遗址尚在；四是她的书斋“碧鲜庵”，至今有碑刻长存。诗人听到萍藻下淙淙的泉声、看到洞内的钟乳，仿佛看到祝英台绾着高高的云鬟向自己走来，表达了诗人希望祝英台精神永存的思想感情。

清代除史承谦的《祝英台近・碧鲜岩》

外，还有33首。乾隆间的杨丹桂《祝英台墓》诗云："春草满岩阿，拖霞修帔多。花飞埋艳骨，月吐对新蛾。落日倚湘竹，回风傍女萝。空山无限恨，川上忆临波。"[16]诗人凭吊祝英台墓，写得十分细腻。他说：春天来了，青龙山上一片葱郁；夕阳映着晚霞，犹如你长长的霞帔；落花飘零在春草间，呵护着你的艳骨；早早升起的新月，宛如是你弯弯的蛾眉；冢旁的英台竹上，还映洒着落日的余晖；轻柔回旋的晚风，吹动着你坟墓上的藤萝；你虽然化成了蝶仙，但空山间却留下了无限的怨恨；川流不息的祝陵河水，一刻不停地诉说着你凄婉的传说。

邑人张起游国山，也留下了《游国山龙岩憩善卷寺访碧鲜庵故址》四首。其一，"古囤残碑半紫苔，翠岩幽秀国山隈。金泥玉简销沉尽，那得裙钗骨未灰"；其二，"四面峰回似玦环，仙都缥缈接禅关。清阴寂寂云松路，蝴蝶双飞芝草间"；其三，"几垒山桥薜荔寒，卷阿一曲水云宽。骖鸾仙子今何处？初月婵娟照影看"；其四，"祝陵遗址见荒台，玉虎无人汲井回。一树桃花萧寺外，夕阳深处磬声来"[17]。诗人游览了国山、善卷洞、善卷寺及碧鲜庵故址，留下了四首诗，但却以祝英台为主线，贯穿于四首诗中：第一首写国山，他说国山依旧青翠，而东吴时立的囤碑，已经布满了紫苔。当年碑下埋藏的镇山之宝，已经化成灰烬，但祝英台虽死犹存，她的事迹永远在人们中间传颂。第二、三首写善卷洞，原诗在"仙都缥缈接禅关"后注曰："龙岩镌额欸界仙都。"诗人见善卷洞三面环山，如同玉玦，洞中是缥缈的仙都，洞后是清阴的禅林，"梁祝"化成的蝴蝶，在松柏间穿梭，在芝草间双飞，是多么自在呀；善卷洞中的山泉由地下涌出，曲曲弯弯从后洞流出，初月照在长满薜荔的小桥上。祝英台乘着风辇到哪里去了？广寒宫中就有着她的身影。第四首写善卷寺，在祝陵有许多祝英台的遗址，当初与梁山伯一同照影的双井，现在空留着汲水的辘轳。萧齐时以祝英台故宅改建的善卷寺，隐现在桃花丛中，只有钟磬声，伴着夕阳传向远方。

宜兴"梁祝诗词"荟萃，这在其他地区是没有的，可以说是一枝独秀。它们是传承梁祝文化的宝贵遗产，也是梁祝文苑中的瑰宝，无论是艺术欣赏还是对梁祝文化的研究，都具有十分重要的价值。

四、"宜兴梁祝"诗传到了日本

2008年，复旦大学查屏球教授偕日本京都立命馆大学教授芳村弘道在宜兴梁祝文化的考察交流中，介绍了一首于日本发现的中国元代"梁祝"诗。该诗题为《祝英台读书堂》，诗云："三载同窗读古书，渠瞒汝也汝瞒渠。罗裙擘碎成飞蝶，依旧男儿不丈夫。"[18]《祝英台读书堂》属于偈语一类，每首偈语背后都有一个故事，往往成为僧人或信徒的美谈而广泛传播。诗人虽是出家之人，但在看到祝英台读书处后，对"梁祝"间纯真的爱情也深为感动，大加赞赏。他说祝英台女扮男装求学，与梁山伯同窗三年；虽然她深爱着梁山伯，但却一直没有暴露自己女孩的身份；她为了追求真爱而殉情，扯碎的罗裙化成了蝴蝶；她的这种大无畏精神，堪称巾帼丈夫。

明极楚俊（1262—1336），元代庆元府昌国县（今浙江嵊泗）人。《祝英台读书堂》诗的第二句"渠瞒汝也汝瞒渠"就带有明显的方言色彩。明极楚俊本姓黄氏，生于宋景定三年（1262），十二岁出家，元时为虎岩净伏法嗣，于金陵奉圣寺出世，改姓明极，法号楚俊，人称"楚俊和尚"。元天历二年（日本元德元年，1329），六十七岁的楚俊和尚与元朝僧人竺仙梵仙一同到日本，同行的还有他的徒弟懒牛希融以及在华日僧天岸慧广、物外可什、雪村友梅。明极楚俊在日本生活了七年，创立了大阪广岩寺，其法系称为明极派，是日本建宗立派人之一，于日本建武三年（1336）九月二十七日圆寂。

元朝皇庆元年（1312），五十岁的明极楚俊从金陵前往婺州（今浙江金华）双林寺，那里聚集着许多日本僧人。他沿途参禅拜佛，闻阳羡南岳、善权寺佛法广大，便逐一参拜，弘扬佛法。善权寺住持见高僧临门，亲自陪同楚俊和尚参拜诸佛，详细介绍本寺的前世今生，参观本寺善权三洞、祝英台读书处、碧鲜庵碑以及历代碑刻等寺内名胜古迹，并请明极楚俊讲解禅宗本义。楚俊和尚听说善权寺以祝英台故宅创建的历史，观看《善卷寺记》碑、唐李蠙奏状碑、碧鲜庵碑后，对"梁祝"间纯真的爱情也深为感动，后来写下了《祝英台读书堂》的偈语。

五、清水县志中的"宜兴梁祝"诗

清乾隆间，浙江海宁有位叫吴骞的贡生，因其先世有别业在宜兴张渚，所以经常客寓宜兴。吴骞读书逾万，广闻博览，他在笔记《桃溪客语》，不仅记录了宜兴的"梁祝"古迹、记载与传说，同时亦记载了浙江宁波、安徽舒城与甘肃清水的"梁祝"。为了深化梁祝文化研究，笔者查阅了《清水县志》，不仅有所收获，令人吃惊的是，竟然在清乾隆《清水县志》"卷之十四・艺文"里，看到朱超所作的两首"宜兴梁祝"诗。

一首是《经祝英台故址》，诗云："支筇探胜游，言寻古樵路。山深不见人，潭清泉自注。欲访碧鲜庵，前溪日已暮。"[19]该诗称诗人经过祝英台读书处，他拄着竹棍，沿着古樵路，进入深山，找了一会未见，夕阳西下，只得作罢。第二首是《题沈理莽画蝶》两首，其二云："碧鲜庵内绿成围，不断生香欲染衣。生小祝英台畔住，惯看蝴蝶作团飞。"[20]说诗人终于找到了被茂林修竹环绕的碧鲜庵，那里山花烂漫，香气袭人，彩蝶翩翩起舞。还说自己从小就在英台读书处附近居住，所以经常看到蝴蝶成团地飞舞。看到这里，令人惊讶，因为祝英台的读书处"碧鲜庵"明明是在宜兴，怎么会出现在《清水县志》里呢？而且，笔者知道宜兴有个朱受，写过一首《荆溪竹枝词》，云："丛�秀木绿成围，零落妆楼委夕晖。生小祝英台下住，惯看蝴蝶作团飞。"[21]两首诗词何其相似，仅前两句不同，后两句则基本上是一样的。细细一查，原来这位朱超当时就任清水知县，他写的乾隆六十年《清水县志・序》，自称为阳羡人。朱受与朱超，宜兴县志里也都有记载。朱受，字敬持，乾隆二十七年（1762）举人，四十五年（1780）进士，官户部福建司主事。少时聪颖好学，工诗。著有《书绅录》《深柳堂吟卷》。朱超则为乾隆四十八年（1783）举人。《清水县志》卷九《职官・知县》亦称："朱超，荆溪人，举人。"这两人虽然年龄、官职有所不同，但还算是同时代人。笔者推测他俩是门房亲戚，老宅在一起或相距不远，且有书信或诗作唱和往来，才会有相同的感受与借鉴。所以朱超在沈理莽所作的蝴蝶图上题写了这首诗，后来又连同《经祝英台故址》收进了由他自己主持修纂的乾隆《清水县志・艺文》中，才出现了"宜兴梁祝"诗词编入甘肃《清水县志》的怪事。

注 释

［1］善权寺，即善卷寺，公元498年，避南齐东昏侯萧宝卷讳改为善权寺。下文中的善权山、善权洞均同。

［2］〔明〕方策：《善权寺古今文录》"卷六・唐诗"，

清嘉庆钞本。

［3］〔宋〕薛季宣：《浪语集》“卷四·诗”，《影印文渊阁四库全书》1159册，台湾商务印书馆，1986年版，第175页。

［4］〔宋〕苏轼撰，龙榆生校签：《东坡乐府签》，上海古籍出版社，2016年版，第5页。

［5］汤虎君主编：《苏轼与宜兴》，西安地图出版社，2008年版，第190页，

［6］〔清〕宁楷纂：《宜兴县旧志》卷九《遗址·任公钓台》，嘉庆二年刻本。

［7］〔清〕宁楷纂：《宜兴县旧志》卷九《遗址·碧鲜庵》，嘉庆二年刻本。

［8］〔清〕史承谦：《小眠斋词》卷一，乾隆丁未刻本。

［9］〔明〕胡震亨：《唐音统签》卷六百二十九，故宫博物院宋范希文（仲淹）钞补本。

［10］〔明〕王稚登：《荆溪疏》卷上《疏·游荆溪疏》，万历癸未刻本。

［11］〔明〕谢应芳纂：《常州府志》卷十四《文章》，清道光十三年钞本。

［12］〔明〕方策：《善权寺古今文录》卷六《元诗》，清嘉庆钞本。明清方志均称为“宋诗”。

［13］〔宋〕史能之：《咸淳毗陵志》卷二十七，北京图书馆明刻本，《续修四库全书》史部699册，上海古籍出版社，1995年版，第249页。

［14］〔明〕方策：《善权寺古今文录》卷七《明诗》，清嘉庆钞本。

［15］〔清〕宁楷纂：《宜兴县旧志》卷十《五言古》，嘉庆二年刻本。

［16］〔清〕吴德旋纂：《续纂宜兴荆溪县志》卷九之二《宜兴荆溪艺文合志·辞翰》，道光二十年刻本。

［17］〔清〕吴德旋纂：《续纂宜兴荆溪县志》卷九之二《宜兴荆溪艺文合志·辞翰》，道光二十年刻本。

［18］〔元〕明极楚俊：《五山文学全集》卷三《明极楚俊遗稿·偈颂古风类》，日本昭和四十八年文思阁复刻版，第1992页。

［19］〔清〕朱超修纂：《乾隆清水县志》卷之十四《艺文》，乾隆六十年刻本。

［20］〔清〕朱超修纂：《乾隆清水县志》卷之十四《艺文》，乾隆六十年刻本。

［21］〔清〕宁楷：《新修荆溪县志》卷四《艺文志·诗》，嘉庆二年刻本。

宜兴团子源于斋蛮家仪式

路 边*

【摘要】本文通过对吴地宜兴人斋蛮家习俗的考察，考证了宜兴及整个南方地区做团子吃团子的风俗，来源于祭祀中华民族的创世神盘古。盘古不仅是天地万物的开创者，更是中华汉族及南方少数民族先民认知中的祖先，是最早的也是唯一的宗教主。只因盘古族民的不排他、包容特性，在其他宗教的影响下，反而淡化了对盘古的记忆。好在我们还传承着做团子、吃团子的习俗，骨子里还是有这位祖宗的。

【关键词】团子 祭祀 斋蛮家 祖先 盘古

一、宜兴人称蛇为蛮家，南方人是蛇种

宜兴属于吴地，过年有做团子、吃团子的风俗。吴地宜兴人做团子吃团子的来历，源于祭蛇仪式，宜兴话叫斋蛮家。斋本来是指洁净，古人在祭祀时，要求主事人环境洁净，穿戴洁净，身体也要洁净。对身体洁净的要求包括沐浴、忌口和戒色。这里斋蛮家的斋则是斋醮的简称，《现代汉语词典》对醮的解释是古代婚礼上用酒祭神的礼，斋醮最初也就是一种祭祀活动，隋唐以后，斋醮成了道教的术语，指道家的科仪道场，就是做法事。道士们穿起金丝银线道袍，手持各种法器，吟唱着古老的道曲，翩翩起舞，犹如演戏。蛮家是蛇，江苏人民出版社副编审缪亚奇在他的《江南汉族崇蛇习俗考察》一文中说："宜兴人对蛇的祭祀，称斋蛮家。"为什么要把蛇叫作蛮家呢？因为崇蛇，就不能直呼其名，要回避，要敬称。所以浙江杭嘉人称蛇为大仙和天龙，安徽当涂人称蛇为苍龙和家龙，湖南常德人称蛇为老溜，湖北清江人更是直接称蛇为祖宗。故崇蛇不仅是吴地宜兴人，南方人都崇蛇。

南方人崇蛇的原因，许慎的《说文解字》作了解释："南蛮蛇种。"现代人都知道人是由猿猴进化来的，但古人不知道，古人只能解释人是由某种动植物什么的演化或神仙创造而来。"南蛮蛇种"，这个说法倒是湖北清江人最不忘本了。这四个字也传递了两个信息：第一，南方人叫蛮，第二，蛮是蛇的后代。既然南方人叫蛮，那北方人就不叫蛮，北方人叫什么呢？这就涉及我们整个民族的起源问题了，据徐旭生《中国古代的传说时代》一书介绍，华夏民族来源于炎黄、东夷和苗蛮三大集团的大融合。其中发源于甘肃陕西交界一带、5000 年前强盛于秦岭地区的叫炎黄集团。秦岭古称华山，所以炎黄人又

* 路边（朱再平）：供职于宜兴市文物管理委员会，江苏省作家协会会员

称华人。发源于山东一带的叫东夷集团。大约在4600年前，炎黄集团和东夷集团相会于河北涿鹿并发生大战。这就是历史上的黄帝战蚩尤，结果是炎黄人打败东夷人而实现了两族合一。500年后，舜禹放欢兜，北方人打败南方人而实现了民族大融合，不久，禹的儿子启建立了夏朝，华夏一词便正式替代炎黄东夷和苗蛮成为全民称谓。

二、苗蛮历史悠久，苗蛮图腾是蛇

苗蛮文明的历史非常悠久，分布范围也比较广泛，考古证实南京直立人就与北京周口店人差不多同期。新石器时期苗蛮主要繁荣在长江以南，尤以东部吴越地区遥遥领先。江苏宜兴骆驼墩村落的制陶业距今7300多年，浙江河姆渡出土的水稻见证了7000年前的稻作文明，中国最早的文字浙江平湖林埭良渚文字距今5000多年。“苗蛮”两字，徐旭生认为当时应该都读“毛”，意思一样，南方水丰而毛草小虫多，从草就写作“苗”，从虫就写作“蛮”。因为水丰稼羡，南方很早就进入了农耕社会。因为地广人多、繁荣先进，北方人虽然取得了战争的胜利，但是没有推行一般的将占领者文化强加于被占领者地区的殖民政策，而是实行了民族大融合，譬如图腾。图腾就是原始人迷信某种动植物或自然物与氏族有血缘关系，是原始氏族群体的亲属、祖先和保护神，也是原始氏族的精神灵魂，因而用来做氏族的徽号和标志。炎黄华人作为胜利者，反是以苗蛮的蛇图腾为基础，然后加上华和夷诸部落的图腾因素，譬如狗的爪子、鹿的双角、马的鬃毛、鱼的鳞须和鬣的尾巴等，综合整出了一种神兽叫“龙”。龙问世后便成为华夏全民的公共图腾，中国人自称是龙的传人也由此开始。

苗蛮人的图腾是蛇，因为苗蛮人认蛇为祖先。所以许慎说“南蛮蛇种”，又进一步说：“闽，东南越，蛇种。”闽，从门从虫，是门里之蛇，即家蛇，良渚文物也出土过蛇纹玉雕件。古书上说蛇是长虫，宜兴方言“蛇虫百脚”常常连着说。闽人认蛇为祖先的范围缩小了，专指家蛇。据台湾学者吴守礼《闽台方言研究集》说，古代闽越人傍水而居，习水斗，善用舟，最重要的习俗是以蛇为图腾，断发纹身，盛行原始巫术。清代郑祖庚《侯官县乡土志》还记载着：“本县无它种，只有疍民。”疍民（一说蜑民），就是古代闽越人后裔。

闽越人尊蛇为神，捕捞狩猎为生，因热而短发，因居郊野为了恐吓野兽保护自身而纹身。他们的庵庙里塑有蛇像而定时祭拜，他们的船上也供有一条叫木龙的蛇，如果木龙无故离船，则预示有凶，妇女的发髻上也插着蛇形银簪。闽越文化早于炎黄文化，据《大众科技报》载黄革《现代中国人的祖先更可能在中国而不在非洲》一文说，闽越人是柳江人的后裔，而柳江人化石显示的上限是20多万年。后来在福建三明万寿岩灵峰洞和漳州、清流等地发现的人类化石，特别是人工石地面等，都证明了闽越人很早就进入新石器时代了。

三、宜兴人从盘古来，崇拜蛇图腾

苗蛮人认蛇为祖先，今天的侗族人还在传说着，他们的始祖母是与一条大花蛇交配才有了侗族人的，但这个传说却没有说他们的始祖母从哪里来。宜兴民间传说是有了盘古才有人，这个故事笔者童年时就听舅婆讲过。盘古有手有脚，手里还有斧头凿子，所以能顶天立地、开天辟地。盘古又是条大蛇，所以能盘。据马卉欣《盘古学启论》一书介绍，现存最早的盘古字图见于出土的一个铜器时代的方鼎上，字图中间是空心“十”字，周围有盘纹，郭沫若说这个字念作“盘古”。早期苗蛮文字有多音节单字现象，吴守礼也说古闽语多“胶着语”，胶着语就是多音节。但是盘古的“盘”，古代声母应该是M，是“苗蛮”两字的祖先，楚国贵族有个姓叫“芈”，读mi，声母也是M，就是从盘古字图来的，历史上屈原就姓芈。屈原先人季连开创了基业，季连曾孙熊绎受封于楚，便另开“熊”为支姓，后来熊瑕分封屈地，他的子孙便以“屈”为姓。《国语·吴语》中韦昭注说：“勾践，祝融之后，芈姓也。”战国时的《世本》则直言：“越为芈姓，与楚同祖。”南宋范成大《吴郡志》说姑苏城门有八，南二为盘门和蛇门，就是纪念盘古和崇蛇。既然越楚同祖，楚人以盘古为姓就不足为奇，宜兴在越楚之间，更是盘古之后。婴幼儿牙牙学语便称：“哟，能讲蛮话了。”现在理解有些走味，好像是听不懂的话才叫蛮话。幸运的是我们现代人不仅在方鼎上看到了盘古字图，还有年代更久的盘古岩画，马卉欣《盘古学启论》考证说，云南沧源的盘古岩画是两万年前的作品。

蛇是卵生动物，既然盘古是蛇，那也应该是从蛇蛋中出来的。我们再来查古籍中关于盘古来历的记载，唐代欧阳询的《艺文类聚》说，世纪之初“天地混沌如鸡子，盘古生其中，万八千岁”。三国时吴人徐整的《三五历纪》说：“盘古之君，龙首蛇身。”明初徐人瑞、程瑶的《历代神仙通鉴》说：“盘古将身一伸，天即渐高，地即渐坠，而天地更有相连者，盘古左手执凿，右手持斧，或以斧劈，或以凿开，久而天地乃分，二气升降，清者上为天，浊者下为地。”宜兴太守任昉的《述异记》说：“昔盘古氏之死也，头为四岳，目为日月，脂膏为江海，毛发为草木。”清代马骕的《绎史引》说：盘古死后“齿骨为金石，精髓为珠玉，汗流为雨泽，身之诸虫，因风所感，化为黎氓”。由此可见，盘古是创世者，是他创造了天地山河世界生灵。盘古还是苗蛮人的祖先，《光绪宜兴荆溪县新志·物产》说：“蛇小者名虫。”他死后，身上的诸多小虫，也就是诸多小蛇，因为沐浴了盘古开天辟地后的日月精华，变成了黎民。民族大融合后，面对历史如此悠久的苗蛮文化，夏商周政府也不得不把盘古捧为全民宗教主，全民宗教主就是全民共同的主神。商周之交，有人要想更换盘古这个全民宗教主，姜太公在他的《六韬·大明》里记载，召公对文王说：“盘古之宗不可动也，动则必凶。”也就是说，把盘古更换了，会引起社会的动荡不安，不利于政权稳定。

对图腾物，一要敬重膜拜，二要禁捕禁杀（尼泊尔崇牛为国兽禁捕杀，以致国兽泛滥不得不定时礼送出境一些），三要避讳直名，四要遇睡助葬。图腾动物死了不能说死了，只能说睡着了，而且看见的人要挖坑将其埋葬。明白了苗蛮人的图腾是蛇，那苗蛮人有崇拜和祭祀蛇的习俗也就好理解了。台湾土著有不准捕食蛇的禁忌，厦门大学教授林惠祥《台湾蕃族之原始文化》说：“台湾派宛人对名为龟壳花的毒蛇咸加以极敬虔崇拜，不敢杀害，甚或于酋长之家室中特备一小房以为巢穴。”湖北清江有句老话叫“见睡埋蛇，当作朝华”。意思是看见死了的蛇要把它当人死了来埋葬，这样犹如到华庙里朝拜一样有功德。宜兴人对蛇也是礼敬有加，缪亚奇说：“从前宜兴县城城隍庙内，有蛮家星君配享神神像。那是纯粹的蛇像，螺旋式地盘踞着，蛇头处于中心，向上仰伸，供人祈拜。”清乾隆时吴骞《桃溪客语》也有记载：“毗陵之俗，多于幽暗处筑小室祀神，谓之蛮宅。神形人首蛇身，不知所自始。祭上舒凫而舍烛夜，盖以鸡与蛇不相能也。”舒凫就是鸭子，桃溪是指宜兴的张渚，那时宜兴属常州，所以说是毗陵之俗。常州人也祭蛮宅，叫斋土龙，这是把蛇虫当宅神列为腊祭八神之一的传承。

四、蛮家是吉祥物，宜兴团子源于祭蛇

宜兴人称蛇为蛮家，犹如称人为张家李家一样，并将家蛇和野蛇分别称为里蛮和外蛮。所谓家蛇，是指生活于住宅内的一种无毒蛇。家蛇常盘绕于梁檐，钻营于墙缝瓦楞和阁楼，长约三尺粗如腕臂，多数背部为褐绿色，腹部为灰白色，腹背间有秤星斑点。宜兴人将家蛇俗称为臭栗蛇，大约是它有点接近板栗色，而且有臭味。缪亚奇说他的一位宜兴同事认为家蛇是白蛇，因为亲眼见过。白蛇其实是蛇的一种白化现象，不是专门品种，因为稀少，往往被神化，最神化的民间故事就是《白蛇传》。历史上最早的制度性贡茶在宜兴，宜兴茶品质好，陆羽说“芳香冠它种”。这么好的茶叶来历肯定神奇，所以《重刊宜兴县旧志》说：“旧有白蛇衔茶种来种之，得佳茗，尤为珍品。”宜兴人认为如果在米囤里或床上发现家蛇为吉，相传家蛇会运米。俚语说“家有苍龙，米囤不空”。但取米要专人，人多手杂或把锄头铁耙放在米囤上会吓跑家蛇的。无锡人也有蛇盘米的说法，说家蛇能劫富济贫将富人家的米盘到穷人家来，只是不能宣扬以免泄露天机。浙江人如果长时间看不见家蛇反而担心：它是不是离开我家了？蛇是洁物，洁谐音吉，有蛇的地方就是吉地，就是墓选活龙地。有黄鳝的地方则反之，黄鳝是讨饭棒。蛇吃老鼠不吃腐尸，是护家将军，所以南方墓砖多发现蛇图。宋代李茂诚《义忠王庙记》记载：“祝英台祭奠于梁山伯墓前，墓忽开裂，见巨蛇护冢。”

吴人重祭由来已久，2013 年，在无锡惠山钱桥赤墩遗址发现了祭坛遗迹，经美国著名 BETA 实验室 ^{14}C 年代测定，大约建造于 5140 年前。据缪亚奇《江南汉族崇蛇习俗考察》一文介绍，宜兴人在元宵节、土地节、清明节、中秋节、冬至节和除夕节，都有斋蛮家的习俗，家中有难、家人有病，或看见蛮家也要进行斋醮，犹以冬至为要紧。冬至是祭祖日，宜兴老话说：“插花献果上先容，老父携子认祖宗。”

过去有冬至大于年的说法，宜兴民谣是：“新稻登场麦种下，朔风报寒小雪落。牵砻带磨忙年脚，谢神祭祖斋蛮家。”斋蛮家时，第一是请一张“蛮家蟆子”神像。神像约八开纸大，其像人头蛇身侧面，面部为红色，头发向后梳，下部盘曲，尾部如鱼。第二是做祭品，即用米粉做一条蛇盘在蒸笼里，在盘圈内外放满小团子，团子以红砂糖做馅，然后上锅蒸熟。第三是开祭，将米囤略开小缝，囤前放置低于米囤的几案，几案上放连笼的熟米粉蛇，再将蛮家蟆子神像上沿压在蒸笼下，然后在几案上供献酒菜并上香点烛，主人带领全家在几案前跪拜叩首分说祈祷。譬如说：“蛮家翻翻身，年年长千斤”，然后将预先准备的纸锭连同蛮家蟆子一起焚烧掉，而团子则由家人分食。这里的主祭主人，有些地方只能男主人，有些地方只能女主人，而大户人家为了表示隆重，还有请觋人或道士的。另外祭祀之菜，要有肉有蛋，肉不能用鸡肉要鸭肉，蛋不能用鸡蛋要鸭蛋，因为鸡和蛇是相冲的。这是斋里蛮，斋外蛮要在门外下场头右侧进行，仪式差不多，但祭品都是生的，祭完即倒掉。蛮家斋醮完毕，才开始正式做团子。团子的第一笼是要做成牛猪羊兔鹅鸭鸡等形状，在空隙处再放些米麦黍玉米和各类豆粒，这叫五谷丰登六畜兴旺。团子做好了，再开始祭祖，这样冬至这天往往太忙，所以许多人家又把斋蛮家做团子提前一天。

综上所述，宜兴人做团子的来历就是祭蛇，因为蛇不仅是我们的祖先，是我们阳宅和阴宅的保护神，它还能保佑我们丰衣足食。我们祭它敬它斋醮它不仅应该，而且十分必要。宜兴人造屋，女主人娘家就必然会蒸了团子送来，第一笼做成蛇或者龙，这叫安宅团子。宜兴地区是稻作区，用米粉做蛇，蛇子可塑性好，形象生动，蒸熟不变形。相传汉代前不懂磨制米粉时，是用饭来捏了蛇和团子形状的，而麦烧熟了就不能捏。团子就是蛇子，宜兴人避讳不直接说蛇子。团就是蛋，蛋是北方话，“团”最早是“蛋”的走音和不同写法。子也是蛋，宜兴人今天还把鸡蛋、鸭蛋叫作鸡子、鸭子。

博物馆

浅谈博物馆考古类展览与公众考古的关系

——以无锡地区考古专题展为例

郭　林*

【摘要】随着改革开放现代化进程的推进，我国城市建设面貌日新月异。但在城市现代化建设进程中，破坏文化遗产的行为时有发生，并且屡禁不止。我们不仅需要完善相关法律法规，同时还应努力提升广大群众的文化遗产保护意识。公众考古与博物馆宣传教育是目前提升社会文化遗产保护意识的重要手段。公众考古与博物馆教育工作殊途同归，都是旨在普及文化遗产知识。如何更好地将公众考古活动与博物馆业务结合起来，是一个值得探讨的问题。考古类展览和考古博物馆的兴起，为两者的有机结合提供了桥梁。相信随着公众考古与博物馆事业的发展，社会大众对于文化遗产保护将会有更加清晰的认识。

【关键词】公众考古　博物馆　考古类展览　文化遗产保护

随着我国考古和博物馆事业的不断发展，文博行业发展出现了新形势，文化遗产保护逐渐成为行业共识。然而目前我国的文化遗产保护工作面临着很多的问题，无论是政府部门还是社会大众，对于文化遗产保护的意识都不强，出现了城市规划随意、只重经济发展不重文物保护、大众随意破坏文保单位等问题。因此社会文化遗产保护意识亟须提高[1]。提升公众文保意识，公众考古和博物馆应发挥各自应有的作用。公众考古的目的在于向大众介绍考古学，介绍考古工作，传播文化遗产理念，提升大众对于文化遗产保护的意识。这一点与文化遗产保护的理念不谋而合。同时“文化遗产的收藏和保护被认为是博物馆的核心功能之一”[2]。因此，如何通过这两大途径做好文化遗产保护的宣传工作，如何将公众考古与博物馆业务活动更加有机地结合起来，值得我们思考。本文，笔者将谈谈对这一问题的看法。

一、公众考古与文化遗产保护

夏鼐先生对于考古学的定义是：“考古学是根据古代人类通过各种活动遗留下的实物以研究古代人类社会历史的一门科学。”[3]作为考古学新兴分支学科的公众考古学逐渐为社会所熟悉。公众考古学是“为了实现文化遗产保护和考古学的发展而开展的分享考古或者说考古学科普工作”[4]。通俗地讲就是考古学的大众化，“这一学科的出现既是适应考古学大众化趋势的一个结果，同时也反映了公众对传统

*　郭林：供职于无锡博物院

文化的关注，对民族历史的热爱”[5]。

我国目前的考古工作由考古所或设立考古部的博物馆承担，大部分为配合基建的抢救性发掘，以研究为目的的主动发掘占少数。很多重要的考古发现，如安阳西高穴曹操墓、江西南昌海昏侯墓、扬州隋炀帝墓等都属于被动性地抢救性发掘。一线考古工作是很繁重的，尤其是在目前我国考古工作面临着专业人员短缺的局面下。在我国现有体制下，只有拥有团体发掘资质的单位才能承担发掘任务，而目前我国拥有团体发掘资质的单位仅 77 家，远远不能满足要求。同时专业人员的数量与考古工地的数量也不成比例，很多考古工地都是一个专业人员带领一群技工、民工在执行发掘项目。在如此繁重的发掘任务下，公众考古便是一件奢侈的事情。随着社会的发展，公众对于考古发现越来越感兴趣，如何能够更好地宣传考古，让大众了解考古已经变成一个很重要的课题。改变大众“考古就是挖墓、考古就是挖宝”的思想是我们应该努力做的一件事情。

发掘现场电视直播、专家学术讲座、考古专题纪录片等形式已经成为公众考古常见的手段。目前各大博物馆联合考古部门策划的考古成果临展，也已成为宣传考古成果的重要途径。“对于考古成果的分享、考古知识的普及以及发展趋势的介绍，举办展览应该是最佳形式。”[6]遗址类博物馆作为一种兼有考古、博物馆双重功能的博物馆，是宣传考古工作的重要窗口，应该担当起公众考古在博物馆领域的先锋作用。我国遗址类博物馆绝大部分都是因为重大考古发现才建立起来的，其中很多遗址都入选过国家十大考古新发现，这些遗址博物馆建立的目的在于更好地研究、保护与利用考古发现。这些考古遗址作为全人类的文化遗产，我们有责任和义务保护利用好它们。同时我们也需要利用这个平台更好地宣传考古，宣传考古在保护人类文化遗产方面所做出的贡献。

“考古工作为考古遗址博物馆提供藏品、展品和丰富的考古信息，而考古遗址博物馆是进行考古宣传与教育的重要阵地。”[7]但由于考古遗址往往远离市区，导致了很多遗址博物馆游客数量相对较少，影响力有限。因此各地综合性博物馆有必要举办与考古相关的展览进行必要的补充。在我国博物馆事业日益发展的今天，博物馆日益成为民众业余生活的重要组成部分，这也为我们更好地宣传考古工作提供了机会。考古事业的发展不仅需要遗址博物馆开展宣传工作，更需要广大综合性博物馆的支持。无锡地区目前有鸿山遗址博物馆与阖闾城遗址博物馆。两家博物馆分布依托于鸿山越墓、吴都阖闾城这两个重要考古发现建立的，展厅设置主要围绕展示考古发现成果进行设置，在公众考古方面也都做了一些工作。然而一些因素的制约，导致相关文化宣传上效果不理想。因此为了更好地向无锡市民普及考古知识，提升广大市民的地下文化遗产保护意识，作为无锡地区博物馆事业领头人的无锡博物院可以举办相关的考古展作为补充。

二、考古类展览

国际博协在 2007 年对现代博物馆的定义进行了修改：“博物馆是个为社会及其发展服务的，为了教育、研究和欣赏的目的，对有关人类及其环境的物质遗产和非物质遗产进行搜集、保管、研究、传播和展出的非营利的永久开放机构。将教育作为博物馆的首要目的。”[8]对于我国大部分公立博物馆来说，目前主要的功能为文物标本的收藏和研究。按照现今博物馆的发展趋势，知识传播和公共教育才是现代博物馆的主要使命和经营目标。陈列展览作为博物馆向大众开放的主要形式，同样也是向公众传播文化知识、开展国民教育的主要手段。除了通过展览向公众普及知识，目前很多博物馆的社教活动、知识讲座也是围绕展览主题展开的。因此办好展览、办好的展览，是做好博物馆工作的重要途径。按照传播目的和构造分类，博物馆展览的种类可以分为审美陈列展览和叙事型展览。审美陈列型展览指的是“以审美为诉求的文物艺术品展览，展览强调艺术品本身美的呈现”，重点就是突出展品本身的美学价值；叙事型展览是通过文物讲故事的展览。较之审美型展览，叙事型展览更加强调严密的内容逻辑结构，展览策划需要有明确的主题与故事线[9]。从目前已经举办的展览情况来看，考古类展览也包括上述两种类型。

2014年，由广东省博物馆、香港历史博物馆及澳门博物馆联合筹划策划的“岭南印记——粤港澳考古成果展”获得了极大好评，并荣获当年的中国博物馆十大陈列展览精品推介港澳台合作奖。该展览集中了粤港澳地区30多家文博单位共560件（套）藏品，为观众展示了岭南地区先民的文明轨迹。展览策划采用了条块结合的展览思路，依托岭南地区重要考古成果，以时间为经、项目为纬的总原则来编辑素材。在解读文物时，考虑到考古出土文物历史价值普遍高于艺术价值的特点，选了在展览线索下分类展示，确立了五个亮点来编写展览文本：①将文物按具体生活组合串联起来，力图复原古代人类的生活细节，让观众下意识与现代生活进行对比，进而引发观众的兴趣。②拨开历史迷雾，显露岭南地区文明星光。纠正观众对于本地区史前文明落后的刻板印象，通过文物展现岭南地区史前时期文明要素。③带领观众探究古代岭南地区曾经存在过的三个地方政权的宫苑、王陵，复原古代统治者的生活，满足参观者的好奇心。④展示南海一号、南澳一号的水下考古成果，力图说明本地区繁荣的海上丝绸之路，活跃的陶瓷贸易也是本地区的特色历史。⑤展示考古学发展的新趋势，介绍本地区科技考古的应用成果。形式设计上强调“传统内核”“现代形式”构成，以具有本地区考古文化符号的特色造型构建不同篇章的视觉元素，以色调、场景区分不同展区，多媒体与场景配合，增强观众参观的现场感。同时在展厅过道模拟考古探方，布置互动空间[10]。

2016年11月，“赫赫宗周万邦之方——陕西周原遗址考古成果展”正式对外开放，展览依托于周原国际考古研究基地，采用“双线并行”的展览理念和方法，力求展示周原考古70年的风雨历程，以及考古发现的西周礼乐文化对中华文明形成与发展的重大意义。周原考古成果展将历史线与考古线有机的结合，不仅向我们展示了周原地区3000年的文化历史图景，同时将近几十年的考古成果呈现在观众面前。目的在于告诉大众，周原遗址不仅是中华文明探源工程的重要组成部分，也见证了中国考古人70年的风雨历程[11]。考古类展览既要透物见史，也要透物见人。上述考古展的策展思路，为无锡地区考古成果展策划提供了很好地借鉴。

三、无锡地区考古专题展策展思路

锡博考古专题展通过展示反映江南地区考古特色的文物，再结合现代虚拟展示技术，让公众对于考古及考古背后的故事有更具象的理解。其目的在于进一步普及考古知识，提升大众对于考古和地下文化遗产的认知和保护意识，推动地下文化遗产的保护。

无锡地区的考古工作自中华人民共和国成立初便已开展，至今已经有60多年。1953年仙蠡墩遗址和宜兴周氏家族墓地的发现与发掘可以被认为是无锡地区考古工作的开端。由于无锡地区历史沿革的原因，本地区并不是传统的考古重镇。无锡有明确文字记载的历史始于泰伯奔吴，在这之前无锡地区考古文化依次经历了马家浜文化、崧泽文化、良渚文化和马桥文化。在商末至战国时期，吴越文化和楚文化在这片土地上生根发芽。吴越文化也是目前无锡考古研究工作的重点。秦汉至明清时期考古重点涉及遗址考古、窑址考古、墓葬考古等，尤其是墓葬考古方面，先后发掘了宜兴周氏、江阴葛氏、夏氏、无锡华氏、钱氏家族墓地。这些家族墓地的发掘与研究不仅反映了无锡大姓的家族史，同时也是无锡这一时期考古工作的特色和亮点[12]。综上，可以看出无锡地区考古工作的特点与南京等历史重镇不完全一致，考古工作所面临的具体情况也有很大的不同，抓住重点可以帮助我们更好地理解无锡地区考古工作的现状。因此策划无锡地区考古专题展时，我们必须意识到这一点，主要抓住无锡地区考古工作的特色和亮点。个人理解无锡地区考古特色在于吴越文化和家族墓地考古，深入挖掘背后的历史事实，能够为展览提供更客观深入的素材。

展览定位：考虑到无锡地区出土器物的具体情况，应将展览类型确定为叙事型展览。目前从相关的实际藏品情况来看，并不能支撑起完整的历史文化序列，并且在历史上绝大部分时间无锡隶属于常州府，县城规模较小、行政级别偏低，缺乏相对重要的考古发现。所出土的文物也不够精美，在艺术欣赏价值方面缺乏亮点。由于展览素材的缺乏，导致这一专题展无法构建传统的历史文物展。锡博基本陈列展厅“吴风锡韵——无锡城市的故事”已经展出了相当一部分能代表无锡历史的文物，在策划考古展时要尽力避免两者的过多重合，避免观众参观完出现同质化的感受。

展览策划的主要学术依据：自20世纪50年代以来的无锡地区重要考古发现，能够反应地方特色考古学文化的文物藏品；与考古发现、考古工作有关的故事，无锡考古工作口述史等；考古学基本理论与方法、考古工作基本理论与方法。

考古专题展厅的传播目的：展览传播目的指的是展览的宗旨，展览想告诉观众什么，通过展览影响观众什么。有学者指出传播目的是展览的领会，是贯彻展览始终的指导思想。传播目的指导着后续展览的内容策划与形式策划[13]。根据无锡博物院区域性博物馆建设定位以及无锡考古工作的实际情况，我们将这一展览总的传播目的设定为：无锡考古人都进行了哪些考古工作，无锡有哪些重要考古发现，无锡地区考古学文化的特色，无锡考古工作的意义，这些年无锡有哪些考古故事。向观众揭示考古工作就是为了更好的研究古代无锡历史，保护文化遗产，提高观众大众对于地下文化遗产的保护意识。

目前陕西省考古研究院、苏州市考古所都在筹划本地区的考古博物馆，考古博物馆作为一种行业博物馆在国内悄然兴起。目前国内尚无建成的范例，个人在这里浅谈一下考古博物馆的看法。按照隶属关系或办馆主体不同，国家文物局将博物馆划分为文化（文物）类、行业类、民间类。按照这种划分方法，行业类博物馆通常指的是非文化文物行政部门的国有博物馆[14]。“行业博物馆是专门从事某一行业文物资料收藏、保护、研究和展示的机构，它的物质基础是行业文物资料。”[15]

作为考古行业的博物馆，考古博物馆应该对考古发掘出土中的文物资料进行收藏、保护、研究和展示。考古行业归属于我国文博系统，与博物馆行业具有紧密的联系，这从我国绝大多数国有博物馆文物藏品来源于考古发掘这一事实就可见一斑。但是由于对应的学科体系、行业背景、行业工作方法的不同，实际上这是两个联系紧密但又很不相同的行业。因此虽然目前博物馆展示了众多的考古出土文物，为公众考古事业做出了相当的贡献，但是考古博物馆的出现并不是简单的重复综合性博物馆的功能。据目前已知的情况，考古博物馆的建设都由某些文物考古大省大市的主要考古机构牵头，考古博物馆的建设归根到底是历年考古工作的积累。目前我国考古工作处于大发掘期，考古业务单位的主要工作在于参与考古发掘、撰写考古研究报告。尽管如此，目前很多考古资料也未得到充分的研究，更无从谈起大规模宣传行业工作进展，展示出土文物。类似海昏侯墓出土文物迅速与大众见面的情况仅属个例。目前绝大多数考古出土的文物资料都在考古库房中不见天日，能够接触这些文物的也仅限于考古专业人员。因此建设考古博物馆，也是符合保护、利用好地下出土文物的大趋势。同时借由此种途径，更好地宣传本单位、本行业。

四、结　语

考古行业的成果不只限于古代遗存的发掘，作为重要分支的科技考古领域也有了长足地发展，取得了很多重要的成果。然而广大观众并不知晓这一事实，因此这一领域的工作成果、方法应该向大众进行普及。我们应该告诉大众，考古不是单纯的发掘，同时也是非常有技术含量的领域。笔者在硕士期间的方向为科技考古，对于科技考古在最近十年的迅猛发展深有感触，广大科技考古工作者们取得了非常突出的成果，有些成果甚至具有世界性的影响力。目前展示我国科技考古成果的展览非常少，因此有必要策划相关的展览向观众展示这一学科的优秀成果，同时在考古博物馆也应该有一席之地。

在展示考古出土标本、考古成果的同时，考古博物馆也应展示考古工作史、考古学史等内容。学科行业的发展是由人撑起来的。每个学科行业都有自己的历史，在这些历史中有许多值得被后人所铭记的人物、故事，这些故事又能够反应当时的社会历史、背景，是以小见大进行社会教育的素材。相关考古纪录片、人物访谈、口述史都应该成为展览重要的辅助品。

以上是个人对公众考古与博物馆业务工作关系的一点心得体会。相信随着我国考古与博物馆事业的长足发展，大众对于考古行业的理解会更加充分，观众会更加乐意进入博物馆了解文博行业的历史。只有努力做好普及工作，整个社会的文化遗产保护意识才会越来越强。

注　释

[1] 姚庆、张童心：《“十三五”规划时期科技产业创新发展——以文化遗产保护与公众考古交叉关系为例》，《理论界》2016年第2期，第89-94页。

[2] 朱凤瀚、安来顺：《新理念下的博物馆文化遗产保护》，《中国博物馆》2004年第4期，第8-12页。

[3] 夏鼐等：《中国大百科全书·考古卷》，中国大百科全书出版社，1986年版，第2页。

[4] 范佳翎：《“公众考古学”和“公众考古理念”辨析》，《南方文物》2013年第4期，第121-124页。

[5] 李春华：《博物馆与公众考古学》，《中国文物报》2005年8月12日。

[6] 蔡奕芝：《博物馆与公众考古——“岭南印记·粤港澳考古成果展”策展心路》，《文物天地》2015年第9期，第76-79页。

[7] 黄洋：《考古工作与考古遗址博物馆展示传播的关系》，《东南文化》2015年第2期，第13-18页。

[8] 陆建松：《博物馆展览策划：理念与实务》，复旦大学出版社，2016版，第6页。

[9] 陆建松：《博物馆展览策划：理念与实务》，复旦大学出版社，2016版，第16-17页。

[10] 蔡奕芝：《博物馆与公众考古——“岭南印记·粤港澳考古成果展”策展心路》，《文物天地》2015年第9期，第76-79页。

[11] 张亚炜：《赫赫宗周　万邦之方》，《中国文物报》2017年4月28日。

[12] 冯普仁:《无锡考古五十年》,《江南论坛》2004年第 10 期，第 51-53 页。
[13] 陆建松:《博物馆展览策划：理念与实务》，复旦大学出版社，2016 年版，第 81-82 页。
[14] 邢致远:《坚持行业特色　发挥专业优势——从江苏省行业博物馆发展路径谈起》,《文物世界》2011 年第 3 期，第 62-65 页。
[15] 陆建松:《上海市行业博物馆建设：意义、现状及其存在问题思考》,《复旦学报》(社会科学版）2003 年第 4 期，第 130-136 页。

关于博物馆展览交流的几点思考

——从无锡博物院展览交流的探索与实践谈起

文　严*

【摘要】博物馆展览交流作为博物馆业务工作的重要内容，实现了博物馆藏品资源的充分共享，满足了观众的文化需求，增进了博物馆行业的交流，塑造了博物馆品牌，提升了专业人员的业务水平。随着博物馆展览交流工作的探索与实践，内外并重、多元拓展、联合策展以及展览交流制度的完善等将是今后博物馆展览交流事业发展的主要方向。

【关键词】博物馆　展览交流　文物　文化

展览是博物馆实现社会责任、服务广大观众、对外传播服务、直接和公众发生关系的基本手段。目前博物馆展览包括基本陈列和临时展览两种形式，而我们所说的展览交流主要基于临时展览。临时展览是一种内容专一、小型多样、短期展出、经常更换的陈列形式，它是对博物馆基本陈列的补充，并能充分展示一定的专题内容，对实现博物馆社会效应具有重要意义[1]。近年来，随着我国博物馆事业的发展以及广大观众对展览内容需求的日益增长，博物馆间的展览交流愈发频繁，而且逐渐成为博物馆间紧密联系的重要纽带。

一、无锡博物院展览交流概况

无锡博物院作为无锡市目前最大的公共文化服务设施，自2007年“三馆合一”建馆以来，为了满足观众对展览多样性需求，更好地为观众服务，在展览交流方面进行了积极探索与有益实践。无锡博物院确立和打造了三大文化特色品牌系列临展，分别是以展示历代出土、传世的器物类展品为主要内容的“从远古走来”系列、以展示某一时期或某一流派、某一艺术大师的书画艺术作品的“走近大师”系列、以展示无锡地区历代名家书画精品为主要内容的“太湖画派近现代名家”系列。无锡博物院年均举办5或6个精品临展，现已成功举办精品展览累计达50多个，而这些临展多以馆际展览交流合作的方式实现。根据合作形式的不同，馆际展览交流分为引进展和输出展两种形式。

（一）引进展览

引进展览主要是整体引进他馆经过精心策划组织形成的具有鲜明特点的临时展览。无锡

* 文严：供职于无锡博物院

博物院根据“三大文化特色品牌”系列的展览主题，近年来与上海博物馆、南京博物院、广东省博物馆、安徽博物院、四川博物院、重庆中国三峡博物馆、沈阳故宫博物院、吉林省博物院等诸家国内文博单位进行了展览交流合作，引进了数量可观且内容丰富的精品展览（表一）。

表一 无锡博物院引进展览（部分）明细表

展览名称	引进单位	展览系列
《马王堆汉墓文物精品展》	湖南省博物馆	从远古走来系列展
《史前文明——甘肃彩陶艺术展》	甘肃省博物馆	从远古走来系列展
《匠心雅艺——扬州博物馆藏古代雕刻艺术展》	扬州博物馆	从远古走来系列展
《头等之物——西汉南越王博物馆藏枕展》	西汉南越王博物馆	从远古走来系列展
《宫中月圆——南博藏明清官窑瓷盘展》	南京博物院	从远古走来系列展
《君子之伴——苏州东吴博物馆藏紫砂特展》	苏州东吴博物馆	从远古走来系列展
《清宫遗珍——沈阳故宫清代宫廷文物展》	沈阳故宫博物院	从远古走来系列展
《众器之优——重庆中国三峡博物馆藏古琴展》	重庆中国三峡博物馆	从远古走来系列展
《钟鸣鼎食——青铜时代的帝王生活用品展》	随州市华夏博物馆 随州博物馆	从远古走来系列展
《丝路传说——甘肃省博物馆藏丝绸之路文物展》	甘肃省博物馆	从远古走来系列展
《先生姓黄——安徽博物院藏黄宾虹书画展》	安徽博物院	走近大师系列展
《山水知音——吉林省博物院藏张大千、溥心畬精品展》	吉林省博物院	走近大师系列展
《张大千临摹敦煌壁画作品展》	四川博物院	走近大师系列展
《折中与融合——岭南画派作品展》	广东省博物馆	走近大师系列展
《真我自立——早期海派大家书画精品展》	上海博物馆	走近大师系列展
《我见青山多妩媚——南京博物院藏傅抱石书画小品展》	南京博物院	走近大师系列展
《你可能错过的书画——深圳博物馆藏书画精品展》	深圳博物馆	走近大师系列展

（二）输出展览

无锡博物院在不断引进精品展览的同时，根据自身藏品特点，精心打造了以“钱松喦作品”“太湖画派历代名家作品”“紫砂艺术”“女画家书画作品”为主题内容的院藏精品展览推介。近年来向山西博物院、广东省博物馆、吉林省博物院、沈阳故宫博物院、重庆中国三峡博物馆等全国各地博物馆推出无锡博物院院藏精品展览，以充分共享馆藏资源，宣传和推广无锡地域文化（表二）。

表二 无锡博物院输出展览（部分）明细表

展览名称	输出单位
《紫砂故事——无锡博物院藏紫砂艺术展》	良渚博物院
《紫玉金砂——无锡博物院藏紫砂艺术展》	沈阳故宫博物院
《紫玉金砂——无锡博物院藏紫砂艺术展》	重庆中国三峡博物馆
《紫玉金砂——无锡博物院藏紫砂艺术展》	宁夏博物馆
《瀚海苍松——钱松喦绘画艺术精品展》	广东省博物馆
《松青岩红——钱松喦画展》	吉林省博物院
《江山入画——钱松岩画展》	山西博物院
《钱紫筠画展》	瑞金中央革命根据地纪念馆
《太湖画派近现代名家精品展》	江阴博物馆
《群芳争妍——无锡博物院藏女画家书画作品系列展》	吴江博物馆
《吴地雅事——无锡博物院藏文氏一门书画特展》	深圳博物馆
《杨家小妹才气高——无锡博物院藏杨令茀作品展》	中国妇女儿童博物馆

二、博物馆展览交流的现实意义

（一）藏品资源的充分共享

2015年国家文物局印发《关于提升博物馆陈列展览质量的指导意见》指出，加强陈列展览项目交流，支持各地区、各级博物馆积极开展展览交流合作，举办各种联展、互换展览[2]。无论是资源丰富的大馆通过组织策划学术水准高、社会反响好的临时展览作为展览交流项目到中小博物馆展出，还是中小博物馆以地域特色藏品打造的专题展到大馆展出，都体现了馆际间藏品资源的充分共享。通过展览交流，各馆的馆藏文物真正的“活”了起来，并实现了各馆藏品资源的优势互补。

（二）满足观众文化需求的重要举措

博物馆作为公共文化服务设施，为公众服务是基本的社会功能之一。随着国家构建公共文化服务体系重大政策的提出和实施，以及社会公众对文化服务需求的不断增强，满足观众的文化需求成为博物馆面临的巨大挑战，为适应社会发展，越来越多的博物馆将本馆的特色精品文物策划成交流展览，与国内博物馆同行甚至国外博物馆进行交流展出[3]。展览交流中的文物作为富含历史价值、艺术价值、科学价值的载体，记录了人类发展所经历的过程[4]，带来了不同地域之间的文化交流，增进不同文化之间的互相理解，促进不同地域人民之间的相互认知，为广大观众带来丰富多样的文化体验。

（三）增进博物馆行业交流的有效方式

博物馆展览交流丰富了博物馆馆际间交流合作的形式，为不同地域的博物馆从业人员带来了更加频繁的互访，成为馆际之间增进交流的有效方式。在展览交流合作过程中，各馆业务具体操作流程的各环节以透明化和开放性呈现，为博物馆工作人员审视博物馆管理方法、理念提供了实地考察和案例研究的实践机会。并通过具体工作的交流沟通，增进馆际友谊，促进博物馆管理理念的相互学习借鉴，推动双方博物馆事业发展的互助共进。

（四）塑造博物馆品牌的重要途径

展览交流是博物馆品牌文化传承与宣传的良好途径，体现博物馆的发展活力。展览交流中，博物馆以收藏的特色文物组织策划展览内容[5]，并在展览推介过程中呈现地域特点及当地视觉，促进了地域文化交流，扩大了品牌影响力，极大地提升了博物馆自身品牌形象。如无锡博物院推介的《紫玉金砂——无锡博物院藏紫砂艺术展》，以宜兴紫砂这一独特的文物资源，展现了无锡独特的地域文化，塑造了“紫砂”品牌。

（五）提升专业人员业务水平的有效手段

博物馆展览交流，不仅产生了巨大的社会效益，而且也为博物馆从业人员提供了开阔视野、吸取他馆陈列展览的先进技术理念的机会[6]。展览交流过程中涉及的文物包装运输、陈列布展及展览形式设计等业务工作，对于博物馆工作人员积累业务经验和提升专业水平均大有裨益。同时，不同的展览交流项目可能会面临不同的问题，有利于历练博物馆工作人员解决实际问题的能力，从而为文物博物馆事业的可持续建设和发展积蓄人才。

三、博物馆展览交流的发展方向

（一）交流的内外并重

截至2015年底，全国登记注册的博物馆已达到4692家[7]，全国博物馆每年举办展览数以万计，而国内馆际交流展览占据了重要部分。同时，改革开放以来，我国已有 1000 余项文物展览在数十个国家和地区举办，目前每年平均赴境外文物展览数量有 80 个左右[8]。实际上，我国博物馆国内和进出境展览交流的数量在持续增长，策划和筹办质量亦不断提高，呈现出国内外并重的整体趋势。然而，博物馆展览交流也存在地域、博物馆级别的发展失衡。目前国内的一些大型博物馆与国外博物馆开展的文物展览交流数量持续增长，而大多数中小型博物馆由于资金、人才、渠道等条件限制无法与国外博物馆进行展览交流。那么，为满足国内不同地域民众日益增长的精神文化需求和对外文化交流的需要，创造条件让我国更多的博物馆能够参与到与国外博物馆的文物展览交流中来理应是今后博物馆工作的重要目标。

（二）交流的多元拓展

随着我国博物馆事业的发展，民办博物馆的数量与日俱增，收藏家群体也日益频繁地出现在公众视野，互联网信息时代下文物资源信息共享平台的建设等，为展览交流对象的多元化趋势创造了有利条件。加强与民办博物馆、民间收藏家的合作将是今后博物馆展览交流工作的一个新方向[9]，从而让民办博物馆、民间收藏家的藏品不至“藏于闺中”，得以彰显更大的文化价值。另外，保证展品的真实性将是合作过程中需要注意和重点关注的环节。

（三）展的新趋势

随着馆际展览交流工作的不断推进，以更加专业性和学术性审视不同博物馆的藏品特点展开联合策展，寻求展览内容和形式的突破与创新已然成为实现博物馆社会功能的重要手段。近年来，跨区域馆际展览交流日益频繁，联合举办专题性临展可以说是博物馆展览交流的新趋势。越来越多的国内博物馆在引进展的策划筹办过程中更加注重不同地域文化的对比、不同国家民族文化的对比展示。实际上，不同文化的“对比展”深受广大观众所喜爱，展览往往取得了良好的社会效应。

（四）流的制度化

博物馆展览交流工作涉及文物包装运输、文物现状点交、布展撤展、宣传教育等诸多事项，操作过程中除了借展单位与收藏单位甲、乙两方外，还与联络人员、相关业务工作人员、保安人员、运输方、保险公司、公证机关、法律组织乃至观众群体等产生联系，牵涉方众多[10]。那么，建立一套包括档案管理制度、财务管理制度、项目责任制、展览安全防卫制度、展览相关工作人员的长期培训制度、展览宣传制度等诸项严谨科学的展览交流制度显得十分必要[11]。总之，展览交流制度需要各馆在具体实践操作中不断总结经验，不断完善，形成一套安全可靠、科学流畅的完善制度体系。

四、结　　语

博物馆展览交流促成的地域及国际的交流与合作，有利于促进博物馆文化在传播空间的多元化，博物馆自身也通过交流与合作获得发展的机遇。信息化和全球化背景下的博物馆越来越认识到，收藏、展示本民族、本地区的历史和记忆，不再是博物馆存在的唯一理由，致力于各种文化之间的相互容忍和理解，促使各种先进文化共同发展，共同繁荣，推动世界的和平与发展将是其新的历史使命。实践证明，频繁的展览交流将使当今的博物馆在文化交流扮演更加重要的角色，无论是国内博物馆馆际间还是国际博物馆馆间的展览交流都具有同等的现实意义。当然，是否引进、输出展览还需要事前做出调查评估，并根据博物馆的具体情况具体分析，一味以引进国外展览作为博物馆工作重点和一味以引进和输出展览的数量来衡量博物馆业务水平与质量都有失偏颇。我们更应该是在对展览进行综合评估、充分研究讨论的基础上，做出是否引进、输出的抉择。今后的博物馆展览交流工作，更需要思考和追求的是如何实现文化传播效果最大化，以兼容并蓄的精神，不断开拓多渠道的合作交流，不断丰富展览内容，最大限度满足广大观众的观展需求。

注　释

[1] 王雪：《国外引进展如何取得最佳科学传播效果探析》，《科技传播》2014 年第 10 期，第 24 页。

[2] 王倩：《基于博物馆交流展的再创作——以“汉廷藩屏——汉代长沙国和中山国出土文物精品展”为例》，《工作指导》2017 年第 6 期，第 81 页。

[3] 王文丽：《公众文化需求在博物馆展览策划中的导向应用——兼谈河北博物院的工作探索与实践》，《文物春秋》2016 年第 2 期，第 44 页。

[4] 栾文静：《两岸文物展览交流司法扣押豁免问题研究》，《故宫博物院院刊》2015 年第 4 期，第 41 页。

[5] 张文彬：《面向世界的中国博物馆——展览交流开辟的新天地》，《中国文化遗产》2005 年第 4 期，第 107 页。

[6] 陆建松、韩翊玲：《我国博物馆国际交流与合作的现状、问题及其政策思考》，《四川文物》2011 年第 3 期，第 91 页。

[7] 王倩：《基于博物馆交流展的再创作——以“汉廷藩屏——汉代长沙国和中山国出土文物精品展”为例》，《工作指导》2017 年第 6 期，第 81 页。

[8] 单霁翔：《博物馆使命与文化交流合作创新》，《四川文物》2014 年第 3 期，第 86 页。

[9] 刘文生：《关于文博单位建立民间藏品借展制度的思考 ——以福建省革命历史纪念馆为例》，《研究 · 争鸣》2010 年第 6 期，第 45 页。

[10] 刘守梅：《博物馆文物巡展保护的相关措施》，《黑龙江科技信息》2013 年第 5 期，第 150 页。

[11] 刘文生：《关于文博单位建立民间藏品借展制度的思考 ——以福建省革命历史纪念馆为例》，《研究 · 争鸣》2010 年第 6 期，第 45 页。

新形势下博物馆文物征集工作刍议

——以无锡博物院为例

薛鸣法*

【摘要】藏品是博物馆开展一切工作的基础，藏品的数量和质量是考核博物馆等级的必要条件，也是提升博物馆品质和影响力的必要因素。不断丰富文物藏品，是不断促进博物馆业务开展和实现社会效益的重要保证，也是博物馆得以可持续发展的源泉。无锡博物院通过制定可持续的文物征集计划，拓展文物征集途径，突破惯性思维，提高文物征集意识的前瞻性，在文物征集工作中积累了一些经验。

【关键词】博物馆　文物征集　无锡博物院

藏品是博物馆开展一切工作的基础，藏品的数量和质量是考核博物馆等级的必要条件，也是提升博物馆品质和影响力的必要因素。不断丰富文物藏品，是不断促进博物馆业务开展和实现社会效益的重要保证，也是博物馆得以可持续发展的源泉。然而，博物馆藏品数量的增加和质量的提高，依赖于持之以恒地文物征集。笔者从事多年的文物征集，在全民搞收藏的当下，对于如何搞好博物馆的征集工作，积累了经验，丰富了体会。在此谈几点感想，以与同行分享，并求指正。

一、从实际出发，制定科学合理的文物征集计划

做任何工作都应有计划，明确目的，避免盲目性，使工作循序渐进、有条不紊、富有成效地开展。做好文物征集工作也不例外。各博物馆所处的地域、经济、文化、历史等客观条件，决定了其不同的陈列主题及工作性质，因此在文物征集方面的侧重点也各有所不同。制定符合本馆实际，适合自身发展特点，科学合理、可持续性的征集计划显得尤为重要。只有这样，文物征集才能因地制宜、有的放矢，把有限的资金用在刀刃上；才能有效避免征集文物盲目、盲从，眉毛胡子一把抓，面面俱到、样样尽有却又样样不精的零乱、繁杂的尴尬局面；才能使征集的文物具有系统性、完整性，显示出适合自身博物馆性质、特点的特色来。

以无锡博物院为例（无锡博物院于2007年10月由原无锡博物馆、无锡革命陈列馆、无锡科技馆“三馆合一”而成立），地处太湖流域，长江三角洲平原腹地，地下文物匮乏，本地考古发掘出土文物数量极少，藏品基础薄

* 薛鸣法：供职于无锡博物院

弱。原无锡博物馆的文物藏品大多数是在“文化大革命”后期，由“二清”办公室移交而来的。而从资金方面来说，博物馆都是当地政府全额拨款的事业单位，事业经费有限，能用于文物征集的经费更加少之又少。征集社会流散文物，包括拍卖公司的文物，大多是质次价高，动辄几十万、几百万，只能望而生畏、无力问津。面对这样的实际情况，我们对无锡地区的历史现状进行了细致地分析。无锡历史悠久，物华天宝，钟灵毓秀，名人辈出。当地社会经济发展快速，自明起素有布码头、钱码头、窑码头、丝都、米市之称，涌现了许多望门贵族。即使是殷实富裕的无锡市民，其中也不乏文物收藏爱好者和收藏家。无锡的教育事业亦十分发达，产生了众多的科技名家、文化巨匠和骚人墨客。即以画坛为例，历代人才辈出，画法和技巧自成一体，独树一帜，形成了受吴文化影响、富有地方特色的太湖画派。无锡又是我国民族工业的发源地之一，民国时期，无锡的产业工人数量仅次于上海，列全国第二，被誉为小上海。在手工艺制作和传承上，惠山泥人、宜兴紫砂享誉国内外。因此，无锡博物院在制定文物征集计划时，确立了以“弘扬无锡地区文化”为抓手的宗旨，突出了文物征集的四个方向。一是广泛与无锡籍收藏家取得联系，求得他们将藏品捐献给国家。通过多方努力，我们先后获得陶心华，周道振，周怀民，周培源、王蒂澂夫妇，诸建秋，钱敏等藏家悉心搜觅的珍宝，使博物院的藏品数量和质量得到快速提高，特别是在书画藏品方面，使无锡博物院这一地市级博物馆能够跻身于全国藏画大馆的行列。二是大力征集无锡籍乡贤——“太湖画派”的书画作品，经过多年的努力，收集一大批世代生长和生活于无锡地区的书画家的作品，并于2011年8月在中国美术馆举办“太湖画派——无锡历代名家作品展”，展出最具代表性的近70位历代画家的160多幅绘画作品。三是广泛征集民族工商业文物。从20世纪80年代开始，我们着手对近代工商业文物进行调查摸底，抓住城市建设、企业转制、退市进园等契机，大量征集民族工商业文物。2007年2月，无锡博物院下设无锡中国民族工商业博物馆正式开馆，常年为市民免费开放。四是着重征集非物质文化遗产。无锡惠山泥人、宜兴紫砂是第一批国家级非物质文化遗产，地方特色浓厚，人们对于能在当地博物院里看到紫砂、泥人珍品寄予厚望。我们曾动员当代12位获得“中国工艺美术大师”的紫砂大师及5名获得“中国工艺美术大师”的泥人大师捐出了自己的精品之作，并且批量征集其他各级职称的工艺师作品。现在，当代工艺师向博物院捐赠作品已成惯例，目前馆藏泥人、紫砂壶作品近万件。特别是在紫砂壶方面，经过几年的经营，无锡博物院已经基本集齐了从明清名家到民国、近现代的代表作品，能够基本呈现紫砂壶的发展脉络，成为馆藏最具地方特色的亮点之一。在无锡博物院新馆开放时，惠山泥人、宜兴紫砂作为基本陈列之一，举办了专题陈列，备受观众好评。

二、拓展文物征集新途径

通常博物馆获得藏品的途径主要是考古发掘、社会征集、收购、捐赠、交换、调拨、移交等。在当今的新形势下，这几种途径中的大部分再实施起来已相当困难。譬如调拨，如今各个博物馆都已经认识到藏品的重要性，那种靠行政手段、一纸公文就能完成文物无偿调拨的做法已成为历史，即使有偿调拨也是费尽周折，很难实现。再说交换，本意是指博物馆之间在自愿互利的原则下，以本馆藏品中的复品或与本馆性质不相适合者，去向兄弟博物馆换取本馆所需要的藏品，以达到双方藏品的以有易无，但是在创办特色博物馆和创建国家等级博物馆的今天，这种方式在实际操作中的可能性也几乎为零。再如考古发掘，对当地的考古环境有很高的要求，从无锡博物院现有的藏品情况来说，发掘出土的文物可以说相当稀少。因此，就目前来说，向社会征集、接受捐赠文物已经成为提高馆藏文物数量和质量的主要途径。近年来，无锡博物院在社会征集、接受捐赠上大做文章、做足文章、做好文章，把“可遇而不可求”变成“可遇又可求”，实现了向社会征集文物的最大化。

（1）接受无偿捐献。近年来，无锡博物院始终不断扩大与其他收藏爱好者和收藏家的联系，广泛交流，广交朋友，形成互相信任的局面。我们以真诚、敬业、专业的精神和热忱、谦虚、亲和的态度来打动那些社会收藏爱好者和收藏家，赢得他们的信任，促使他们愿意主动把自己的藏品无偿捐献博物院。例如，江南豪门世家华氏，在无锡兴旺了几百年，自明成化二年（1466）华秉彝中进士开始到清末的华晋芳，家族一共出过36位进士。家族中成员与名公巨卿、重要书画家关系密切，你来我往的书画、信札累积不少，如今都是珍贵的文物。我们自2008年起与长期移居海外的华家后裔华仲厚、华叔和、华季平三兄弟开始接触，经过多次联系，锲而不舍做工作，最终达成捐献意向。他们在2012—2013年分三批挑选了213件古代名家书画、碑帖拓片、古籍善本以及家族文献无偿捐献给我们，其中不乏十分珍贵、罕见的文物。如宋代惠崇《华溪会禽图轴》、元代崔彦辅《虎丘晴岚图卷》等。崔彦辅的作品存世很少，上海博物馆和台北故宫博物院分别仅藏有1件。又如荡口华氏始迁祖华贞固先生手抄本《黄杨集》，集后有祝允明、唐寅、文徵明等诸多明清大家的题跋。再如著名的华太师华察，此前只见于文献，而在这批文物中，不仅有2件亲笔行书册页，还出现了数件与他相关的珍贵文物等。这批征集到的文物，不仅多方面填补了博物院藏书画的空白，提升了书画藏品的档次和等级，而且对于研究地方史和书画史都有极高的价值。

（2）接受有偿捐献。所谓有偿捐献，也就是依据文物的价值，对文物捐献者给予适当的精神和物质奖励。征集社会珍贵、零星、流散文物，采取有偿征集的形式，是最能得到双方认可的方法之一。无锡博物院在有偿捐献方面有严格的操作程序，必须通过院学术委员会鉴定组鉴定真伪，在保证真品的基础上，书面对所征文物的必需性和价值进行估算，讨论提出所征文物的征集意向和给予奖励的范围，签字后提交院务会集体讨论决定。如果文物等级较高、涉及金额较大，还会邀请全国文物鉴定委员会的专家来院进行鉴定。2015年，我们有偿征集到明代空白期的霁蓝兽耳尊1件，此尊年代较早，器型罕见，尺寸较大（口径15厘米、腹径25.5厘米、高30厘米），翻唇，短颈，丰肩，收腹，双兽耳，整体型制丰满雄壮。该尊保存相对完整，是明代早中期具有较高收藏价值的1件瓷器。这件藏品的征集，填补院藏瓷器这一时期的空白。

（3）向藏家和收藏单位购买。就很多博物馆的资金现状来说，往往倾其所有也不可能买到一件珍贵的名家书画或者是一件官窑制品。但是遇到与地方文化相关联的藏品，还必须征集。那么资金来源怎么办？无锡博物院对于非征不可的藏品，往往会提出专项征集经费申请报告，求得政府的支持。操作程序与前述有偿捐赠相同，先由院学术委员会鉴定组讨论，提出拟征集文物意向，再以高度负责的态度，邀请三名业内国家级鉴定专家背对背分别对拟征集藏品进行技术鉴定和评估，并出具书面鉴定和评估意见。如遇专家鉴定意见不统一，我们采取一票否决制，以保证拟征集藏品的可靠性及真实性。在此基础上，我们把专家的书面鉴定和评估意见书提交院务会集体讨论，并向政府申请专项征集经费。早在20世纪80年代，原无锡博物馆征集到无锡籍著名画家、元四家之一倪瓒《苔痕树影图》，就是由当时的无锡市市长出面，会同博物院专业人员一起与扬州文物商店洽谈，并出资购买。2008年，我们征集购买了一把吴王青铜剑，当时剑上的铭文中，仅“吴王”两字可以看出来，其他不能尽识。我们请了国内青铜器专家吴镇烽、陈佩芬、曹锦炎等来院鉴定、解读铭文，并作了考证，最后证明是春秋晚期吴王僚的剑。这之前，国内只在山西出土了2件吴王僚做王子时的兵器，而这把剑是目前仅见的僚即位之后的自用剑。如此珍贵和特具地域文化特色的藏品很快得到政府的出资购买。在新馆开放时，我们为此剑专门设立橱柜展示，受到观众的高度关注。

（4）长期为藏家代管藏品。长期为藏家代保管藏品，是向社会征集藏品的又一种形式，也是藏家向博物院无偿捐献文物的一种过渡。博物馆的保管条件与私人藏家是无法相比的。在藏品所有权没有改变的情况下，为藏家保管藏品，一方面可保证藏家收集的珍贵文物不再因人为的影响而造成流散；另一方面也有利于对藏品进行专业保管，是对藏品的有效保护。假如藏家允许，还可适时举办展览，供观众欣赏，也可最大程度的展示藏品应有的价值，并且有利于更好地对藏品开展科学研究。2013年我们代为保管无锡第一家创办民族工业企业——杨家的家族文物，因他们常年居住在海外，这些藏品锁在无锡老宅，保管条件很差，又极不安全。我们得知后，迅速与其联系，帮助他们对藏品清点、拍摄、做清单，签订无偿长期保管协议。他们对博物院的保管条件和工作人员高度的责任心非常认可，遂于2015年决定把这些藏品共计198件无偿捐献给了博物院。又如2013年，无锡市文物公司收藏的绘画大师徐悲鸿的国画《柳马设色立轴》以及无锡市美术馆所藏的吴冠中油画《杜鹃与雪山》和国画《根》等三幅作品，在不转让产权性质的基础上，转由无锡博物院保管收藏。无锡博物院可根据需要，适时将这三件作品对外展示。这一做法显然能够优化整合地区优质文化资源，是创新之举。

（5）举办临时展览，收藏名家作品。多数博物馆每年都会举办一定数量的临时展览，以作为基本陈列的补充。除馆际之间的交流展外，目前国内大多数博物馆所举办的临时展览以当代书画展居多，无锡博物院也不例外。随着博物馆品质的提升，无锡博物院为书画展、艺术创作作品展等临时展览的举办制定了“准入”门槛，办展单位或个人须向无锡博物院提出书面申请，并填写《无锡博物院展览申请登记表》及《无锡博物院展览申请自评表》，提交申办展览单位或个人的简介、策展方案以及拟办展览的全部资料（含作品图片或画册）。博物院在接到书面材料后的30个工作日内，召开展览评审学术委员会，审核讨论并做出是否准入的决定。在与书画家、艺术家洽谈办展事宜中，我们均以捐赠作品作为办展的前提，并要求所捐赠作品为其展出的展品，而非应酬之作。2015年10月，研究员级高级工艺美术师、江苏省非物质文化遗产“宜兴青瓷制作技艺”唯一一位省级传承人谈志坚在无锡博物院办展，展览结束时，他将自己所创作的，曾获得国家外观设计专利，并获得中国轻工业联合会和中国工艺美术学会金奖的青瓷窑变斗笠碗，无偿捐赠给博物院。其碗口直径超过80厘米，碗口直径和底足直径比例达6：1，烧制工艺难度在该领域被业界誉为“世界之最”。这是宜兴青瓷在没落多年后的首度集中展示，展现了其独特的艺术魅力。

（6）以重大活动为依托，把握征集文物的契机。重大活动造势大，参与人数多，社会影响面广，抓住此类活动的契机，向社会开展文物征集活动，往往会得到事半功倍的效果。例如世界佛教论坛每三年召开一次，而无锡灵山是世界佛教论坛的永久会址。无锡博物院为配合会议召开，曾举办《神州佛缘——中国佛教文物精品展》《天花烂漫——中国工艺美术大师佛教艺术珍品荟展》等展览，也因此征集到一批唐卡、佛教书法作品、佛教艺术品等佛教文物。又如2008年无锡博物院新馆落成开放之际，我们组织邀请了全国著名的100名书画家，举办大型笔会。笔会上大家所创作的书画作品后来全部无偿捐献给博物院。

（7）在媒体刊登文物征集启事，以获得更多的文物线索。三馆合一的无锡博物院成立于2007年，正值紧锣密鼓建造博物院新址之时。为搞好新馆落成后的陈列展示，我们分别在《无锡日报》《江南晚报》、无锡电视台等当地多家新闻媒体刊登文物征集启事，持续时间长，播放频率高，收到了很好的效果。在获得大量文物线索的基础上，我们也得到了一批市民无偿捐献的文物。特别是市民无偿捐献的渡江战役中获得的“渡江支前特等功”奖状和“渡江支前特等功”证书等近20件革命文物，是中国人民解放军在渡江战役中留存下来为数不多的文物，见证了解放战争中渡江战役的历史，其中“渡江支前特等功”的奖状和“渡江支前特等功”证书在2014年被省级文物专家鉴定组鉴定为国家三级文物。

三、创新理念，突破惯性思维，提高文物征集意识的前瞻性

（1）突破只注重收藏“昨天”，不注重收藏“今天”的惯性思维。早在1996年，国际博物馆日就提出了“为了明天而收集今天”的主题。今天代表性的器物、文献资料就是明天的历史和文物，收集今天的藏品就是对今天历史的负责，也就是对明天的历史负责。这样的创新理念，是拓宽文物征集收藏范围、扩大藏品的来源、增强博物馆可持续发展的基础和后劲。现在，“不仅要收藏昨天，也要收藏今天”已成为文博界的共识。如，据有关报道，汶川大地震后，有关部门及时收集地震的相关物品和有关资料，为建立汶川地震博物馆做好了展品准备；北京奥运会后，相关实物及时入藏国家博物馆，所有这些都是博物馆努力收藏“今天”的佐证。自20世纪末开始，无锡博物院开始有意识地征集当代中青年紫砂工艺师的作品。紫砂壶制作人员在申报专业技术级别评审时，提交博物院的收藏证书为必要条件。为此，无锡博物院向他们提出要求，必须将自己所创作的最好的3件作品，提交博物院学术委员会鉴定选择其中1件，作为捐献作品，并开具收藏证书。这样，早在很多工艺大师小荷才露尖尖角时，无锡博物院就已经收集了他们的藏品。假如等日后这些制壶工艺师成名之后，博物院再回过头来征集他们的作品，则恐怕即使出资很高也难以征集。

（2）突破只注重“物质”保护，不注重“非物质”保护的惯性思维。非物质文化遗产主要依附个人存在，是通过手口相传实现延续的一种以非物质形态存在的遗产。正因为它以人为重要依托，所以很容易出现“人在艺在，人亡艺失”的无可挽回的后果，造成人类文明的永久遗失。非物质文化遗产不仅要依附于人，还要依附于物，说到底也离不开“物质”这个载体。以列入中国非物质文化遗产名录的宜兴紫砂、惠山泥人为例，大量留存了几百年的紫砂壶、泥人作品是“物质”的，而在整个制作过程中的操作工艺和制作技艺则属于“非物质文化”的。虽然在这里面有独家配方、祖传秘传等涉及商业秘密的因素存在，但是博物馆在征集和保护非物质文化的过程中还是应该要实现完整征集。保护与抢救非物质文化遗产，也是保护传承中华文明与人类文明的重要

内容。因此，博物馆在征集“物质”遗产的同时，更应加强对非物质文化因素的保护，使收藏成为一个完整的整体。

（3）突破只注重“历史”文物，不注重“民俗”文物的惯性思维。民俗文物反映一个民族的习俗，是一个民族的灵魂。民俗文物的历史和艺术价值有限，却包罗万象地反映了不同民族繁衍生存、生产生活的方方面面。长期以来，博物馆在民俗文物征集方面存在一些认识上的误区，认为民俗文物收藏价值不高，往往忽略甚至不屑一顾，更不会刻意征集。也有人认为民俗文物主要是流传在近现代生产、生活中的实物资料，人们能经常遇见，也就造成熟视无睹，致使本可以轻易征集到手的民俗文物大量流失与消亡。其实民俗文物不但是博物馆文物藏品体系中的重要成员，而且其所涵盖的内容丰富，文化底蕴深邃，是民族、民俗研究重要而可靠的资料来源，有着极其重要的地位和作用。如 2011 年无锡博物院征集了民国时期的木制轧棉花机一台，原先动力是脚踏的，后来改制为电动的，看起来似乎就是弹花匠使用的专业工具。但是结合无锡是近代民族工商业的发源地之一的大背景来看，当时家庭作坊和手工业制作比较繁荣，这件文物从侧面反映了民族工商业企业由家庭作坊向实体企业发展的轨迹，其所隐藏的含义超过了文物本身，涵盖无锡地区民俗文化、家庭作坊、民族工商业企业等相关领域内容于一体，极具收藏价值和科研价值。

试谈如何做好企业博物馆藏品征集工作

程京生*

【摘要】关于如何做好企业博物馆藏品征集工作，笔者认为企业博物馆应不断提高藏品征集意识，正确理解和认识藏品的价值，为“为明天而收集今天”而征集；企业博物馆藏品征集应得到所属企业（上级单位）职能管理部门的大力支持，并与其建立起有效的沟通机制，为企业博物馆藏品征集工作创造良好的内部环境；企业博物馆应加强藏品征集调研工作，广泛深入基层（分公司），在基层发现有价值有意义的企业文史档案资料，并不定期举办藏品征集成果展；企业博物馆应重视自有媒体，并善于发现企业文史文物征集线索。

【关键词】企业博物馆　藏品征集　企业文化

近年来，我国企业博物馆越来越受到众多企业的重视。一大批企业博物馆在各地相继涌现，这对保护企业文化遗产和教育广大员工更好地热爱企业、效忠企业具有重要的作用。同时，也丰富了我国博物馆的种类，这是值得称赞的好事。企业博物馆作为企业文化建设的一部分，要使其得到进一步健康发展，发挥出积极作用，企业博物馆一定要打好基础工作，特别是打好藏品的征集入馆工作，不断加大藏品的征集力度，使藏品的种类日益齐全，数量和质量得到提高。同时，更应做好藏品的科学管理工作。

今天，企业博物馆同文化文博类博物馆一样，藏品征集都受到了一定的挑战。企业的发展变化非常快，需要企业博物馆及时收集各个时期的企业文化实物和史料，包括重大节点事件、档案、专利、照片、牌匾、印章、标语、报刊、年鉴、画册、公文信纸信封、工服（服装）等带有企业文化色彩的文史资料。同时，企业博物馆也要认识到藏品征集不同于文化文博类博物馆的征集形式，企业博物馆本身具有鲜明的征集特点。那么，如何做好企业博物馆藏品征集工作呢？笔者有四点看法，在此与大家交流。

一、不断提高征集意识，“为明天而收集今天”

（1）企业博物馆征集人员应不断加强业务学习，提高对藏品征集的认识和水平。众所周知，藏品征集工作是任何博物馆保持藏品持续增长的关键一环。作为具有行业特色的企业博物馆要保持藏品的不断增长，企业博物馆征集人员起着决定性的作用。可以说，他们是馆藏

*　程京生：中国电信博物馆高级编辑

品的蓄水者和护理者，是管控博物馆藏品的第一道“门神”，藏品的数量和质量与其工作水平和能力都有着密切的联系。

问题是，目前有不少企业博物馆在藏品征集上常常处于被动局面，不太重视藏品的日常征集和积累工作。要改变这种局面，就需要企业博物馆特别是征集人员转变观念，取得对藏品征集的共识，认识到藏品在企业博物馆中的重要地位和价值，并为之投入足够的人力和财力，加强藏品的征集工作，使其不断完善和丰富，为日后博物馆举办各种专题展览打下物质基础。因此，企业博物馆征集人员要加强学习，包括企业文化、企业文史、文物管理法规、博物馆管理条例、文化遗产保护等业务知识，不断提高藏品征集意识，才能改变过去对藏品在认识上的误区，并积极投入到藏品征集工作中去。

（2）企业博物馆征集人员应了解和熟悉馆藏品状况，知晓馆内现状，有什么、缺什么、补什么，均应做到心中有数，才能有的放矢的征集藏品。同时，企业博物馆征集人员应紧紧盯着当下的企业文化遗存，不放过任何有价值有意义的资料。凡是涉及企业文化产品的史实载体都应及时征集入馆、保管，切勿失去良好的征集机会。否则，日后再想征集则难上加难。

早在1996年，国际博物馆协会在世界博物馆日（5月18日）举行大会，其主题就是“为明天而收集今天”。近20多年以来，博物馆收藏观念亦慢慢发生转变。正如杨学晨所说：“当前我国博物馆亟待解决的最大问题就是转变收藏观念，收藏要放下身段，着眼于过去被看作世俗的、大众的、不能登大雅之堂的物件，着眼于更加贴近人们生活的民间文物。只有真正转变了收藏观念，博物馆才能办出自己的特色，办出老百姓喜闻乐见的陈列展览，也才能更好地发挥教育职能。”[1]笔者想，这对企业博物馆藏品征集工作同样适用。

众所周知，馆藏品的丰富与否，决定了博物馆的价值，决定了博物馆能策划组织什么样的展览，产生什么样的社会效果。所以说，藏品征集是博物馆持续发展的根本（生命），是博物馆一切业务活动的物质基础，因此，企业博物馆应把藏品征集工作放到重要的层面，并为其提供必要的保障。

二、力争职能部门支持，创造良好内部环境

目前，一些企业对旗下博物馆的理解和认识意见不统一，还存在着较大的差异，甚至个别领导认为博物馆是可有可无的事，这主要发生在二代（指上任时已建有博物馆）以下个别领导身上。加上，企业博物馆与所属企业各个职能管理部门之间的联系不是很紧密，博物馆举办展览展示等活动又较少，给某些领导留下这样的印象，认为博物馆就是个花钱的单位，是企业的负担。如果某些领导一旦有了这些想法，那么，企业博物馆的工作就很难打开新的局面。所以，企业博物馆应主动出击，变被动为主动，并以藏品征集为突破口，加强与所属企业各部门之间的沟通、建立良好的关系，积极开展藏品征集工作，在企业内形成良好互动，更容易收到显著的效果。

具体做法有：一是企业博物馆要与上级单位的办公室、党群、团委、工会、企业文化、档案、宣传等部门建立密切的联系，及时将企业博物馆的情况（馆藏品）通报（电子邮件）给这些职能管理部门，便于了解实情。二是企业博物馆应定期向其提供藏品征集目录，广泛听取主管部门的意见或建议，取得理解和支持。三是企业博物馆应会同职能管理部门联合发文征集企业文化实物、设备、图书、报刊、

档案文史等资料，充分发挥企业职能管理部门的作用。四是大型企业可在各省市分公司设立博物馆联络员或文史信息员。电信博物馆在这方面做得非常好。该馆充分利用编辑《中国电信年鉴》的有利条件，各省市分公司对接编辑人员除了按要求提供电信年鉴稿件之外，还承担起了博物馆联络员的事，一旦有藏品线索，包括退役设备等实物资料，能够第一时间向电博汇报。从信息渠道建立上来说，电信博物馆藏品征集是比较畅通的。因此，在企业内营造一种尊重企业文化的良好氛围，基层（分公司）愿意为企业博物馆的藏品征集出力，企业上上下下才能共同保护好企业的文化遗存，搞好企业博物馆。

三、深入基层征集调研，举办藏品征集成果展

对企业博物馆来说，征集人员不能只待在办公室，满足于打电话的征集方式，应积极主动有计划地开展藏品征集工作。

（1）企业博物馆要重视藏品征集调研工作。结合近期藏品征集目标，应有计划地深入企业基层（地市分公司）、深入企业档案馆、深入企业图书资料馆（室）、深入企业库房（设备）等场所，并和广大一线员工以及离退老员工深入交流、座谈，从中发现有价值有意义的企业文化史料、实物线索，及时征集入馆。尤其是制造型企业，创新变革快，产品更新换代亦非常快，更需要企业博物馆征集人员亲临现场，拣选有收藏价值的设备仪器（现场运营图片，退役仪式图片、产品说明书等）。如汽车博物馆关注的是汽车换代产品、铁路博物馆关心的是火车换代产品、电信博物馆关注的是电信网络设备的更新换代等。如不及时调研征集，下面基层就有可能予以报废处理，以后再想征集则十分困难。

需要注意的是中华人民共和国成立以后社会主义建设时期，这一时期企业发展变化出现的企业文化遗物应受到高度重视。企业博物馆要加强对社建文物的征集，在征集工作中应注意如下基本特征：①广泛性。社建文物范围广阔，种类繁多，如电视网络、程控电话、计算机、农用铁牛、电动机、重大历史事件的录音带、录像带、光盘、照片等生活生产用品和具有纪念意义的实物。②稍纵即逝。新事物的出现使原来的事物迅速消失淘汰。征集人员应有敏锐的思维，不然会失去许多征集机会，如四五十年代的黑白电视机，最先使用的手机、打字机等，如不加紧征集收藏，以后就很难见到。③容易搜集。社建文物普遍存在于我们现实生活中，或就在我们眼前和身边。有些社建文物还有少数人正在使用，有部分则刚刚“退役”，只要我们平时多用心、留心观察随时都可以征集到。④社建文物所具有的历史、科学、艺术价值，现在体现得不明显，它的价值须经过时间的沉淀才能体现出来。当时人人都习以为常，所以往往被忽视[2]。这一时期也是大型企业博物馆展览展示绕不开的藏品征集内容。

（2）企业博物馆要不定期举办藏品征集工作成果展。企业博物馆在重视藏品征集工作的同时，更应重视阶段性藏品征集成果的总结，举办展览就是很好的形式，以感谢企业（分公司）对企业博物馆藏品征集工作给予的支持。这种展览规模可大可小、形式多样，重要的是总结经验，发现不足。既可以是实物、史料在企业博物馆展出；也可以是展板形式，把展板送到基层（分公司）、送到员工门前展出；也可以是图片展览（电子稿），采取发送电子邮件方式或在企业 OA 办公系统发布。当然，图片展览也可以放在企业博物馆官方网站，让更多的人访问，以此扩大宣传力度。

四、关注重视自有媒体，善于发现征集线索

（1）企业博物馆应关注企业的网络媒体。包括网站、微博、微信、易信等新媒体，并从中发现企业文史文物征集线索。一般来说，企业的重大新闻和动态都要通过上述媒体予以发布，特别是官方网站，需要企业博物馆格外关注。像企业获奖专利、发明创造、创新产品或新技术应用等报道。如中国电信在新浪、腾讯等商业网站开通有官方微博，不定期发布企业信息和动态，中国电信旗下的电信博物馆则应予以关注。人们要在阅读新闻报道中善于发现藏品征集线索，做好记录；一有发现应及时将信息（记录）转交给征集人员，以便进一步跟进、沟通。这就需要企业博物馆全员都有藏品征集意识这根弦才行。

（2）企业博物馆应重视平面媒体。包括报纸、杂志（内部发行、特刊），并从中发现企业文史文物征集线索。作为企业文化载体的一部分，每个企业都创办有自己的报刊（内部），以此报道企业的动态和科研成果，展示员工的精神风貌。像中国电信主办有公开发行的《通信信息报》（福州），《信息网络》杂志等，对此，电信博物馆应成套收集保存，编制索引，并经常翻阅这些报刊，从中发现有价值有意义的文史信息，力求做到与中国电信官方网站发布内容相结合，并做到有效补充。除此之外，企业还编辑有各种年鉴、大事记、画册等带有史料性质的企业文化产品均应及时收集，以备查找有关信息和数据。如中国电信博物馆长年承担编辑《中国电信年鉴》（中国电信集团公司主办）的编辑工作，在年鉴编辑工作中积累了各省市分公司大量的珍贵图片资料，相信这些图片资料在今后的展览展示中会发挥作用。

注　释

［1］ 杨学晨：《博物馆教育与藏品征集——浅谈收藏观念的转变》，《中国科技财富》2009 年第 4 期，第 124-123 页。

［2］ 郭智灵：《社建文物的征集》，《中国文物报》2011 年 8 月 10 日。

雅俗共“享”

——浅谈无锡博物院锡博讲坛活动

徐　驰*

【摘要】宣传教育是博物馆的重要职能之一。无锡博物院为做好这一工作，组织策划了内容丰富、形式多样的宣传教育活动。讲座则是其中一项重要的活动内容，是实现公众教育和文博专业技术人员培养的经典形式之一。由无锡市博物馆协会与无锡博物院联合主办的锡博讲坛，自2016年举办以来，经过不断改进调整，受到越来越多人的关注。本文试图通过对无锡博物院锡博讲坛活动的回顾，分析讲座活动的优势，总结活动开展过程中的经验和不足，对如何开展讲座活动从而提高公众文化服务水平提出自己的一些意见和看法。

【关键词】宣传教育　锡博讲坛　管理模式

2017年5月30日，习近平总书记在“科技三会”上指出：“科技创新、科学普及是实现创新发展的两翼，要把科学普及放在与科技创新同等重要的位置。没有全民科学素质普遍提高，就难以建立起宏大的高素质创新大军，难以实现科技成果快速转化。”博物馆作为我国社会主义科学文化事业的重要组成部分，担负着文物和标本的收藏机构、宣传教育和科学研究等主要职责。需要同时兼顾科学研究与宣传教育的工作，如何能够将研究成果转化为易于观众自我学习的内容便成为博物馆教育工作的重要课题。博物馆是通过为观众自我学习提供服务而实现教育目的的[1]。教育活动能够系统的介绍文物藏品的内涵和展陈的历史背景，架构起展览与观众间的互动桥梁，是博物馆宣传教育服务的主要形式。讲座活动则是教育活动中最重要、最经典的方式，因此全国诸多文化事业单位围绕各自的文化主题，均开设有讲座活动（表一）。

表一　无锡周边及国内重要博物馆常设讲座活动

机构	活动名称	时间安排	参与方式
故宫博物院	故宫讲坛	不定期	预约参与（限80—120人）
上海博物馆	专题讲座	不定期	预约参与（限350人）
安徽博物院	文博讲堂	不定期	预约参与
南京博物院	南博讲坛	不定期	预约参与（限400人）
苏州博物馆	文博论坛	不定期	预约参与
宜兴博物馆	宜博讲坛	不定期	预约参与
徐州博物馆	徐博讲坛	不定期	预约参与

* 徐驰：供职于无锡博物院

无锡博物院作为一所地方综合性博物馆，是由原无锡革命陈列馆、无锡博物馆、无锡市科技馆“三馆合一”组建而成的。馆内藏品丰富，内容涉及陶器、玉器、金银器、铜器、漆木器、织绣、书画和近现代文物等。书画尤为特色，能够系统展示明清两代书画艺术史的发展脉络，是全国较大藏画馆之一。作为一所综合性地方大馆，无锡博物院承担着重要的地方文化宣教职能，为此，无锡博物院积极开展了丰富的宣传教育活动。“锡博讲坛”是由无锡市博物馆协会与无锡博物院联合举办的公益性活动，旨在为社会公众、文博系统工作人员打造具有学术影响力的学术交流平台，提高公众文化艺术修养和从业者的业务知识水平。讲座活动自2016年举办以来，结合无锡博物院展览主题及馆藏特色展开，坚持每月至少举办一期，受到了社会各界的广泛关注。目前，在无锡地区文博行业中已具有一定影响力，并逐步树立起地方文博活动的特色品牌形象。下表为2016—2017年6月期间，无锡博物院举办的讲座活动的信息概况（表二）。

表二 无锡博物院2016—2017年6月讲座活动一览表

年份	日期	活动形式	讲座题目	讲座专家	专家职务（时任）
2016年	1月27日	锡博讲坛	温润至美——玉器鉴定概述	李竹	社会服务部主任、南京博物院副研究馆员
	2月21日	锡博讲坛	吴地文化溯源与解读	庄若江	江南大学教授
	3月3日	锡博讲坛	互联网＋时代智慧博物馆建设的实践与探索	茅艳	苏州博物馆副馆长、研究员级高工
	3月8日	锡博讲坛	文物医院	宋纪蓉	故宫博物院副院长
	3月19日	锡博讲坛	书画鉴藏实例解读	朱万章	中国国家博物馆研究员
	4月9日	锡博讲坛	中国展法——以南京博物院的展览策划设计方案为例	陈同乐	南京博物院陈列艺术研究所所长、研究员
	5月2日	锡博讲坛	古琴发展史	辛燕红	江苏省民间艺术家协会会员
	5月12日	锡博讲坛	书画的装裱与品式	单嘉玖	故宫博物院研究员
	5月21日	锡博讲坛	文人与琴	潘一东	中国民族音乐博物馆馆长
	6月18日	锡博讲坛	执笔的流变——中国历代执笔考	庄天明	南京博物院古代艺术研究所所长
	7月4日	锡博讲坛	博物馆发展定位与陈列展览	龚良	南京博物院院长、研究馆员
	7月9日	音乐会	古琴音乐会	潘一东	中国民族音乐博物馆馆长
	7月16日	锡博讲坛	魏晋文人与琴	郭平	南京师范大学教授
	8月13日	锡博讲坛	参加红军长征的8个无锡人	富耀南	无锡市新四军历史研究会副会长
	9月24日	锡博讲坛	金奢银华恋上你的美	翁雪花	江阴市博物馆副馆长，副研究馆员
	10月7日	锡博讲坛	文物与文学	扬之水	中国社会科学院文学所研究员
	10月28日	锡博讲坛	苦难与辉煌——纪念中国工农红军长征胜利80周年	肖根荣	无锡市新四军历史研究会秘书长、副研究馆员
	11月19日	锡博讲坛	从“白阳”到“青藤”——兼论徐渭绘画的创作成因与分期	庞鸥	南京博物院艺术研究所副研究员
	12月16日	锡博讲坛	篆刻与书法	刘铁平	国家一级美术师

续表

年份	日期	活动形式	讲座题目	讲座专家	专家职务（时任）
2017年	1月13日	锡博讲坛	黄宾虹绘画的点与线 ——分辨真伪的不二法门	王中秀	近代美术史论研究者
	2月17日	锡博讲坛	黄金水道育无锡	夏刚草	文博专业研究员
	3月24日	锡博讲坛	曹操归来话曹操——纪曹操高陵发现经过及最新研究成果	潘伟斌	河南省文物考古研究院研究员
	4月24日	锡博讲坛	乾隆朝玉器鉴赏	徐琳	故宫博物院研究馆员
	5月15日	讲座活动	为艺术而生的科学技术	井手亚里	日本京都大学教授
	5月26日	锡博讲坛	考古与江苏地域文明探索	林留根	江苏考古研究所所长、南京博物院二级研究员、故宫博物院特聘研究员
	6月16日	锡博讲坛	紫瓯凝香——国大师讲紫砂	储集泉	研究员级高级工艺美术师

据统计，2016年至2017年6月期间，无锡博物院举办了各类专题讲座活动共计26场（表三），邀请副高及以上专家18人。讲座邀请各学科研究领域的前沿人物开讲，保障了讲座活动的学术质量。根据讲座的内容对所有开展的讲座活动进行分类，主要涵盖以下方面：

表三　无锡博物院讲座内容专题统计

专题	考古	历史	博物馆	书画	玉器	古琴	金银器	紫砂
场次	2	4	5	6	2	4	2	1

注：该表由“无锡博物院2016—2017年6月讲座活动一览表”分析制作。

（1）普及地方特色文化的讲座活动。锡博讲坛立足于无锡本地文化特色，深度挖掘地方文化内涵，向听众介绍和传播地方文化。如结合无锡行政区域名称变革邀请吴文化研究专家、江南大学教授庄若江教授开展《吴地文化溯源与解读》讲座；结合全国十大考古发现的揭晓邀请江苏省考古研究所所长林留根先生开展《考古与江苏地域文明探索》讲座，讲述发生在我们生活的土地上的历史变迁，进而加深人们对家乡的认识

（2）配合展览展开的讲座活动。该类型的讲座，指的是展览期间，根据展览的主题策划进行的讲座活动。讲座邀请该领域内知名的研究学者，围绕展览主题进行系统的介绍。如2016年4月29日至2016年7月25日，重庆中国三峡博物馆的《众器之优——重庆中国三峡博物馆藏古琴展》在无锡博物院展出，无锡博物院围绕古琴这一展陈主题，策划举办了《古琴发展史》《文人与琴》《魏晋文人与琴》三场锡博讲坛活动以及一场古琴音乐会体验活动。三场讲座的嘉宾分别来自于无锡本地琴社以及南京师范大学，为观众从不同角度展示了研究成果，全方位、多角度地诠释了古琴这一典型中国乐器的魅力，使来访观众不止于隔着橱窗欣赏藏品，更能够从历史发展、感官体验上了解文物本身。

（3）关于博物馆建设工作的讲座。作为无锡市博物馆协会的品牌活动，锡博讲坛不仅关注文化宣传教育，更聚焦于行业本身的发展动态。结合智慧博物馆、陈列展览、文物修复等博物馆建设的重要课题，无锡博物院邀请同行专家来院展开讲授指导，相关业务部门工作人员积极参加。通过员工的学习培训，在平时业务工作中的融会贯通，推进无锡博物院的各项改革发展工作。

（4）文博专业知识普及及最新成果报告。

博物馆从业人员的专业知识水平各有不同，加之不断有新的研究成果产生，需要及时的更新补充。邀请业内知名专家对专业知识进行普及性的介绍，有助于提升内部成员的专业素养，交流学习学术成果。同时，讲座也作为最新研究成果的展示窗口对社会大众开放，使大家能够从中了解行业最新动态，故而专业讲座的设置是必不可少的。

无锡博物院讲座内容丰富、涵盖内容广泛，活动获得了广大观众的支持肯定。2017年，在总结2016年讲座活动工作的基础上，锡博讲坛还进行了适当的调整。为了吸引更多人关注和参与讲座活动，无锡博物院加大了对讲座活动宣传的力度，并对讲座活动的参与者进行了简单的分析定位。锡博讲坛观众主要由文博爱好者、从业者和学校师生组成，其中文博从业者占多数，爱好者则相对固定。为此，活动组织者采取了鼓励措施，以期进一步扩大锡博讲坛活动的影响力。活动组织方对热心参加讲座活动的市民观众采取奖励措施，观众提前预约听讲，活动当日按时参加讲座活动的，可以获得纪念品一份，年终还可以获得博物院提供的文创产品以资鼓励。这样一方面能让更多观众参与到博物馆的活动中来，扩大博物馆品牌活动的影响力；另一方面，通过讲座活动、文创产品的结合拉进博物馆与观众的距离，使得观众可以在博物馆中获得更丰富的体验。自活动方案调整以来，锡博讲坛活动的参与度显著提高，无论是从业内反馈、网络宣传和实际活动开展的情况来看，观众对于博物馆的认可度也进一步提升。目前，锡博讲坛活动有规律的开展，讲座的经费预算、活动的组织策划都能够在各部门的协调配合下有序地进行。讲座活动的开展正在进入一个良性循环的模式。

然而，讲座活动离一个制度化、品牌化的定位尚有距离，特别在管理模式上仍有进步提升的空间。

一是，每期锡博讲坛活动的时间不可避免的受制于讲座嘉宾的时间安排，很难形成一个常态化的管理机制，也由此造成了很多观众的流失。针对这一问题，应整合馆内外专家资源，做好专家库的构建工作。一方面，可以在平时的工作中注重本单位与其他学术机构的交流合作，与具有影响力较大的讲座平台建立合作关系，建设挂牌基地。在内容上，可以对专家的研究动态进行跟踪整理，保持长期联系，打造专题系列讲座活动。另一方面，博物馆作为科研机构，馆员对于地方特色文化有着比较深入的研究，结合馆藏资源进行讲座活动，能够实现观众与科研人员的交流互动，增加观众对于本地文化的了解，充分彰显博物馆的文化特色。通过资源整合与互动交流的双向协作，打造出符合讲座自身定位的专家库，保证讲座活动更加灵活、规范。目前锡博讲坛从博物馆自身出发，组织开展讲座活动的内容有限，对馆藏资源和科研成果的分享力度有待进一步提高。

二是，参加讲座活动的观众固化明显，活动社会效益有限。每一场讲座都凝结了专家学者多年辛苦研究的心血，组织一次讲座活动也需要耗费人力物力，扩大活动的社会效益是每项活动的共同追求。除了做好目前的方案措施，在如何吸引观众方面锡博讲坛活动还有更多的工作亟待展开。首先，增加对于参与活动观众的了解是开展活动的先决条件。锡博讲坛活动组织方现已就观众提出的明信片签名留念活动增设了相应的环节，取得了良好的效果。但对于参加活动的观众的人员构成、年龄分布、知识结构、职业背景，特别是对于讲座的喜好以及感兴趣的主题等信息尚未有全面的了解。在活动中应当适当增加观众意见表达的环节，可以通过直接调查，如口头调查、直接观察和开座谈会的形式；以及间接调查，如预设观众留言簿、发放调查问卷、意见征集表的形式；或者是利用互联网络在媒体平台和官网主页上设置意见征集的专栏，来搜集各方的意见，提高活动的关注度，最终提高参与度。其次，可与学校、企事业单位等建立合作关系，向有需求的组织单位输送文化产品，实现社会效益与品牌文化推广的双赢。最后，做好讲座资料的整理，在专家授权的前提下，合理利用网络平台进行活动推广，如在无锡博物院网站、微信公众号、数字电视媒体以及院内电子设备上播出讲座视频，使更多观众能够通过视频资料弥补不能到现场学习的遗憾，获得随时随地学习的便捷。

三是，讲座活动的形式单一，无法满足观众多层次的需求。专家讲授、观众听讲的形式虽然是讲座一贯的方式，但在场所设定、环境布置以及讲座内容方面上可以增加更多的趣味性，灵活性。2016 年 5 月 2 日《古琴发展史》、2016 年 5 月 21 日《文人与琴》、2017 年 5 月 15 日《为艺术而生的科学技术》三场讲座活动，融入了现场演示环节，分别将讲座与演出、讲座与实验结合在一起，使观众拥有直观的感受，得到了良好的效果，是讲座形式延伸拓展的大胆尝试，值得借鉴推广。

目前，我国社会正经历迅猛发展，需要加强文化自信为各项发展提供更基本、更深层、更持久的力量保障。践行文化自信，提高文化软实力刻不容缓。这一方面需要文化部门大力推进文化事业的建设，另一方面需要社会大众树立“终身学习”的理念。讲座活动作为面向公众进行社会教育与文化传播的重要平台，无疑是博物馆的“必备节目”。无锡博物院锡博讲坛活动在开设之初就坚持着学术严谨的态度，希望通过这一活动架起科学研究与观众欣赏学习之间的桥梁，为无锡市民营造一个良好的文化环境。活动开展一年以来取得了一定成绩，也收获了一些经验。特别在对于本地文化的挖掘和对于馆内资源的开发利用方面有待进一步提升，后期活动开展可谓任重道远。为此我们将建立和规范讲座活动的管理方式，使经典的讲座活动常态化，落实博物馆宣传教育的责任。锡博讲坛必将成为无锡博物院乃至无锡地区一张富有特色的文化名片。

注　释

［1］国家文物局编：《博物馆群众教育工作》，文物出版社，1993 年版，序言。

锡博文创研发实践侧记

——以寄畅园的数字内容文创设计为例

许　蕾*

【摘要】无锡博物院通过与江南大学数字媒体学院文创教学互动的形式，围绕无锡博物院明代宋懋晋《寄畅园图册》为文创设计研究合作的切入点，对古今景观与书画文献相结合进行教学设计实践。以创新性理念、活化空间模式实现重塑，进一步诠释文创设计思维对园林文化复兴的意义，并借助数字化盘活传统文化资源，让文物走向大众。

【关键词】寄畅园　数字内容　文创研发

一、锡博文创研发概述

身处长三角极具地方人文特色的旅游城市，无锡博物院（简称锡博）当属无锡城市名片的最有效传递者。自2016年始，锡博承办无锡市第二届文化创意设计大赛“文物与生活”主题赛事，开启展览策划、出版、文创产品联动的文创发展之路。锡博学术委员会成立文创小组，合作引进知名设计机构、高校研发团队，锡博以更趋开放的心态创新融合，管理流程更趋灵活紧凑，步调容易统一，这使得文创产品研发工作开展十分顺利。2017年3月，锡博成为无锡市首家入选“江苏省文化文物单位文创产品开发试点单位”，这让锡博驶上了文创发展的快车道，得到社会更广泛的关注和支持。

纵观目前许多博物馆的文创产品，或是利用自身馆藏文化资源和区域典型文化特征作为创意来源开发实物文创产品，或是以基于移动终端和互联网平台的数字应用型文创产品。锡博文创产业处于发展阶段，一方面，锡博文创依托丰富的馆藏特色，围绕“地方历史＋高仿复制品＋无锡非遗特色”的方向，提炼“吴地文化＋家族名园＋无锡籍书画家”的文化包；另一方面，锡博正朝着融合数字技术与传统保护方面进行探索，对地方文化遗产进一步梳理归纳，如园林建筑、地方传统技艺等进行文化深耕。

二、名园文化及文创设计实践提出的背景

名园文化是地方历史文人的重要一环。作为城市文脉和城市记忆的延续，虽然大多生活

* 许蕾：无锡博物院市场发展部主任、工艺美术师

年代久远，但因地缘血缘关系，更容易使人产生亲切感和自豪感[1]。对历史名园的文化抢救集中表现在各地对名园的修复和开发上。如何在当下寻找适合名园的存在方式并用更具有现实意义的方式“复活”名园，成为文创设计研究工作的一个方向。

泰伯奔吴、季札让王、范蠡泛舟、梁鸿归隐，渗透着退隐家园、放情山林的人生态度。人生低谷或是功成身退者转而寄情山水，寻求心灵栖息的家园，而江南历来就是最好选择。商贾世家、文人墨客通过对园林艺术的精雕细琢，获得精神的满足和审美的愉悦。山水亭台、楼榭花木、奇石黛瓦等组合而成的私家园林、山庄别墅犹如艺术品寄托了古代士族文人的山林之思、淡泊之志。无锡寄畅园这座江南名园，就是典型的代表。寄畅园又名秦园[2]，至今已有 500 年历史，寄畅园西依惠山、东接锡山，怀抱一池碧水，西侧叠假山于惠山东麓，园内假山承续了园外真山的余脉。举目东望，园外锡山龙光塔如园中之景，达到园外有园，景外有景，使有限的园林透出无限的情趣。

无锡博物院藏明代宋懋晋《寄畅园图册》[3]描绘的是明代寄畅园景，它犹如一张老地图，是解密这座园林的钥匙，其中反映园内周边各种现象的空间分布、组合、联系、数量等特征及其在时间中的发展变化，带我们穿越厚重的历史，领略当年寄畅园的风貌，使联想和创新实践成为可能。一方面珍贵的院藏图册可以有助于我们了解这座园林的过去，对研究寄畅园变化的轨迹、挖掘园林文化的底蕴是一件很有意义的课题。另一方面，旨在用创意思维去寻根问脉，通过设计实践对先人们生活环境有更深刻地认知，力求突破传统教学模式，对跨专业融合教学进行探索，为提升博物馆数字文创工作提供思路。

三、以寄畅园文创设计的实践为例

寄畅园文创设计实践分为五个阶段进行展开。

第一阶段：体验与感知。通过实地考察与体验，将形成的感性认知通过多种记录形式保留下来进行分析，转化为理性思考。学生们对寄畅园进行实地考察，在教室里进行 PPT 考察讲演，在讲演过程中，老师们对学生的解说提问，把理论知识通过互动问答式的沟通交流传递给学生。在调研 PPT 里，学生们对空间里的形式元素、功能组织、材质、尺度通过拍照或者手绘记录、现场采访录像等手段，内容围绕寄畅园空间的氛围营造、人的活动及行为心理，通过制作讲演过程培养学生运用逻辑思维去分析空间设计的特点以及人对空间的需求，进而思考下一步的设计。

第二阶段：解读与分析。无锡博物院派出专家，为学生们讲解院藏明代宋懋晋《寄畅园图册》的情况。《寄畅园图册》描绘的是明代寄畅园园景，与今天的寄畅园已有很大的差别。这座园林发生的事件更多的湮没于时光的深处，通过专家对图册与文献材料解读，挖掘图册背后的隐性知识，逐步揭示这座园林更多的文化底蕴、历史沿革、风貌特色等信息，更直观地呈现其变迁的轨迹，体会当年造园的艺术巧思，给文创设计无限遐想的空间。

第三阶段：梳理与提炼。无锡博物院安排课程专业老师前期对院藏明代宋懋晋《寄畅园图册》进行数字化采集工作（图一），后期老师们通过对空间理解、展示活动分析、设计形式和方法以及展示技术等课程，引导训练学生的形象思维能力，提出方案与草模。专题一，针对《寄畅园图册》中画面空间的功能区分和流线设计，学生可以虚拟其场景活动，选择情景活动相关的具象形态做抽象简化，要求手绘草图或电脑软件模拟出图。专题二，根据人们的视觉运动规律，围绕《寄畅园图册》中的视觉形象系统展开，通过提炼辨识度高的符号元素去体现。学生们利用头脑风暴列出并选择大量与主题相关联的词汇，转换联想，提炼出符合主题意境和受众接受度高的符号，并绘制关联的思维导图，详细描绘符号的选取提炼过程。专题三，根据寄畅园园主江南望族秦氏家族的兴衰，其中秦氏家族造园经营传承的重要历史时间轴和典故进行梳理。

第四阶段：整合与深化。文创设计最后阶段主要是如何通过各种材料和技术手段去实现之前讨论的展示主题、形式与手法，进入实质性的设计制作和技术研究阶段，引导培养学生解决存在的实际问题，提升整合其设计专业知识的综合能力。如对各种材料、结构和新型科技手段进行分析研究，资讯和新媒体技术的发展如 VR 技术、多点触摸、雾幕等高科技展示手段。鼓励学生在时间、场地和技术限制的条件下，进行作品设计思想的表达，触类旁通。

第五阶段：成果与展示。引导学生按照前面第三阶段梳理的三个设计方向，用电脑软件绘制表达对寄畅园文创主题的学习成果，并在无锡博物院一楼文创中心进行集中展示（图二至图七）。

1

2

图一　对《寄畅园图册》进行数字化采集

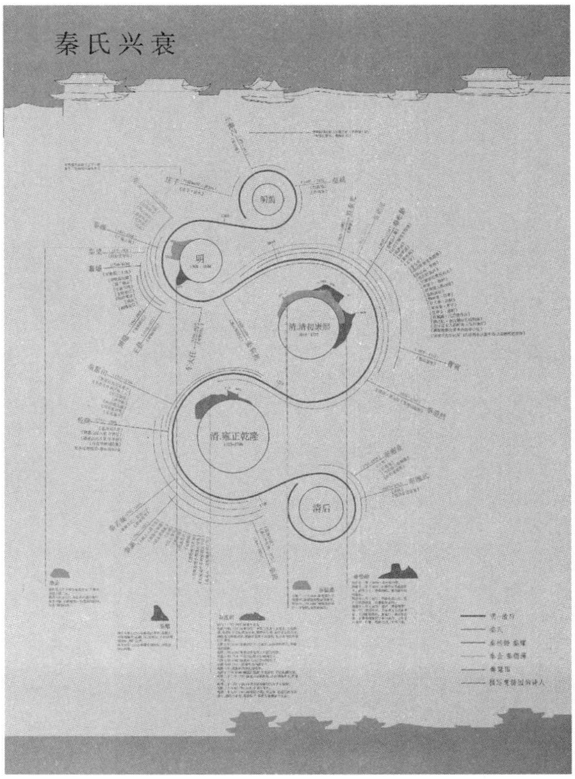

图二　学生作品《寄畅园秦氏兴衰》

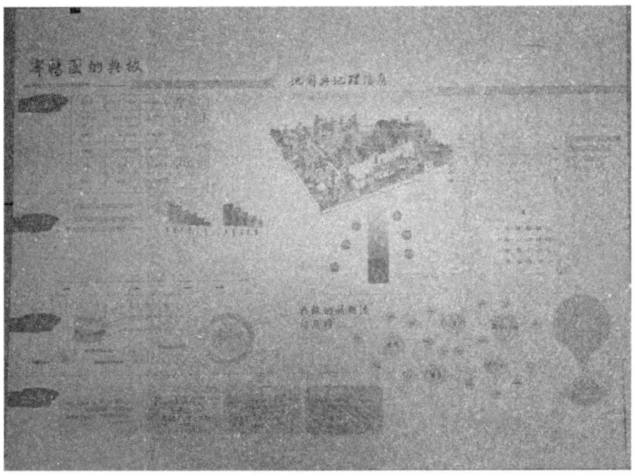

图三 学生作品《寄畅园的典故》

1

2

3

图四 学生作品《寄畅园景色虚拟复原》

图五 学生作品《寄畅园与乾隆皇帝》

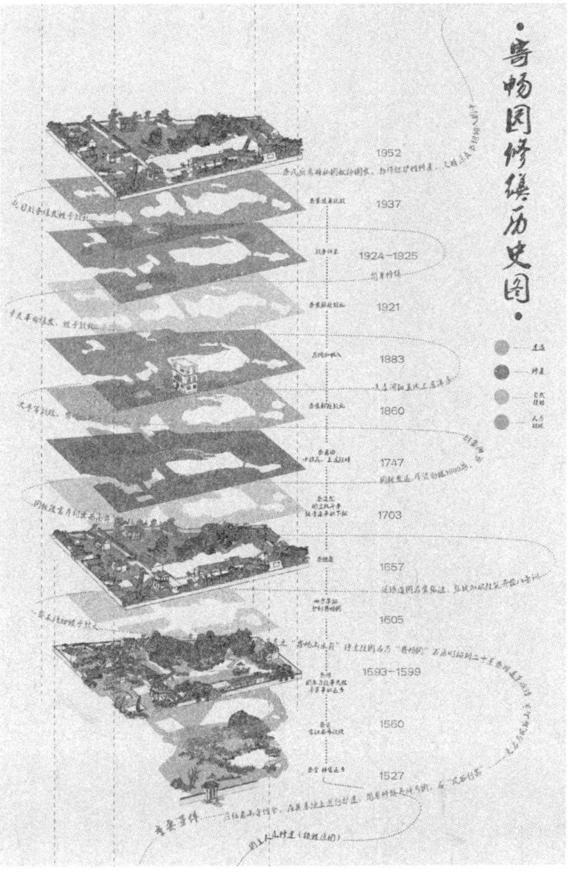

图六 学生作品《寄畅园修缮历史图》

图七 学生作品《寄畅园园主秦耀建园心情图》

四、结论与展望

当今，博物馆人在博物馆数字化工作中不断探索，从博物馆摄影班底通过胶片相机把文物基本影像采集下来，再转化成电子数据进行存储，建立文物数据库的最初信息化工作，到广泛应用多维数字技术为文物展示提供平台的技术转变[4]。无锡博物院以寄畅园数字文创实践为契机，探索建立三维的影像数据库，实质性推动数字文物的建立，是对孤立小量的传统数据的深刻变革，使大众看到了博物馆迈向数字文创的第一梯次。其意义在于：一方面实现对外可供各种系统调取分析应用，让观众不在现场也能了解到江南名园寄畅园背后的故事、典型时期的样子与如今对比的细节；另一方面也是锡博对融合数字技术与传统保护方面的一次有效尝试，以期在展览策划与实施、文物研究、文物修复和文创产品开发等方面发挥更大的作用，成为博物馆业务不可或缺的有机组成部分，发挥数字内容文创所承载的文化服务功能。

本文特别鸣谢江南大学数媒学院周鹏程、章洁、王丰三位专业老师的支持和合作！

注　释

[1] 王星伟、陈红玉：《共栖与对话》，《装饰》2016年第9期，第54页。

[2] 黄浩然主编：《华绎之旧藏文物捐赠图录》，广陵书社，2016年版，第174页。

[3] 秦志豪主编：《锡山秦氏寄畅园文献资料长编》，上海辞书出版社，2009年版，第71页。

[4] 冯乃恩：《博物馆数字化建设理念与实践综述》，《故宫博物院院刊》2017年第1期，第108页。

艺术

皎镜华金

——无锡博物院藏历代铜镜选析

任宝龙*

【摘要】用于梳妆理容的铜镜早在4000年前的齐家文化时期就已出现，作为生活用品，它与人们的生活息息相关，直接而鲜明地反映出时代的社会生活和风俗时尚。铜镜的发展演变经历了春秋战国的勃兴，汉唐的繁荣，延续到宋元明清的流变，直至被玻璃镜子所替代，其历史传承，从一个独特角度反映出中华民族物质文化发展史。无锡在汉唐时期，铜镜出土不多，但宋以后铜镜的出土数量明显增多，尤以明清时期铜镜为最大宗。无锡博物院收藏古代铜镜上百面，早至两汉，近到明清，光华夺目，琳琅大观。

【关键词】无锡　无锡博物院　铜镜

铜镜——中国青铜文化中一颗绚丽夺目的明珠，既是青铜文化中自成体系的工艺美术品，也是青铜铸造业历史发展的见证。中国古代铸造青铜镜，绵延4000余年，自金石并用的齐家文化，经历了春秋战国的勃兴、汉唐的繁荣，延续到宋元明清的流变，直至被玻璃镜子所替代，其历史传承从一个独特角度反映出中华民族物质文化发展史。

自古铸镜即非常重视镜背纹饰的艺术性，与当时其他青铜器纹饰趋于简单化的情况不同，它的纹饰题材多变，丰富多彩，全然是一种杰出的工艺美术品。而从战国时期起，镜背铭文亦开始出现，其内容广泛，书体多变，蔚为大观。不同时期的铜镜都通过其华丽的纹饰与精致的铭文折射出了当时的政治经济、审美情趣、宗教信仰等社会万象。

就无锡地区的青铜文化而言，在江阴佘城发现了马桥文化时期的青铜锛和青铜镞，但不发达。直到春秋时期，随着句吴国的兴盛无锡才进入青铜文化的鼎盛时期，当时吴地青铜铸造多以兵器取胜，铜镜出土较少。至汉唐时期，铜镜出土不多，但宋以降铜镜出土数量明显增多，尤以明清时期铜镜为最大宗。无锡博物院收藏古代铜镜上百面，早至两汉，近到明清，光华夺目，琳琅大观，本文甄选10余面具有代表性的铜镜，以飨同仁。

西汉昭明连弧纹镜（图一），圆形，直径10.8厘米。圆纽，圆纽座。座外一周凸宽圈纹及一周内向八连弧纹，座与圈之间有四组单竖短线和三条竖短线相间环列；凸圈与连弧之间的八个角有简单的四组一横三竖线纹与四组一横一竖线纹相间环列。其外两周栉齿纹之间有铭文“内而清以昭而明光而象夫□月心忽忠而雍塞□而不泄而一”25字，篆书，字体较为方

---

* 任宝龙：供职于无锡博物院

图一　西汉昭明连弧纹镜

正。素宽平缘。昭明镜流行于西汉中后期，以西汉后期最为盛行，是出土最多、流行范围最广的西汉铜镜之一。

东汉四神博局镜（图二），圆形，直径 18.8 厘米。圆纽，蝙蝠形柿蒂纹纽座。双线方格内为十二乳，间以“子、丑、寅、卯、辰、巳、午、未、申、酉、戌、亥”十二地支铭文。方格四边中点各出一“T”形纹饰，两边各一乳，与“T”相对的外圈有“L”形纹饰，与方格四角相对的外圈还有“V”形纹饰，正是方格与“TLV”纹将内区分为四方八极，分别配置：上为玄武与鹿、左为相背双青龙、下为朱雀配羽人、右为白虎配山羊（或独角兽）。外区铭文为：“宜昭是，明镜知人请，左龙右虎得天菁，玄武法列星，八子十二居安宁，常宜子孙，□长富昌，乐未央”38 字。边缘纹饰为三角锯齿纹与勾连云藻纹。该镜保存良好，构图严谨，做工精良，形象生动，纹饰优美，铭文罕见，是汉代四神博局镜中的上乘之作。

图二　东汉四神博局镜

东汉“尚方”铭神人龙虎画像镜（图三），圆形，直径 18.9 厘米。圆纽，圆纽座，座外一周联珠纹。四枚柿蒂纹乳丁将纹饰分为四区：相对两区饰神人图案，为一神二侍构图。其一

图三　东汉“尚方”铭神人龙虎画像镜

为端坐西王母，着冠戴胜，体态肥胖，宽袍大袖，二侍女侧身双膝跽坐。东王公与西王母

夹纽对置，两者服饰、体态相似，仅以肩翼替代冠胜，其左右分别为立侍与羽人。另两区皆为一龙一虎，龙虎回首挺立、翘尾、怒目、张口，作呼啸状。外区铭文为："尚方作□封且□，明如日月，世之□，上有东王公，西王母，山人子乔，赤□□□。"外为短斜线纹，边缘为三角锯齿纹和云气纹。

唐双鸾荷花镜（图四），八出葵花形，内切圆形，直径15.8厘米。圆纽，花瓣纹纽座。纽两侧双鸾对称而立，鸾鸟曲颈挺胸，双翅展开，尾羽后施，两脚站立，四爪张开。细长的绶带系于鸟颈，向上方飘起，绶带交结成田字形和圆形，两端一长一短同向卷曲。纽下一朵盛开的硕大荷花，花蕊绽露，两侧荷叶张开，叶脉清晰。纽上方亦是带叶荷花，荷叶上托举一朵莲蓬，荷底伸出两朵对称的小花苞，飘拂的绶带及莲叶配置适宜。此镜铸造精良，造型精美，刻画隽秀，画面优雅疏朗，绚丽多姿，给人以流畅柔美、活泼自由、富丽华贵的艺术美感。

唐瑞兽葡萄镜（图五），圆形，直径11.1厘米，边厚1.3厘米。伏兽纽。镜背纹饰被一周凸联珠纹带分为内、外两区，内区饰四只姿态各异的瑞兽，伏地昂首，体态丰腴，神态活灵活现，绕中心纽同向奔驰，攀援在茂密的葡萄枝叶和累累的果实中，生机盎然；外区十六串葡萄及其枝叶交错排列，八只鹊鸟两两一组，或静立于葡萄蔓枝上，或展翅嬉戏于葡萄叶实中；边缘饰一周云花纹。这面铜镜铸造精美，纹饰细密繁缛，刻画精细，柔长的枝条、舒展的花叶、饱满的果实与生动活泼的瑞兽、纷飞的鹊鸟构成了一幅生动而饱满的画面，兼之采用高浮雕技法，增强了镜背主题纹饰的立体感和画面的层次感，使镜背纹饰更加错落有致、生动自然。

唐真子飞霜镜（图六），八出葵花形，内切圆形，直径24厘米。镜背图案的下方为一潭水波荡漾的莲花池，池中徐徐升起一片荷叶，上面还托起一只乌龟，荷叶作铜镜的纽座，乌龟作镜纽，构思巧妙而自然。在镜纽的右侧有一头戴华冠、褒衣博带、端坐抚琴的高士，在他的身后是一片茂密的竹林和新生春

图四 唐双鸾荷花镜

图五 唐瑞兽葡萄镜

图六 唐真子飞霜镜

笋，高士面前置有一张长条几案，上面摆着书卷、砚台、香炉，清雅闲适。与高士相对的左侧，有一只振翅欲飞、翘首顾盼的凤凰立于山石之上，其身后不远处有两株盛开的六瓣花树。镜纽的最上方绘有一片祥云，红日正从云中慢慢升起，在云海下方有一田字格，格中“真子飞霜”四字。

宋缠枝四花纹菱形铜镜（图七），八瓣菱花形，直径 25.7 厘米。圆纽。以纽为中心，一根蔓枝分枝回卷，三枝向左旋转，一枝向右旋，悠长而圆曲的枝蔓上茎叶穿插交叠，葩萼飘逸。四朵花瓣形组合以纤细的枝叶相互缠绕，分别配置于圆弧枝蔓之中，纤巧精细，对称排列，端庄素雅。素缘。

宋桃形“石家”铭文铜镜（图八），长 12 厘米，宽 9.5 厘米。镜身清薄，桥形纽，镜纽左侧方格内铭文“湖州真石家念二叔照子”。高窄缘。北宋时湖州铜镜兴起，盛极一时，成为全国的铜镜制作中心，其中石家镜存世量较多，其流传时间长达一个多世纪，流行范围覆盖两宋疆域各地，其形制变化、铭文特点最为丰富。铭文中的“真石家”“念二叔”等皆为强调商家是正宗石家铸镜谪传的宣传用词，体现出各石家镜铺对自已产品的信心，以及当时石家镜已经成为民众心理十分认可的镜类品牌，印证了彼时石家镜的发展已进入高峰阶段。

南宋仙人龟鹤齐寿纹菱花形铜镜（图九），菱花形，直径 22.5 厘米。圆纽。纽左一仙人端坐石上，束发，背后有头光，头光之上有三星天象图纹，仙人着对襟宽袖长衫，双手平抬至膝上，举止端庄文静。右侧竹树下一女侍童，双手托盘，盘中有仙桃。空中一仙鹤翱翔，地上一灵龟伸颈延首蹒跚向仙人方向爬去。素缘。龟鹤人物故事是宋代最为流行的铜镜纹饰题材之一。龟、鹤都是长寿的动物，鹤还被道教引入神仙世界，成了高洁、清雅的象征。松是百木之长，四季常青的特征，寓意长寿。在道教文化中服食松叶能飞升成仙、长生不死。因此这一题材表达了龟鹤齐寿、松鹤延年的吉祥寓意，同时也反映出在宋代道教已深入人们的日常生活当中。

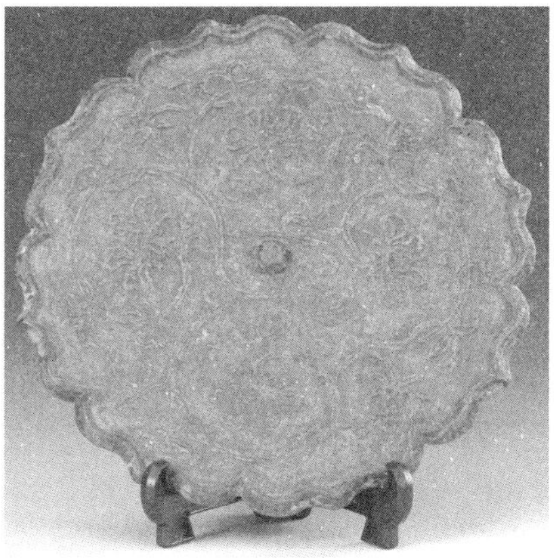

图七　宋缠枝四花纹菱形铜镜

图八　宋桃形“石家”铭文铜镜

图九　南宋仙人龟鹤齐寿纹菱花形铜镜

金双鱼纹镜（图一〇），圆形，直径 10.9 厘米。铜镜圆纽。纽的左右各有一条鲤鱼占据镜背主体位置，鱼口微张，鳞鳍清晰，旋转对称，正展鳍折尾，相互嬉戏，追逐畅游，栩栩如生。纽外围满饰水波填地，双鱼浮游于浪涛之中，生动地表现了鲤鱼在水中觅食漫游的活泼姿态。镜缘素面，宽平凸起，上有阴线四字刻款，惜模糊不可辨。双鱼镜虽不是金代所独有，但因鲤鱼具有生殖繁衍多子多孙的寓意，兼之女真族人世为渔猎，故在金代最为流行。此类主题纹饰为两条鲤鱼对游，多采用浮雕技法表现，各地出土的双鱼镜很多，但双鱼的形态、表现技法和周围配置却不尽相同，此镜为较为典型之样式。

明山水人物镜（图一一），圆形，直径 18.5 厘米。桥形钮。画面右侧为石山耸立，重峦叠嶂，旁边杨柳古拙、郁郁葱葱。树下坐一高士，背山面河，凝目远视，旁侧一人牵马站立，二人似在交谈。画面中心为湍急弯流，饰以翻腾的波浪水纹，河对岸为悬崖峭壁。宽素平缘。整体画面气息高古沉厚，风格清逸，颇有令人神往之感。

清“湖州薛惠公造”款礼字铜镜（图一二），圆形，直径 13.75 厘米。镜中间饰礼字，礼字外圈有一圈凸起的圆环，两侧为菊草枝蔓，环上下方各有一方形印记，印文分别为“上上青铜”“湖州薛惠公造”。湖州薛氏自宋以来一直为铸镜世家，至明清两代尤其发达，彼时薛家镜不采用排行署名，而是取用文人雅士色彩浓厚的名称，如近溪、仰峰、怀泉等一类的名字，与宋代石家镜质朴的匠人署名作风大有不同。薛惠公造镜为薛家镜中珍品，其是薛氏的后人，名晋侯，字惠公，铸镜素有佳名，在湖州仪凤桥一带开有一家“薛惠公老店”，其制作的镜类有双龙镜、百子镜、长篇吉语铭文镜等，流传甚广。

江户时代“藤原光政”款柄镜（图一三），圆形带柄，直径 14.7 厘米，此镜为日本江户时代铜镜，约为我国明末清初时期。镜背右侧苍松蟠虬曲枝、松高叶茂，枝杆古拙横空生长，

图一一 明山水人物镜

图一〇 金双鱼纹镜

图一二 清“湖州薛惠公造”款礼字铜镜

三枝翠竹穿松挺立展枝。左侧两只仙鹤立于水溪之中，一只傲然屹立，一只俯首前探，与一昂首乌龟相视而望。空中一只仙鹤展翅翱翔，又似翩翩起舞。镜面以栗点作地纹，低窄缘，画面左侧有“藤原光政”铭文。“藤原”镜以“藤原光政”“藤原光重”“藤原光长”最为常见，“藤原”是当时日本一个有名的铸镜家族，此类纹饰受到华夏传统文化的影响逐渐发展演变，最终形成具有日本本土特色的纹饰。

图一三　江户时代“藤原光政”款柄镜

无锡博物院珍藏的这批铜镜铸工精良，造型美观，纹饰华丽多姿，方寸之间凝聚了浓郁的历史文化内涵，展示了古人审美观念的变化、艺术情趣的变迁，反映了铸镜工匠丰富的想象力和卓越的创造力，不仅具有很高的历史价值与艺术价值，更犹如历史的折射，映衬出古时无锡繁荣昌盛的景象。

《晴山堂法帖》中黄道周与徐霞客的唱和诗及书风

盛诗澜 *

【摘要】《晴山堂法帖》保留了许多重要的文献资料，这其中，黄道周与徐霞客的唱和诗显得尤为珍贵。这些诗作不仅是研究黄道周的重要补充材料，也是研究徐霞客思想与诗歌艺术极为珍罕的第一手资料。本文对帖中这些唱和诗作的内容进行了释读，并对黄道周书法风格作了分析。

【关键词】《晴山堂法帖》 黄道周 唱和诗 书法风格

《晴山堂法帖》保留了许多重要的文献资料，这其中，黄道周与徐霞客的唱和诗显得尤为珍贵。这些诗作不仅是研究黄道周的重要补充材料，也是研究徐霞客思想与诗歌艺术极为珍罕的第一手资料。毕竟，徐霞客传世诗作仅30余首，而此刻帖中就保留了5首。

黄道周比徐霞客大一岁，明天启二年（1622）进士，四年（1624）授翰林编修。从唱和诗作的创作时间来看，他们相交时正是黄道周仕途顺利之时。二人相识的缘起，应与《秋圃晨机图》（图一）有关。

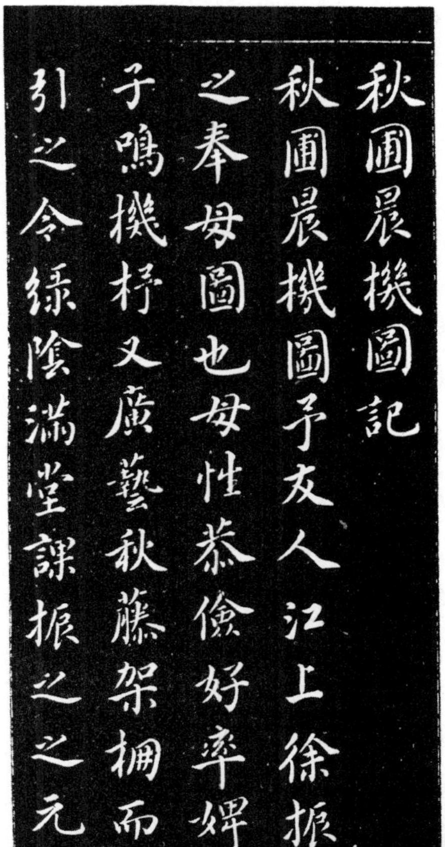

图一　张大复《秋圃晨机图记》

1620年，徐霞客建晴山堂以庆贺母亲大病初愈。1624年，徐母八十大寿，他特地请人绘《秋圃晨机图》，图共两本，一由吴中著名画家张苓石绘制，一由无名氏作[1]。此后，徐霞客延请各地名人为该图题咏，以彰显母亲的美德。从题咏时间和内容来看，这一行为是从周边城镇先开始的。帖中最早的题诗就在甲子（1624）当年，题者为沈应奎，此外，嘉定李流芳所题也在这一年，此时徐母尚健

* 盛诗澜：无锡博物院副院长，副研究馆员

在。孙慎行题则已是乙丑（1625）夏。与此题相近的高攀龙、文震孟题虽未注明时间，大约也差不多在同时，因为无锡市区、苏州等地都离江阴非常近。

此后，徐霞客携该图远赴福建。1628 年，他在福建漳南一带滞留了数月，帖中“戊辰（1628）初夏九皋居士林釬”“戊辰夏六月刘若宰书”等多幅题图诗咏都是这一时期的作品，题者包括张瑞图、张燮、李宓、曹学佺、黄克缵、何乔远、郑之玄等人。很多诗作虽未写纪年，应该也都在同一年。这些人不但书法写得好，本人更是操行高洁的正直之士，像黄克缵、林釬等人，都曾因不愿依附魏忠贤而受到打击，其品望气节让人敬仰。此外，从题咏之人的品行，也可反映出徐霞客交友的慎重和对品格的看重。但这一年，徐霞客还没有得到黄道周的诗题，黄道周为徐霞客题诗，是在两年之后。

一、关于“天下骏马骑不得”的七古诗刻

《晴山堂法帖》收有一首黄道周送徐霞客的七言古诗，时间在崇祯三年（1630）。诗很长，刻帖中又有多行残缺，故而内容不够周全，大致释读如下（图二）：

天下骏马骑不得，风鬐雪尾走白日。
天下畸人癖爱山，负铛泻汗煮白石。
江阴徐君杖屦雄，自表五岳之霞客。
鸢肩鹤体双瞳青，汗漫相期屡不失。
事亲至孝犹远游，欲乞琅玕解夜织。
万里看余墓下栖，担囊脱屩惊鸟啼。
入门吹灯但叹息，五年服阕犹麻鞵。
贵人驿骑不肯受，棹头毕愿还扶梨。
自言蜜（蚕）岁适雁宕，缒藤级绠穷下上。
天台石梁平如兜，青霞括苍白于掌。
中年复走西钟山，焦饭十日支霜盘。
道逢采药授云餐，帝子欲为歌路难。

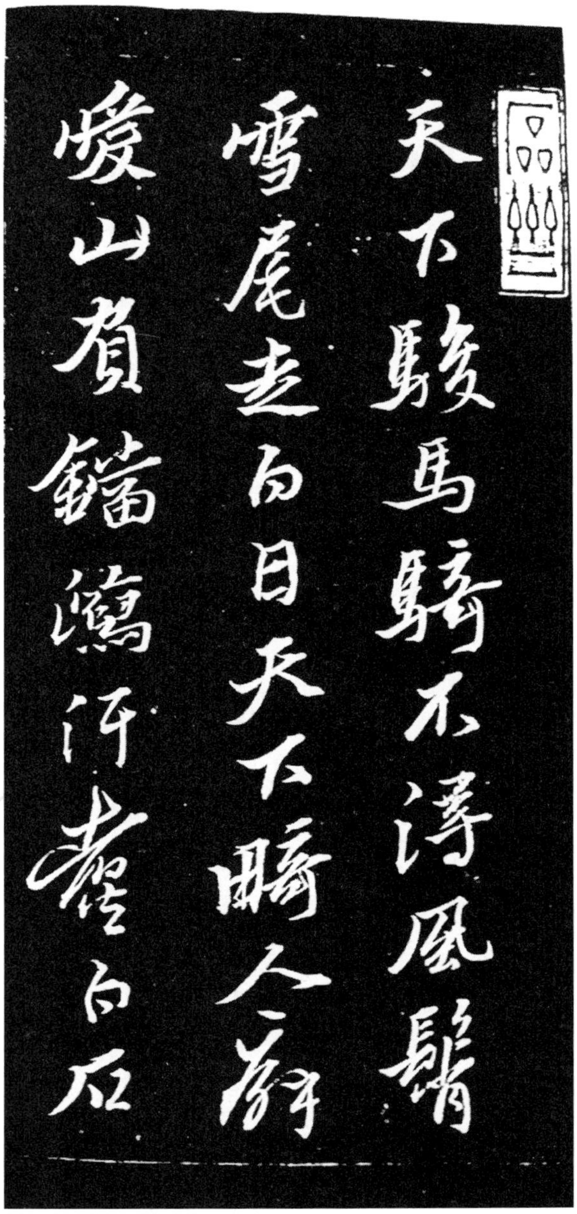

图二 黄道周行草七古

匡庐老僧亦下拜，鸡足道人分沆瀣。
磨头豆核石泉茶，夜中日出啸沧海。
听君言下何萧然，引人拔岭扪青天。
所采幽奇既如此，岂有人岳当君怜。
东鲁仲尼去千岁，西羌大禹魂可怪。
书生抱膝空咿唔，即化乔松安足赖。
去年先辈缪西溪，起山授杨天下疑。
精魂以上托鸟飞，未有人识其端倪。
何况掺蛇窟穴底，千山为貌隐千水。

乃欲搜剔穷真灵，不畏巉岩不避死。

世间两物唯鼎剑，烧海刬山写凉焰。

山年学道须及时，簪绂累人孤书诗。

当时诸公叹鹤唳，悔不从君煨蹲鸱。

即今□□□（关门散）百一，医巫吹角愁铜狄。

□□（苍崖）黄洼不可寻，□□洒□□□□（血迷故迹）。

君犹跋踄从东来，□□□□（两头不突）生飞灰。

城郭比人□□□□（更柔脆，田）春史义安在哉。

男□□□□（儿不仙必）良将，驱龙凌波□□（破荡）漾。

挽河洗甲天下□（清，安能）对镜坐相向。

中身□□□（潦倒为）时人，牵船引缆伤路尘。

弯弓闻虎行逡巡，寂寂寞寞过冬春。

何不还□（家）酬所亲。听君霏语当采□（真）。

□（跂）足北窗箕颖滨，而必□□（栖栖）撄此身。

徐霞客携小舟追余至丹阳，感念昔日万里造膝，今复依然得□宿诺，为之道故，不觉成篇。崇祯三年（1630）二月既望，漳海石人黄道周急就之章。

诗后还附有一跋，读来颇有意味：

石斋过毗陵，为予言霞客之奇，徒步三千里，访之墓下。当事者假一邮符，却弗纳。时闻予在罗浮，则又徒步访予罗浮。往来海上，真有卓契顺之风。言甫毕，石斋去而霞客来，闻石斋之过也，追及之丹阳，得所为诗而归。予适病，痰嗽榻上，一举手而已。亦欲少有结撰，以酬千里罗浮之雅。痰病殊剧，声气不属，竟不能成。初石斋谓予曰：方墓下时，有笔墨之戒，至今耿耿，不知此逋何日能偿。故丹阳一见即遂偿之。其云石人急就章，盖已数年之约矣。遁园叟実鄸书。

从这段跋文可以看出，黄道周的这首诗并非是针对《秋圃晨机图》所作的题咏，而纯粹是感其诚意而写给徐霞客的。在徐母去世之前，徐霞客已经游过许多名山，他曾北抵燕冀，南游福建九鲤，西至华岳，南访罗浮，不过每次出游的时间并不很久，徐霞客的这些经历在黄道周的七古中都得到了反映。全诗热情地赞扬了这位“事亲至孝犹远游”的奇人，既肯定了他的骨气，“贵人驿骑不肯受”，也表彰了他“不畏巉岩不避死”的无畏气概；既指出了他“搜剔穷真灵”的科学求索精神，也认可了他崇尚自然和自我的文化精神。正如陈函辉《徐霞客墓志铭》中所说：“丈夫当朝碧海而暮苍梧，乃以一隅自限耶？”这是一种新的人生价值取向，也是一种新的生命审美观，黄道周在诗中对这些进行了总结和提升。

后来，徐霞客又拿黄道周这首奇诗，请文震孟作了跋文：

霞客生平无他事，无他嗜，日遑遑游行天下名山，自五岳之外，若匡庐、罗浮、峨嵋、嵾岭，足迹殆遍，真古今第一奇人也。尝徒步万里访石斋于墓庐，石斋北上，又冲寒追及于云阳道中，沽酒对饮，且饮且题诗，诗成而酒未尽，文不加点，沉郁激壮，遂成绝调。盖以奇人遇奇人，当奇境而成奇文，固宜也。霞客出以相示，因题其端而识之。时余方以请告杜户读唳鹤蹲鸱之语，令人云卧之念弥坚矣。辛未（1631）夏五既望竺坞山樵文震孟题于清瑶屿。

在这段跋文中，文氏赞誉徐霞客为古今第一奇人，可谓大有眼光。事实上，黄道周也是一位奇人，他可以说是严冷方刚，不谐流俗。两奇人相遇于丹阳，在特定的环境中唱出了这首沉郁激壮的奇诗。因当时农民起义军已十分活跃，后金军也已至京师城下，明将多有战死，因此全诗的后半部分“沉郁激壮”，较为深刻地反映了黄道周对于时局国事的忧虑。文震孟中状元时（1622）已四十九岁，授修撰。因陈疏忤魏忠贤调外，遂归。崇祯初召置讲筵，又连劾魏忠贤遗党，拜礼部左侍郎，但终因与温体仁有矛盾，被劾落职。所以，他写这篇跋文时，因为徐霞客的奇志而“令人云卧之念弥坚”，当中显现出归隐的念头。文震孟是状元，徐霞客是布衣，然二人的价值观在独享名山这一点上取得了惊人的一致，这值得人深思。

黄道周这首七言古诗，同时也是一件十分难得的书法精品，其风格可以概括成遒、媚、奇、诡四字。关于书法，黄道周曾经说过：“书字以遒媚为宗，加之浑深，不坠佻靡，便足上流矣。”[2] 这“遒媚”二字的含义，既包括了用笔的遒健婀娜、不坠佻靡，也包含了作品的神采风韵。黄道周接着又说：“虞、褚而下，逞奇露艳，笔意偏往，屡见蹊径。颜、柳继之，援戈舞锥，千笔一意。”由此可见，他既反对用笔的软弱和笔意的偏往，也反对线条缺乏浑深的意蕴。秦祖永曾经评价黄道周书说：“行草笔意离奇超妙，深得二王神髓。”[3] 这一看法很有见地，“离奇超妙”可以说正是黄道周行草的最大特点。黄道周的书法从“二王”来，故有“二王”的刚健婀娜、体态遒媚。但细细审视，又可发现其精神与“二王”离得较远，他的那种飘逸潇洒的神采，已属“奇诡”的内涵。其用笔的刚健含蓄、点画精到，确实是“二王”书的特点，但黄道周在“二王”笔法中又加入了自己的新东西，这一“新”质，即折笔的生涩和遒拔，使他的行笔之中平添一种执拗、倔强的气质，尤其表现在转折处，让线条的走向和造型都体现出奇诡的审美特征。如第三行的“煮”字，上部的“土”十分潇洒、宽博，取斜线的动势布字，而下部的“火”字团紧，左右冲突，笔力刚遒而造型奇诡。再如第五行的“鹤体”，转折多样，笔力非凡，“体”字压缩成极小的横扁空间，郁勃之气弥漫其间。在结体上，黄道周的书写大都横向取势，或夸大左右撇捺，或团紧字势，加上宽阔的行距，造成鲜明的空间对比与黑白对比，让流转的线条在浑深的用笔中凸现一种刚健、密丽之美。这种行草风格与“二王”的俊美风格相比，显然是有着较大差异的，但也正是这种差异，和这种差异引发的陌生感，让黄道周的行草书在同代人中脱颖而出。

二、徐霞客、黄道周“孤云独往还”的唱和诗风

崇祯五年（1632），黄道周与徐霞客泛舟太湖洞庭西山，宿苏州石湖之西的上方山楞伽寺，即席分韵，于是就有了这一次的唱和诗。《晴山堂法帖》完整地记录了两人各五首五律，由黄道周以小楷录出（图三），遂成为该帖中的精品。二人即席分韵，各作五首诗，每首诗都以“孤云独往还”中的一字为韵。徐诗先成，黄道周诗是对徐霞客诗的唱和，韵脚与徐诗相同。黄道周在跋语中盛赞徐诗“词意高妙，备极诸长”，又说自己“不能如振之之体物备妙也”。到底是黄氏为人谦虚，还是徐诗确实高妙？不妨对二人诗作的立意、用词等作一个简单的比较。

（徐霞客诗）
秋空净无极，兀兀片云孤。
不与风同驶，遥令雨自苏。
卷舒如有约，尺寸岂随肤。
我欲神相倚，从之径转无。

为霾并为电，弥天总是云。
谁能绘霄汉，了不作氤氲。

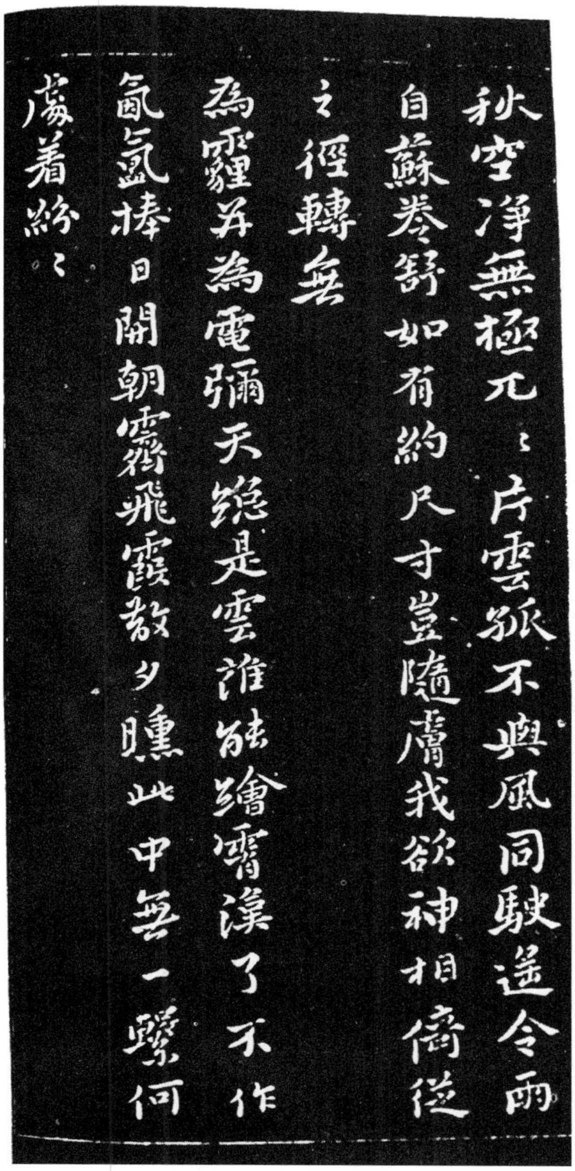

图三　黄道周小楷五律

捧日开朝霁，飞霞散夕曛。
此中无一系，何处着纷纷。

出岫何幽独，悠然飏碧空。
遥分秋水影，忽度夕阳风。
长天不留迹，冷月若为容。
归宿应何在，崆峒第一峰。

彩霞竟何往，苍狗自徜徉。
出没千峰迥，夷犹一壑长。
鸷飞难作伴，龙跃岂相忘。
不待为霖日，方令天汉章。

卷舒有妙理，谁云倦始还。
垂天宁幻态，触石岂无关。
神远群俱涣，情空迹自闲。
始知能体物，造化掌中删。

壬申（1632）秋同徐振之泛舟洞庭，还宿楞伽山，即席分韵，其赋孤云独往还，而振之诗先成，喜其词意高妙，备极诸长，因录于上方，知余作之不逮也。七月望日，弟黄道周书（图四）。

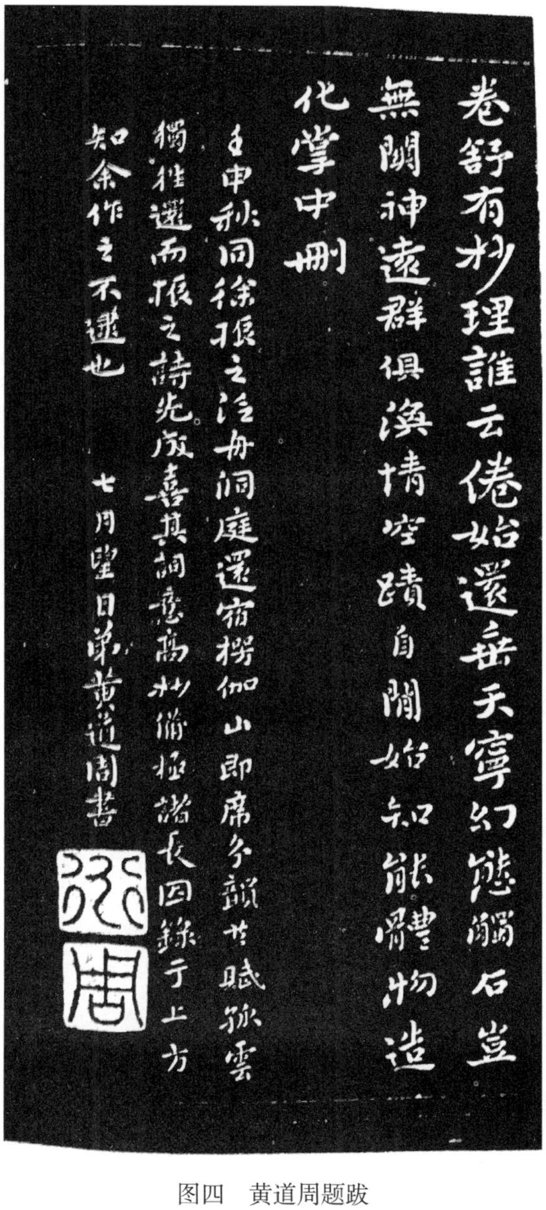

图四　黄道周题跋

（黄道周诗）

野水笑人旷，深秋知客孤。
江枫催雨老，渔火报灯苏。
家计分浮梗，乾坤动剥肤。
柴桑行可觅，能得隐邻无？

笠泽无停棹，杖头不系云。
帆随风意致，山与梦氤氲。
古洞扃幽户，残崖倒暮曛。
每逢巢鸟尽，萝月想缤纷。

不忍闷幽独，因思别凿空。
闲过长喙峡，戏织打头风。
绝壁三分篆，坚匏五石容。
心知无一可，更上最高峰。

虚逃无所往，白醉此商羊。
古迹有代谢，时人空短长。
同心宣送远，得句偶难忘。
昨夜蒹葭月，又涵霜露章。

何处不仙峤，长游已大还。
猿鱼新换径，虎豹久迷关。
天纵几人逸，生扶半世闲。
楞伽言语外，别寄与谁删。

灯下依韵和徐振之孤云独往还之作，并书请正，不能如振之之体物备妙也。弟道周再识。

先看徐霞客的五首诗。徐诗从“云”落笔，以“云”自喻，描绘云的形态、本性、胸怀、境界，以此来表达自己的人生意趣。第一首诗扣住一个“孤”字，这片孤云“不与风同驶，遥令雨自苏”，奇兀而不随波逐流，有独特的个性，有自己的主张，颇含自喻之意。“卷舒如有约，尺寸岂随肤”，进一步刻画了云的状态，体物十分精准。最后两句“我欲神相倚，从之径转无”，进一步道出了“独往”之云孤独的品性。这是一种超越尘世的孤傲，个性非常鲜明。第二首诗从云的各种形态入手，描绘孤云“此中无一系”的脱俗，“了不作氤氲”“捧日开朝霁”，变态万千，一任自然，绝不刻意做作。“云”的自由自在，也是徐霞客追求心灵自由的象征。第三首诗突出了“云”的幽独与飘忽，“遥分秋水影，忽度夕阳风”，这种变化极其快速，根本无踪迹可寻。“遥分”体现了广阔的空间，带有充分的虚无感；“忽度”表现那种极速变化之快，用词也十分精妙。末句让“云”宿在“崆峒第一峰”，体现了一种梦幻色彩。第四首诗写“云”的理想与境界，要与天地同在，回归自然，这是“往”的境界，从中似可体味到徐霞客孤访名山，追求人和自然为一的心境与追求。第五首诗由“造化掌中删”，达到了悟的境界。“云”的种种变态，完全出乎自然。从“心”的角度而言，心闲则云闲，心动则云动，心与自然造化为一，人就是“云”，人就是自然。这完全已经是人化自然的境界，也是徐霞客的内心超越自然、超然自我的确证。由此可见，徐霞客的这五首诗，借云自喻，独抒怀抱。他虽然孤独，但心无挂碍，自由自在。他独往，探索无穷，不留踪迹，却能与万物同化。这诗中的一片孤云，正是徐霞客的人格象征。

黄道周的和诗同样也十分精彩，但他不是写“云”，而完全是在写“人”。第一首诗描述的是徐霞客的孤独心境，将其置于“江枫催雨老，渔火报灯苏”的现实场景之中。在这一场景里，感受主体在时间流逝中的孤独，因而显得具体、形象，使人感同身受。第二首诗写的是徐霞客的四处游踪。“杖头不系云”“山与梦氤氲”，紧扣徐诗之主题，相互生发。第三首诗突出了徐霞客不畏艰难、“更上最高峰”的探索精神。第四首诗写徐霞客与自己的交往，不受时俗束缚，体现出两心志趣相投的心迹。第五首诗表现徐霞客超逸尘世的性格，一切言语都无法道尽其远大的志向和超脱的胸怀。最末“楞伽言语外，别寄与谁删”两句中，所谓“楞伽”，缘于上方山的楞伽寺，此寺以主楞伽佛旨而著称。《楞伽经》明确提出“三界唯心”的命题，说明宇宙万物皆虚假不实，唯是自心所现。这样的诗句，既重现了二人唱和的情境，又以佛家的超越文字道出了两人情谊的深厚。

两相比较，徐诗状云之形态、性格、胸怀，确实体物备妙，十分出色，可以说高于黄道周；而黄诗从现实出发，首首紧扣徐霞客的品性，境界深邃，对徐霞客的个性和超越名利的情怀把握得十分准确，也是极有思想深度的。

三、黄道周帖的书风

徐、黄“孤云独往还”唱和诗共36行，满行18字。《晴山堂法帖》中收有各种小楷墓志铭和题咏，但其中最具个性特色、最富艺术水准者，还属黄道周这十首小楷诗帖。

传世的黄道周《诗翰册》(台北故宫博物院藏)，是其1639年的作品，在书写时间上与本诗帖较为接近。册上有宋荦所写的跋：“明末倪鸿宝、杨机部、黄石斋诸先生，诗文书法皆有一种抑塞磊落之气，必传无疑。石斋先生楷法尤精。余向见先生清室中所书《孝经》，直抉钟太傅之秘……真所谓意气密丽，如飞鸿舞鹤，令人叫绝。”[4]这一评语用在《晴山堂法帖》中黄道周所书的该诗帖上，也非常合适。

黄道周的书法个人特征十分鲜明，主要表现在以下几个方面。

一是用笔峭厉质朴，劲折凝重。锺繇楷法，在古雅中有质朴，间杂隶笔，故端丽中存刚健，沉稳中有流丽。黄道周的楷书取法锺繇比较多，但又在此基础上作了许多创造性的改造。沙孟海说：“黄道周便大胆地去远师锺繇，再参入索靖的草法，波磔多，停蓄少；方笔多，圆笔少。”[5]这一说法还是比较中肯的。“方笔多”显然正是黄道周的一大创造。其下笔果敢粗重，如第一行“片”字上方一短竖，猛下而折，有圭角，十分劲健。从折笔处最见黄道周对楷法的理解，其横竖折劲利、峭拔，如宝盖头的右折，都是右斜倾的一猛点，并无回笔内勾的动作。横竖交接处，也都由轻转重，一气直下。再加上字形的方扁，就总体显得古雅而质朴。

黄氏用笔之折的创造性还体现在其对竖画的改造上。如第四行的“谁”，左部“言”旁的竖笔，被他处理成两次断续，第一笔是斜短撇，第二笔才是竖，结字上令人顿生陌生感，有拗曲的变化之美。再如“时人空短长”中“时”的写法，右部写成一个“大”、一个“寸”的组接，实在是出人意表。

沙孟海所谓参索靖法，是指黄道周以章草的笔意融进楷法，这在此诗帖中也有清晰的体现。凡有捺脚的笔画，其形态都用章草法，而非一般的楷法，这使作品显得古雅劲健、质朴凝重。

二是结体峭险中有平整，稚拙中有灵秀。黄道周的楷书，结体多取横势，字势平扁，萧散、稚拙中有灵秀。凡左右结构的字，他大多左右拉开距离，制造横势。如第一行的“秋”“净”“孤”等字，都具有萧散而隐隐开展的横势，态势古雅，但又并不像隶书的结体那样讲究对称和排叠。黄道周并不追求楷书结字的端正和整齐，而是讲求体势的峭险和变化，让欹侧中有平正。如第四行的“总”字，左部是行草的笔意，是斜短撇的多次扭曲，右部“总”的下部“心”取上斜势，整个字为左右结构，字势欹侧峭险。其下“是”字，下部撇捺一左倾，一右上抬，捺笔近乎一横，孤立地看稚拙而倾斜，并不美，然后仔细解读，却发现非常有趣。实际上黄道周的楷书中有很多字单独地孤立出来看，不见得有多美，但从整体看，却显出峭险中的平整。又如第二行的“倚”，左右不平；第七行“分”的写法，让中部呈横弯折的连接，字势都非常峭险。“水”字左、中、右三部分距离拉大，人为地造成了不对称及变化。这些正是其书法魅力之所在。

黄道周楷书中有很多字结字稚拙，但又能在稚拙中显现灵动与峭丽，其原因就在于其书写中多间杂有行草笔法，使字形大小错落，出现了跌宕多姿的节奏。一般楷书的节奏平稳而单一，但黄道周的楷书通过大小悬殊的字形，有意破坏了这种整体的和谐单调。如第四行的“霾”，形势阔大、安稳，下面“并”的字形就小得多，且用行书写法，两竖左右斜下。第五行的“日”写得格外小，造成大片疏空；而同行的“散”字几乎用草体。这种陌生形体的相杂，充分地扩大了线条的运形态度，使稚拙中的灵秀之气不断溢出。

三是行气抑塞磊落，萧散自如。黄道周楷书的抒情色彩很强烈，诚如宋荦所说，有一种“抑塞磊落之气”，这是其楷书的灵魂。从其用笔的心态来看，不疾不徐，萧散自如，干净利落，笔法精到，而无一丝做作的痕迹。“萧散”往往指一种无意状态，在杨凝式《韭花帖》中表现得最为明显，为情感的自然流出。黄道周的楷书同样具萧散之态，他每个字的结体的宽舒是自然的，字与字之间的空间安排也是自然的。其用笔再峭折，结字再奇险，书写的状态与行间的气息也都是自然而然的。他抄录徐霞客诗的最后一首中有“情空迹自闲”句，每个字都处理得格外空疏、闲雅。其中的“闲”字，单独拿出来看，右部显得有点拘束，字形比较稚拙。但将其置于整体中，仍觉萧散自如，整篇气息完全统一。诗后跋文字形更小一些，行书的笔意也更强烈一点，但仍然保持了含蓄古雅、萧散有致的气度与风范。

注　释

［1］张大复：《秋圃晨机图记》，《徐霞客游记》，上海古籍出版社，1987 年版，第 1237-1238 页。

［2］黄道周：《与倪鸿宝论书法》，《明清书法论文选》，上海书店出版社，1995 年版，第 406 页。

［3］马宗霍：《书林藻鉴》，文物出版社，1984 年版，第 189 页。

［4］刘正成：《中国书法鉴赏大辞典》，大地出版社，1989 年版，第 1039 页。

［5］沙孟海：《近三百年的书学》，《沙孟海论书文集》，上海书画出版社，1997 年版，第 51 页。

无锡博物院藏郑文焯书札册释读

蔡卫东*

【摘要】郑文焯是晚清四大词人之一，除词作与词学外，郑氏还涉猎经学、史学、小学、诗文、医学、金石、书画等。其晚年身逢国变，辛亥革命之后，以绘画和行医糊口，词作也难得一为，惟友朋间往还信札存世并不少。本书札册为陶心华旧藏，现藏于无锡博物院，未曾出版面世。本文将内容句读刊出，并对相关时间、人物作初步考证。

【关键词】郑文焯　信札　汪钟霖　康有为

无锡博物院藏郑文焯书札册，系由本邑收藏家陶心华于1987年捐赠给原无锡市博物馆（今无锡博物院）。该册共26开，装裱尺寸每开纵31厘米，横18厘米，信札尺寸每开纵23厘米，横12.5厘米。首开为康有为题端，随后空一开，接着是郑文焯手札20开计18通，最后是康有为跋两开、沈曾植跋两开。

郑文焯（1856—1918），字俊臣，号小坡，又号叔问、瘦碧、冷红词客、鹤道人、大鹤山人，名列晚清四大词人之一，梁启超对他有着很高的评价，认为“清代大词家……头两把交椅，却被前后两位旗人——成容若、文叔问占去”[1]。文叔问就是郑文焯。除词作与词学外，郑氏还涉猎经学、史学、小学、诗文、医学、金石、书画等，颇为庞杂。郑氏晚年身逢国变，辛亥革命之后，正白旗包衣出身的他坚守着前清遗民的身份，以绘画和行医作为糊口的手段，拒绝新朝的一切聘请，连以往最有兴趣的词作也难得一为。故国山河，物是人非，其一腔幽愤往往诉诸友朋间往还信札。郑氏信札传世并不少，但散于公私各藏，公开出版者不多。故本文拟将院藏此册连同前题后跋句读刊出，以供研究者引用参考。册中个别文字已缺失，亦有难以辨识者，暂阙以待考。每通信中涉及的时间与人物，笔者只作初步考证，目的主要是将此册作为一份郑氏新资料加以公布。

第一、二开（图一）：

有清遗老郑大鹤先生书札。南海康有为题。

右下钤陶心华收藏印朱文“澂怀馆”，康题下钤白文“康有为印”。

据郑文焯婿戴正诚《郑叔问先生年谱》[2]（以下简称《年谱》）载，郑文焯与康有为始相见于民国元年（1912）：“秋，南海康长素先生（有为）忽偕三夫人过苏访问，曩均闻风相慕，至是始得谋面。从兹往来日密，遂成晚年莫逆之交也。”[3]郑氏去世前关照其子复培将身后诸事托康有为处置，以此见交情之厚。因此一

---

* 蔡卫东：无锡博物院副院长，研究馆员

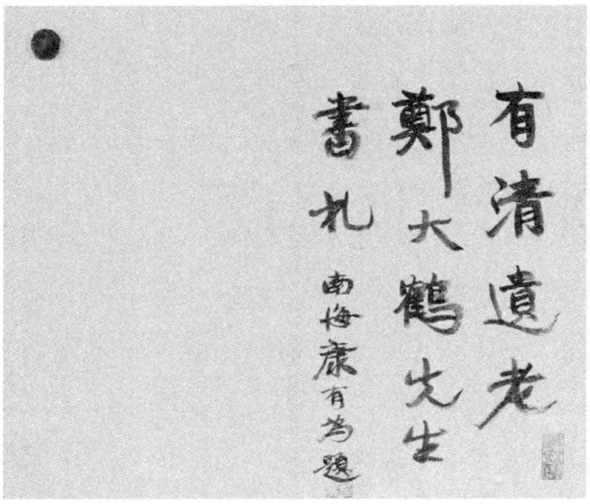

图一 第一、二开

端，再加上康氏在当时声名极著，故此书札藏者请康氏题端并跋尾。

第三开（图二）：

昨辱顿驾，薄慰胸春。□函亮昨已发邮，伫望还驿，如望岁焉。今闻金陵已陷，想尊处必有的耗，愿即示及。此上敬承甘卿先生动定。文焯谨白。初八日。

此札上款“甘卿”，为汪钟霖（1862—1933），字岩征，号甘卿，江苏吴县（今苏州）人。清光绪十九年（1893）举人，曾任驻奥参赞，张勋幕府，冯国璋谘议官。参与创办《蒙学报》，著有《九通分类纂要》《赣中寸牍》。

札中提及金陵陷落事，落款为初八日，则该札书于 1911 年 11 月 28 日，旧历十月初八日。此日江浙联军开始向南京城发动进攻，12 月 2 日南京光复。

第四开（图二）：

甘卿先生使君阁下：昨奉手毕，棖以沪居，重荷宏护，眷逮再三感深大庇。正拟裁答，顷后展赐笺，良友高义，霄汉为低。第家兄已于十一日携眷仓皇如沪，暂寓东福兴里天益小栈。十余口逼处斗室三间，湫隘可知。令亲处是否同居？若董属楼面，想尚不敷，地位却极深稳。缘钟山眷属，亦欲合为一家，或得三楼上下，即乞决定。明知大难，敢翼复命。至感至企。再昨有寿州□□□之侄特来苏见访，述及钟山即羁留伊家。□□□索两万金，必送出险。盖未知南冠而囚者，已劫掠一空，八口嗷嗷，流离失所，安有此巨款以应其求？我公能设法救援，真生死而肉骨之矣。感激何异身受，附百拜之恳。此承道履，临题怀仰，伫望还驿，不尽愿言。弟焯顿首。十五日。

此札落款是“十五日”，札中提及“第家兄已于十一日携眷仓皇如沪”，故书于 1911 年 12 月 5 日，旧历十一月十五日。据戴氏《年谱》记载，宣统二年（1910）郑文焯兄文炳

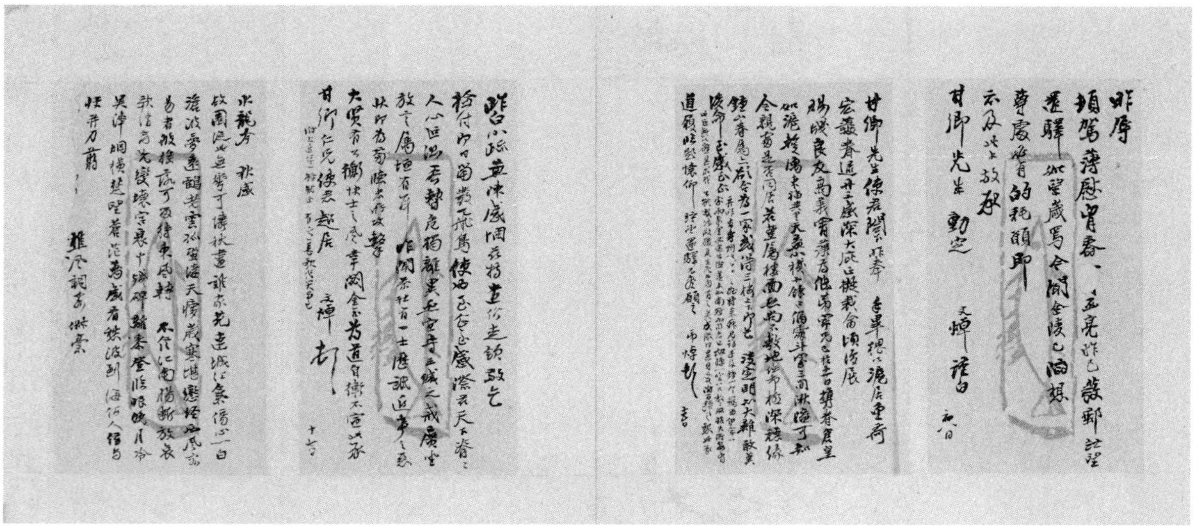

图二 第三、四、五、六开

（字卓峰）擢江西提法使，旋因病告假，赴江宁就医。文焯邀其到苏州诊治，但文炳已在江宁置宅定居。翌年，武昌革命军兴，郑文炳全家、郑文炘（字少兰，文焯弟）、郑贞仪（文焯妹）都到文焯处避难。札中提到的“钟山”，为文焯妹丈、郑贞仪之夫毓秀（称钟山先生）。

第五、六开（图二）：

昨白小疏，兼陈感悃。兹特遣价走领，敬乞检付。即日当发飞鸟使也，至企至感。际兹天下脊脊，人心叵测，吾曹危独离异，亟宜守三缄之戒。广坐放言，属垣有耳。昨闻茶社有一士，历诋近事之恶状，即为旁听者所攻击。大贤有公衡快士之风，幸闷金玉为道，自卫不宣。此承甘卿仁兄使君起居。文焯顿首。十七日。附上近作一解就正，有意长歌代哭而已。

水龙吟　秋感

故园从此无花，可怜秋尽谁家苑。连城江气，伤心一白，沧波梦远。鹤老云孤，蛩凄天寐，岁寒堪恋。怪西风容易，者般摇落，可留待、东风转。不信江南肠断，放哀歌、清商先变。坏宫衰火，残碑离黍，登临恨晚。月冷吴津，烟横楚望，苍茫万感。看愁波到海，何人借与，快并刀翦。樵风词客倣稿。

此札落款“十七日”，札中有“际兹天下脊脊，人心叵测”之语，当是书于前一札后二日，云社稷鼎革、人心震荡之形势。随札并附其词作《水龙吟·秋感》一阕，该词经修改后被编入郑氏《樵风乐府》[4]，题目改为《水龙吟·送秋》。

第七开（图三）：

晦人先生道案：昨奉复诲，眷述殷勤，胜杜陵人日。怀旧之吟，有陈咸汉腊哀时之致，三复荒哽，悢悢如何。损惠西洋烟夹一具，文质兼茂，珍领祇谢。倘媵以雪茄佳品，更当熏沐清芬，不徒皮传，特得垅畧敢望蜀耳？敬承福愿春胜，临书主臣。文焯再拜。甲寅谷日。

是札书于“甲寅谷日”，即1914年2月2日，旧历正月初八日。前面四开信札时间接近，用的是同一种信笺。时隔两年多，所用信笺也有区别。

第八开（图三）：

送春连雨，凄然似秋，时气候与世俱变邪？昨报纪京师法源寺由易中实、罗瘿公发起为留春大会，且以壬老为遨头，征诗纪事。预会之骚人政客，大半知旧。何群公游兴一豪至此，得毋效渊明斜川之游而自贬其高节欤？下走方僎如沪，既阻零雨，适昨夕得举一孙，极为茁壮。无老含饴，聊用自慰耳。薄霁当诣谈，不次。此上祇承（去年今日，累君松下清斋，高谭大嚼，正此时也。日月惊迈，能无悄然！）晦人道兄同志动定安稳。文焯再拜。浴佛日。

是札书于1914年5月2日，旧历四月初八浴佛节。札中提及易中实、罗瘿公、壬老，都是郑文焯故交好友。所谓法源寺的“留春大会”，也是当时盛极一时的雅集。

据《年谱》记载，郑文焯和“壬老”王闿运（1833—1916）相见于光绪十五年（1889），时郑会试不第，道沽上，与王相交甚欢。易中实即易顺鼎（1858—1920），与文焯同为光绪元年（1875）恩科举人，郑文焯至苏初期，易顺鼎父易佩绅时官江苏布政使，所以顺鼎是和郑文焯相识最早的同辈词友，郑来苏后交往更加密切。罗瘿公（1872—1924），名惇曧，与易顺鼎同为袁克文门下“寒庐七子”中人，与郑文焯相识最晚，曾于宣统二年（1910）至苏州拜访郑。他在袁世凯称帝后不肯为官，纵情诗酒，在贫病中去世，这一点和郑文焯很相似。所以罗和郑十分相投，相助亦力。民国六年（1917），蔡元培欲聘郑为北大金石学教科主任，即通过罗氏为介。文焯妻张宜人去世，罗请梁启超赠三百金供郑救凶。郑去世，又是罗氏和朱祖谋、梁启超函请政府对其故居加以保护。

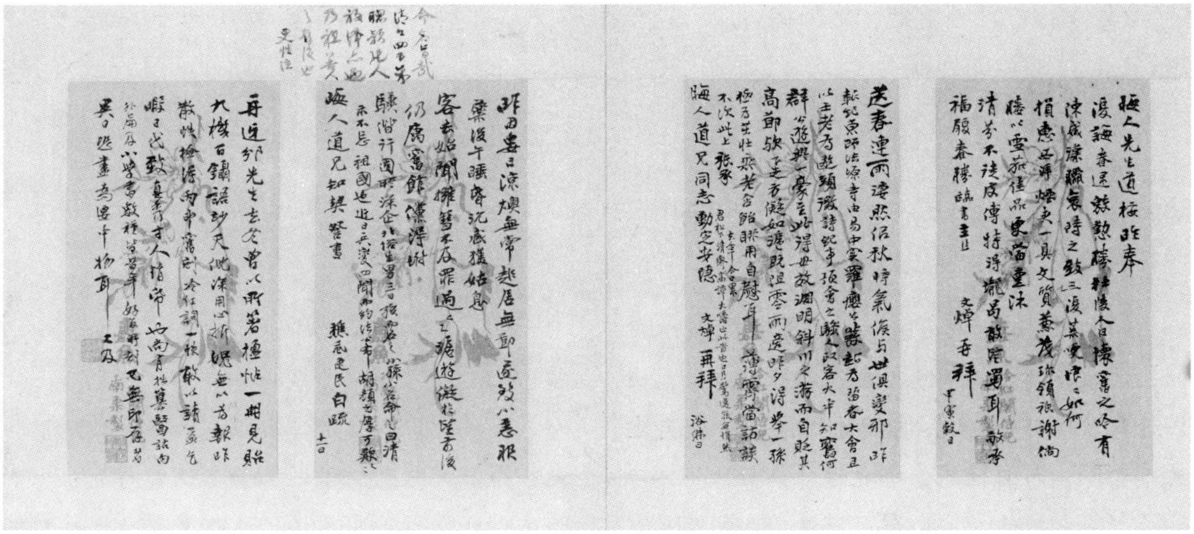

图三 第七、八、九、十开

从这一年的信札始，郑称汪钟霖为“晦人”“晦公”“晦园主人”等，因汪钟霖在苏州东美巷建晦园故。

第九、十开（图三）：

昨因妄日凉燠无常，起居无节，遂致小恙。服药后午睡昏沉，感获姑息。客去始闻，拥彗不及，罪过罪过。沪游儗于望前后，仍寓旧馆。倘得附骥偕行，固所深企。北俗生男三日，孩而名之。小孙小名命之曰清，示不忘祖国也。近日兵变四闻，而约法公布，胡颜之厚，可叹可叹！晦人道兄知契詧书。樵风逸民白疏。十一日。

（康氏批注：命名旨哉清。清四五岁，聪颖绝人，福泽亦过乃祖，善人之有后也。更甡注。）

再迓郊先生去冬曾以所著楹帖一册见贻，九机百镊，语妙天倪，深用心折。愧无以为报。昨散帙检得丙申旧刻《冷红词》一帙，敢以请益，乞暇日代致，真秀才人情纸也。尚有拙纂《医诂内外篇》及小学书数种，皆昔年好友所刻，已无印存者，异日恐尽为匧中物耳！又及。

此札书于 1914 年 5 月 5 日，旧历四月十一日，在郑文焯举孙后三日。札中提到的迓郊先生，为刘传福（1845—？），字雅宾，江苏吴县（今苏州）人，同治十三年（1874）进士。

第十一开（图四）：

一昨见过，清言娓娓，感叹弥襟。思如昔贤竹林之游，岂复可得？不谓老金遘此奇阨，千古一酷，念之辄为心骨俱摧，且为之奈何？属书《寒契斋》额，兴到即落墨，不久稽也。昨雨中荷笠灌园，偶见竹丛近根处生菌一茎。园丁云此为竹芝，极罕见者。色白而文细，饶有澹致，与松菌迥异。供之古盎，待二三同契吟赏之。此复。敬承晦人道兄知己动定。文焯顿首。五月廿六日。

此札书于 1914 年 7 月 18 日，旧历五月廿六日。札中提到的老金，未详何人。

第十二开（图四）：

来告真愈头风，当日诅夕咒，定征天总之魄。《我信录》可考古今冥事甚伙，必非神经怪牒可同日而语也。昨得秋枚书，知长公已作圣湖之游，不日返棹。弟决于初三四日追寻沪上，未审吾贤更可贾馀勇无？至愧至愧。晦若寓虹口何处，前言已忘之，伏望谨示。犹记其居址甚委迤也。昨检其考查宪政及议院章程驳义诸疏，取忧危者全验，讵得谓之秦无人乎？悲夫！病躯今渐复，少健即走谈。不次。晦公同志。樵风遗民白。七月三十日。

此札书于1914年9月19日，旧历七月三十日。札中提到的秋枚，为邓实（1877—1951），广东顺德人。他和郑氏在保存国粹上意见相同，多有往来。晦若即于式枚（1853—1915），亦是民初遗老，晚年移居上海，1915年8月5日（旧历六月廿五日）病死昆山舟中。

第十三开（图四）：

五日不见，两得手翰，展转呻吟间，竟不能一复，病可知已。自长公去后，疾忽洞泻，腹鸣日数十行，骨骱痛楚，反侧一榻。迄今水米粒未入口。今觉稍稍自振，聊以告慰。附上罗两峰《我信录》一卷，唯公浏览。择南洲第一重至八重狱，以处决已氏何如。原编仍望阅竟掷还是幸。天平之游壮哉！廿年梦熟，旧赏云泉，一生能着几两屐？犹忆曩与黄再同同年短衣茫蹻，一陡绝顶。其上乃一巨砥，约二三百步有远公石镜磔立，最为胜境。然非十月草木黄落，虽樵者亦不得到，虑有蛇虺之毒人也。山后为万笏林，云根离立，千聘万奏，亦非踞颠不及一睹。生平出人头地，己丑中秋夜月中琴台及兹山耳！公等取升眺盖及远公石屋，两袖风涛，已据其胜，去上白云总三里许也。晦公能作健，更看红叶，当挖杖追寻，亦足令樵风病夫一壮心目。廿九日。

此札当书于1914年10月18日，农历八月廿九日，因札中提到天平山赏枫，正值此季节。黄再同即黄国瑾（1849—1890），湖南醴陵人，湖南布政使黄彭年之子。

第十四开（图四）：

前夕嘉践，高晀大谭，茗芋之馀，饱德无量，信厚于加笾之享也。席次所诵悟道人佳什并周君七律稿，幸假一观，得暇更拟和之。去岁故人吴伯宛为选刻《樵风乐府》，皆昔年手自删定。公曾赏此佳椠，堇馀一二帙初印本，兹特贻高鉴。其《茗雅》一集，末卷并辛亥之作，其音哀以思，想晦翁采揽当亦为之泣数行下矣！文焯白。再昨见名园香橼树头尚馀三颗，欲乞得为硕果之遗。何如？又及。

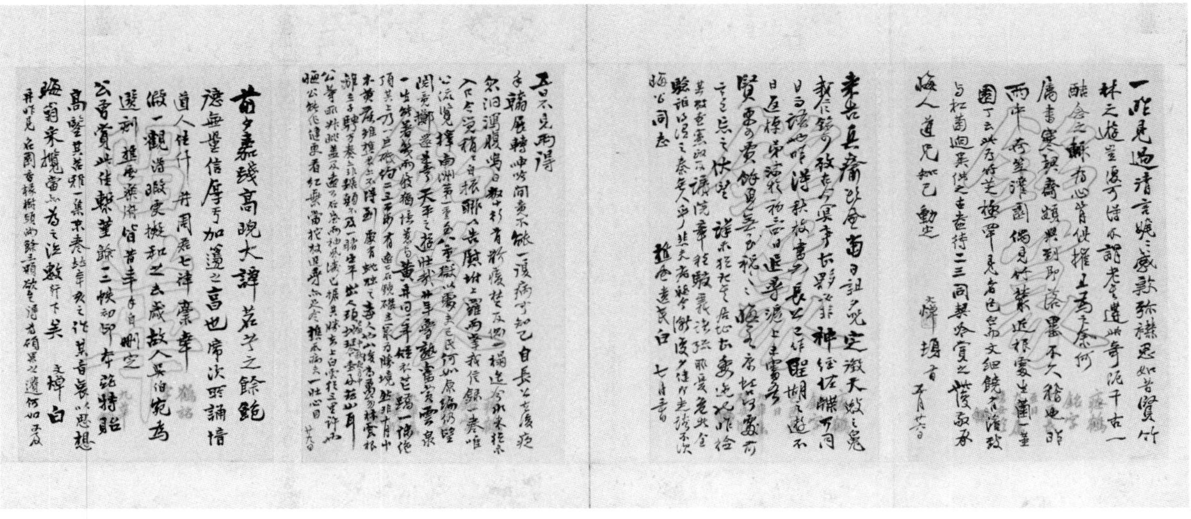

图四 第十一、十二、十三、十四开

此札当书于 1914 年 11 月间，因札中提及“名园香橼树头尚余三颗”，名园指汪钟霖在苏州营建的晦园，香橼的成熟期在 10—11 月。吴伯宛即吴昌绶（1856—？），浙江仁和（今杭州）人，近代藏书家、金石学家、刻书家。与郑文焯为词友。民国二年（1913），吴氏为郑文焯刊行《樵风乐府》九卷。札中提到的愔道人疑为胡嗣瑗（1869—1949），字晴初，又字愔仲，贵州贵阳人。光绪二十九年（1903）进士，前清遗老。

第十五开（图五）：

连雨如晦，徒益苦寂。思冲雨走访，与公高睨大谈，恨恨如何？日阅报纸，都无欧洲战场的耗，恨不蚤见天海崩竭，同归于尽，亦一快事！顷张孟劬书至，云有人荐之修史，已辞之，尚须北行。且引明季遗民述康熙朝应鸿博者俱谓之野翰林，今亦可谓野征君。下走复书，力斥其儗不于伦，语颇沉痛，特呈流览，亦可摅愤以坚世士之苦节也。此上。晦园主人古谦。樵风佚民区区。十九日。

此开当书于 1914 年 8 月 10 日，旧历六月十九日。因信中提及第一次世界大战和张尔田辞聘史馆事。张尔田（1874—1945），一名采田，字孟劬，浙江钱塘（今杭州）人。曾从郑文焯学词，二人关于词学的信札交流颇多。因为这种关系，郑对张在态度上不像平辈间那么客套。袁世凯任总统后，设国史馆和清史馆，后者之设秉承“异代修史”之传统，同时也为笼络人心。清史馆于 1914 年 9 月正式开馆，张尔田也确实于是年秋应聘入京，并成为《清史稿》的主要编撰人之一。但郑札中说张已辞修史之聘，可见尚在 9 月开馆之前。加之信中提及天气“连雨如晦”，又下一开中“日月推迁，已复有夏”句，故推测写于这段时间。

第十六开（图五）：

屡思走诣，度从者当着先鞭。归有日，已念。渊明《荣木》之章所云“日月推迁，已复有（陶原文作九）夏”，能无雷叹！园区连雨，新笋查枒怒茁，篱迳都穿，正如芒刺横生，安得浇以大白，与素心人共赏之。且俟解箨时迟一见过，刻翠留题，俾吾侪姓字长得清风拔拂，与净碧空青相销长。所谓宁为玉碎，不为瓦全，此义将毋同渴尘万斛，聊稽洒瀋，惟晦人道兄采览，幸甚幸甚。郑文焯白。廿一日。比以墨责未了，迟迟吾行，兼目雨阻，儗廿三四日就道，不过五日留耳。又及。

（康氏批注：词既雅逸，而节义之高，真与秋霜琨玉北矣。更甡题。）

此札当书于前札后二日。

第十七开（图五）：

前闻尊纪欲备饮馔，适阻晚雨，未践嘉招，致亏盛意，此心阙然。屡思造访，又探知从者有金陵之役，顿怅《停云》“愿言不获”。比想德旌遄返，渴思披对，一罄积怀。下走不日又将如沪，缘有二三雅旧，闵予清独，拟集赀结社，近市僦居。约定十人，月各出十锾为社资，所出褚兹胜集以缔沤盟，亦苟全乱世之一道也。近闻旧时同志已纷纷应史馆之辟。苦节不贞，良可太息。是下走前复孟劬书，非亡谓矣。又及。晦人先生詧书。樵风逸民白。廿八日。

（康氏批注：夷齐竟乃出山耶，不贞可笑，此可当史读。更甡注。）

此札书于 1914 年 8 月 19 日，旧历六月廿八日。其中提到雅旧约定十人结社之举，并视之为苟全乱世之道，同时也提及旧时相识已纷纷应清史馆之聘。故同样拒绝史馆之聘的康有为在批语中以“夷齐出山”加以嘲讽。

第十八开（图五）：

伻来辱手毕，高义甚感。承惠假不惑之数，祇领敬谢。俾小儿稽得治装入楚，它日必有以报仁者之赐也。下走明晨先如沪一行，匆匆不及亲缕。敬颂晦人先生道履。樵风逸民顿首。

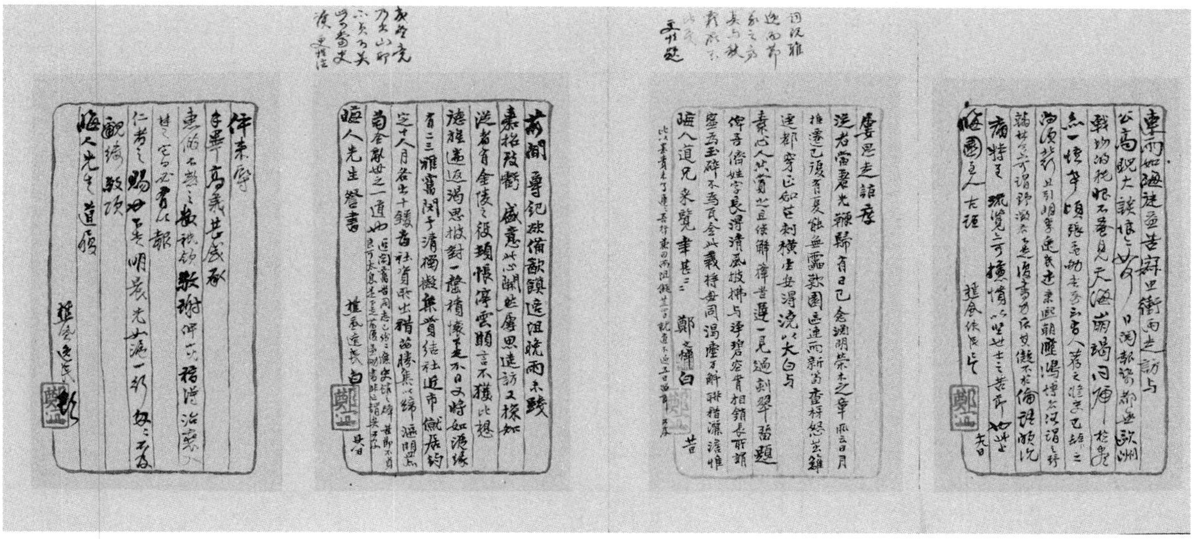

图五　第十五、十六、十七、十八开

此札未写日期。札中提及郑向汪借款让儿子郑复培入楚的情况。郑复培生于1890年，除了在文焯去世后撰《先考小坡府君行述》外，其他有关资料很少。

第十九开（图六）：

邓尉山中梅花烂放，以香山风讯为准，祠山风则落梅时也。比日园梅已开十之六七，想菖蒲潭、香雪海亦讨春游舸未肯放过。从者清兴攸同，当属童君为胜引，惜衰朽不克相从于仓云翠岫间，洵一憾事。今有一奉渎左右者，十年前在徐君子静斋头曾见一碑铭，记为唐宋人志（方二尺许，字甚小）。系出之横山田家，乃童君物色所得，欲以八元售于徐，后不知果否？此石仍在何处，即乞代询示及。如有打本，可为索之。幸甚。此上晦园先生棐几。樵风白。十一日。

（康氏批注：今葬梅花中，叔问神游香雪海苍云翠袖中矣。更甡。）

此札当书于1915年2月24日，旧历正月十一日。此时梅花盛开，邓尉山中春游者已多。札中提到的童君，未详何人。徐君子静，为徐士恺（1844—1903），字子静，安徽石埭人，嗜金石，精鉴别，晚寓吴下。

第二十开（图六）：

损书皇迫万状。敝庐穷漠人外，愧无应门之僮，徒恃小犬。更无人叱诸尊客之前，致挠高躅，悚歉如何。谨订明日晚凉走诣，报谢藉领拓本。晤言不次，匆匆复上晦园道兄至契。文焯白。昨更生翁来函，竟被官府验拆，言论信札自由之谓何？能无痛切！又及。即日。

（康氏批注：叔问之犬，义犬也。曾有盗踰垣，为犬所逐，坠伤足而见捕。饭时放锁，就食厨中。食毕即门就锁而司门。宜叔问之恃之也。更甡注。德宸无义犬可恃，不如叔问矣。）

此札具体时间不能确定，当在1915年2月底至7月初。札中提到康有为致郑信函被官府验拆之事，对当时无言论和通信自由表示痛心。

第二十一开（图六）：

昨甫归，束压装堆，画劵两牛腰，亦足以豪。渴思走诣一谈，不审清暇何如？深用驰仰。前借观拓本二册，即乞捡还，幸甚。此上敬承晦园主人安止。大鹤白。五月廿二日。

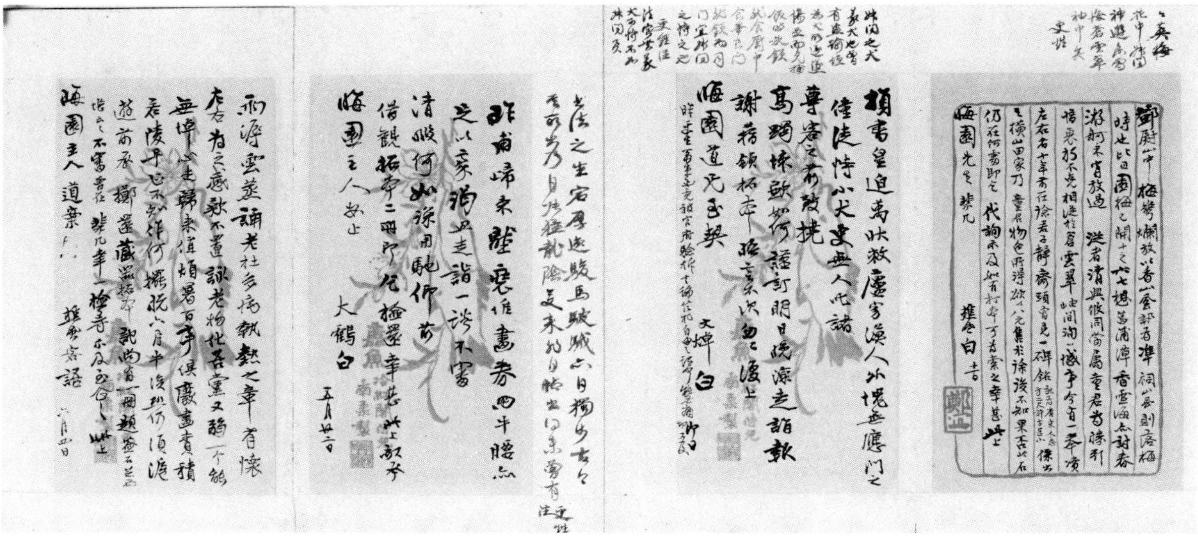

图六 第十九、二十、二十一、二十二开

（康氏批注：书法之生宕厚逸，骏马駊騀，亦曰独步古今。其所出乃曰张猛龙阴，今文来非曰帖出，得未曾有。更甡注。）

此札写于 1915 年 7 月 4 日，旧历五月廿二日。《年谱》说郑精赏鉴，平生收藏金石书画名迹极富，至民国三年（1914）渐渐鬻去。从此札看来，彼时尚余不少，郑氏自己也颇以为豪。

第二十二开（图六）：

雨溽云蒸，诵老杜《多病执热》之章，有怀左右，为之感叹，不置。咏老物化，吾党又弱一个，能无悼心！走归来，值烦暑，百事俱废，画责积若陵阜，正不知作何摆脱。六月半后恐仍须沪游。前承掷还藏器拓本，记尚有一册题签“石芝西堪”云云，不审曾在棐几？幸一检寻示及，至企至企。此上晦园主人道案。樵风客语。六月四日。

此札书于 1915 年 7 月 15 日，旧历六月初四日。札中提及的咏老即邹福保（1852—1915），字咏春，江苏元和（今苏州）人。邹是光绪十二年（1886）进士，以藏书著称，辛亥革命后闭门养病，不与世事。1915 年农历五月间病逝于寓所。

第二十三、二十四开（图七），康有为跋：

大鹤山人卒前一月，告我以北京大学聘其教金石及医，月八百金，不就将饿死。既而书来，告曰已却聘矣！若不死真为首阳之饿夫矣！此其与汪晦园同年札，皆国复后憔悴幽忧之语。其书札文墨书法皆极高妙，沈著哀痛而超逸，当与傅青主并辔而弛。书中多及我者，尤兴山阳邻笛之感。叔问在日，人经其晚走风尘，然如此才节，虽靖节亦何多让？不过荣古虐今耳。吾既为铭墓，思其人，今何可得哉？（书墨清隽，如嚼梅擘蟹，芳馨满口。）晦园同年兄属题此册，康有为慨然题之。戊午九月晦日。后人珍之，应同皋羽矣。

第二十三开右下钤“江南陶氏”朱文印，第二十四开左下钤“康有为印”白文印。

第二十五、二十六开（图七），沈曾植跋：

樵风遗民手札，晦庐装为册，携以示余，属为题记。诸札大抵在国变后，凄泪烦冤，如秋听雨、夜闻砧杵。其词哀宕中怀，所蟠结不能直致，乃藉琐闻细事发之。后有作《茗雅笺注》者，取材于是，足以激志士之苦心，畸人

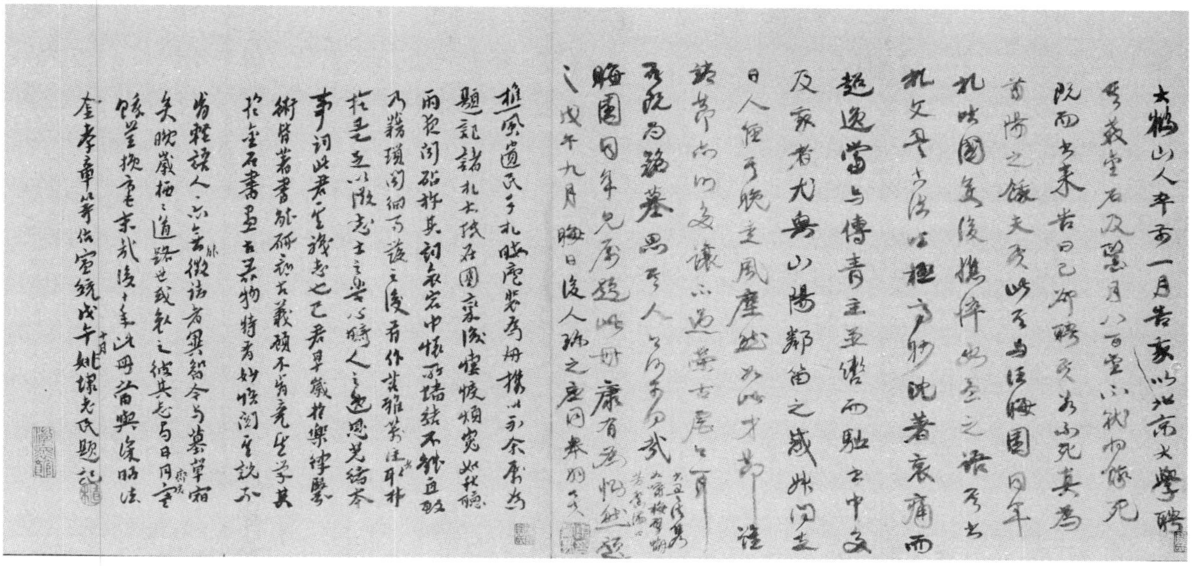

图七　第二十三、二十四、二十五、二十六开

之逸思。《光绪本事词》此君其骏志也已。君早岁于乐律、医术皆著书，能研寻古义，顾不肯竟其学。其于金石、书画、古器物特有妙悟。阅其说，不肯轻语人，人亦无能征诘者。异智今与墓草宿矣！晚岁栖栖道路，世或哀之。彼其志与日月齐光，寒饿岂挽毫末哉？后十年，此册当与徐昭法、金孝章等估。宣统戊午十月，姚埭老民题记。

第二十五开右下钤“江南陶氏”朱文印，第二十六开左下钤“植”朱文圆印、“澄怀馆”朱文长方印。

以上这 18 通信札，始于 1911 年底，终于 1915 年中，其间经历了辛亥革命、袁世凯执政和第一次世界大战，社会局势的剧烈动荡不可避免地给郑文焯带来了对自身身份认知的变化，让他的内心受到了巨大的震荡，生活境遇也每况愈下。

从信中我们可以看到，他此时的收入主要是鬻画（鬻画业医是郑氏晚年主要收入来源），但生活是极困顿的，家中无应门之僮仆，连儿子去外地也要靠友人资助盘缠。穷而老病，看到友人出游唯有羡慕与追忆曩者少壮岁月。但郑文焯始终以前清遗民自规，对旧友纷纷应聘新朝史馆，示以微讽，即使到了将饿死的地步，还是拒绝了北京大学的授课聘请。当然，在郑文焯晚年孤寂的生活中，也不时会迸射出快乐的微光。孙子的出生增添了他的天伦之乐；家徒四壁，但令他自豪的是其金石书画收藏仍能以牛腰计；日常生活中，一顿丰厚的大餐、友人馈赠的一个烟盒、园中一丛竹芝、朋友圈的一个雅集，也都能令他会心一笑。在社会变革的洪流面前，个人的挣扎和境遇是那么的微不足道，但不管什么时候，每一个品性高洁的人又都是如此的值得尊敬，因此，这些信札也可以被视作对浩荡大势中一个操守高洁、充满人性光辉的学者的侧写。

另外，以往对郑文焯的研究，主要集中在他的词学创作和研究上，很少涉及其书法，其实郑氏书法甚佳，在当时即有盛名。这本信札的题跋者康有为、沈曾植，即是同时代的书法与碑学大家。康有为在批语中专门说到郑氏书法“生宕厚逸，骏马駊騀，亦曰独步古今”，真是最高的评价了。从这个角度讲，这本册页还是一件宝贵的书法作品，是一本临习草书的最佳范本。

注　释

[1] 梁启超:《饮冰室合集·文集》第4册，中华书局，1989年影印本，第99页。
[2] 郑文焯著，孙克强、杨传庆辑校:《大鹤山人词话》，南开大学出版社，2009年版，第449-497页。
[3] 郑文焯著，孙克强、杨传庆辑校:《大鹤山人词话》，南开大学出版社，2009年版，第480页。
[4] 郑文焯:《樵风乐府》九卷，民国二年（1913）吴昌绶双照楼刊本。

读《江南老画师——吴观岱》札记

邹绵绵*

【摘要】画家吴观岱，作为近现代无锡画苑一位承前启后的知名画家，近年来他的生平事迹、习艺师承和经历、交游及其画艺特色等，已为绘画艺术批评、史论界人士的关注。本文就《无锡文博》2014年第4期中所刊《吴观岱研究专题》诸文[1]，以及近年出版的《江南老画师——吴观岱》[2]画册，并结合相关史料，本着实事求是的态度在本文中提出一些看法，希望能于“吴观岱研究”者用作参考。

【关键词】“江南老画师” “江南四吴”说 居京时间 交游 画学石涛

甲午（2014）残腊，画家马伯乐兄以由南京博物院、无锡博物院编著《江南老画师——吴观岱》画册一部赠予。赏读再四，画师高艺，令人赞佩。唯予联系曾读“吴观岱研究”相关评述文字，如述及画师之生平、师承、交游、艺能特色，及其在晚近画苑中之地位、影响诸方面颇生疑惑。因就画册所见所知，并检索相关文献略作考释，随手记为数则，长短不一，以用为释疑解惑耳。又其内容亦庶几可供今有心相关研究者作为参考。

一、“江南老画师”之由来

画家吴观岱，素有“江南老画师”之称，但从未见画师生前以此自称，自称者仅见“江南布衣”。对于“江南老画师”这一称谓，当是对画家吴观岱的尊称，因此由南京博物院、无锡博物院编著的《江南老画师——吴观岱》把它用作书名就是一例。然而，对这一尊称的出处，似乎尚未有人提到（恕笔者寡闻孤识），故不妨在此一说。

曩读无锡名宿钱孙卿（1887—1975，名基厚，晚号孙庵老人，江苏无锡人）撰《孙庵晚年旧体文存》（1963年油印线装本）（图一）中有《惠毓明女士画集题咏录序》一文，有必要先将惠毓明及其丈夫廉建中其人其事作简要介绍。

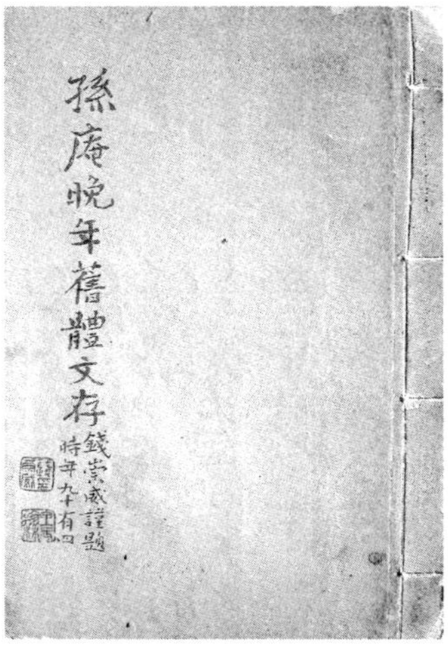

图一 《孙庵晚年旧体文存》书影

* 邹绵绵：文史研究者

惠毓明（1909—），名泉，字毓明，江苏无锡人。早年就读于无锡美术专科学校，为画家胡汀鹭女弟子。编著有《吴芝瑛传》（民国无锡双飞阁铅印本）。中华人民共和国成立后应聘为上海市文史馆馆员。丈夫廉建中（1896—1986），一名谏钟，号蓉湖，江苏无锡人。与廉南湖（廉泉，1868—1932，字惠卿，号南湖居士，江苏无锡人。夫人即吴芝瑛）同族，而辈分长于南湖。如《孙庵晚年旧体文存》中有《蓉湖诗抄选集序》略谓："余早岁获交于诗人廉南湖先生，及其夫人吴芝瑛女士，福慧双修，夫妇同以才名著于当世，南湖先生以诗，芝瑛夫人以书，南湖每有所作，夫人辄手写之，一时号为双绝，至今南湖夫妇归道山已久，传其事者，犹啧啧人口，艳羡不置也。南湖有宗人曰谏钟先生，尝见其所与书，称之为谏叔者也，亦长于诗……"廉建中擅诗词，曾任沪江大学文学院教授，著有《教育法之研究》《蓉湖诗抄》，生前为上海市文史馆馆员。

孙庵在《惠毓明女士画集题咏录序》中谈到当时（清末民初）无锡画苑人事谓："惠毓明女士者，吾友廉谏钟先生之贤配也，为吾邑名画家胡汀鹭先生高弟，擅绘事，尤工花鸟，与先生诗画双绝……近百年来，吾邑论画者，秦逸芬祖永擅山水，学董思白（其昌），上祧吾邑云林（倪瓒）之写意者也。潘昼堂（锦）绘人物，出唐子畏，远承宋代院画之写真者也。朱逊甫（英）稍后出，独擅花鸟，则得法于秀水张子祥（熊），而子祥以画花卉擅声清道咸间，自号鸳湖外史，牡丹最工，生气郁勃，兼作人物，亦古雅绝伦，吾邑得其传者，推朱逊甫，亦工为诗，诗学杨诚斋，画在白阳、少谷之间。再传而为胡（汀鹭）先生，不必尽用师法，山水远宗唐子畏，花鸟则师法华新罗（嵒），有其秀逸，而豪放过之，尤重写生，后交霍邱裴睫盦（景福），纵观其壮陶阁所藏宋元真迹，画法又为之一变，尝自辑其题画诗，空灵澹荡，意趣别饶，则吾兄子泉为之序，盖学必变而能化，亦必化而始神，非只绘事为然，而绘事其尤要也。有吴观岱老画师，与胡（汀鹭）先生相后先，初绘人物，得潘昼堂之传，后兼工山水，深秀苍古，得石涛、石溪笔意，有《觚庐画萃》，名满东南，南湖夫妇尤重其画，尊之曰'江南老画师'而不名……"因另鉴于作者钱孙卿"1909 年曾应廉泉之聘，至上海曹家渡小万柳堂授课，学生三人"[3]。从这一背景来看，其中的"南湖夫妇尤重其画，尊之曰'江南老画师'而不名"应该便是吴观岱"江南老画师"称谓的由来。

二、"江南四吴"说质疑

"吴观岱研究"一些文章，多有将吴观岱与吴徵、吴湖帆、吴子深合称为"江南四吴"，且几为成说。如所见《吴观岱研究三题》中就有如下称述："吴观岱是海派的代表画家之一，与吴徵、吴湖帆、吴子深合称为'江南四吴'。"[4]有关此说的用意，无非是想以此来反映吴观岱当时在画苑中的地位与影响。然而，以笔者之见，引称他说，征引文献，都必须经过甄别，在此对有关"江南四吴"一说作些简要探讨。

所谓"江南四吴"，不妨先从四人的生卒年岁来考察。吴观岱（1862—1929，江苏无锡人），吴徵（1878—1949，字待秋，浙江石门人），吴湖帆（1894—1968，江苏苏州人），吴子深（1894—1972，名华源，江苏苏州人），显然四人若按照旧时代辈分来看，四人几可分作三代人，即生于清同治元年（1862）的吴观岱为前辈，生于清光绪四年（1878）的吴徵次之，而生于清光绪二十年（1894）的吴湖帆、吴子深则再次之，按此，四人年辈相差殊远。

再说，在所谓"江南四吴"中，吴观岱"名满东南"之时，应该始于民国初年，其时的吴待秋在画苑中尚未享有高名，而其时的吴湖帆、吴子深二人都尚在苏州，若要说当时二人的名望，也只不过二人都为晚清苏州“贵吴”（吴湖帆系晚清大吏吴大澂嗣孙）、“富吴”（吴子深出生于苏州巨富世家）之后而已。因此，有必要再把有关吴徵、吴湖帆、吴子深三人的从艺经历作一简要的叙述。

吴徵，系晚清画家吴伯滔次子。其“山水传家学（学清人奚冈），终日作画，手不停挥，无暇构思，以致笔无变化，墨无浓淡，缺乏风趣。花卉师吴俊卿（昌硕）早年笔墨，较山水为佳”[5]。1906年赴北京欲任小京官，由此拜识了京城画界名流金城，并参与京城画界活动。民国初年在上海商务印书馆美术部任职，兼事鬻画。后参加“海上题襟馆金石书画会”活动，20世纪20年代初其画名渐起。至1931年买宅苏州，从此在苏沪两地鬻画，画名日隆。1937年抗日战争爆发之后，寓居上海鬻画，在上海与画家吴湖帆、吴子深、冯超然并称“三吴一冯”。

吴湖帆，十三岁开始学画，初学清画家戴熙。民国初年时，学画尚规摹于清初“四王”、晚明董其昌。1918年起开始鬻画，直到1924年“齐卢战争”江浙军阀开战，才移居上海。1930年改学宋元后，画格自成面目。1936年所作《云表奇峰图》出，画名也因之大噪。1937年抗战爆发之后，仍在上海鬻画。

吴子深，十七岁开始从其大舅父御医曹沧洲学医，民国初年曾到上海随曹沧洲之子精研医术。返回苏州后开始习画，取法与吴湖帆早年相类似。20世纪20年代初斥巨资支持颜文梁创办苏州美专，为该校校董。20年代中期起其画名渐起，画善山水，宗法董其昌，兼工竹石。直至1937年抗日战争爆发之后，寄寓上海，业医，兼事鬻画，声名日隆。

通过以上对“三吴”家世、习画经历、艺能、画艺特色诸方面简要了解，便可以清楚地认识到，把吴观岱与“三吴”相并称，无论从其中的任何方面来看都难以找到相同之处。况且有关吴徵、吴湖帆、吴子深在民国上海画坛上享有大名，应该是始于1937年抗战爆发之后的30年代末、40年代初，才有“三吴一冯”之称誉。再说当时“三吴一冯”的声名大噪，实与“三吴一冯”四人都寄寓在上海又不无关系。尤其是“三吴一冯”声名大噪之际，其时吴观岱作古已10余年。

三、近代书画鉴藏巨擘裴景福与无锡画家

“吴观岱研究”专题文章，在论述吴观岱绘画从艺历程中，多有述及“裴景福的收藏对吴观岱也颇多影响”。对此，有关裴、吴在无锡的交往，画册中所收“图43”《江天壁立图》（1918年作）上有裴氏观吴画后题识一则谓：“新罗隽逸欠雄豪，点笔荒荒到石涛，茆屋烟林天水外，分明荆董入纤毫。癸亥（1923）四月拜阅，敬吟小诗志佩。睫庵裴景福。”

笔者在前述“‘江南老画师’之由来”中，曾引钱孙卿《惠毓明女士画集题咏录序》，“再传而为胡（汀鹭）先生，不必尽用师法，山水远宗唐子畏，花鸟则师法华新罗（嵒），有其秀逸，而豪放过之，尤重写生，后交霍邱裴睫盦（景福），纵观其壮陶阁所藏宋元真迹，画法又为之一变……”可见曾寓居无锡的近代书画鉴藏巨擘裴景福壮陶阁所收藏历代书画名迹对近代无锡画学确实颇有影响。那么裴氏何时寓居在无锡？以及裴氏在无锡画苑中的一些活动及其影响，对此也有必要作些考察。

据相关资料记载，裴景福（1854—1924），字伯谦，号睫庵，安徽霍邱县人。光绪十二年（1886）进士。历任广东陆丰、番禺、潮阳、南海县令，而为时任两广总督岑春煊所嫉恨将

他革职，投入南海监狱。上奏朝廷谓其“两广县令，裴为贪首，凭藉外力，藐视国法”，遂遣使新疆。民国初年，任安徽省政务长。晚年辞职回乡安居，以收藏书画、古董自娱。

予读今人陈声聪《兼于阁诗话》[6]有《裴睫园》一则，略记谓：“霍邱裴伯谦（景福）历宰广东诸大邑，有能名，以直言忤总督某，夺官，遣使新疆，张安圃（人骏）继任总督，事得雪，放回，有《睫园诗钞》。”笔者曾见画家胡汀鹭旧藏清初顾梁汾（贞观）、纳兰性德（容若）书两词笺（影印件，事与顾梁汾为营救其挚友吴江诗人吴汉槎流放绝域宁古塔事相关），同见有裴景福于辛酉（1921）正月所作书跋一叶，题识中有七绝两首，其中有句“我亦冰天雪窖身，玉关生入幸逢春”，即指其“夺官遣使新疆”事。

另见陈声聪《兼于阁杂著》（上海古籍出版社，2002 年版）有“论画绝句”（共 45 首，咏近现代画坛名家），其中《吴观岱》曰：“江南画国几称雄，藉甚三吴鼎峙中。人物山川谁氏法？君家自有带当风。”其中的“三吴”是指长江下游江南的一个地域名称。多指吴郡、吴兴郡和会稽郡。诗人陈声聪早年服官京城，对吴氏高艺早有见闻，出于赞佩，故将其人物山水画艺特色比为唐画家吴道子的“吴带当风”来形容，激赏可谓至矣。

裴景福是何时起寓居在无锡？曩读清人梁巘《承晋斋积闻录》[7]，所附刊裴景福于甲寅（1914）时年六十有一所撰《承晋斋积闻录（裴印本）序》，其中略记谓：“甲辰（1904）乙巳（1905）间，因事系广州，诸物荡然，案头独存是《录》；旋谪西域，携之出关。戊申（1908）放还，己酉（1909）八月，将东归，遍检不能得，途次恒懊郁不自释。庚戌（1910）二月至无锡，长夏无事，偶理书帙，竟得之，喜不自持……”从中可知裴景福自庚戌（1910）二月至无锡之后，应该是定居（安家）在无锡（笔者曾见有记载裴伯谦之孙曾从画家胡汀鹭学画），虽有如返乡印行《承晋斋积闻录》诸行，但从上述裴氏二次题跋的时间（1923 年、1921 年）看，其晚年应该是常寓居在无锡。

因此，裴氏才与无锡画家吴观岱、胡汀鹭等相交往，画册“图 44”《仿四家山水人物屏》（1918 年作）在题识中记谓：“霍邱裴氏藏石田老人画屏一帧，笔墨之潇洒，岂时史所能学步。”“……今又见裴伯谦太史藏梅渊公（清）黄山胜迹册，亦有斯图，仿佛似之。”吴观岱得观裴氏壮陶阁所藏宋元真迹，使之受益多多。

四、从画迹看吴观岱在京交游及声望等

从事画家个案研究，窃以为最重要、最可靠的资料应该是画家传世画迹（包括真实可靠的影印作品）。可以从画迹中所反映的艺能、特色，了解和认识画家的从艺经历（如师承）、过程变化等；从画迹上画家本人（他人的题识在此不论）的题款（包括上款）文字（用印在此不论），了解画家从艺心得体会和画学思想，之外还可以了解画家的生年、游历和交游等等。

《江南老画师——吴观岱》画册，共汇集吴氏画迹 137 件（包括珂罗版《觚庐画萃》61 件，其中“图 8”与“图 20”为同一件作品，系重复），这些作品从作于清光绪十一年（乙酉，1885 年，时年二十四岁）的人物画《刘海戏金蟾》，到作于民国十八年（己巳，1929 年，时年六十八岁，是年卒）的《静听松风图》。其时间跨度四十四年，几乎可以概括画家平生从艺历程。再从这些画迹的分科来看，大体上有人物、仕女、山水、花鸟，以及牛马、鹤鹿等，堪称全能，且所作俱堪称当行出色。以其画迹的形制来看，卷、轴、扇、册一应俱全。凡此种种，反映画家中国画传统功力之深厚。

在此挑出吴氏部分画迹，并就这些画迹的创作时间，受画人，以及当时背景等略作考察，以期能对画家研究提供一些基础材料和研究方法。

画册“图 9”《采莲图》（图二），款识：“拟解弢馆[8]笔意。丁未（1907）冬十月，为藕湖渔隐作。梁溪吴观岱同客都门。”其中的“藕湖渔隐”其人，是清末民初北京画界名流，并被称之“广大教主”的画家金城别号。金城（1878—1926），原名绍城，字巩北，一字拱北，号北楼，又号藕湖，祖籍浙江吴兴，生于北京，卒于上海。吴观岱创作这件画迹的时间是清末光绪三十三年（丁未，1907，吴时年四十六岁），其时二人同客居在北京。再从其中的“为藕湖渔隐作”来看，这件画迹是因藕湖渔隐之索而作（无论是否付收润笔），而非吴观岱主动相赠，由此可以说明当时吴观岱其人其艺在北京画界已具有相当的名声。值得注意的是，因其时的北京画坛主要是为清初“四王、吴、恽”画风所笼罩，而吴以“拟解弢馆（华喦）笔意”来“为藕湖渔隐作”画，也应该有其一定的用意，同时也可以为我们探究吴观岱绘画师承提供素材，因此，这件画迹颇值得珍视。

图二 《采莲图》

将“藕湖渔隐”认为是画家金城的别号，对此虽然笔者手头因无金城画集，而无法从其画迹的落款中获得直接的证据，但可从“图14”《崇山行脚图》款识“背拟王司农大略。戊申（1908）夏五，即乞仲廉仁兄大人法鉴，弟吴观岱”来相互佐证。题识中的“背拟王司农大略”，所谓“背拟”，有别于照本临摹，而是取其要旨而已。“王司农”，即“四王”之一画家王原祁，因其曾担任户部左侍郎（司漕粮田赋）职位，人称王司农。其绘画得到祖父王时敏和王鉴的传授，作画喜用干笔，先用笔，后用墨，由淡到浓，反复晕染，由疏到密，反复皴擦，干湿并用，画面显得浑然一体，读“图 14”便约略自可体会。而“仲廉仁兄大人”，“仲廉”，金城之弟，近现代刻竹家金绍坊（1890—1979）之兄金绍堂的字。金绍堂，别署东溪，浙江吴兴人，擅刻竹，与弟绍坊齐名。有关吴观岱与金城兄弟的交谊，再可通过吴观岱生前为其弟子徐北汀（1908—1993，名熹，江苏吴江人）代订的鬻画润例来反映。《徐北汀契棣山水画约》：“己巳（1929）夏五吴观岱代订”[9]，而这件润例即刊登在与金城相关的《湖社月刊》第 36 期上[10]。鉴此，金城兄弟当时对吴氏绘画见重如此，可见吴氏在晚清北京画坛已颇负声望。

画册“图 13”《十亩春耕》（图三），款识：“履之先生方家鉴教，弟吴观岱，戊申（1908）三月。”在这件画迹上的“履之先生方家”，其人是当年（清末民初）北京画坛上的

图三 《十亩春耕》

大名家贺良朴（1861—1937），字履之，号篑庐，别号南荃居士，湖北蒲圻人，前清拔贡，画善山水，工诗。少年时从其堂伯父贺寿慈学习诗画，后任上海广方言馆监督。民国时期，任北京美专教授，1918 年应蔡元培之邀，任北京大学画法研究会导师，并为“中国画学研究会”发起者之一，因此，吴在题款中书以“方家鉴教”一语相称。此作用笔简逸洒脱，在画法上细节描写精微（如图中所写正在车水的人物，形神毕现），又不失笔墨上的简逸生动，画格清新自然。所见当代相关研究文章中多有述及吴氏曾在北京大学讲学，准确地讲应该是在“北京大学画法研究会”。

画册“图 25”《柳桥扁舟图》（图四），款识：“一叶扁舟远市嚣，倚舷无语水迢迢。湖山惟有故乡好，十里绿杨鸣晚蜩。吾友黄任轩蓉湖泛舟诗也，临风诵之，乡思遄飞。昔孟浩然《晚泊浔阳望庐山》诗有云：‘挂席几千里，名山都未逢。泊舟浔阳郭，始见香炉峰。’王摩诘爱其风调，为写吟诗图。今吾于黄子诗有同感焉。亟图出之，以就正于竹庄先生。壬子（1912）重阳后有九日，梁溪吴观岱作于京师海王村。”在这则长题中，作者说明了作画的动因——思乡之情。由于画家当时与受画人“竹庄”都客居在北京，才想起了友人黄任轩《蓉湖泛舟》诗[11]，同时想到唐代诗人孟浩然（湖北襄阳人）漫游吴越之后，在还乡路上，途经九江时作《晚泊浔阳望庐山》上半首所发思乡之情，和唐诗人、画家王维曾为孟浩然作《马上吟诗图》（见唐朱景玄撰《唐朝名画录》），因此便将友人黄任轩诗意画了这件图画，以“就正于竹庄先生”，时在“壬子（1912）重阳后有九日”，作画地点在“京师海王村”。

那么这件画迹的受画人“竹庄先生”是何许人？此人应是近代教育家、哲学家、佛学家、养生家蒋维乔（1873—1958），字竹庄，

图四 《柳桥扁舟图》

今江苏常州人。笔者作此推度的理由为：即按此图作画的动因可知画家当时与受画人都客居在北京，而且两人堪称同乡，该画的主题是抒发思乡之情。前清分无锡为无锡、金匮两县，同城而治，均属常州府。民国元年，锡、金两县合并为无锡县，属苏常道。又据《中国近现代人物名号大辞典·蒋维乔》相关记载：“民国后，历任教育部秘书长、参事。”另有记载：“他（蔡元培）接受孙中山的任命以后，马上去找爱国学社的老同事蒋维乔……1912 年 1 月 1 日孙中山卸任临时大总统，参议院议决临时政府迁往北京，蒋维乔随蔡元培到北京。”[12] 由此可见图上所记“壬子（1912）重阳后有九日”，其时的蒋维乔确实也客居在北京。该画迹现藏于南京博物院，从该画皮藏档案中也许能得到进一步的证实。

尚有必要加以考察的是该画迹上“梁溪吴观岱作于京师海王村”，“海王村”在北京琉璃厂，与荣宝斋相近。据孙殿起辑《琉璃厂小志》记载，“自清中叶起，北京的书店和字画、文具、古玩等业，都集中在琉璃厂一带”[13]。从中可以推测当时画家吴观岱客居北京，已在海王村赁店铺公开鬻艺了。因此，“图 24”无锡博物院藏“为清秘阁画《梅花笺（册）》”亦应作于其时。读郑振铎《北平笺谱序》《访笺杂记》中多有提到“清秘阁”，并有记谓：“二十年（1931）九月，我到北平教书……偶过清秘阁，选购得笺纸若干种，颇高兴。觉得比上海所得的，刻工色彩都高明得多。”[14] 通过上述“以画征史”，可以反映吴观岱当时在北京的一些交游和在北京画坛的声望，而可为“吴观岱研究”提供些必要的资料。

五、从画迹中看吴观岱居京的时间

在画册所收画迹中，有明确纪年和书写作画地点在北京的画迹，以“图 5”《松下听风图》（扇面）为最早，题识“丁酉（光绪二十三年，1897，时年三十六岁）秋九月中浣，石如仁兄（大人）方家正之。观岱弟吴宗泰作于都门客次”（图五）。近年举办的“吴观岱学术研讨会”中有学者提出：“1896 年廉泉被推荐任户部主事，1897 年正式定居北京；也就是这一年，吴观岱作品落款中会涉及北京。因此猜测正是这一年，廉泉将吴观岱带至北京发展。从 1897—1909 年，吴观岱基本上每年都有北京作品；这 12 年廉泉和吴观岱大体都住在北京，谋求发展。两年之后，1912 年，才又有北京作品，从这时起吴观岱已经回到无锡。这 12 年在北京的生涯对于吴观岱极其重要，眼界从此开阔。”[15]其中对于由于廉泉被推荐任户部主事后，于 1897 年正式定居北京，同时吴观岱随廉同往北京发展的推断应该可信。而且，前述“图 5”《松下听风图》题识中的“丁酉（光绪二十三年，1897，时年三十六岁）秋九月中浣……观岱弟吴宗泰作于都门客次”也可佐证。

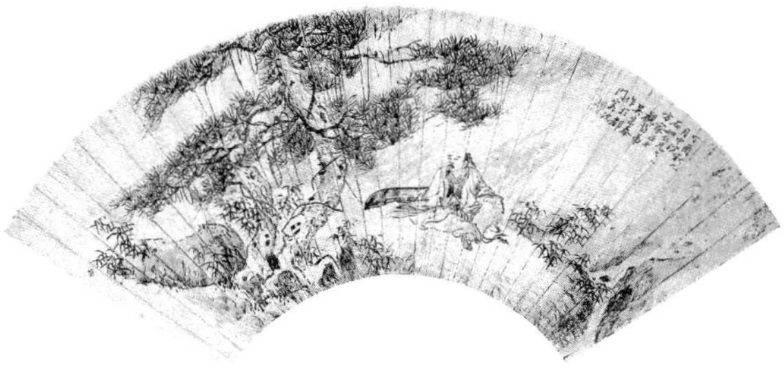

图五 《松下听风图》

然而，其中把吴观岱在京的时间说是“从 1897—1909 年，吴观岱基本上每年都有北京作品；这 12 年廉泉和吴观岱大体都住在北京，谋求发展。两年之后，1912 年，才又有北京作品，从这时起吴观岱已经回到无锡”。按此说来，在 1910 年、1911 年两年中由于吴观岱不在北京，所以也没有北京作品了。此说值得商榷，因按所见画迹而言。如画册“图 18”《松壑鸣泉图》，款识：“松壑鸣泉图，仿黄鹤山樵。庚戌秋八月中浣，梁溪吴观岱画于都门。”此题识中的“庚戌”，即公元 1910 年，此画自题作于北京（都门）。其次，又有称吴观岱“1912 年，才又有北京作品，从这时起吴观岱已经回到无锡”。按此说自 1913 年起，吴观岱就没有北京作品了？事实也不是如此。“图 28”《重阳风雨图》（图六），款识：“满城风雨近重阳。用大涤子法，画奉康平仁兄先生教。癸丑新春，吴观岱同客都门”，其中的“癸丑”即公元 1913 年，而且该画明确作于北京。

其实，按所见画册中的画迹来看，吴观岱自 1897 年随廉同往北京发展后，从 1897—1909 年常居于北京鬻画。自 1910 年（庚戌，时年四十九岁）起，不知出于何种原因经常往返于北京与上海、无锡之间。如“图 19”《秋山行旅图》，题识：“（诗文从略）庚戌谷雨后三日，师石溪师笔意。吴观岱时客申浦。”其中的“庚戌谷雨后三日”是指 1910 年的春季，“时客申浦”说明他当时客居在上海（申浦）。而上述“图 18”《松壑鸣泉图》题识“庚戌秋八月中浣，梁溪吴观岱画于都门”，即 1910 年的秋季，他又回到了北京。上述“图 28”1913 年作北京的《重阳风雨图》亦属此例。

若要探究此事原因，或可解说为，由于如上述 1912 年作于北京的“图 25”《柳桥扁舟图》中画家所流露出的思乡之情，加上他经过多年的苦心经营在北京的鬻画生意颇为兴盛，所以又不忍舍弃，才因此“两难”而只得常往返于京、沪、锡之间。

另外，又有“图 17”《松风茗熟图》，款识：“松风茗熟。镜洲仁兄大人雅正，己酉新秋，弟吴观岱时客邗江”，其中的“己酉”为 1909 年；“时客邗江”，邗江，今属江苏扬州市辖 3 个市辖区之一，它是古扬州的发祥地，因公元前 486 年吴王夫差开邗沟、筑邗城而得名。吴观岱于己酉（1909）新秋“时客邗江”，这或许与他在绘画上好取法“扬州画派”中如石涛、华嵒、黄慎、李复堂等相关。同时此亦

图六 《重阳风雨图》

为画册所收画迹中所见除北京、上海两地之外的又一游踪，因此也值得注意。

从画册所收画迹中看，自 1914 年（甲寅，时年五十三岁）起未见有题作于北京的画迹，虽不能因此而证明吴氏于 1913 年后已完全离开北京画坛，但据此也可作为一个大致的推想，准确的说法，只能有待于新证据的再发现。

六、有关吴观岱学画过程兼及画学石涛

读《吴观岱学术研讨会录音整理》[16]，有多位与会专家、学者就吴氏学画过程提出了自己的看法和意见。如石允文（台湾书画收藏家）在发言中有称：“吴观岱画风的形成：他的第一个老师是潘昼堂，深受改琦画风影响；但真正成就吴观岱画风的还是沈周，特别是 1915 年之后。吴的风格可分为三期：养成期主要是潘昼堂，远追改琦，再加点华嵒；中期是二石，主要由于廉泉的收藏；晚期回到无锡后偏向沈周，走苏州吴门的路子。其晚年作品基本都学沈周。晚清民国最早学习石涛画风的是顾麟士，接着是陈半丁，然后就是吴观岱。而这三人基本就代表了石涛风格在近代绘画史上的兴起。而吴观岱最让人敬佩的是：在传统氛围之下，几乎没有四王体系的作品，这在当时是很大的勇气。”其中把吴画风格（师承）分为三期可称允当，这从画册所收作品中也基本可以反映。如潘锦（昼堂）为人物画家，吴从其学，因此画册所收“图 1”（约 1884 年）至 1907 年所作“图 9”（其中“图 2《茅桥闲吟图》约 1885 年，乙酉”为误注，误将该图右下画家诸健秋于 1945 年题识的时间“乙酉”当作吴作画时间）全为人物（仕女）画，其师法也确实不外乎追踪清画家改琦、华嵒和明人唐寅诸家。

然而，称吴“几乎没有四王体系的作品”，则难合事实。如“图 14”《崇山行脚图》1908 年作，款识：“背拟王司农（王原祁）大略。”再如作于约 1911 年的“图 48”款识“仿染香庵主（王鉴）法”，鉴此可知，吴氏当年绘画，并非对“四王”不屑一顾。

由于又提到“晚清民国最早学习石涛画风的是顾麟士，接着是陈半丁，然后就是吴观岱”。此说倒与所见多称吴为近代最早画学石

涛的画家有所不同。

顾麟士（1865—1930），字鹤逸，今苏州人，画学石涛，对此不妨可从顾麟士所撰二则相关记述中来看他对石涛其人其画的一些评价。其一，《僧石涛〈细雨虬松图〉轴》："上人山水取神遗貌，意逸笔奇，然实由人物入手，其源盖出黄鹤山樵，故下笔虽似草草，而周规折矩，弥极精严。尝得其临赵王孙画马，工整精到，信其各体皆得正法眼藏，宜为新罗一生服膺勿替矣。以所著《画语录》印而证之，知上人参透画禅，饱尝甘苦。今人莫明源流，妄拟其笔，抑何浅陋斯甚邪？此《细雨虬松图》古雅秀洁，撮其诗意名之，实非写雨也。"其二，《石涛僧〈水墨山水〉轴》："石涛画系干笔见长，此用湿笔焦墨，淋漓尽致，倍极神妙。真笔便佳，何论干湿？又况神与古会，兴往不可遏时邪？请与具眼者证之。"[17]再从所见顾氏传世画迹中来看，也确实多有"仿石涛笔意"的作品。按顾麟士上述二则题记内容，可见他对石涛绘画颇为推重，而其中最重要的应该是"以所著《画语录》印而证之，知上人参透画禅，饱尝甘苦。今人莫明源流，妄拟其笔，抑何浅陋斯甚邪？"这一句话。所谓"参透画禅，饱尝甘苦"，用今天的话来说便是石涛能以古奥的禅机来阐发画理，并在创作实践中加以发挥运用（创造），加上生活经验（包括从大自然中摄取营养）等，如"搜尽奇峰打草稿"等，从学者如果不具备这些条件，那么就难免"妄拟其笔，抑何浅陋斯甚邪？"这也可以说是顾麟士学石涛的心得之言。再回观顾麟士"仿石涛笔"的一些作品，在总体上就是缺少"参透画禅，饱尝甘苦"，所以只能"妄拟其笔，抑何浅陋斯甚邪？"从这意义上来说，有关画学石涛，时间上的先后其实并不重要，而重要的是从学者最终得到的是什么，即能否在学其迹的同时，也能师其心，并能跳出石涛而自成家数——作品别开生面，自成面目。这也是中国绘画史上所有大家必须具备的条件。据此，顾麟士的学石涛，按其画迹而言，只能说仅得其皮相（笔墨程式），并没有成功。

再看画册中吴观岱学石涛画迹的二则题识，如"图 28"《重阳风雨图》1913 年作，题识："画学写意起于元朝，而盛于明代。启南之苍古莫及；八大山人长于用笔，而屈于用墨；清湘大涤子用墨最佳，笔次之。笔墨之难也如此。兴之所至，笔即随之，自有天趣。以画自娱则高，以画为业则陋耳。观道人五十以后作"；又如 1915 年"图 31"《仿诸家山水四屏》之一，题识："古人作画以天地为师，缩造化于楮墨，为造化传无穷之变态。今人学画，能以古人为师已上乘矣。余于此中甘苦三十年，东涂西抹，无所适从，兴至辄画，意懒即止。东坡先生云'画以适吾意'，此语最可寻味。乙卯（1915）冬日，吴观岱记。"

清画家李复堂曾在其《题水墨花卉屏》中谓："八大山人长于用笔，而墨不及石涛。清湘大涤子用墨最佳，笔次之。"再从吴"今人学画，能以古人为师已上乘矣。余于此中甘苦三十年，东涂西抹无所适从，兴至辄画，意懒即止"[18]此句话来看，他自言学画未能"以天地为师，缩造化于楮墨，为造化使无穷之变态"。他学古人画也是仅停留在师古人之迹（笔墨程式），而未能师古人之心。他的绘画同样由于缺少变革，乏于创造，而最终未能形成独特、鲜明的自己风貌，从其画册所收的作品便可以证明。因此，吴观岱的画学石涛，也没有成功。而所见有评论称吴观岱"成功地拨动'四王'画风向'四僧'画风的转化，成为现代中国山水画新绘画传统的奠基者"[19]，为言过其实之论。

有关吴观岱在近现代画坛的地位，有人称吴为二三流画家，也有人称"从综合的高度看，吴观岱是出色的，他的全能，他的基本功扎实程度，他的文人传统，他完全有理由成为至少二流，是介于一流与二流之间的画家"。

由此可见，吴观岱之所以难称第一流，即尽管他绘画具有扎实的基本功，于画科又堪称全能，又有文人传统，但由于他的绘画最终未能形成独特、鲜明的自己风貌，无法跻身第一流。其实诸如此类的画家，自清末民初以来并非吴观岱一人，如与吴观岱同时的陆廉夫（恢）、顾麟士（鹤逸）等均属此类。

但是，尽管如此，鉴于吴观岱绘画的经历及其艺术才能，他在当时北京、上海、无锡等地画苑中有着相当的声名和影响，因此，他对近现代无锡画苑的影响确实起到了“开风气之先”的作用，这是毋庸置疑的。有关这些，如所见《布衣能为风气先——吴观岱书画艺术的风格及其时代意义》[20]在相关论述中对此已作有比较客观公允的评述。

因有学者还称：“但真正成就吴观岱画风的还是沈周，特别是1915年之后……晚期回到无锡后偏向沈周，走苏州吴门的路子。”这从画册所收入的画迹来看，也确实如此。对此，我们可以设问，吴因何到了晚年“偏向沈周”？而且在他一些学沈周的画迹上，连题款的书法也学沈周，对于这些，以笔者看来倒是“吴观岱研究”可值得思考和探究的一个问题。

注　释

[1]《(吴观岱研究）专题》,《无锡文博》2014年第4期。

[2] 南京博物院、无锡博物院编著:《江南老画师——吴观岱》，江苏美术出版社，2012年版。

[3] 钱孙卿撰:《孙庵年谱》，1943年刊，聚珍版毛边纸线装本。

[4]《(吴观岱研究）专题》,《无锡文博》2014年第4期。

[5] 俞剑华编著:《中国美术家人名辞典·吴徵》，客观地说吴待秋山水画确实一生未脱王麓台（原祁）窠臼。马叙伦:《石屋续沈》，上海书店，1984年版，有《吴待秋画》一文，批评与引文相同。

[6] 陈声聪:《兼于阁诗话》，上海古籍出版社，1985年版。

[7] 梁巘:《承晋斋积闻录》，上海书画出版社，1984年版。

[8] 陈东、潘凯:《吴观岱研究三题》,《无锡文博》2014年第4期，其中误将“解弢馆”说为清画家改琦室名。

[9] 王中秀等:《近现代金石书画家润例》，上海画报出版社，2004年版。

[10] 金城曾创设湖社画会，他去世后，1927年由其子金潜庵发起重组湖社画会，并编辑出版《湖社》月刊。

[11] 黄任轩（生卒年不详），无锡人，工诗。1907年曾与邑人杨楚孙同游学日本，并在日本与郁达夫之兄郁曼陀等结“思古诗社”唱和。事见孙伯亮编刊《杨楚孙先生诗集》，1948年聚珍版毛边纸线装本。

[12] 陈玉堂编著:《中国近现代人物名号大辞典·蒋维乔》，浙江古籍出版社，1993年版。又：为慎重起见，笔者重读了刊于中华书局1985年5月版《学林漫录》十集，牟小东《冲破封建藩篱的教育总长（蔡元培)》一文中述谓:（1912年7月）“蔡元培辞去教育总长以后，蒋维乔还留在教育部。蒋提议委蔡元培做北京大学校长……”，第60页。

[13] 孙殿起辑:《琉璃厂小志》，北京古籍出版社，1982年版。

[14] 郑振铎:《西谛书话》，生活·读书·新知三联书店，1983年版。

[15]《吴观岱学术研讨会录音整理》尹光华发言，《无锡文博》2014年第4期。

[16]《(吴观岱研究）专题》,《无锡文博》2014年第4期。

[17] 顾文彬、顾麟士续撰:《过云楼书画记·续记》，江苏古籍出版社，1999年版。

[18] 石涛著，刘长久校注:《石涛画谱》(附《历来对石涛画法画论的评价》)，四川美术出版社，1987年版。

[19]《(吴观岱研究）专题》,《无锡文博》2014年第4期，第20页。

[20]《(吴观岱研究）专题》,《无锡文博》2014年第4期。

《闹红精舍遗稿》初探

潘振中　陈　东*

【摘要】《闹红精舍遗稿》是胡汀鹭去世后由其门人许瘦峰搜集编辑而成。内容分诗、词、联语、论画、附录五个部分，卷首有许瘦峰撰写的《前言》。《闹红精舍遗稿》内容不多，然而底蕴丰厚，大致可以窥见作者的平生交游、精神面貌、文学造诣与绘画旨趣。胡汀鹭平生交游甚众，多为近代文坛艺苑重要人物；其诗词，多描写国家兴亡、民生疾苦、胸怀抱负与人生沉浮；诗词造诣颇高，体现了传统"诗庄词媚"的特点；其画论追寻"风雅、天真率性"的晋人风度，提倡石涛的创作精神。

【关键词】《闹红精舍遗稿》　胡汀鹭　诗词　联语　论画

胡汀鹭（图一），名振，字汀鹭。《闹红精舍遗稿》（图二）是胡汀鹭去世后由其门人许瘦峰搜集其画论、楹联、诗词等编辑而成，其中尤以词居多，显示出他的文学成就。"闹红精舍"系胡汀鹭作画之室名，"时先生因家居屋小如舟，乃于城内小娄巷'大陆旅社'借一房间作画室。当时旅店中私娼甚嚣，先生平生洁身自好，能出污泥而不染，遂颜其画室为'闹红精舍'以嘲之"[1]。精舍之名，当指课徒授业的学舍。《后汉书·党锢传·刘淑》："淑少学明《五经》，遂隐居，立精舍讲授，诸生常数百人。"宋吴曾《能改斋漫录·辨误二》亦谓："古之儒者，教授生徒，其所居皆谓之精舍。"姜夔《念奴娇·闹红一舸》首句有"闹红"一词，宋祁《玉楼春·春景》亦有"红杏枝头春意闹"诗句，均寄托了诗人对自己的超凡脱俗的生活理想的追求。"闹红精舍"，描写学馆，寓意隽永。

图一　胡汀鹭

* 潘振中：无锡市退休教师
陈东：无锡市邮政管理局副局长

图二 《闹红精舍遗稿》封面书影

《闹红精舍遗稿》内容分诗（上、下、补编三编），词（上、下），联语，论画，附录（一、二）五个部分。该书卷首为许瘦峰撰写的《前言》：

汀师生前刻有题画诗词集一小册，邑中图书馆实有度藏。此其遗稿，乃刻集后所作者。师殁于抗战胜利前一年，其时瘦峰旅居重庆。胜利后归来为之草草搜罗，所得不多。嗣荷德雄三兄学长携赠前辈徐育柳秋客同门手抄师之遗稿，经与瘦峰所有者相互参阅，去其重复，汇成斯册，公诸同好。唯写录不免笔误，校对容有疏忽，而次序尤难编排，学术浅陋，责无旁贷，幸读者谅之。闹红精舍乃师作画之室，因即以为遗集之名，亦聊存一故实而为纪念之意云尔。许瘦峰谨识乙酉沪上。

《前言》中所说“汀师生前刻有题画诗词集一小册”，即柳亚子1923年题序的《汀鹭〈画缀〉》，“德雄三兄”乃胡汀鹭第三子。1945年，许瘦峰将《题画诗词》和《论画语录》辑成《闹红精舍遗稿》（下文统一简称《遗稿》）一书。附录一有钱名山、裘可桴挽联，孙伯亮《悼胡汀鹭老画师十绝句》，跋语尤有史料价值。末有许瘦峰《得上海航邮惊悉汀师仙去痛悼一绝句》；附录二有吴观岱《题胡汀鹭画辑》七绝二首，顾鹤逸七律一首，廉泉《赠胡汀鹭》五律一首，孙寒厓《题胡汀鹭画缀》五律一首。《遗稿》由扬州图书馆古籍部用钢板誊写，毛边纸油印，封面许瘦峰题签，卷末注明“非卖品”。

《遗稿》目次（图三）及诗词篇数如下：诗（上、下、补三编），上编：五律5首，五绝11首，七律3首，七绝12首，有题者5首（其中题画诗五绝2首）。下编：五绝2首，七律3首，七绝10首。补编：五绝1首，七绝9首。词（上、下二编），上编21首，下编24首（其中录梁公约和《点绛唇》一首）。联语4副。论画6篇。附录（一、二）。

《遗稿》所用词牌：《金镂曲》3次（2次作《贺新凉》），《念奴娇》8次（1次作《湘月》，3次作《百字令》，2次作《壶中天》，2次作《念奴娇》），《翠楼吟》1次，《陂塘柳（摸鱼儿）》1次，《醉花阴》1次，《浪淘沙》3次，《罗敷艳歌（采桑子）》1次，《青玉案》1次，《一斛珠》1次，《南浦月》2次（1次作《点绛唇》），《踏莎美人》2次，《南歌子》1次，《清平乐》1次，《露华》1次，《浣溪沙》1次，《踏莎行》1次，《丁香结》1次，《瑶华》1次，《长亭怨慢》1次，《台城路》1次，《扫花游》1次，《甘州（八声甘州）》1次，《蝶恋花》3次，《法曲献仙音》1次，《倦寻芳》1次，《减兰（减字木兰花）》1次，《莺啼序》1次，《西江月》1次，《高阳台》2次。

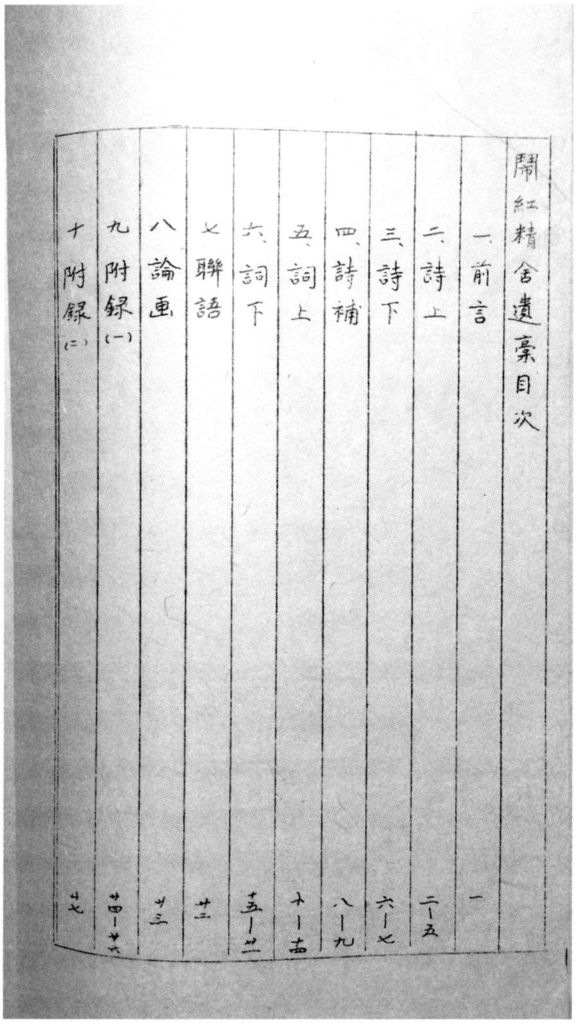

閙紅精舍遺稿目次

一、	前言	一
二、	詩上	二—五
三、	詩下	六—七
四、	詩補	八—九
五、	詞上	十—十四
六、	詞下	十五—廿一
七、	聯語	廿二
八、	論畫	廿三
九、	附録(一)	廿四—廿六
十、	附録(二)	廿七

图三 《闹红精舍遗稿·目次》书影

胡汀鹭的诗词当然远远不止这些。随手检阅几本画册，其诗词则宛然在目，“燕语春风暖，花笑春风香。踏青诸女伴，新剪红罗裳”[2]（图四）。“人生唯有读书乐，我佛常具平等心。咀嚼甘同青菜味，古来隽永到如今。”辛酉（1921）春日为“平民读书会”画[3]（图五）。“沈郎风雅超流俗，癖爱幽兰有素心。举目茫茫怜众醉，欲将屈子铸黄金。不以色相媚人目，自有贞心竟体香。何处尚存干净土，每逢花放说三湘。”（图六）癸未（1943）暮春《兰石图》[4]。“杖策独寻芳草去，提壶又带夕阳还。夭红穉绿青如海，妆点山人屋数间。”（图七）己巳（1929）秋九月《杖策独寻图》[5]。“曲高尽付红红记，词妙宜歌字一双。

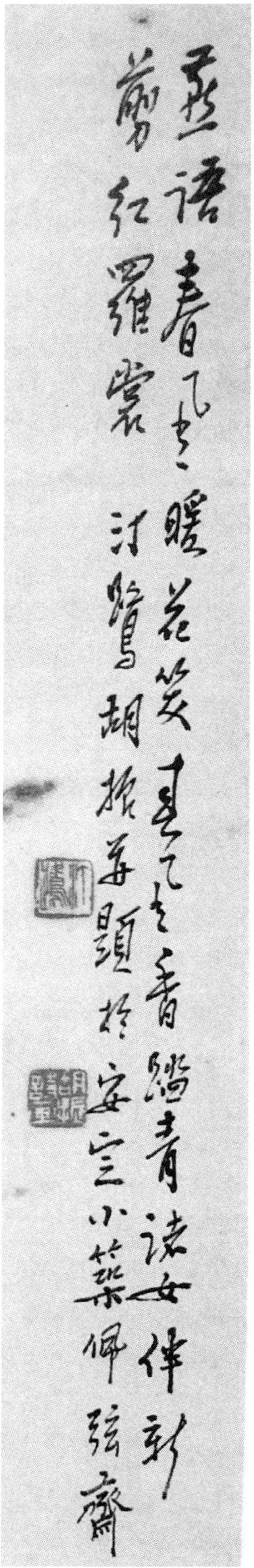

图四　胡汀鹭诗词

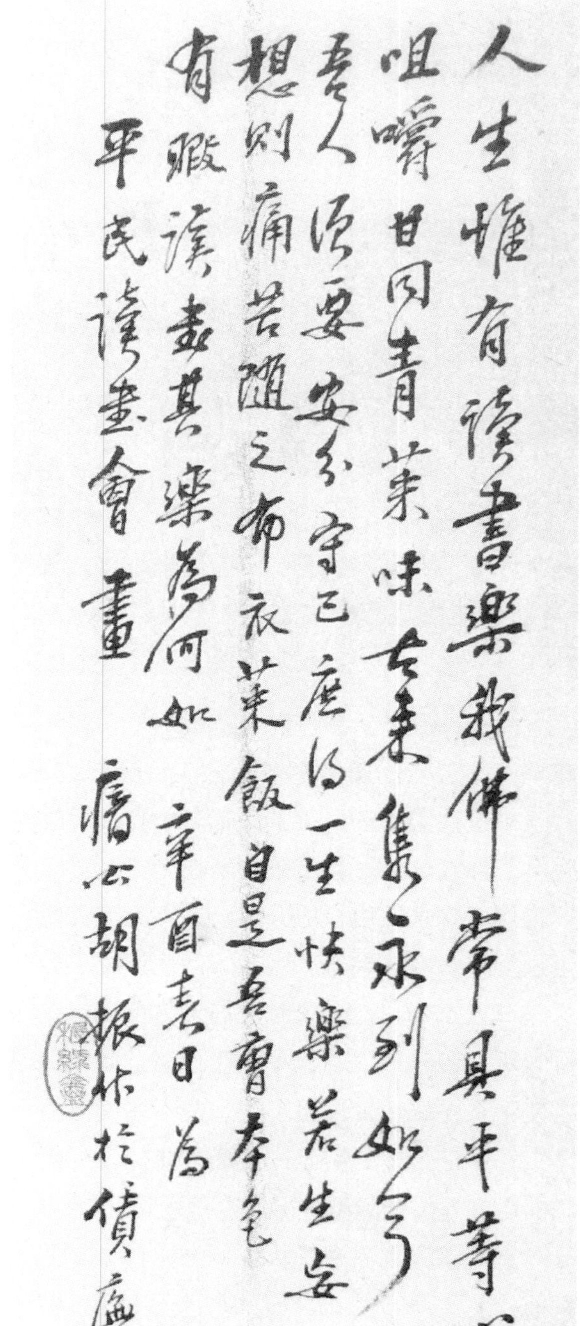

图五 胡汀鹭诗词

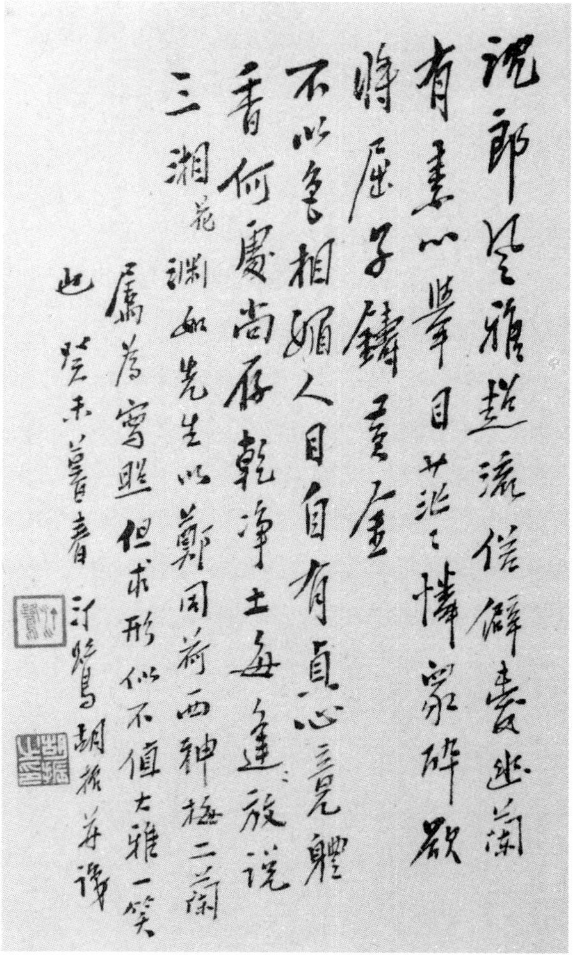

图六 胡汀鹭诗词

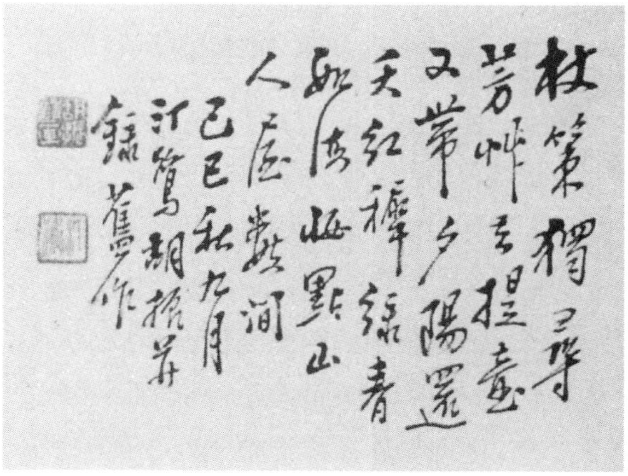

图七 胡汀鹭诗词

标格莫言寒瘦甚，黄金不惜铸长江。”（图八）戊寅（1938）冬日《雪后初晴图》[6]。“东风镇日漾晴丝，风定落花迟。千秋索冷，衣香犹在，人去何时？子规啼断折残枝，愁绝有谁知？倩魂消尽，粉墙一抹，曲径迷离。”（图九）《眼儿媚·山水扇面》[7]。“瑶草何须问十洲，吹箫人忆旧朱楼。双飞月下骑鸾女，曾染红云在指头。”[8]（图一〇）“花繁叶密紫云碎，百结流苏蝶成队。苍龙欲趁风雷起，乳鸭惊啼影在水。水净天空涵虚绿，桃花春雨连宵足。

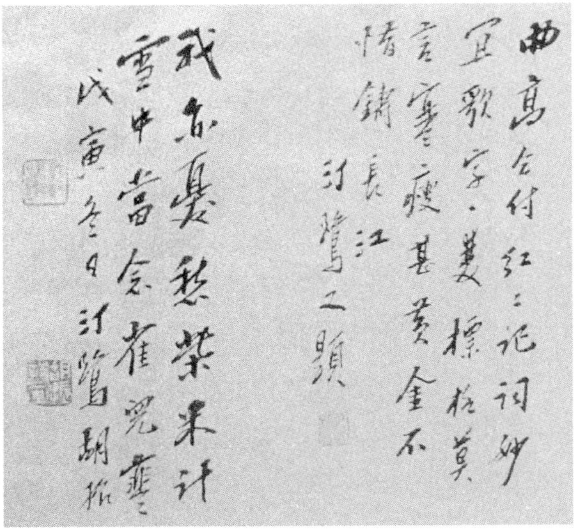

图八 胡汀鹭诗词

图九 胡汀鹭诗词

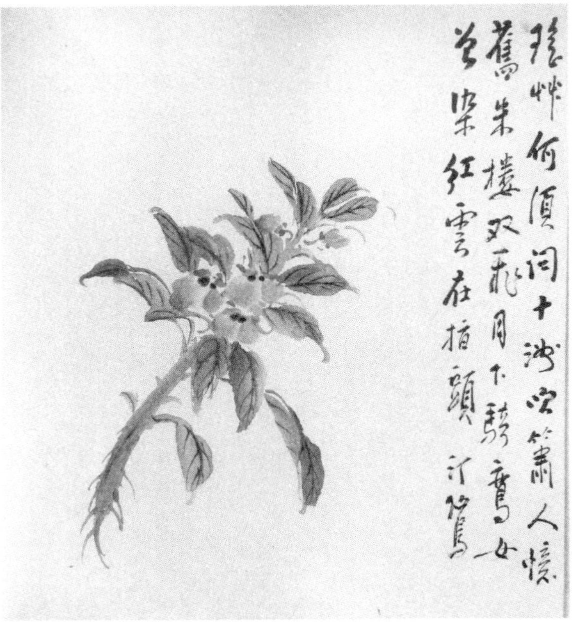

图一〇 胡汀鹭诗词

闲棹小艇摘藤花，醉眠一觉藤为幕。”丁卯（1927）秋日[9]。

胡汀鹭对长短句颇有造诣。词牌《念奴娇》，又名《大江东去》《酹江月》《杏花天》《赤壁谣》《壶中天》《百字令》《湘月》等，在《遗稿》中，《念奴娇》用 2 次，《湘月》用 1 次，《百字令》用 3 次，《壶中天》用 2 次。词牌《青玉案》有正体与摊破、减字变体数种，后段第二句或 7 字，或 6 字，或 8 字。正体多为 7 字拗句——仄仄平平仄平仄，而胡汀鹭用 6 字变体——“正妆卸踈慵候”，可见其对词牌把握的熟练。

关于许瘦峰，文献资料记载不是很多。许瘦峰是小说《红岩》中革命烈士许云峰之兄，许云峰是许家第三个孩子，真名永安，后改为晓轩。许晓轩结婚后不久，经在无锡九丰面粉厂工作的哥哥许瘦峰的介绍，进入无锡公益铁工厂。1940 年，许晓轩在重庆大溪沟 21 兵工厂一户人家中召开会议时被捕，关押在望龙门看守所。1941 年，得知家人正设法营救他，为了使家人了解他，便写了“宁关不屈安”的字条，秘密带给他的胞兄许瘦峰。此件为一级文物，后许瘦峰捐赠给红岩革命纪念馆[10]。

上海掌故大家郑逸梅（1895—1992）先生藏有二印，印文一曰“逸梅九十以后翰墨”，一曰“补白大王长寿翁”。治印者即许瘦峰。撰语者孙伯亮（晴梅）先生（1903—1988）是民国新闻界人物，在无锡曾与许瘦峰比邻，二人都是郑逸梅的老友，且皆为胡汀鹭的门人，为挚友。1985 年曾相携以上二印贺郑逸梅先生九十大寿。抗战时期，许瘦峰一家居住在重庆，后来回到故乡江都。1989 年蜡刻 16 开本油印本《瘦庐题画稿》一册，扉页有孙伯亮赠诗：“用晦平生爱远游，嘉陵巫峡十年留。而今老上黄山去，却怪黄山未白头。丹青余手更能诗，篆刻精工独秘之。三绝郑虔今已老，白头相对故人知。同登黄山奉赠瘦峰大兄即题尊集乞正，甲寅孟秋弟孙伯亮。”孙伯亮编《扬州游记》（油印本）首页署：“无锡孙伯亮编，许瘦峰校。”孙伯亮掇拾《书林琐录》（1981年8月）16开油印本，扬州图书馆古籍部辑印，署：“无锡孙伯亮掇拾，许瘦峰校核。”

《遗稿》内容不多，然而底蕴丰厚，大致可以窥见作者的平生交游、精神面貌、文学造诣与绘画旨趣。

一、平 生 交 游

胡汀鹭平生交游甚众，本文研究只限于《遗稿》所涉及的人物。

《五律·新历元旦寄费范九》，费范九（1887—1967），名师洪，字知生，通州平潮人。中年后皈依佛门，法号慧茂居士，晚年自号慧茂老人。民国初年任张謇秘书，协助张謇兴办水利保坍工程近10年，后又辅助治理两淮盐务，并主编《南通报》，深得张謇先生器重。费范九从商务印书馆退休后回到家乡，任南通市人大代表、政协委员。

《七绝·挽程颂嘉》：“一盏寒泉菊一枝，含毫忍泪荐君时。于今又是重阳节，相约登高却共谁？”《念奴娇》有小序：“每岁除日午后，偕程子颂嘉游惠山，登云起楼，酌酒品茗，习以为常。今程子卧病已逾三年，余则于客中过却。乙亥（1935）正月独游惠山，归谱此解[11]，并作登楼别岁图，以似[12]颂嘉病榻卧游。”20世纪初，程颂嘉与汪静山（仁寿）、王云轩（鹤巢）、胡汀鹭常在城中三皇街慎和堂聚饮谈书画，时称“鹤巢四友”。程颂嘉有遗著《宝砚斋遗稿》。1920年成立的无锡的锡山书画会，主要成员有胡汀鹭、贺天健、程颂嘉、王师子、诸健秋、王云轩等。

《七绝·题梁公约画芍药》：“风流儒雅梁公约，与我论交已廿年。不胜黄垆今昔感，广陵花枝暮春天。”梁公约（1864—1926后），近代画家，名菼，一字慕韩，号饮真，江苏江都人。清季诸生，工诗善画，画芍药最有名，人称“梁芍药”。在南京高等师范图画科、南京美专诸校执教时，与胡汀鹭同事而交好。胡汀鹭所藏二件墨宝，由梁氏填《金缕曲·题顾梁汾先生遗墨》一阕书跋。郑逸梅《艺林散叶》记载：“无锡名画家胡汀鹭（振）藏有清初词人顾梁汾（贞观）书寄吴汉槎《金缕曲》词笺，纳兰性德（容若）书词笺墨迹。”柳亚子《磨剑室诗词集》亦有《题顾梁汾书寄吴汉槎金缕曲，为胡汀鹭赋》诗赋。夏承焘《天风阁学词日记》记称：“一九三〇年十月廿五日玉岑寄来无锡胡汀鹭影印顾梁汾书寄吴汉槎二词，纳兰容若水调歌头题洞庭图二笺，小楷工秀，皆稀世之宝。汀鹭得于汪静山处，后有裴睫庵（景福）、梁公约三诗一词，殊不甚工。玉岑为汀鹭介予题词，午后得金缕曲一阕。”[13]

郑逸梅掌故记云：“（胡）旋来海上，寓居哈同路之慈厚里，予与眠云及蒋吟秋同往访之……（胡）作枯木小丘立幅三，分贻我侪三人，予获其一。有题云：‘惊看执手君犹昔，我已苍然作老翁。身世同悲绕树鹊，生涯应叹转丸虫。非关疏懒居人后，不惮箪瓢付屡空。历劫相逢岂易得，一樽且尽醉红颜。辛巳冬日，老友赵子眠云，偕郑逸梅、蒋吟秋两先生过访沪上寓庐，予与眠云别已十年，避身针孔，劫后余生，一朝相晤，其快何如？同醉市楼，归成此咏，即呈逸梅先生斧政！汀鹭录稿。’”[14]

汪仁寿（1875—1936），字静山，中国近代著名金石学家，古文字学家，书法家，一字尔康。幼从杨见山学汉隶，后研究金石文字，历时30年，于1926年辑成《金石大字典》32册问世。碧梧山房印行的《钟鼎籀隶大观》碑帖，亦由汪氏题署。

夏承焘《学词日记》中谓："玉岑为汀鹭介予题词，午后得金缕曲一阕。"玉岑即常州词人谢觐虞（1899—1935），谢稚柳之兄。工书法，能画，尤工词学。平生广交游，与夏承焘订交最早，情谊深厚。谢与胡汀鹭亦友好。谢玉岑才高命短，英年早逝。胡汀鹭撰《挽谢玉岑》云："神伤易感，骨瘦难支，世上已无特健药；深巷斜阳，小楼重幕，我来正是落花时。"又有《七绝・画飞燕落花图于亡友谢玉岑书扇后》："三月春深正花落，飞来燕子怨东风。池塘草色青如此，怎不相思忆谢公？"

《西江月・为李柏森画扇并题》，李柏森（1881—1970），1913 年，杨楚孙创办《新无锡报》，聘其为新闻部总编辑。1922 年，李柏森辞去《新无锡报》总编辑，9 月 1 日自办《无锡新报》并任社长兼主笔。该报共出版 110 余期，主要详述国内外新思想，宣传新文化运动，多为进步教师和学生投稿。

《百字令・寄傅心畬》，溥心畬（1896—1963），原名爱新觉罗・溥儒，初字仲衡，改字心畬，满族，为清恭亲王奕訢之孙。曾留学德国，诗文、书画皆有成就。工山水、兼擅人物、花卉及书法，与张大千有"南张北溥"之誉，又与吴湖帆并称"南吴北溥"。词的末句"愿君慷慨同赋"，二人应有词赋往来。

《挽赵古泥》联："松禅书法，苦铁图章，海内尽知名，绝艺多君归腕底；惠麓品泉，虞山访墓，年来都失意，旧游到底在心头。"挽联中松禅，翁同龢号；苦铁，吴昌硕别号。惠山之麓有"天下第二泉"，常熟虞山有仲雍墓。赵古泥即赵石（1874—1933），江苏常熟人，初名鸿，字石农，号慧僧。后来因喜爱封泥古朴趣味，改号"古泥"。晚年号石道人、泥道人。治印大气磅礴，与缶庐难分轩轾。

《贺新凉・中秋望月寄孙寒厓先生》，孙寒厓，即孙揆均（1866—1941），字叔方，又名道毅，号寒厓，江苏无锡人，孙继皋第九世裔孙。孙揆均工诗善书，书工瘦金体，兼得褚遂良真韵，清俊苍秀，题额匾联流传颇广。老年后以鬻字为生，荣宝斋代为收件，写一副对联银洋八元，一把扇面银洋二元，商店招牌及娱乐场所广告一律拒写。世传女书法家吴芝瑛（孙揆均表弟廉泉的夫人）为鉴湖女侠秋瑾立碑传记、为救国上两宫太后书、写经等文字多为孙揆均代笔。能诗，诗意苍朴，有诗集《寒厓集》传世。卒年七十五。《遗稿二》有《题胡汀鹭画缀》诗。

《贺新凉》小序："天徒新园落成，招饮坐忘庐。嘱为补图，爰题此阕。"秦毓鎏（1880—1937），又名念萱，字晃甫，号效鲁，晚号天徒、坐忘，同盟会会员，近代资产阶级革命者，江苏无锡人。"二次革命"时，与黄兴等起兵讨伐袁世凯。曾被捕入狱。清宣统元年九月二十日（1909 年 11 月 2 日）与孙保圻、吴廷枚、蒋曾燠等集资创办无锡第一张日报《锡金日报》。

《壶中天》小序："戊寅（1938）初夏，最后作此以示秋客商正。朅来心绪恶劣，醉梦中也。并制图以赠。"又一《壶中天》小序："戊寅秋日，偕徐秋客买醉市楼，沧桑兴感，怅然赋此。"又词《高阳台・寄秋雨景溪》，徐秋客，字景溪，无锡人。

《百字令》小序："蠡园饯春，午后微雨，同游者，侯伯文、张补园、诸健秋、孙伯亮、徐秋客、虞循正。"张补园，号余叟，无锡人，书画名家。诸健秋（1891—1965），名鹄，一字若侯，无锡城内顾家弄人。1920 年师从吴观岱，1924 年，诸健秋协同胡汀鹭创办无锡美术专科学校；1935 年云林书画社成立，被推选为副社长；1956 年被聘为江苏省文史馆馆员。绘画风格苍润清秀、平淡天真。侯伯文、虞循正资料缺如，俟有识者补之。

《遗稿》中一些诗词是胡汀鹭写给弟子许

瘦峰、孙伯亮、钱松嵒、王汝霖等人，如《五律·沪江旅夜不寐寄晴梅瘦峰》《五绝·题画兰——赠孙伯亮》《减兰·自题画菊寄伯亮》《为松嵒研弟画并录旧作》。《五绝·悼亡后为汝霖作扇面》诗颇伤感，有云：“星星潘鬓白，休问近如何。”王汝霖（1907—2003），字郇雨，无锡市人，国立中央大学毕业，曾师从胡汀鹭，后选读于徐悲鸿、吕凤子门下。钱松嵒（1899—1985），号芑庐主人，宜兴人，著名画家，他和傅抱石等创建了“新金陵画派”。

《附录一》有钱名山《挽胡汀鹭联》：“小别遽千年，心性相孚，下走能无知己感；天才超一代，丹青余事，先生竟以画人传。”作者褒扬胡汀鹭天生才华，而为丹青所隐。钱名山（1875—1944），字梦鲸，振锽。世居江苏常州菱溪，是著名诗人和书法家，人称江南大儒，光绪二十九年进士，培养了大批书画诗词方面的泰斗，如谢玉岑、谢稚柳、马万里等。著有《名山集》《名山诗集》等。

裘可桴《挽联》：“珍品我曾题，得吴扇顾图于偶逢；晚年君太苦，比石田衡山为不寿，皆画苑传人。”联中所谓“吴扇顾图”，即郑逸梅《艺林散叶》记载：“无锡名画家胡汀鹭（振）藏有清初词人顾梁汾（贞观）书寄吴汉槎《金缕曲》词笺，纳兰性德（容若）书词笺墨迹”。裘可桴（1857—1943），无锡人，原名廷梁，字葆良，别字可桴，1912年民国成立后以“可桴”行于世。光绪十一年（1885）中举，会试两不中，遂绝意科举，转而致力于“西学”“新学”。于1898年5月创刊了《无锡白话报》，他是我国白话文运动的先驱者之一。后来，在无锡开办了“三等学堂”“东林学堂”等新学堂及师范学校。

《附录二》有吴观岱与顾鹤逸的《题胡汀鹭画集》。吴观岱与胡汀鹭是近代无锡画坛双峰并峙的两大家。《遗稿》有《题吴观老为糜中平丈画梅》七绝一首。廉泉（南湖）《赠胡汀鹭》诗云：“抗手延陵叟，千秋两巨然。”（图一一）跋曰：“汀鹭工山水，与吴布衣观岱齐名。”顾鹤逸（1865—1930），名麟士，字鹤逸，是清末著名书画收藏家顾子山的孙子。擅画山水，亦精鉴别，秉承先志，广事搜求，使“过云楼”所藏书画更为丰富，《过云楼书画记》有详尽述录。廉泉（1868—1931），字惠卿，号南湖，又号岫云、小万柳居士，无锡城内水獭桥人，光绪二十年（1894）举人。精诗文，善书法，嗜书画、金石，遗作有《南湖集》《潭柘集》《梦还集》《梦还遗集》等，是无锡近代书画文化史一个非常重要的人物。

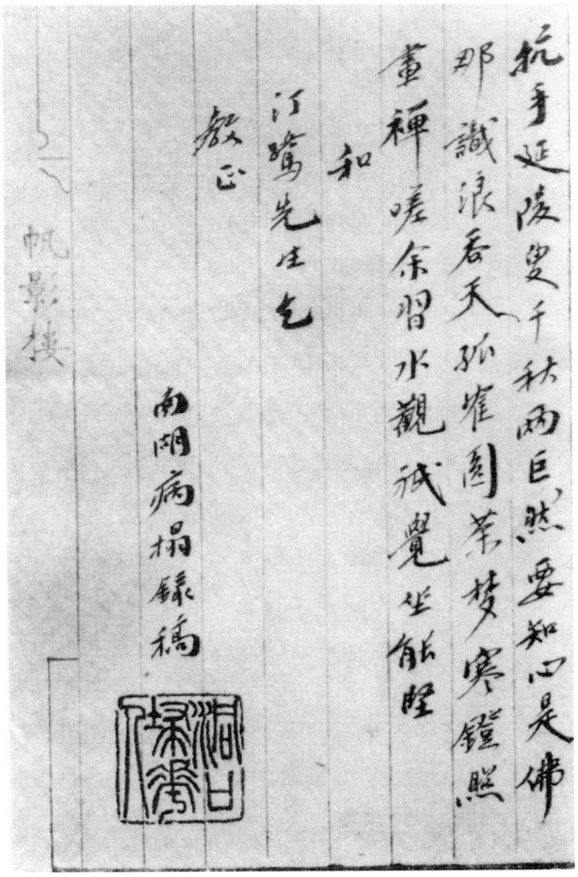
抗手延陵叟千秋兩巨然要知心是佛
那識浪吞天孤雀圓茶夢寒鐙照
畫禪嗟余習水觀祇覺坐能瞑
和
汀鷺先生也
教正
南湖病榻錄稿
帆影樓

图一一 廉泉《赠胡汀鹭》

二、精 神 面 貌

《遗稿》中有两首诗词值得注意。其一为《南湖居士建良祠成赋赠一首》：“出尘高致鹤盘空，应识前身是孔融。仗义几经遭党锢，逃禅一指已心通。湖山风雨埋秋侠，忠义祠堂祀赉公。娘子关头重过处，可堪涕泪吊英雄。”其二为《贺新凉》下阕：“雄心消尽君非昨。肯放过，狱中岁月，南华竟读。天徒在狱著有《读庄穷年录》，悟彻庄生坐忘理，不忘人间礼乐。一样是与人酬酢。自是烟霞为供养，观胸怀，澄定冰壶濯。消受得，山林福。”

“湖山风雨埋秋侠，忠义祠堂祀赉公。”1907年，秋瑾（1875—1907）就义的噩耗传到了结盟姐妹吴芝瑛的耳中，她悲痛欲绝，抱病写下了《秋女士传》和《记秋女士遗事》二文。秋，在廉泉的大力协助下，约盟妹徐自华（徐寄尘）在杭州为秋瑾买一块墓地。次年正月，将烈士遗柩运至杭州，廉泉则购买砖石，雇请工匠，葬秋瑾于杭州西泠桥畔、岳王坟之东，建“秋雨亭”。廉泉夫妇还请吴观岱绘“西泠寒食图”，以垂久远。墓碑由吴芝瑛书，题为“呜呼鉴湖女侠秋瑾之墓”。吴芝瑛还抚养了秋瑾之女王灿芝。

良弼（1877—1912），字赉臣，满洲镶黄旗人，清末大臣。武昌起义后，坚决主张镇压，反对起用袁世凯。1912年1月与溥伟、铁良等皇族成员组织“宗社党”（立宪维持会），被推为首领，反对与革命军议和，反对清帝退位。26日被彭家珍炸伤，两日后去世。廉泉与良弼是好友，廉泉等为良弼治丧，营葬于千杨厢，良弼家贫，妻早逝，留下三女，由廉泉、吴芝瑛收为养女。1913年在北京西城翊教寺建良公祠，竟祀辛亥烈士吴禄贞（1880—1911）与良弼于同一祠，吴稚晖称之为“甚奇特也”。[15]

1911年4月（辛亥农历三月），廉泉、吴芝瑛夫妇在北京小万柳堂作寒食节，在座的除了孙揆均、吴观岱之外，还有吴禄贞（绶卿）和良弼（赉臣）。吴芝瑛亲手制作羹汤，吴观岱画《驴背吟诗图》及仿石涛《东坡诗意图》，吴禄贞、良弼各得一幅，吴芝瑛各题诗其上，众人谈笑甚欢。然而不到一年，孙、廉二人的两位挚友，也恰是革命党、清廷两大阵营中的两位精英枏继被刺身死。廉泉有诗云：“哪堪重踏西城路，寒食招魂忆二贤。”且跋：“辛亥西城寒食之会，观岱为良赉臣、吴绶卿二烈士作画；寒厓孙先生自兰州到京，亦当日座上客，思之黯然。”孙揆均另有一诗也是记录此事：“回首西城作寒食，莺花三月雨如丝。断肠遽失两国士，零落江南老画师！”这样，胡汀鹭《南湖居士建良祠成赋赠一首》有言“可堪涕泪吊英雄”就不足为怪了。

“狱中岁月，南华竟读”，说的是秦毓鎏（天徒）二次革命失败后，以“附和内乱”罪被逮捕，后又被“商民”控告“贪污”，家产被抄，判刑9年，关押于苏州陆军监狱。在狱中他研读《庄子》，著成《读庄穷年录》两卷。1916年10月，被释出狱。1924年国民党改组，成立江苏党部，任执行委员。1927年4月任无锡县行政委员会委员长时，策动无锡“四一四”反革命事件，捕杀共产党员和革命群众。4月至12月任无锡县县长时，大肆镇压工农运动。1930年任江苏省民政厅厅长，不久去职。1931年皈依佛教。

“千秋功罪，谁人曾与评说”，古人的眼光、境界有异于今人的眼光、境界，胡汀鹭的是非臧否，自然有其历史的原因。“风流总被雨打风吹去”，历史当以历史唯物主义的眼光看待。

胡汀鹭的诗词，多描写国家兴亡、民生疾苦、胸怀抱负与人生沉浮，对国家山河破碎忧心如焚，溢于言表，“人间疑地狱”“同室犹操戈”（《五律》二首），“河山破碎月依然，对此清光不忍眠”（《戊寅元宵望月》），“花前忽念家山破，不独兰成赋可哀”（《看梅作》），“举目金瓯残又缺，正杜陵野老吞候”（《金镂曲》），这是暗用杜甫《春望》“国破山河在”的诗句，抒发忧国忧民的情感。

无锡沦陷期间，胡汀鹭经常借酒消愁，他写了许多充满愤懑之情的诗句："众人愿醒我愿醉，如此乾坤不醉何？满眼狂流无限感，恼人常觉醒时多。""开口尚留三寸舌，无如早已十年瘖。"（《醉中作二绝》）《楚辞·渔父》云："举世皆浊我独清，众人皆醉我独醒。"胡汀鹭面对"满眼狂流"，徒唤奈何，醒不如醉。"不信狂流沉大陆，举目苍凉无际，草木皆兵，豺狼当道，干净寻何地……欲把神州洗阴霾，谁扫碧天？欣看晴霁。"诗词中流露出胡汀鹭热爱祖国、向往光明，对国家、民族的前途充满着希望的真挚情感。

《附录》孙伯亮有诗跋云："丁丑之厄，公尝受辱。题所作画辄署曰：'大辱道人'。予以'辱'字太露，非明哲保身之道，劝改'浊'字。盖公原有'须眉浊物'一印，则浊字亦自有据。振公笑而从之。"所谓"丁丑之厄"，即1937年日军沦陷无锡，胡汀鹭避居太湖之滨吴塘门。返城后，曾在一幅《满天星梅花图》上题诗："故园归亦暂，三经乱蓬蒿。黄菊开愈瘦，重阳兴不豪。耐得西风寒，支持有旧袍。"[16]一日出西城门，拒不按日军规定脱帽，被日本哨兵用枪刺挑去帽子，他愤而归，自此，自号"大辱道人"，并蓄须明志决不向日人低头。

胡汀鹭，其名与字出自《诗经·鲁颂·有駜》："振振鹭，鹭于下。"[17]一字瘖蝉、瘖公，晚号大浊道人。"瘖蝉""瘖公"当是愤世嫉俗所起。瘖蝉即寒蜩，蝉的一种。《埤雅·释虫》："寒蜩即今哑蝉。哑蝉初瘖，及得寒露冷风乃鸣。"明李时珍《本草纲目·虫三·蚱蝉》："未得秋风，则瘖不能鸣，谓之哑蝉，亦曰瘖蝉。"所以胡汀鹭成名之后字"瘖"，非缄默，不语，而是"及得寒露冷风乃鸣"。于此，可窥见其精神境界之一斑。

他的诗词，很多是描写了大自然与乡村的美好，间或也描写他生活的困顿。"全家弱小谋生拙，满目烽烟行路难。"（《丁丑十二月上浣病后夜坐不寐画竹赠黄蔚翁》）"小屋如舟身作仆，老妻多病药当餐。久抛笔砚添新债，典尽衣裳忍晚寒。"（《偶成》）"索债由人，追欢在我。"（《念奴娇》）这有苦中作乐的味道。

孙伯亮《悼胡汀鹭老画师十绝句》按语："邓公春澍尝语予，汀公诗意多愁，比来尤甚，恐非佳兆。公本多须，乱中蓄之甚长，飘飘美髯公也……高野侯、汤定之诸老皆知，相衡以为大碍，劝公去之，公不可。临殁前十余日，犹为吾友王汝霖画一扇面，题句曰：'花亦因人瘦，含毫感慨多。星星潘鬓白，休问近如何？'乃其夫人殁后所作，实最后绝笔……秋后与夫人同病，其殁也不过相距十余日。公挽夫人楹帖有'愿作同命鸳鸯'之语……公自奉俭约而家庭负担殊重，润资到手立尽。会以为公为浪费，其实非也！春间钱名山师有调公一绝句，由予转致'汀州白鹭态仙仙，妙画而今正值钱。十二万金随手尽，又拖新债过新年。'则公之处境可知矣。"[18]从中可窥胡汀鹭当时境况实甚艰苦之一斑。

三、文学造诣

胡汀鹭诗词造诣颇高。王国维《人间词话》云："诗之境阔，词之言长。"中国的诗词作为最美的体裁传达了人类的美好情怀与精神境界，有语云："诗庄词媚"，诗重庄肃蕴敛、雅正刚挺，词尚谐婉有致、豁朗纤艳，胡汀鹭的诗词，也正体现了这一特点。读胡汀鹭的诗词，其"才"与"情"，犹洋溢在字里行间。清王夫之《姜斋诗话》云："才与无才，情与无情，唯此体可以验之。不能作五言古诗，不足入风雅之室；不能作七言绝句，直是不当作诗。"南宋杨万里《诚斋诗话》亦谓："五七字绝，句最少而最难工，虽作者亦难得四句全好者。"而绝句，五言犹难。南宋严羽《沧浪诗话》曰：“律诗难于古诗，绝句难于八句；七言律诗难于五言律诗，五言绝句难于七言绝句。”明王世贞《艺苑卮言》也持此议：“绝句固自难，五言尤甚。”

试看胡汀鹭五绝三首，“今年天气暖，十月似三春。戏水鸭儿乐，波光到底清”；“追思春社日，屋角桃花红。豚栅鸡栖对，乡村乐意融”；“桃柳媚春光，天晴鸟语忙。踏青无几日，忽又菊花觞”。平白如话，直追陶渊明田园诗篇，表现了诗人对淳朴田园生活的热爱，对理想世界的追求和向往。以白描手法勾勒景物、点染氛围，语言本色，真率朴素，笔调疏淡，风韵深厚，显示浑融意境又富含情趣，飘逸悠然、自然冲淡。梁实秋认为：“绚烂之极归于平淡，但是那平不是平庸的平，那淡不是淡而无味的淡，那平淡乃是不露斧凿之痕的一种艺术韵味。”

再如，“梨花淡冶色，月底更清新。如此闲庭院，谁怜寂寞春”（《题画五绝二首之二》），“凉风吹雨歇，绿树乱蝉啼。岚气沾衣湿，暮烟入望低”（《五绝二首之二》），深厚的感情用朴素平易的语言表达出来，富有情致和趣味。至于题画诗，诗与画情景交融，其内涵当细细品味。

格律诗的内容与形式之间的关系，非一言能蔽之，有助于内容的形式，会渐渐融入内容之中，赋予内容以生命，升华自己，感染他人。《沪江旅夜不寐寄晴梅瘦峰》颈联：“愿随曾皙后，肯逐祖生先”，可作如是观。曾皙，亦称曾点，字子皙，曾参之父，孔子早期弟子。《论语·先进》记载他在谈志向时，希望“莫春者，春服既成，冠者五六人，童子六七人，浴乎沂，风乎舞雩，咏而归”。夫子喟然叹曰：“吾与点也。”祖生即祖逖，东晋军事家，史曰：“范阳祖逖，少有大志，与刘琨俱为司州主簿，同寝，中夜闻鸡鸣，蹴琨觉，曰：‘此非恶声也！’因起舞……逖将其部曲百余家渡江，中流击楫而誓曰：‘祖逖不能清中原而复济者，有如大江！’遂屯淮阴，起冶铸兵，募得二千余人而后进。”“随”“逐”，表达了胡汀鹭精神境界的两个方面。

“河山破碎月依然，对此清光不忍眠。箫鼓通天怀旧节，干戈遍地过新年。”（《戊寅元宵望月》）首联用“（圆）月依然”反衬“河山破碎”，颔联用“箫鼓通天”比较“干戈遍地”，“旧节”与“新年”，抚今忆昔，感慨无限。

“剪刀风里裁新绿，几朵残红恋故枝。客况宜同飞燕说，痴情只许杜鹃知。未能免俗愁来日，岂不怀归又此时。小巷坐听樱笋卖，一杯婪尾饯春迟。”（《庚辰沪上饯春作》）贺知章《咏柳》有“二月春风似剪刀”句，清女诗人胡缘《送春词》有“尚有残红恋故枝”句，颔联“飞燕”“杜鹃”与“剪刀”“残红”呼应。“樱笋”，樱桃与春笋。唐陆龟蒙《奉和袭美所居首夏水木尤清适然有作次韵》：“亦以鱼虾供熟鹭，近缘樱笋识邻翁。”宋陆游《鹧鸪天》：“杖履寻春苦未迟，洛城樱笋正当时。”“樱笋”寄托的是淡淡的乡愁，如陈维崧《江南春·本意和倪云林原韵》“风光三月连樱笋”。清陆长春《金宫词》有“尊开婪尾饯春时”之句，婪尾，酒巡至末座。在诗词中，将燕子与杜鹃对举不是很多，辛弃疾《贺新郎》上阕有：“更那堪，鹧鸪声住，杜鹃声切……看燕燕，送归妾。”

词尚宛转柔美。胡汀鹭的词，结构缜密，语言圆润，注重音律和谐，词句绮丽清新，格调高雅而不颓靡，具有一种柔婉之美。《浪淘沙》：“且莫说清明，总是天阴。梨花瘦到怯生生，我亦春衫犹未换，休道寒轻。后约杳难成，鱼雁无凭。寂寥庭院只愔愔，小鸟也知人意思，屋角呼晴。”写得活泼、轻松，饶有趣味。“愔愔”是蔡琰《胡家十八拍诗》“雁飞高兮邈难寻，空断肠兮思愔愔”的“愔愔”。小鸟被拟人化了，一个劲儿“呼晴”，其实在呼

“情”，一语双关。

《南歌子》上阕：“燕子怜春瘦，桃花喜雨肥。柳丝系住夕阳西。怪煞催归枝上，子规啼。”“怪煞”一词绝妙，因为它要乱叫，“不如归去”。写相思，写愁绪，情景交融，不着痕迹。《闹红精舍遗稿》有两首《踏莎美人》，此词牌乃清人顾贞观的新翻曲，上三句《踏莎行》，下二句《虞美人》，由此可见胡汀鹭学识之广。

《闹红精舍遗稿》收联语4则，挽联2则（《挽赵古泥》《挽谢玉岑》），集句2则。集定山堂句：“露浥金铃，烟笼粉幕，莫遣银镫近画屏；梦浅无痕，怜深似海，细展红香温丽句。”《定山堂集》，清人龚鼎孳所撰，共47卷，包括《诗集》43卷，《诗余》4卷。“露浥金铃，烟笼粉幔”，出自《念奴娇》。“莫遣银灯近画屏”，出自《采桑子》。“梦浅无痕，怜深似病”，出自《百字令·和吴修蟾雨中春恨》。“细展红香温丽句”，出自《浪淘沙》。

集辛幼安词句：“冰蚕语热，火鼠论寒，从来天地一稊米；奴仆葵花，儿曹金菊，只堪松竹共凄凉。”辛弃疾，字幼安，号稼轩，有词集《稼轩长短句》。“冰蚕语热，火鼠论寒”与“从来天地一稊米”，出自《哨遍·秋水观》。“奴仆葵花，儿曹金菊”，出自《踏莎行·赋木犀》。“只堪松竹共凄凉”，出自《定风波》，原句为“只甘松竹共凄凉”。

正所谓“读书破万卷，下笔如有神”，胡汀鹭诗词的造诣，是建筑在继承传统的经典之上。

四、绘 画 旨 趣

胡汀鹭《画论》凡8则，涉及画人、画品、画史、画法诸方面。

米襄阳论鲁公书云：“如项羽挂甲，樊哙排突，硬弩欲张，铁柱特立。”此语见米芾《续书品》，亦见南宋赵与时所撰《宾退录》。其后尚有“昂然有不可犯之色”一句，是用比喻形容颜真卿的书法风格或特征。欧阳修《新霜二首》其二：“青松守节见临危，正色凛凛不可犯。”“不可犯”就是严正而令人敬畏，不容亵渎。书法点画形式的拟物性本身即包含了丰富的意味和情感的因素，无论是空间的还是力度的意味，优秀书法作品的点画形式，都可以通过联想和想象，联系欣赏者的经验而极具个性化地图示出来。绘画的意境同书法一样，也能使读者通过想象和联想，如身入其境，在思想感情上受到感染。有论者比较“元四家”，认为吴镇绘画那种孤高、耿直，“势力不能夺”的个性极为强烈。胡汀鹭觉得，梅道人吴镇之画足以与颜真卿之书并论。

王蒙画虽学松雪而变者，然所谓解索与卷云皴，王摩诘《辋川图》中已有此笔法。王摩诘，别名王维。南宗山水之于摩诘，犹书法之于右军，后之学者皆不能出其范围。王蒙是赵孟頫的外孙，山水画受赵孟頫影响，后来进而师法王维、董源、巨然诸家，风格一新。解索皴是披麻皴的变法，行笔屈曲密集，如解开的绳索，故名。王蒙喜用此法，清代王概谓其“用古篆隶法杂入皴中，如金钻搂石，鹤嘴划沙”。故“尖而不稚，劲而不板，圆而不成毛团，方而不露圭角”。王蒙的解索皴笔笔中锋，寓刚于柔，倪云林赞之曰：“叔明（王蒙字）笔力能扛鼎，五百年来无此君。”云头皴笔多屈曲迂回，向中心环抱，如夏云多奇峰，故称之。王摩诘《辋川图》为后世摹本，一般认为创自北宋郭熙，是否有解索与卷云皴笔法，已不可考。从元初赵孟頫创始在纸上用“干笔皴擦”之法画山水，经后世不断探索、创新，至王蒙时，他将董源、巨然开创的披麻皴发展为牛毛皴、解索皴，并将前人的卷云皴、折带皴融合进来，故而他画的山态势丰富多变，更为重要的是他加强了擦笔的运用，推动了山水画由写实趋向写意。胡汀鹭认为追踪溯源，王维乃南宗山水鼻祖。

作画一沾俗气即不可救药，能多读书、多观古人之迹，其或能免。雅俗之分，不在用色而在用笔，虽涂深红浓绿而含雅气。试读宋元真迹，处处拙实而见空灵，一种天地雅秀之气而含蓄于中，盖作者当时以写一时之胸襟，未尝有一毫名利在也。用色无雅俗，雅俗在于用笔，中国书画主要以线条表现，线条的千变万化，在于用笔。赵孟頫《兰亭跋》中云："盖结字因时相传，用笔千古不易。"雅见于空灵，在于含蕴天地雅秀之气，直抒胸臆；俗在有名利之想。胡汀鹭认为避俗趋雅之法，唯"能多读书、多观古人之迹"而已。东坡先生有诗云："腹有诗书气自华。"强调多读书，凛凛然一股书卷之气，形成读书人所特有的气质与境界。学识丰富，见识广博，不需要刻意装扮，就会由内而外产生出一种气质，而直接影响写字作画。"古人之迹"是历史的沉淀，是当时的杰作，常常代表一个时代的文化精髓，是学习的楷模。不学"古人之迹"，势必是无本之木、无源之水。

明人书画大有晋人风度，其风流自赏非礼法所能囿也。胡汀鹭追寻晋人风度，所谓晋人风度，即风雅、天真、率性。其特点是崇尚老庄，轻蔑礼法，任达不羁和遗落世事，所以晋人的书法"尚韵"。胡汀鹭此论所指，是明中期以后以吴门各家为代表，继承元代水墨画法的文人画派，占据画坛主流。作为纺织业中心的苏州，经济的发达促进了文化的繁荣，一时人文荟萃、名家辈出，文人名士经常雅集宴饮，诗文唱和，很多优游山林的文人士大夫也以画自娱。他们继承和发展了崇尚笔墨意趣和"士气""逸格"的元人绘画传统，与晋人的风貌殊途同归。

读石涛画如读《南华经》，几不知天地为何物。其题语亦莽莽苍苍，非有满肚皮伤心泪者不能为。后人偏喜学之无病呻吟，徒为识者齿冷。《南华经》即《庄子》，其文构思巧妙，想象奇幻，瑰丽诡谲，意出尘外，鲁迅先生说："其文则汪洋辟阖，仪态万方，晚周诸子之作，莫能先也。"此论以《庄子》喻石涛画用笔纵肆，墨法淋漓，格法多变。石涛题画语众多，不能一言以蔽之。胡汀鹭批评了"偏喜学之无病呻吟"的陋习，而提倡石涛的创作精神。

"作画清者难于厚，厚者难于清，二者不易兼得，余师尝语余曰：'用笔须挺秀再加渲染，则清且厚矣'。虽书绅勿忘，自愧笔墨荒疏不能镕冶一气也。"这是胡汀鹭的绘画心得。所言之师，当指张熊（子祥）的入室弟子朱逊甫，他不但是画家，也是一个有学问的人。刘熙载《艺概·词概》曰："词之大要不外厚而清。厚，包诸所有；清，空诸所有也。"又云："词尚清空。妥溜，昔人已言之矣。惟须妥溜中有奇创，清空中有沉厚，才见本领。"所谓妥溜，是指语句通顺，亦含有意脉贯通之旨且合于声律、音律，歌唱容易且流畅。"清空""妥溜"语出张炎《词源》，"妥溜中有奇创，清空中有沈厚"的提法，针对浙派词家，认为技法圆熟、风格清雅还需济之以内容立意上的沉厚扎实，才见本领。笔者以为，绘画的所谓"清"与"厚"，就是清雅与厚重。"用笔须挺秀再加渲染，则清且厚矣。"用笔挺秀则清雅，渲染相宜则厚重。清与厚的关系，笔者的理解，就是"笔"与"墨"的关系，笔为中国水墨画之筋骨，墨为中国水墨画之血肉。笔墨偏于"形"，清厚偏于"神"。

另一则似与论画关系不大，"吾乡倪云林之清秘阁在邑之东乡祇陀寺旁，今阁已废。问诸父老，亦不能指其遗址。近处小山，疏树一似云林之画"。

近代文人讲究"诗书画印"，作为画家的胡汀鹭，其才能和贡献是多方面的。他创办无锡美专，培养出钱松岩、陆俨少等画坛大家；他来回沪锡之间，办展鬻画，饮誉海上；他精于绘画外，兼长诗词，著有《汀鹭题画集》《汀鹭画集》《汀鹭画缀》《闹红精舍遗稿》等。对于一个常年定居故乡的地方画家而言，这些行为无疑具有超越同侪的慧识和贡献，更是超越了一般乡贤画家的视野和胸怀[19]。

胡汀鹭别署瘖公，盖自谦于诗词功力之浅也，实则非也！钱基博先生尝言："胡君汀鹭……中年肆力研求，兼工于诗，固深得乎性情义理，而明乎诗画相通者之旨者也。"[20]胡汀鹭"每一画成，辄题诗其上"（秦毓鎏《汀鹭题画诗抄叙》），其作品几乎是"无画不题，无画不诗"，一画既成，题画诗句，信手拈来。题句贴切朴实，不是雕琢，尤其是他的词多为喻物明志、抒发感怀之作，感情真挚，空灵淡荡。柳亚子云："昔贤所云诗中有画，画中有诗，冰雪尘埃，倏然意远者，如梁溪胡子汀鹭所为《画缀》，不其然也？……又和余《中秋酒社诗》，有'他日酒兵相接处，当筵摩垒指君旗句'……胡子诗尔雅可诵，顾不肯行世，友朋敦促之，则举其题画之作曰《画缀》一卷，先布诸梨枣。"[21]

胡汀鹭并非当时国内一流的名家，但他的艺术活动集书画实践、收藏鉴定、诗文创作、结社交友以及办学育人为一体，这些践行不仅继承了明清以来江南文人们独特的绘事传统，而且紧随时代变化。胡氏词曲誉重锡邑，流播吴地，水平超越江南同侪，于他同辈的吴观岱、丁宝书、诸健秋、陈旧村、秦古柳等诸先生，无人可及。由此，胡汀鹭自然成为无锡艺苑的一位大家，更是近代江南一地的诗坛圣手和词界祭酒。

注　释

［1］邹绵绵：《胡汀鹭传略》，黄浩然主编：《太湖画派近现代名家系列之胡汀鹭》，无锡博物院，2013年，第81页。

［2］无锡市博物馆编：《无锡历代乡贤书画名迹集》，1991年印行，第61页。

［3］施建主编：《太湖佳绝——无锡书画名家集（壹）》，文物出版社，2006年版，第95页。

［4］惠永康主编：《百年梁溪》，上海人民美术出版社，2006年版，第38页。

［5］惠永康主编：《百年梁溪》，上海人民美术出版社，2006年版，第42页。

［6］惠永康主编：《百年梁溪》，上海人民美术出版社，2006年版，第45页。

［7］王立人主编：《太湖画派历代名家作品集》，凤凰出版社，2011年版，第83页。

［8］华斌、马介其主编：《闹红精舍课徒画稿》，三蠡会馆，2013年编印，第80-81页。

［9］陈东收藏，6尺整张紫藤。

［10］参看《"许云峰"就义后仍戴着手铐》，《现代快报》2011年6月3日；《许晓轩："宁关不屈"撼魔窟》，《扬州晚报》2011年7月1日。

［11］汉魏时期的相和大曲——一种大型的歌舞套曲，其结构因素包括"艳""解""趋""乱"等部分。一般出现在曲前，起到引子作用的称"艳"，大曲的主体部分称"解"，结尾部分，速度转快，逐渐形成乐曲高潮称"趋"与"乱"。解指（诗文、乐曲的）章节，如《汲冢周书》已有此用法。唐李贺《送沈亚之歌·序》："吾悲其行，无钱酒以劳，又感沈之勤请，乃歌一解以劳之。"胡汀鹭诗序之"解"就是指"词"。

［12］似，奉赠。《字汇·人部》："似，奉也。"唐贾岛《剑客》："今日把似君，谁为不平事。"

［13］参见2008年3月26日《中国文物报》。有关夏承焘"午后得金缕曲一阕"，即《胡汀鹭画家藏顾梁汾书寄吴汉槎〈金缕曲〉词，谢玉岑嘱题》，最先刊登在1933年创刊的《词学季刊》第一卷第三号，后收入《夏承焘词集》。

［14］郑逸梅：《珍闻与雅玩》，北京出版社，1998年版，第345页。

［15］《秋瑾与"反革命"良弼为何被同一对夫妻料理后事》，《北京青年报》2012年4月7日。

［16］黄浩然主编：《太湖画派近现代名家系列之胡汀鹭》，无锡博物院，2013年，第87页。

［17］2013年3月4日《江南晚报》潘凯的《萧退庵诗论梁溪画派》提到萧退庵论"梁溪画派"的

一首诗："梁溪画派祖云林，剧似诗坛振雅音。一自吴（观岱）胡藷茖（汀鹭）后，今看二健（健秋、天健）契桐荫。"藷茖为甘草与野葱，二字连称罕见，所见唯吴其昌《抱香楼词在》之《乌夜啼》下阕："倚修竹，伤藷茖，惊年华。又是春江东注，日西斜。"由此诗看来，胡汀鹭有"藷茖"之称，然不见任何文献。笔者以为，萧退庵诗当作"一自吴（观岱）胡（汀鹭）藷茖后"，藷古通"零"，零落。《楚辞·远游》："悼芳草之先藷。"茖又同"落"。沈括《梦溪笔谈·器用》："予昔年在姑熟王敦城下土中得一铜钲，刻其底曰：'诸葛士全茖鸣钲'。'茖'即古'落'字也……"藷茖即零落，死亡之意。晋陆机《门有车马客行》："亲友多零落，旧齿皆凋丧。"如此全诗贯通而豁然开朗，然否？俟识者教我。又注：吴其昌《抱香楼词在》没有单行本，总共几十首词，一万字左右。因为他毕业于无锡国专，所以，这本书是从网上下载的。

［18］ 胡汀鹭：《闹红精舍遗稿》，第 24-25 页。

［19］ 黄浩然主编：《太湖画派近现代名家系列之胡汀鹭》，无锡博物院，2013 年，第 98 页。

［20］ 黄浩然主编：《太湖画派近现代名家系列之胡汀鹭》，无锡博物院，2013 年，第 84 页。

［21］ 柳亚子：《汀鹭画缀叙》，《南社丛刊》第 22 集，1923 年。

从几件典型器谈宜均堆贴装饰陶器

陈碧翔[*]

【摘要】宜兴窑之宜均堆贴装饰陶器，是陶都的一颗璀璨明珠。宜兴陶器手工堆贴装饰早期可以追溯到汉、六朝青瓷，宜兴窑汉代窑址达16处。宜兴均陶在历史上又称欧窑、均窑、葛窑。宜兴均陶以实用器为主，均陶堆贴装饰艺术主要是凭艺人的大拇指操作，以大拇指作笔，借助不同的指法，注重指法的变化。均陶堆贴装饰的技法多样，有堆花法、贴花法、堆贴结合法、刻花平贴法、铁笔刻花法、泥浆彩绘等。现从几件典型宜均堆贴装饰陶器谈明、清、民国等时期的宜均特征，发掘宜均之工艺与艺术，弘扬陶瓷文化。

【关键词】宜均　堆贴装饰　特征

陶都宜兴有着7000余年的制陶史，宜兴窑是苏南重要古窑。从宜兴窑青釉陶瓷、均陶、紫砂三大类探讨研究，可以了解其历史文化和面貌。宜兴均陶在历史上又称欧窑、均窑、葛窑。均陶凝聚着历代陶工的聪明和智慧，它起源何时，一直众说纷纭，由于缺少实物佐证，至今没有定论。

宜兴制陶具有丰富的历史遗存和文化底蕴，宜兴窑堆贴装饰源远流长。均陶堆贴装饰工艺，俗称堆花或贴花，是用易于坯体的浅色泥料，通过大拇指的挤压，堆贴到深色的坯体上，形成具有一定立体感的类似浮雕装饰纹样。均陶工艺包括泥料加工工艺、器物成型工艺、堆贴工艺、上釉工艺和烧成工艺五个部分组成。宜兴陶器手工堆贴装饰早期可以追溯到汉、六朝青瓷，宜兴窑汉代窑址达16处。在汉陶铺首，耳把上采用浅刻、刮制、浅雕、捏制、印戳、粘接等手法，是常用堆贴装饰。六朝青瓷堆塑工艺突出了浮雕立体效果。

经历了唐宋时期制陶的兴衰，明初宜兴均陶出现了较大的发展，堆贴装饰画面越来越工整严谨。明初宜兴窑刻花坛（图一），现藏宜兴市博物馆。高26厘米，腹径21.3厘米，是在宜兴市洑东乡上坝村出土的。器物圆口，短颈，丰肩下收，平底，刻划牡丹、莲花纹等，粗砂缸胎，青釉，图案简练，线条流畅。同时出土的元明时期瓷器有龙泉碗、明早期白瓷碗等，是研究明初宜兴均陶的实物资料。从器物上观察，堆贴装饰主要用刻划手法，局部用泥粒贴花蕊。个人认为，明初宜兴均陶堆贴装饰尚处于萌芽阶段。

明代龙头荷花缸（图二），现藏宜兴陶瓷博物馆（中国紫砂博物馆）。高87厘米，直径111厘米。缸为宽边平口，直腹微鼓，挺拔

---

* 陈碧翔：中国文物学会会员，江苏省古陶瓷研究会会员，宜兴市钱币学会会员

图一 明初宜兴窑刻花坛

图二 明代龙头荷花缸

的开光画边框光滑圆润，堆贴荷花、菊花、梅花、牡丹花，枝叶穿插，粗砂缸胎，浅褐色釉，光泽莹润。明代特征宜均堆贴装饰陶器工艺和造型得到了极大的发展，造型发生了变化，成型工艺采用泥条盘筑法和泥片镶接法。明代堆贴陶器发展变化及特点：器由小口变为敞口，口沿由圆口变为宽边平口，器物容积变大，腹鼓变为微鼓，底径变大，下部不堆贴纹饰。装饰图案以花卉为主，并渐趋凸起工整，出现开光现象，主题纹饰简洁明快，呈半浮雕状，立体感较强。堆贴装饰手法由刻划、点贴等变化为以堆塑为主，加以印模、粘接、挤压、印戳等辅助方法。贴塑线条挺拔流畅。胎体厚重，粗砂颗粒材质变细。釉由青色变为浅褐色，由外部施釉变为通体施釉。

清顺治十一年（1654），汤渡“林十万”接旨烧造容水量1000公斤的大龙缸，缸体堆贴“龙戏海涛”图案，可见手工堆贴装饰已成熟。清代早期的均陶堆花花缸，品种已非常丰富，装饰、釉色十分讲究。炼泥成型、堆花技法、上釉烧制等进入了成熟时期。如堆花寿缸，缸体容量增大，缸口沿有了多种变化，造型上有创新。每件分为三段：一是缸体身筒，底小腹大，子母口，上口略收；二是上盖，盖口中央留有盖顶；三是圆口封盖，葫芦形盖顶。清康熙甲辰年（1664），菊月制作的一件寿缸，堆贴的颜体楷书，端庄古雅，韵致清绝，堪称佳作。

清康熙乙酉（1705）和尚缸（图三），现藏宜兴市文管会。其下面堆贴有：“临济正宗南岳第三十五世上善下源大和尚寿龕尘记”等文字，上部左、右各贴诗一首，左边为：“此处是何人，手持亦足行。几筑坟上土，还撇自家身。”右边为：“今人视昔人，后人视今人。了得目前意，千载共知闻。”落款：“康熙岁次乙酉季春。”下部贴狮子纹。缸身四周还贴有动物、花卉、莲瓣纹等图案。此缸是鉴定宜兴均陶的断代标识器物，具有一定的历史研究价值。

1

2

图三　清康熙乙酉和尚缸

雍乾年间，宜兴均陶与紫砂器一样，不仅成为皇室御用器物，还为景德镇御窑所仿造。雍正六年（1728），景德镇御窑督办唐英特地到宜兴窑场观察大龙缸的堆贴和烧造技术，并采办样品运回景德镇仿造。

光绪年间（1875—1908），宜均品种繁多，多做仿古器物，或作杯、碗类，或作“几案陈设器”，还有盆、盂、火钵、龙缸等器，多产于丁山白宕一带。宜兴窑场相继出现从事堆花的艺匠，或子承父业，或拜师学艺，艺徒都须先行习练书法、绘画等基本功，因而拇指堆花的技艺日益精进。清晚期的均陶堆花花缸，画面装饰题材广泛，堆花技巧也非常熟练。

清代特征宜均堆贴陶器型制有了变化，品种丰富，工艺成熟。器容积变大，胎体变薄，缸口沿变小，腹鼓，圈足。图案装饰材料采用可塑性强的浅色泥料，装饰泥较为浅薄，题材丰富并有文字出现，布局协调，具象生动，画面较满，装饰手法随意性强，形成了绘画大写意的艺术效果。开光线条变细，并有装饰点缀，外有纹饰衬托。堆贴装饰主要手法有搓、揿、贴、撕、抹、叠等，画面的浓淡、疏密、主次一般靠腕力调节，细微处运用小工具修饰，也配合使用刻花、镂雕等装饰手段。胎体较致密，釉多为青黄色。

民国时期特征为民国初期的宜均堆贴装饰花缸，注重造型线条尺寸的比例协调，以及外观的形式美感。除了尺寸的变化，花缸的花口沿作了修饰。画面装饰用泥从单一色转向多种色泥的尝试。民国堆贴装饰陶器，堆花工艺手法有所变化，在材质、造型、釉料、堆花装饰土等方面研究发展。从单色堆花用泥到采用化工有色颜料配制多色泥，包括釉料。堆贴装饰艺术发展了堆花大写意与工笔相结合、平堆与半堆、浮雕等艺术风格，不仅创作传统堆花题材作品，还创作了很多创意性作品。

20 世纪初，丁山的鲍、陈两家曾合资在新加坡开设“鼎生福”陶器店，直接经销各种宜均产品。1912 年，宜兴丁蜀镇白宕大窑户葛翼云，在大阪与日商合股开设陶器店，将特制的火钵、花瓶等宜均产品源源不断运销日本。少数从事制陶业的商家，纷纷到外埠开行设店，在上海的“葛德和”“鲍信源”等陶器店专门经销宜均的外销业务。

民国五年，宜均名匠戈根大创制抽脚四方、六方金鱼缸，并由堆花名手葛保林采用墨绿、天蓝、铬绿、嫩红等色泥堆绘不同层次画面，使装饰具有新颖的风格。其后艺匠鲍六芝自制数十种专用工具应用于堆贴工艺，其所堆贴的“八骏图”栩栩如生，纤毛毕现；堆贴的金鱼，出没于草丛中，姿态各异，形神兼备。

民国贴花金鱼缸（图四），尚古陶轩藏。器身呈鼓形，平口内收，腹微鼓，底内凹，缸胎，青黄釉。此缸口沿下有一圈醒目的字，“斋藤队长惠存，宜兴自卫总团上校团长史耀民敬赠”。它是日本侵华时期曾担任过宜兴伪政府县长、宜兴保安团长的宜兴头号汉奸史耀民定制并赠送给侵华日军宜兴指挥官斋藤队长的礼品。图案在技法上采用大写意与工笔相结合的堆花手法。

民国杨耀生制黄釉堆花缸（图五），宜兴天放楼藏。缸高 51 厘米，口径 64 厘米，最大腹径 78 厘米。体呈灯笼形。灰色粗砂胎。平口，圈足。肩部贴回纹，腹部十二开光内贴塑人物故事，近足处贴蕉叶纹。酱黄色釉。堆贴工整，细致饱满，层次分明，呈半浮雕效果。

杨耀生（1910—2005），武进县煌里人。他十六岁时由族人介绍到丁山窑场，拜民国期间贴花第一高手葛保林为师，并成为葛保林的高徒。早在 20 世纪 30 年代就以贴花陶器享誉海外。出口至新加坡、印度尼西亚等地的金鱼缸、

1

2

3

图四　民国贴花金鱼缸

花洋坛，大多得力于杨氏贴花之手。他的贴花可谓点泥成画，构图惟妙惟肖，神韵灵动。

宜均堆贴装饰陶器工艺是“大拇指艺术”，在堆贴之后，有时需要对画面进行细部修整，通过辅助工具的点缀使得画面的表现语言更加丰富，细节更耐人寻味，起到画龙点睛的作用。其辅助工具有两类：一是印花工具，有圆头勺、散点勺、半凹形圆管、花头凿等，将

1

2

3

图五　民国杨耀生制黄釉堆花缸

各式纹样刻在竹棍或木棍的横截面上，用来在堆贴好的画面上或印或凿；二是划花工具，有圆头划花棒、单线划花棒、篦纹划花棒和挑棒等，用来刻划各种线纹。

宜兴解放初“检举匪特人人有责”款缸（图六），宜兴景和轩藏。此缸宽边平口，斜腹微鼓，圈足，缸胎，青黄釉。其制作简单，画面装饰用文字、花卉、图案，政治色彩浓厚，具有强烈的时代特征。

图六　“检举匪特人人有责”款缸

杨耀生制贴荷花缸（图七），宜兴陶瓷博物馆藏。1976年夏月，国营宜兴大新厂制“500公斤荷花缸”，缸为墩圆口，斜腹微鼓，口沿下贴一圈10厘米高的回文。缸面六组圆形构图，画面采用白、红、绿三色泥为原料，分别贴有鸡、鹿、狮、鹤、鹰和熊猫。圆外则是松、竹、梅、牡丹、芍药、月季等花卉，间或有锦鸟栖息枝头。整体色彩自然相宜，浓淡有致。

综上，均陶堆贴装饰艺术主要是凭人的大拇指操作，以大拇指作笔，借助不同的指法，注重指法的变化。均陶堆贴装饰的技法多样，有堆花法、贴花法、堆贴结合法、刻花平贴法、铁笔刻花法、泥浆彩绘等。用五彩色泥为墨，在均陶坯体上堆贴出精美画面，这种装饰技艺至今在陶艺界独领风骚，自成一脉。

宜兴均陶以实用器为主，人们对其不够重视，专家和学者研究较少，资料匮乏，幸得徐达明先生鼎力相助，又有李守才、黄兴南、

1

2

图七 杨耀生制贴荷花缸

周小东、潘渊、王继军、周俊、丁亮等先生的大力支持和帮助，本文才得以如期完成，在此对诸位先生表示由衷的感谢！由于笔者水平有限，不妥之处，谨请方家批评指正。

遗产

（本栏目与无锡市非遗保护中心合作）

关于无锡工业遗产的旅游开发

杨启明 *

【摘要】无锡是中国古代重要的经济中心，早在元代便有“置仓无锡，以便海漕”的记载。无锡较早意识到了工业遗产的保护价值，具有保护工业遗产的“文化自觉”。通过举办中国文化遗产保护无锡论坛——工业遗产保护，唤起全社会对工业遗产价值的重视和保护的关注。在工业遗产保护的实践中，无锡在城市整体脉络、回收再利用和可持续发展中取得了重大成就，尽量在历史、文化、经济等诸多层面中发挥工业遗产的价值，赋予其新的含义，注入新的活力。本文对工业遗产是什么以及在无锡旅游业发展过程中的作用做出概括说明，并对开发无锡工业遗产旅游提出建议。

【关键词】无锡　旅游业　工业遗产

一、工业遗产概念

遗产不仅是指历史时期遗留的物质财富，更是指人类宝贵的精神财富。1972 年，联合国教育科学文化组织在巴黎通过了《保护世界文化和自然遗产公约》，该公约将文化遗产定义为三类：文物、建筑群和遗址，其中工业遗产是重要的组成部分。

2003 年 7 月，国际工业遗产保护联合会（TICCIH）通过了旨在保护工业遗产的《下塔吉尔宪章》，并将工业遗产定义为：工业遗产由工业遗存组成，这些遗存拥有历史的、技术的、社会的、建筑的或者是科学上的价值。这些遗存由建筑物，构筑物和机器设备、车间、工厂、矿山、仓库和储藏室，能源生产、传送、使用和运输以及所有的地下构筑物及所在的场所组成。同时，与工业相联系的社会活动场所（如住宅、宗教朝拜地、教育机构等），也包含在工业遗产范畴之内。

在这概念的基础上，2006 年 4 月 18 日，中国工业遗产保护论坛通过了《无锡建议——注重经济高速发展时期的工业遗产保护》（以下简称《无锡建议》），其中对工业遗产采用了类似的定义，即“具有历史学、社会学、建筑学和科技、审美价值的工业文化遗存。包括工厂、车间、磨房、仓库、店铺等工业建筑物，矿山、相关加工冶炼场地，能源生产和传输及使用场所、交通设施、工业生产相关的社会活动场所，相关工业设备，以及工艺流程、数据记录、企业档案等物质和非物质文化遗存”。同时《无锡建议》认为“鸦片战争以来中国各阶段的近现代化工业建设，都留下了各具特色的工业遗产，见证并记录了近现代中国社会的变革与发展”。

---

* 杨启明：无锡博物院副院长

此后，在这一定义的基础上，国内外众多专家学者从不同的角度，提出了自己对工业遗产概念和内涵的见解，极大地丰富了这一范畴。

综上所述，工业遗产是指具有历史价值、文化价值、社会价值、美学价值和科教价值的工业文化遗迹和遗物。这些遗迹和遗物既包含物质层面的工业建筑、工业基础设施、工业遗址和与工业有关的社会活动用地（如工人住房、宗教和教育场所等），也包含非物质层面的工业隐性物即构成企业或工业特性的精神、物质、知识和感情特点的文化复合物（它不仅包括记录工业发展的绘画、照片、资料，以及与产业发展相关的文字、音像记录等，而且还包括价值体系、传统和信仰等）。

二、工业遗产旅游

目前，虽然在欧洲、北美、日本等地区和国家工业遗产旅游获得了可预见性的发展，但是，对于工业遗产旅游的概念，至今国内外学术界没有统一的定论。

综合国内外的研究成果发现，国外学者普遍认为工业遗产旅游是一种新型遗产旅游，它凭借传统的工业文明和工业文化来作为旅游吸引物，通过强调区域整体上的文化体验和具体的古工业建筑吸引旅游者。因此，工业遗产旅游在西方通常被当作流行的、广义的文化遗产旅游的一类，归属于遗产旅游的范畴。所以国外的学者只是对遗产旅游的概念作了界定，并没有对工业遗产旅游作具体的界定。而我们国内的学者似乎更侧重于将其置于工业旅游的研究范围之内，提出的概念基本上没有太大的差异。其中，最具代表性的是深圳大学李蕾蕾提出的观念，她认为："工业遗产旅游起源于英国，是在工业化到逆工业化的历史进程中出现的一种从工业考古、工业遗产的保护发展起来的新的旅游形式。具体而言，就是在废弃的工业旧址上，通过保护和再利用原有的工业机器、生产设备、厂房建筑等，改造成一种能够吸引现代人了解工业文化和文明，同时具有独特的观光、休闲和旅游功能的新方式，它属于广义的，包括工厂观光在内的工业旅游。"虽然这一概念尚未得到专家学者的一致认同，但它为国内外对工业遗产旅游的认识提供了一个基本的学术范围。

对此，笔者认为，工业遗产旅游是在工业文明发展进程中出现的一种针对工业遗产保护和利用而发展起来的一种旅游形式。它属于广泛意义上的文化遗产旅游，是对工业遗产资源有效保护和合理利用的重要形式。

三、无锡市工业遗产的现状

无锡较早地意识到了工业遗产的保护价值，具有保护工业遗产的"文化自觉"，通过举办中国文化遗产保护无锡论坛——工业遗产保护，唤起全社会对工业遗产价值的重视和保护的关注。在工业遗产保护的实践中，无锡不仅注重与城市整体脉络相协调，而且关注再利用和可持续发展，尽量发掘它在文化、历史、经济等诸多层面的价值，赋予其新的内涵及新的功能，注入新的活力，实现与城市环境的互动发展，形成循环的工作思路和行之有效的方式方法。

无锡虽然在全国工业遗产的保护及利用中有了一定的经验，受到无锡博物院、国家文物局及社会各界的好评，但与北京 798、上海天目路 5 号等利用工业遗产品牌效益建造属于自己地域的工业遗产文化旅游景点相比，仍存在不少差距，主要表现在以下几个方面：

（1）对工业遗产保护的认识有待深化。当前，无锡市对工业遗产保护的重要性有了一定的了解，但是，对工业遗产如何保护及利用，存在理论上和行动上的分歧。

（2）对工业遗产的认定标准上有待完善。

《无锡市工业遗产普查及认定办法（试行）》对工业遗产进行了较好的界定和把握，但是工业遗产仍然缺乏全国统一性和权威性的界定。所以我市的认定标准应该与时俱进，适时进行修正和完善。

（3）对工业遗产保护的法律位阶不高。目前，国家层面仅有国家文物局的通知，江苏省尚未颁布工业遗产保护的地方性法律规范。无锡市只有《无锡市工业遗产普查及认定办法（试行）》《无锡市历史文化遗产保护条例》，而这些法律规范的层次相对较低。

（4）对工业遗产保护与利用的模式有待进一步探索。当前，无锡市对工业遗产的利用主要集中在工业调整、文化建设、城市改造、旅游发展四个方面，利用的广度和深度尚有较大的空间。此外，利用的效益效率等评估机制还需要健全。

（5）对工业遗产保护的资金投入不够充足。由于工业遗产数量多、范围广，财政投入显得单薄，资金规模、来源等有待拓展。

四、无锡市开展工业遗产旅游的重要性

（一）有利于文化遗产保护的深入

我国1985年申请加入《世界遗产公约》，历经30年在文化遗产保护方面取得了十分显著的成果，可以说已经成为名副其实的世界遗产大国。但令人遗憾的是我国在工业遗产保护方面至今是一片空白，而国外对工业遗产的保护早以纳入文化遗产保护的一部分。中国人很难理解保留那些老旧、失修、简陋的工业设备和厂房的意义，其实那些都代表着地方甚至中国现代乃至世界经济全球化进程中工业历史的一部分，因而本质上属于文化遗产。而目前人们对于文化遗产的概念仍然十分传统和狭隘，他们无法想象，西方国家关于文化遗产的“30年原则”，意味着哪怕保留一些仅仅只有20年、30年历史的所谓落后工业遗弃地，其实与保护上千年的文化遗产具有同等的意义，也没有意识到这些工业企业的社会资本价值和旅游开发潜力。这种缺乏现代工业遗产意识的价值观，不仅见于一般游客和民众，也常见于政治界、经济界、经营和管理界，甚至学术界。我国对工业遗产保护的缺失，无疑阻碍了我国文化遗产保护的全面开展。因此，发展工业遗产旅游，唤起人们工业遗产保护意识，有利于我国文化遗产保护的全面深入。

（二）有利于无锡市旅游业的发展

近几年来工业旅游呈现方兴未艾的趋势，但与国外相比，国内工业旅游实践几乎完全集中在生产性景观，如大规模的工业建造基地、大型国有工企业、科技园和高新技术产业开发区的观光等，这些都属于工业企业所开展的工业旅游范畴，虽然有人将工业企业的历史和文物也列为可以开发的旅游资源，但它仍然依附于现存的工业企业。而有关中国工业发展的历史阶段以及所蕴涵的工业文化遗产的意义和价值，几乎没有纳入到工业旅游的讨论之中。这种工业遗产意识极度匮乏的状况，使工业旅游产品的完整性明显缺失。因此，开发工业遗产旅游，有利于无锡市工业遗产的保护，有利于拓宽工业旅游资源，有利于工业旅游的全面发展。

（三）有利于建设环境友好型社会

工业遗产旅游作为一种新型的旅游形式，顺应着环境友好型社会的发展趋势，有利于环境友好型社会建设。首先，有利于提高人们对工业遗产的认识。工业遗产旅游的最大特点就是以废弃的工业地为旅游资源，以资源的再利用和环境的保护为目标，开发环境友好型产品与服务，从而达到变废为宝的目的。工业遗产旅游点石成金的功能，使人们重新认识废弃物的价值，改变人们对工业废弃物的消费方式，

培育人们有续利用资源的意识。其次，促进工业资源再利用。在资源利用方式上，工业遗产旅游实现“工业资源—工业产品—工业废物”的单向式直线过程向“工业资源—工业产品—工业废物—旅游资源”的反馈式循环过程转变，使经济增长建立在经济结构优化、资源消费合理、质量效益提高的基础上，逐步形成有利于环境的生产方式、生活方式和消费方式，促进资源消费结构的调整和人与自然的良性互动，推动经济社会环境协调发展。

五、对无锡工业遗产旅游开发的建议

（一）关于可移动工业文物的开发

作为见证无锡民族工业发展历史的民族工业文物，是无锡文物宝库中最璀璨的一部分，虽然现在在保护和利用这些宝贵的工业遗产上取得了一部分成就，但目前还有许多工业文物散落在锡城的各个角落，不为人知。只有更好地保护和利用这些不可再生的工业文物，才能向世人充分展示在近代中国独领风骚的以荣氏家族、唐氏家庄、杨氏家族等六大家族为主题的民族工业的探索群体，才能更进一步挖掘无锡深厚的历史渊源，凸现无锡丰厚的工商底蕴，巩固无锡“中国民族工商业发祥地”的地位，使无锡真正成为一个“最适宜投资创业的工商名城”。

（1）陈列展示，服务观众 。博物馆的产生和发展是从收藏文物开始的。藏品是博物馆业务活动的基础，也是它所拥有的社会宝贵财富。博物馆收藏文物藏品的主要目的是为了展出，征集收藏民族工业文物也是为了面向社会进行展示，利用各种类型的民族工业文物精心设计一些专题展览，在展厅中向观众直接形象地展示民族工业发展阶段，展示民族工业家，展示社会生活的某一个方面。这些工业文物可以用自身的语言向观众诉说着历史，使展览生动活泼，从而吸引更多的观众，它起着最形象地教育展示作用。文物的利用离不开展览，一个博物馆的展览也离不开文物，文物是展览必要的物质基础，没有文物的展览称不上是博物馆。文物利用最主要的用途就是展览，文物和展览是一个相辅相成的关系。博物馆的三大职能之一就是收藏、研究、社会教育，而要完成这三大职能就离不开展览，离不开展览对于文物的利用。

（2）用于拍照、宣传、介绍等服务。随着近现代科技的发展，电视、网络等现代传媒手段的发明与运用，民族工业文物可利用于拍照、宣传和介绍等服务，由记者或者专业人士对民族工业文物进行拍照，形象地向电视等媒体的受众讲述历史，讲述某件事情；或者写出文物及所要介绍的事情或人物介绍性文字，在报纸或媒体上发表，起到宣传和介绍的作用，这样图文并茂，生动直观，效果一定非常好。随着计算机的发明与广泛利用，网上博物馆越来越多地被人们提及，可以将民族工业文物按照不同受众的不同要求，进行拍照、扫描、全息摄影等现代化的手段，将各种信息输入计算机中，形成网上博物馆民族工业专题展览。通过人们的视觉，来达到展示观众的作用，为博物馆宣传文物，证明一段历史或者其他目的提供便利。

（二）关于不可移动工业遗址的开发

无锡古运河沿线曾是工商业特别集中的“走廊”，历史上曾经造就了著名的“四大码头”。1895 年在古运河畔创办的业勤纱厂，是无锡第一家近代工厂，也是中国近代第一家以民族资本兴办的工厂。无锡因民族工商业以创办早、企业多、规模大、投入资本高（民族资本）而成为中国近代民族工商业的发祥地，其中的许多工厂都是建在古运河畔或附近地区，至今还留有工业遗产 30 多处，是国内工业遗产最多的地区之一，也是最富有特色和价值的文物资源。

（1）运河公园。无锡古运河是无锡的“母亲河”，也是京杭大运河的精华部分。历史上，古运河畔曾是商贾云集之地，孕育发展了无锡的近代民族工商业。正因为古运河具有这种极高历史文化价值，使得它在当代旅游业中也有很重要的地位。按原貌恢复的清明桥古运河水弄堂文物保护区，就因其真实反映了古运河的东方风情和江南水乡特色，被中外游客赞誉为“神奇的旅游”。专家们认为除了要保护好古运河古老的水道、驳岸、码头、两岸建筑等运河原貌以外，还要利用这些资源进行合理开发利用，创造出江南的历史文化特色。而占地16万平方米的运河公园就集中展示了古运河的经济发展史，成为古运河的一个“露天博物馆”。

运河公园地块在历史上曾是无锡市米业加工、运输、储存比较集中的地方。清末民初，随着北塘大街米市的形成，加之又是漕运中心，需要粮库，于是，自然形成几十个民间堆栈，最多时有一百多个。运河公园内现有三条浜：李家浜、锡丰浜、生和浜，都是当年栈主出资建的。大量的堆栈及粮食加工，促进了无锡米市，现在留下的遗址，最有名的就是创办于1910年位于蓉湖庄的九丰面粉厂。面粉厂面临大运河，水运交通十分便利，新货麦源送到时，可以随到随卸。由于运费节省，粮食业经营者乐于把小麦卖给九丰，同时粉面用户也喜欢到九丰出粉。九丰从建造厂房到安装机器，用了一年半的时间。抗日战争胜利后，利用九丰面粉厂旧址，薛明剑创办了允福面粉厂。如今，九丰面粉厂已列入工业遗产保护范围，改建成了周怀民藏画馆。由原第二粮库的砖筒库修复改造的运河空中酒吧，已经完成建筑主体的建设。这个砖筒于1981年竣工，是计划经济时代的产物，由14个粮食筒仓组成，高26米，能装350万公斤粮食，虽然增加了玻璃幕墙，但水泥色的外观仍保留着粮仓的韵味。已经建成开放的何振梁奥林匹克陈列馆，主馆是利用原塑料厂仓库改造成的，这个建筑在解放初是一家小炼油厂。这些20世纪遗存下来的工业建筑，成为设计师的灵感来源，被赋予了新的功能。松柏园、玉兰园、牡丹园、银杏园、紫薇园等众多花草景观掩映在建筑物中，成为市民在市中心的一处“休闲天堂”。

通过对工业遗存的妥善保护利用，运河公园将成为城市新的文化高地。园内现存17处民国工业建筑与中华人民共和国成立后初期样式的建筑，无锡市在建设过程中保持了这些建筑原汁原味的工业特色，利用旧有的建筑格局，赋予其新的功能与定位。

（2）无锡中国民族工商业博物馆。无锡中国民族工商业博物馆以茂新面粉厂（原名为保兴面粉厂）遗存的老建筑为基础而建成，占地12123平方米，展览面积7300余平方米，2005年开始筹建，2007年2月15日筹建工作基本完成，对广大市民开放。它以大量图片、实物展示了面粉加工、运输的全过程，堪称无锡市工业遗产旅游开发的典范。无锡中国民族工商业博物馆，具有独特的历史意义和历史价值，对于研究中国民族工商业发展史，保护近代历史文物资料，对广大人民群众实施爱国主义教育，提升无锡的城市文化品位，打造文化无锡，创建历史文化名城，都起到积极的作用。

六、总　　结

随着遗产旅游的兴起和人们对工业遗产价值的重新认识，工业遗产的旅游开发与保护越来越受到广大旅游界的关注。寻求适于工业遗产的旅游开发模式，在保护工业遗产的同时，进行适度的旅游开发，促进遗产地经济的繁荣和历史文化的传承，已经成为各国社会发展的热点问题。

无锡绒绣的发展脉络和艺术特色

汤可可*

【摘要】绒绣是近现代无锡刺绣的一个重要品种，它自国外传入，在技艺和经营上得到上海的滋养。但无锡绒绣在作品题材、工艺技法和创作实践上不断探索创新，形成自己鲜明的艺术特色。本文概述无锡绒绣的历史沿革和基本技法，介绍全盛时期无锡绒绣工艺技师的创作及其代表作品，梳理其创新之点，探讨其艺术价值，可以看到无锡绒绣突破简单模仿西洋画作的框框，努力走出一条借鉴与传承相并重、民族风格与现代审美相融合的发展路子。虽然这份遗产现今未能得到传承，但历史应当记住曾经的灿烂。

【关键词】锡绣　绒绣　工艺美术

近现代无锡刺绣，与无锡近现代经济社会发展一样，呈现出勇于创新的鲜明品格。如果说机绣是刺绣工具的变革创新，体现了效率的提升和生产组织程度的提高，那么，绒绣则是刺绣材料的拓展延伸，追求的是刺绣门类的开拓和艺术内涵的扩展。绒绣应用近现代新的纺织材料，引进新的绣制工艺，又吸收西方绘画艺术的表现手法，使绣品展现出完全不同于传统丝线绣品的外观风貌。无锡绒绣借鉴上海绒绣，上承传统丝线绣，下启当代十字绣，短短数十年间，装扮人们的日常生活，充当中外文化交流的使者，创造刺绣工艺新的成就，在锡绣艺术之林中独树一帜。

一、无锡绒绣的发展脉络

20世纪20年代，随着近代工商业的较快发展，无锡城乡青年女子大批进入纺织厂、缫丝厂做工，刺绣从业人员相应减少。而社会生活节奏加快，传统刺绣工艺细致，制作周期较长，难以适应日用消费的需求，加上用工成本偏高，因而无锡刺绣在经历了发展高潮期后逐步衰退。1934年，无锡美华刺绣厂开始引进土耳其线绣，以土耳其线为原材料，发展一种新型的线绣，形成不同于传统刺绣的装饰效果。美华刺绣厂由徐季安、李瑾夫妇创办于1920年，以外发加工的方式，经营传统的绸料和绢料绣品。此时改用棉布为底料，以土耳其线加工绣制，因为棉布相对于绢绸价格低廉，便于洗涤和整理，经久耐用，不易褪色；而土耳其线用于刺绣不需要劈线，刺绣速度比传统刺绣快得多，所以受到绣工和普通消费者的欢迎[1]。土耳其线绣是从传统丝线绣到绒绣的一个过渡环节。

早期的线绣绣品和花边经营一般不设字

---

* 汤可可：无锡市档案局原局长，研究馆员

号，只以个人的名义设立庄口，以外发加工的方式组织生产，再集中成件，运往上海，交售外商洋行或华商商行出口外销。美华刺绣厂徐季安的父亲徐驼子，开始时依托上海昼锦里的华美绣花店从事绣品经营，后来在上海设立申庄，直接出口运销美、英、法等国。美华刺绣厂创办后，与上海隆东洋行建立联系，以合同订货的方式为其供货，同时发料给城乡绣工进行加工，每对枕套的工价为4角，平均每个熟练绣工日加工一对半到两对，每月可有15—20元的收入（当时米价为每石6—7元），所以各方均有利可图。当时无锡城乡从事土耳其线绣的绣工有2000人之多。

抗日战争爆发后，在上海租界的外商洋行又推出绒绣的加工订货，即以绒线在棉线或麻线织物上加以绣制。1938年，无锡的陶保寅、高慕韩、徐子华等人，合伙开设美新美艺所，与美商谦礼、晋麟等洋行合作，通过雇工绣制和外发加工从事绒绣生产。美艺所由陶保寅任经理，妻子吉婉琴负责绒绣技术传授和生产管理。该所分别在大河上、南市桥上塘、新生路沙巷口钱仲乐宅设立三处绒绣工场，招收女青年在所内集中刺绣。女工每天工作6小时，实行计件工资制，每件绣品付给0.14元（能购买大米3—4市斤）。一般学徒工平均每天能绣2件绣品，可得工资折合大米7市斤；熟练工平均每天能绣5件绣品，可得工资折合大米20市斤[2]。绒绣产品以日用工艺品为主，有沙发靠垫、座椅坐垫、搁手装饰、手提包和化妆品盒面等，通常以绒绣花片半成品出口（半成品出口可以免税），主要销往美国，部分销往加拿大、南美和欧洲一些地区。

处于沦陷区的无锡，城区从事绒绣的绣工不下千人，很多人以此在战时条件下艰难地维持生计。美新美艺所的经营发展迅速，吸引了无锡农村姑娘纷纷来到所里学艺。为此，美艺所特地借用附近学校的教室，免费提供给习艺绣女作为住宿，最多时三处绒绣工场共计接纳800多人参加培训。美新美艺所经营一年多，高慕韩提出拆伙，于是分出大河上绒绣工场由高单独经营，陶保寅和徐子华继续合作，并将沙巷口和南市桥上塘的两处工场合并，迁至新生路，另创华纶美艺所，主要为上海花边厂和公信洋行加工绒绣。为了降低成本，经营转为外发加工为主，在绒绣绣工相对集中的张泾桥、八士桥设庄口发料收货，全盛时无锡农村从事绒绣的绣娘也有2000余人。但1941年太平洋战争爆发，上海租界洋行一夜之间关闭，原料来源和产品外销渠道中断，线绣、绒绣业顿时败落。此后，虽有绣户试用国产绣花线代替土耳其线绣花，但终因战乱中市场萎缩而难于维持。抗战胜利后，线绣一度复兴，美华刺绣厂的玉手牌绣品，包括丝线绣、绒线绣和机绣，以枕套等实用品为主，都有一定数量出口外销[3]。但至解放前夕，除美华厂和几家店铺的少量线绣、机绣尚在勉强经营外，绒绣已濒临人亡艺绝的境地[4]。

解放后的合作化高潮时期，无锡在筹组绣花工艺品生产合作社、组，扶持发展缝纫、机绣生产的同时，对有着良好基础的地方民间工艺品也给予应有注意，采用适当的方式加以保存、促进发展。对于绒绣，特地将隐没在家庭里的工艺技术人员请出来，于1956年组织成立太湖绣品社和绒线绣花合作小组（不久升格为合作社），在生产经营中谋求生存发展。绒绣合作社有从事绒绣的艺人26人，从事丝线绣的艺人20人，1957年曾组织人员前往苏州学习戳纱技艺。但因为市场销路有限，当时绒绣只生产手提包、拖鞋之类小商品，产量也很低，1957年生产总值为3.34万元。1958年，绒线绣花社与太湖绣品社等一起并入中华绣品厂，按照大生产的要求，保留了麻布绒绣手提包这一内销产品。1959年工艺美术研究所建立，一部分刺绣艺人包括绒绣艺人调入研究所工作，这为无锡绒绣创造了专业提升的机会。1962 年中华绣品厂调整中，有绒绣、刺绣各 14 名技艺人员被精简，转为家庭副业，绣品厂的绒绣商品性生产相应收缩[5]。

因为机绣是以机器为方式的上规模的日用商品生产，而绒绣的主要部分是以手工的方式从事欣赏品的艺术创作，所以在 20 世纪 60 年代特别是“文化大革命”中，绒绣被放到不被重视的地位。直到改革开放启动，绒绣才重新复兴。1979 年，中华绣品厂四层楼的绣品车间竣工投产，包括绒绣在内的绣品产量逐年递增。绒绣的主打产品是绒线包和风景挂屏，其中绒绣《寄畅园》等销势畅旺。自 20 世纪 80 年代起，工艺美术研究所注意总结和研究，在设计开发靠垫、拎包、沙发套等日用工艺品，产品远销美、加等国的同时，投入力量从事艺术品的创作，先后形成《奔马》《鹅》《黄山》《江南惠山古寺》等优秀作品，被无锡市政府作为礼品选送外国来宾。无锡绒绣也开始突破模仿油画的框框，走出一条借鉴与传承相并重、民族风格和现代审美相融合的发展路子[6]。

二、无锡绒绣的分类和基本技法

绒绣根据使用材料不同，可区分为三个大类：

（1）缎绣。主要是使用普通丝线和多股并合的丝线，在绢、缎等丝织品上绣花，可制成中堂、对联、画片，嵌入镜框、插屏作为观赏品，也可制成衣、裙、帽、鞋用于穿戴，或制成枕套、被面、帐帘等床上用品。进入近代后也选取其他材质的线用于刺绣，增强绣品的质感和色彩。

（2）宝花。采用竹布、麻布为底料，用丝线、棉线、麻线绣花，再在四周缝上花边，制成台布、茶具套、枕套、沙发靠背、沙发搁手、窗帘等实用品。四周的花边，业内称为“小挂花”，主要从苏北收购或委托加工。宝花产品都有一定的规格，一般成件运往上海出售给外国洋行和华商中国花边厂，出口海外。

（3）绒绣。又称彩帷绒线绣（英文名 Tapestry），系用各色羊毛绒线，在特制的网底（棉织网眼布）上绣制图形。因为是以彩色绒线跨网格绣出的线迹组合成图案和画面，所以绒绣又叫“点子绣”“斜针绣”。其所用绒线一般长 1.44 米，色彩有 300—400 种之多（上海绒绣号称 1000 种），加上绒线的独特质感，因而绣品色彩饱满，自然逼真，宜浅宜深，光影柔和。解放前主要采用进口的“蜜蜂牌”羊毛绒线，纤维长，牢度强，手感好，有光泽，能保证绣品永不变色、永不生蛀。所谓网底，是用棉线或麻线打成蜡线后织成，门幅宽自 32—114 英寸。经纬线织成网格状，纵横均以一大格、一小格相间隔。其规格每英寸横竖 5—15 格，较普遍的为 10 格（称为 10 目）。开始时网底完全依赖进口，后来也有上海织造厂仿制，价格大大低于进口[7]。

绒绣最早起源于 16 世纪法国、荷兰的织锦壁毯，维多利亚女王时代在英国、德国形成基本定型的彩色绒绣。另一说绒绣起源于意大利米兰，起初为宗教用饰品，以后才逐步演变为日常实用品。第一次世界大战期间犹太人在东欧波兰一带经营绒绣，加工制作后销往欧洲各大城市。一般认为，1918 年美籍犹太人福斯特・格莱在上海开设谦礼洋行，以发料加工的形式组织绒绣花片的生产和出口，绒绣由此传入中国。还有人认为，20 世纪 30 年代，由于德国法西斯加剧对欧洲犹太人的迫害，绒绣才随着犹太人的避难而传至东亚各地，先传至香港，后传至日本。因为香港、日本的劳动力工价较高，又转到中国沿海地区加工制作。先是由在上海的美商阿脱列农公司，与上海的纶新等花边厂、绣花厂合作，采用外发加工的形式生产、经营绒绣，包销出口，以后上海花边厂、绒绣厂也与内地商行合作，发料加工，绒绣花片通过多家洋行外销出口[8]。

绒绣分为粗花、细花和粗细花结合三种。其中细花采用10—15目网底，主要绣制小幅欣赏品，绣成风景、动物、静物、花卉、人物肖像等画片，嵌入镜框张挂陈列；粗花采用5—7目网底，主要绣制装饰图案，色彩相对简洁明快，用以制作台毯、坐垫、提包、鞋袜、沙发靠垫等日用工艺品；粗细结合介于前两者之间，为7—10目网底，应用广泛，既用以绣制壁挂类大幅艺术欣赏品，也可以绣制较为精细的日用工艺品。

绒绣的主要针法包括：

（1）斜纹针。绒绣的基本针法，又称为"点针""粗针"。以跨一大格为一针，一般从右上一格起针，在左下一格落针，故叫作"斜针"。具体又分为正面斜反面斜和正面斜反面直两种，前者也称为"斜纹横针"，后者称为"斜纹直针"。

（2）砖砌针。即跳格绣制，两批绣线之间有规则地错开，起落间隔，虚实交替，形成如同砖砌的效果，也称为"板针"。常用来绣制图案、标记、书法、字母、印章等。

（3）笆斗针。另一种跳格绣制针法，绣线在正反面间隔错开，形成如同笆斗编结的效果。一般用以绣制图案和相对规整的色块。

（4）水浪针和水草针。不规则跳格绣制，根据绣制图像的要求，或长或短，或横或直，或疏或密跳格绣制，形成诸如水波、水草、动物皮毛、羽毛（需要配合运用拉、拨等绣制技法）等效果，主要用于绣制天空、云彩、水面倒影、动物等图像。

（5）四方针。即"细针"，绒绣的基本针法之一。以底料一个大格及周围四个小格为单位，绣4针。这种针法刻画细致，富于变化，但费时费力，效率不高，主要用来表现人物面部、须发、花瓣等的细部肌理。

（6）镶色四方针。在细针的绣制中，为细腻地表现物体的色彩、光影和质感，将不同颜色、不同色阶的绒线劈股、拼合、捻接，使色彩过渡自然，柔和、多变。

（7）绕针。即辫子针。通过绣线的滚动、缠绕，形成条状图形。在此基础上包裹填充物，形成凸起的浮雕感，也称作"盘针"。

（8）打子。通过绣线的回旋缠绕，使针脚形成粒状图形。

（9）十字针。通过纵横走针，穿插排列，针脚呈"十"字状，形成与斜针相区别的图形效果。

（10）乱针。不规则行针，跳格绣制，参差交叉，多重层叠，常用来绣制动物绒毛，结合拉毛技法，绣制出毛茸茸的质感[9]。

绒绣的工具与丝线绣大体类似，包括绷架、绷座、坐凳等，但根据绒绣作品的要求，对相关工具的高度、角度要作专门的设计、调整。为了很好把握色彩，对刺绣作业的光照也有一定的要求，以自然采光和白色电光源为主。一般女青年从事绒绣，需要经过上绷、起针、针法、配色、搭头等基本技艺的培训，达到要求后才能正式绣制作品。现代绣工还需要掌握一定的美术理论知识和辨色、配色、调色等技能，在绒绣实践中融会贯通。

三、无锡绒绣的代表人物、代表作品

绒绣因为绣件厚实，色彩浓重，加上表现力强，富于立体感，无论是日用工艺品还是艺术欣赏品，都显示出柔和典雅、富丽高贵的特质。所以，一经传入中国，很快在沿海城市包括被称为"小上海"的无锡得到传播。在无锡绒绣发展历程中，不仅带动数以千计的绣工从业，也涌现出若干堪称工艺名家的绒绣艺人。

无锡绒绣早期的重要人物为吉婉琴，她是绒绣经营商陶保寅的妻子。抗日战争前，陶保寅在上海华海洋行工作，熟悉绒绣经营和出口业务；吉婉琴则掌握了绒绣技能，能用 80 多种颜色的绒线，绣制包括风景、花卉、人物在内的多种绣品，作品生动传神。抗日战争爆发后陶保寅回到无锡，与人合伙开设美新美艺所，吉婉琴负责生产管理和技艺传授，当时数千名绒绣绣工，都直接、间接地得到她的技术辅导。解放后她进入中华绣品厂工作，也辅导过很多绒绣艺人。1974 年曾与章桂珍合作创作绒绣《蒸蒸日上》，由江苏省美术馆选送出国参展[10]。但她更多的作品情况，尚待调查考证。

中华人民共和国成立后，无锡绒绣得到复兴。特别是工艺美术研究所成立后，一些有造诣的绒绣高手被调入研究所，专业从事绒绣的制作设计和技艺研究，绒绣的艺术水平不断提高。改革开放后，工艺美术研究所编制“七五”发展规划，其中绒绣研究组集中力量研究、开发高级绒绣观赏工艺品，重点为艺术人像绣、艺术壁毯。期间主要的工艺代表人物及其代表作品有：

章桂珍（1934—1988），无锡人。工艺美术师，中国工艺美术学会会员，江苏省工艺美术学会刺绣分会会员。1947 年起进华纶美艺所习艺，1956 年参加绒线绣花合作组，1958 至 1961 年选送南京艺术学院工艺美术专修科学习，结业后到无锡中华绣品厂从事设计工作，任研究室负责人。1972 年第一幅艺术作品《南京长江大桥》由江苏省选送参加全国工艺美术展，获一致好评。1979 年调入无锡市工艺美术研究所，任绒绣组组长，为无锡绒绣技艺的带头人，先后为数十名徒弟传、帮、带。期间有《为女民兵题照》等多幅作品被中国人民对外友好协会选送法国、美国、加拿大、德国、坦桑尼亚、赞比亚等国家参展[11]。其女胡慧清随母学艺，从放稿、配线到染色、绣制，掌握绒绣全程各环节的基本技能，也取得一定成就。

章桂珍的主要代表作品：

（1）《大都会剧院》，程及水彩画画作，绒绣创作于 1979 年 9 月（图一）。该作品以鲜明的色彩，表达美国纽约大都会歌剧院的演出场景，风格粗犷，色调浓艳，烘托出剧场热烈的气氛，较好体现了原作的风采。作品成功运用多种绒绣技法，因而被工艺美术所留存所内作为标本型的档案资料。1986 年旅美画家程及回家乡无锡考察，对该作品尤为赞赏，特地在作品上签名留念。

（2）《德·波赛尔》，又名为《伊萨贝尔·苞赛尔》，西班牙现实主义画家哥雅的画作，《波赛尔》是其早期人物画的代表作。绒绣创作于 1982 年，针法缜密，用色沉稳，准确、细腻地再现了原作的神韵。人物肖像绣对绒绣来说难度相对较高，章桂珍较好地处理衣服、头巾的褶皱和人物脸、颈、手的肉感，刻画细致，气韵生动，整个画面在鲜明对比中浑然一体。其同期的人物画绣品《蒙娜丽莎》，曾由江苏省外贸公司选送澳门参展。

（3）《黄山》，刘海粟画作。绒绣长 200 厘米，宽 100 厘米，创作于 1983 年（图二）。这

图一 《大都会剧院》

图二 《黄山》

是一幅大件作品，在基于原作的基础上，严谨构图，大胆用色，以大块面的浓烈色彩，表现云雾缭绕的黄山奇峰，以及日出时红光照亮峰巅一瞬间的壮丽景色，明与暗、热与冷、实与虚交相融会，给人以震撼之感。

（4）《江南惠山寺》，刘达江画作，绒绣创作于20世纪80年代中期（图三）。原画为中国画，描摹素有江南第一山之称的惠山雪景。绒绣适合于表现色彩厚重的油画、水彩画画作，以绒绣来描摹笔法简练的国画，并且是明暗对比强烈的雪景画面，具有重要的艺术探索意义。绒绣《江南惠山寺》，设色素淡，以不同的针法表达近处寺庙与远处积雪覆盖山林的丰富层次，使平面的绣图体现出很强的纵深感和空间感。

图三 《江南惠山寺》

（5）《寄畅园》，这是绒绣壁挂的代表作，取材于摄影作品。最早由章桂珍创作于1973年，中国对外友协选送西德参展。此后10多年间曾有多人多次绣制，作为市政府领导出访外国的礼品，也出售给欧美各国收藏者。创作中章桂珍到寄畅园实地反复观察，采用拼色法，即应用同样色型、不同色相的绒线拼合在一起，巧妙地表现树木的疏密、山石的凹凸、水面的波动，收到引人入胜的效果。1980年被评为江苏省优秀产品[12]。上海红星绒绣厂仿制的《无锡寄畅园》1988年获中国工艺美术百花奖银奖[13]。

朱静芬（1934— ），无锡人。幼时家境殷实，1946年听从家人安排，出于为自己准备嫁妆的考虑，进华纶美艺所学习绒绣，得到吉婉琴的指导和传授。以后由刺绣合作社进到中华绣品厂，从事绒绣绣制，成为生产骨干。20世纪50年代后期起，受上海绒绣名家刘佩珍、高宛玉等的启发，开始尝试绒绣的人像绣，曾与李惠芬合作绣制《毛泽东与赫鲁晓夫》，被作为国礼赠送苏联。1979年调至无锡市工艺美术研究所，专业从事绒绣创作设计。在画家唐原道指点下，借鉴锡绣的传统绣法戳纱绣（回文彩锦绣），绣制国画的翎毛花卉，丰富了绒绣的绣制技法。1981年与章桂珍合作完成大型绒绣《中国长城》（又名《八达岭》）（200厘米 ×100厘米）的绣制（图四），成为这一时期绒绣的经典作品，曾由中国对外友协选送参加在美国芝加哥举行的工艺美术展[14]。

图四 《中国长城》

朱静芬的主要代表作品：

（1）《狼狗》，迭绒绣，又叫拉毛绣，刘奎龄画作，绒绣宽 75 厘米，高 150 厘米，创作于 1981 年（图五）。迭绒绣脱胎于普通绒绣、又高于普通绒绣，以层次丰富、更具立体感著称。《狼狗》采用中国画图稿，通过对绒线进行分劈、组合，调整起落针，根据画面的需要，留出绒线线头。以留绒的长短、疏密，以及适当的修剪，表达物体特别是动物肌肉和绒毛的质感。《狼狗》是迭绒绣（拉毛绣）的探索之作。

（2）《白鹅》，宽 50 厘米，高 100 厘米，采用徐悲鸿画作，绒绣创作于 1982 年（图六）。中国画不同于油画，不满涂色彩，而是借用底色的空白来表现空间和颜色浅淡的物体。而起源于西洋的绒绣类似于油画，不同于一般的丝线刺绣，要以满绣来展现画面。因而描摹、复制富于民族特色的中国画作，一直是绒绣欣赏品着力探索的领域。《白鹅》画作对于鹅的白色羽毛本身不设色，在创作绒绣时，则需要采用白色绒线来绣制鹅的羽毛，而以浅灰色来描绘水波，衬托白鹅。两者在针法、绣线纹理上也显著不同，从而表现出羽毛和水波的不同质感。

（3）《奔马》，是无锡工艺美术研究所重点开发的绣品，以徐悲鸿画作为底本，有“单马”“双马”“群马”及双面绒绣等多个成熟作品，多位工艺师都有绣作。朱静芬的《奔马》（43 厘米 ×67 厘米）（图七）采用迭绒绣技法，参考大量资料，借鉴抽纱的表现手法，通过点针、拉针和拉毛、剪绒、梳绒等技法，分别表

图五 《狼狗》

图六 《白鹅》

现马的短毛和长鬃，较好表现图像的形态和动感，富于绒绣的特有效果[15]。作品被选送参加 1981 年在北京举行的全国抽纱工艺展销会。

范敏华（1957— ），无锡人。1973 年中学毕业后到中华绣品厂技校学习，1976 年进入中华绣品厂设计室，曾尝试绒绣的双面异针、异色绣。1979 年选拔到无锡市工艺美术研究所，师从章桂珍，从事绒绣的设计创作。1981 年考入工艺美术技校短训班，1984 年进入无锡轻工业学院造型系进行为期一年的脱产学习，1991 年又考入南京师范大学美术系无锡大专班学习，打下较为扎实的美术理论底子。期间有《静物花卉》（梵・高画作）、《少女像》（雷诺阿画作）等绒绣作品，参加 1984 年全国工艺美术展等展出，还曾尝试绒绣的双面异色异针绣——《骄杨》（舞剧《杨开慧》剧照）[16]。1986 年调到无锡市包装联合公司工作，在设计制作《胖娃》（图八）、《双鱼图》、《猫头鹰》等现代装饰壁挂的同时，还曾设想利用麻袋、绒布作底料，探索绒绣的创新。

图七 《奔马》

范敏华的主要代表作品：

（1）《悉尼歌剧院》，又名《澳大利亚音乐厅》，取图于摄影作品，1980 年绣制（图九）。作品画面为歌剧院夜景，以泛光灯照亮的奇特的建筑外形和水面倒影为主图，实体与倒影、暖色与冷色形成和谐的对比。作品结构严谨，层次分明，用色准确，针法纹理清晰，成功展现了这座建筑流光溢彩的绚烂外景。作品曾赴澳大利亚展出获好评。

（2）《峨眉细雨》，取材摄影作品，69 厘米 ×53 厘米，创作于 1981 年（图一〇）。作品将绘画中的色彩学应用到绒绣中，以形、态、色、光的微妙变化，表现山林小雨的空蒙和湿润。其逆光取景，增强了画面的层次感，整个作品在朦胧中显出通透，给人以柔和的美感。作品被江苏省轻工厅选送参加在澳门举办的工艺美术展。

图八 《胖娃》

图九 《悉尼歌剧院》

图一〇 《峨眉细雨》

图一二 《太湖三山》

（3）《太湖风光》，创作于1982年（图一一）。太湖景色是无锡绒绣经久不衰的表现主题，早在1979年，范敏华即在章桂珍指导下绣制《太湖三山》（又作《太湖夕照》）（图一二），展示太湖日落时熔金般的满天晚霞、一湖波光。这一幅《太湖风光》，以绒绣的语言，描摹秋日太湖的山辉川媚，色彩明丽又不失清新。作为与日本明石市缔结友好城市的互访礼品，作品在不到半个月的时间里赶制而成，体现了作者娴熟的绒绣技巧。

（4）《宋庆龄》，创作于20世纪80年代中期。范敏华在集中钻研风景绣的同时，还致力于人物肖像绣的创作，并写成《浅谈绒绣——人像绣》一文。创作《宋庆龄》时，本着“不独形似，贵其神采”的原则，不满足于对着照

图一一 《太湖风光》

片、画稿翻版临摹，而是深入了解宋庆龄女士的生平，体会她的品格精神，认真读稿、构图、辨色，仔细处理绣制中的每一个步骤，着重绣好人物的眼睛、眼角、嘴唇和发型。作品色彩饱满，细腻逼真，恰当表达了宋庆龄女士刚毅、果敢而又亲切、慈祥的神韵风采。作品参加江苏省“巾帼建功、巧手奉献”成果展，获一致好评。

四、无锡绒绣的艺术特色

绒绣艺术欣赏品的创作，大多采用现成的油画、水彩画、水粉画、水墨画和摄影作品作图稿，但它绝不是原图原作的简单模拟复制，而是借助绒绣所使用的材料、绣制工艺及其独特的表现手法，进行艺术的再创造。无锡绒绣在半个多世纪的生产和创作实践中，从选图构图、设计打样到配色染色、绣制工艺等方面，积极探索，不断创新，逐步形成自己独特的艺术风格，在作品题材、工艺技法、艺术效果上都达到较高水准。无锡绒绣主要是引进和学习上海绒绣，但在学习借鉴的过程中，也有赶超和自己的创造创新。无锡绒绣的工艺成就，主要可以从以下几个方面来认识。

（1）表现题材相对集中。上海绒绣的表

现对象十分丰富，既有人物肖像、山水风景，又有花鸟、静物和花草图案，尤其擅长于表现人物形象、历史建筑、文化古迹、城市景观、民俗风情。相对而言，无锡绒绣的表现题材比较集中，主要是山水景观、人物肖像、毛绒动物三个大类，这有利于集中钻研，把握规律，绣出特色。就艺术欣赏品来说，章桂珍技艺较为全面，主要绣制人像，同时也表现风景；范敏华以山水风景为主，兼绣人物和装饰图案；朱静芬集中于动物题材，探索迭绒绣，取得突破；缪建华，则侧重于装饰图案，她设计创作的绒绣《寿星图》曾多次批量投入生产[17]。

在无锡市工艺美术研究所，绒绣创作既有分工探索，也有合作创新，较为集中的探索创新，就是将中国画图稿应用于绒绣实践。绒绣这一艺术形式来自于西方，相沿以油画、水彩画和摄影作品作为绣品图稿。无锡绒绣借鉴无锡丝线绣、精微绣的艺术创作思路，在唐原道等画家的指点下，不断尝试以绒绣来表现中国画的艺术意境。除了章桂珍的《江南惠山寺》和朱静芬的《白鹅》外，范敏华在《击鞠图》《达摩渡江》(图一三)等的创作中也作了有益探索。《击鞠图》采用刘旦宅的画作，这是无锡精微绣多次表现的题材。绣制中，范敏华分别以点针、双点针表现底色和画面，体现其差别，再以四方针(细针)绣制人物的面部，表现其柔和、细腻、光洁，富于生命感。在绣制黑、白两匹纯色马时，通过配色和针法的变化，绣出了马的肌肉和绒毛，在保持中国画风格的同时，避免色块拼贴，达到立体和生动的效果。《达摩渡江》为任熊的画作，范敏华借鉴丝线绣的针法、技法，探索用连点而成的线条来表现人物的轮廓、衣纹和江水波纹，丰富了绒绣以色彩块面为特点的表现手法，较好体现中国画原作的艺术风貌[18]。

图一三 《达摩渡江》

(2)作品构图层次丰富。艺术欣赏类的绒绣作品通常制作为壁挂，张挂在房间、客厅及公共空间，其远观色彩浓烈，有较强的视觉冲击力；近赏则光影富于变化，耐得住细细品味。这就要求构图明朗，画面层次清晰，从总体到局部都达到完美程度。无锡绒绣借鉴中国传统刺绣工艺，注重作品的整体布局，同时以多变的针法和拼色工艺丰富绒绣的艺术语言。在绣制山水风景时，主要是通过画面用色的深浅来表现景物的远近，从而显现景色的空间感、纵深感。章桂珍在创作《寄畅园》《江南惠山寺》等作品时，通常以深色描摹近处的景物，而用浅色表现较远的景物，从近景建筑到远方山林、天空云彩，把视距拉开，由此体现画面的开阔和深远。其中关键的是建筑、树木等物体边缘轮廓的勾勒，既要清晰地表现不同物体的前后层次和不同质感，又要保持整个画面和谐，色彩之间过渡自然。无锡绒绣用色、用针巧妙衔接，富于变化，在这方面积累了宝贵经验。

对于人物、静物等视点较近的图稿，则主要以色彩的明暗来增强物体的立体感。章桂珍在绣制《寄畅园》的池塘和池边的假山时，既注意用色彩的明暗来表现山石的凹凸变化，又很好地处理山石在池水中的倒影，恰到好处地描绘了池水的清澈透明和波光潋滟，形成层次分明而又变幻灵动的艺术效果。范敏华在刻画人像时，注意灯光的直接照射和反光投射，恰当处理明暗过渡，从而显著增强画面立体感，人物形象塑造逼真细腻。在绣作视距相差不大的景物时，则注意物体受光面和侧光面、背光面的差别，在光晕、色调的对比呼应中，营造整体的视觉效果。她创作的《秋林》《峨眉细雨》，都具有深邃而通透的意境。她认为，绒绣创作"尤其难在冷暖、明暗等分寸的掌握上"，而"分寸的掌握来自于对大自然物体的观察……观察它们光影变化的规律。只有对大自然有了深刻的认知，才能在自己的创作中，更准确、更完整、更生动地反映大自然"[19]。

（3）色彩浓重而不失细腻。相对于丝线绣而言，绒绣的针法较为简单，而且以点针为主，所以在绒绣创作中色彩的表达有着特别重要的意义。无锡刺绣艺术家的创作，在选定图稿后的第一项工作就是辨析和确定用线的主色调，同时找出辅助色调和对比色调，据此进行染线、配色，然后才进入放样、绣制。绒绣《太湖三山》描绘太湖日落，夕照晚霞辉映于波光粼粼的湖面，一片金黄；《悉尼歌剧院》展现海湾夜景，灯光映照的歌剧院建筑和碧波中的倒影，璀璨夺目，都以色彩绚烂而给人以强烈的视觉冲击。总体来说，无锡绒绣与上海绒绣一样，讲究色彩的浓烈，以鲜艳的色彩和强烈的对比，增强作品的艺术感染力。

但是，无锡绒绣在粗犷、奔放之中又不乏精细的雕琢刻画，使色彩运用达到更细腻的境界。章桂珍在她的创作体会《绒绣色彩浅识》一文中，对绒绣的色相、色度处理作了很好的论说。一方面，色彩总是附着于一定的物体，物体的形态、性状不同，也会带来色彩的变化，在绣制中就需要靠色彩兼用不同的针法来表现；另一方面，从艺术欣赏的角度看，色彩的变化和灵动才能激发人们的审美情趣，较好地运用间色和补色，可以达到良好的效果，这在绒绣创作中就是拼色、接色的应用。章桂珍绣制的《黄山》，不仅以红色和藏青分别表现被日出照亮的山头和密林覆盖的山谷，对比强烈，而且运用不同的针法配合色彩，描摹山石、松树，把黄山清晨氤氲的雾气表现得淋漓尽致。她的另一幅作品《八达岭》，采用水墨画图稿，因为以淡彩墨为主，焦墨用得少，湿笔用得多，绣制时她巧妙地运用拼色手法，很好地表现出湿笔的晕色效果，使形、色、光、晕相融合，整个作品雄伟壮丽而又生气勃发，达到忠实原作、胜于原作的艺术效果[20]。

（4）质感厚实更显柔和。20 世纪 80 年代初，为提高绒绣欣赏品的艺术水平，无锡市工艺美术研究所特别成立了绒绣工艺创新研究小组，从选题、图稿到材料、工艺进行探索创新。研究人员、工艺技术人员从拉毛绒线衫的刮绒工艺得到启发，决定在动物题材的绒绣创作中尝试拉毛、剪绒技艺，以逼真地表现动物毛茸茸的形象，首先选用的图稿为徐悲鸿的《奔马》，朱静芬为主创人员。经过反复摸索、试验，这一工艺技术逐步完善，并定名为迭绒绣（又称为绒绣迭面绣）。迭绒技法为国内首创，形成绒绣的浮雕效果，增强了绒绣的艺术表现力。以此为基础，研究所又试制拉毛绣，进一步留出拉毛的长度，陈灿星绘图、朱静芬绣作的拉毛绣《狮舞》，形象生动逼真，立体感强，舞动的狮子呼之欲出[21]。

迭绒绣的绣制，起初以点针铺底，在点针的基础上运用拉针，留出可用于梳毛的线头，但这一方法难做、费工、费原料。之后又试用大格子绣拉针、小格子打暗针的办法，但牢度不够，在梳毛、剪绒时容易发生绒毛脱落。最后采用两次反复的回针，留出线头，同时在小格中做配色和匀色，然后再根据图稿和动物的形象特点，对留出的绒线进行梳理、修剪，达到预定的艺术效果。迭绒绣的创作通常采用绒纤维较长的澳大利亚绒线，并运用一分为四的劈绒技法。《奔马》《狼狗》等作品，主题突出，质感厚实，形成蓬松的毛绒感，为绒绣增添了一个新的品种。1982年1月，经无锡市工艺美术工业公司技术鉴定，无锡市经委核准，该项工艺获技术改进奖，并选送江苏省四新产品评比会展出[22]。

无锡绒绣在创作实践中积极探索，不断出新，形成了自己独特的艺术特色，但因为创作人员流散，工艺传承后继无人，在市场经济大潮的淘洗中逐渐湮没，至20世纪90年代后期已不复存在。2011年，历经曲折但日渐繁荣的上海绒绣，被国务院确认为第三批国家级非物质文化遗产项目，而无锡绒绣何时能走上复兴之路，却至今没有引起应有关注。

注 释

［1］无锡市工艺美术工业公司：《无锡市志·工艺美术工业卷》（送审稿），油印本，1987年，第88页。

［2］陶保寅口述，徐钰森整理：《我经营无锡花边和刺绣业的回忆》，《无锡文史资料》总第21辑，1989年。

［3］无锡市工艺美术工业公司：《无锡市志·工艺美术工业卷》（送审稿），油印本，1987年，第74页。

［4］无锡市地方志编纂委员会办公室：《无锡市志》第三分册轻、手工业卷（送审稿），油印本，1987年，第129页。

［5］无锡市工艺美术工业公司：《无锡市志·工艺美术工业卷》（送审稿），油印本，1987年，第72页。

［6］苏州大学李明等走访无锡中华绣品厂原厂长陈梅娣访谈记录，2013年6月8日。

［7］陶保寅口述，徐钰森整理：《我经营无锡花边和刺绣业的回忆》，《无锡文史资料》总第21辑，1989年。

［8］欧阳君等：《上海绒绣》，上海社会科学院出版社，2011年版，第3-4页。

［9］本节内容据无锡市工艺美术研究所：《绒绣针法》（初稿），无锡市档案馆藏档：E62-1-20，参照《上海绒绣》等加以整理。

［10］《章桂珍专业技术职称申报表》，无锡市档案馆藏档：E62-2-34，第19页。

［11］《章桂珍专业技术职称申报表》，无锡市档案馆藏档：E62-2-34，第18页。

［12］无锡市工艺美术工业公司：《无锡市志·工艺美术工业卷》（送审稿），油印本，1987年，第85页。

［13］包炎辉：《上海绒绣》，上海人民美术出版社，2014年版，第16页。

［14］姚琦：《朱静芬绒绣艺术传略》，阴岭山主编：《民间艺韵》，凤凰出版社，2009年版，第153-154页。

［15］无锡市工艺美术研究所：《无锡市工艺美术研究所工艺品简介》，无锡市档案馆藏档：E62-1-19，第120-121页。

［16］《范敏华专业技术职称申报表》，无锡市档案馆藏档：E62-2-70，第43-45页。

［17］缪建华：《浅谈寿星图的创作》，无锡市档案馆藏档：E62-1-12，第99页。

［18］《范敏华专业技术职称申报表》，无锡市档案馆藏档：E62-2-70，第12页。

［19］范敏华：《谈谈提高绒绣的艺术性》，无锡市档案馆藏档：E62-2-70，第59-60页。

［20］章桂珍：《绒绣色彩浅识》，无锡市档案馆藏档：E62-2-34，第47-48页。

［21］无锡市工艺美术研究所：《无锡市工艺美术研究所工艺品简介》，无锡市档案馆藏档：E62-1-19，第121页。

［22］朱静芬：《迭绒绣〈奔马〉的绣制体会》，无锡市档案馆藏档：E62-1-13，第43-45页。

惠山祠堂群的历史、现状及申报世界文化遗产展望

金石声*

【摘要】无锡惠山祠堂群，具有突出的历史、文化和科学价值，涉及家族人伦道德和传统文化传承，2012年11月被国家文物局公布列入“中国世界文化遗产预备名单”，是无锡最有希望列入“世界文化遗产名单”的珍贵文物。无锡惠山祠堂群从战国开始萌芽，到唐朝开始建祠，明清流行，至清晚期全盛，民国抗战后近百年衰落，绵延2000多年，与时政紧密相关。清中期惠山祠堂文化现象开始被关注，21世纪初惠山祠堂群概念被提出，到今天惠山祠堂群为社会各界所关注。本文力图理清其历史和现状，对2001年以来祠堂群的修复、功能重建、文化活化、价值评估及申报世界文化遗产等诸方面进行论述。

【关键词】惠山祠堂群　历史　现状　世界文化遗产　展望

一、惠山祠堂群起源与发展沿革脉络

（一）惠山古镇

惠山古镇位于无锡城西，古时有两条线路可以到达。陆路从西门兴隆桥至锡山麓共五里路程；另有水路，京杭运河无锡段支流自黄埠墩经寺塘泾导入，至惠山东麓龙头下，约二里水路。其地在锡山、惠山山麓，以胜地名泉而扬名，儒、佛、道三教融合，名胜古迹众多。历代文人雅士、甚至康熙、乾隆皇帝都来寻古访幽，品泉礼佛，或吟诗作画。其地沿惠山寺、天下第二泉、上河塘、下河塘、惠山浜、倚滕街、秀嶂街和听松坊，密集建筑各类祠堂，数量达到上百所，形成祠堂群这一奇特文化现象；又有与祠堂神庙密切相关的惠山泥人、惠山庙会等非物质文化遗产，其人物故事，民风民俗近年来受到学术界和文物界的广泛关注。2012年11月，无锡惠山祠堂群被国家文物局公布为“中国世界文化遗产预备名单”。目前，惠山古镇正在积极申报世界文化遗产。

（二）惠山祠堂群源起

无锡有史以来第一部地方志是被清朝乾隆年间列入“钦定四库全书”的两江总督采进本、佚名纂修的《无锡县志》[1]，共四卷。在卷三《祠宇》中共列名11座祠和庙，其中有春申君祠和三贤祠，位属城西惠山。而据文献和学者考证研究，惠山最早的祠堂是战国时期的历山祠，距今2300余年，楚国国相黄歇在其封地无锡历山（就是惠山，时

* 金石声：无锡市锡惠园林文物名胜区管理处文化总监，兼文物管理科长

称历山），建历山祠，“岁祀以牛”来祭祀山神。可见当时惠山是一座有神灵的山，惠山又称西神山，西面的神山。黄歇故后，历山祠改为春申君祠，武则天时毁，后又移址重建于锡山之麓，唐朝张继有诗云：“春申祠宇空山里，古柏阴阴石泉水。日暮江南无主人，弥令过客思公子。萧条寒景傍山村，寂寞谁知楚相尊。当时珠履三千客，赵使怀惭不敢言。”这是惠山最有名望的祠堂，可惜20世纪50年代被拆除，现仅存建筑遗址和一株460龄的古银杏。

公元481年，南北朝齐建元三年，齐高帝萧道成赐华宝故宅“孝子”额，并敕令在其故址惠山建祠，此祠原在泉上（二泉上方），唐朝时候移到现址，经千年沧桑，历代修缮，延续至今，是目前惠山百余祠堂中传承有序，保存较好，也是最古老的祠堂。

至于前面提到的“三贤祠”原为祭祀湛挺、陆羽、李绅这三位开发惠山名胜有功人士，是最早的贤良祠，千年流传，后逐步演变为十贤祠和尊贤祠，群祀无锡历代先贤，一直延续到民国，后来湮没。是一个历史悠久的祠堂，反映了古代社会见贤思齐的文化价值观，是儒家文化的重要见证。

自南北朝至明末，惠山地区的祠堂与其他地区相比，其数量并不很多，据万历己亥谈修所编方志《惠山古今考》列名，不过24座，种类也大抵限于贤良祠，并没有形成群的概念，更没有形成鳞次栉比的现象。这是与无锡当时的社会经济政治状况相一致的，与吴地其他地方相比也没有特别之处。

（三）惠山祠堂群的繁荣

惠山祠堂的繁荣表现在数量的增多，分布的密集和种类的增加。可分为若干高峰时期，根据方志资料统计，乾隆中期惠山祠堂从25座跃升为48座，嘉庆时增为60座，在太平天国战争前形成一个小高潮。民国十年（1921），徐振新《惠山新志》统计惠山有祠堂94座。民国十八年（1929）武进唐鼎元有感惠山祠堂的兴盛，为每一祠作诗一首，时有祠堂81座，编为《惠麓丛祠咏》。到民国十九年（1930），有祠庙118座，这是惠山祠堂的第二次高潮，达到了历史的顶峰。

（四）惠山祠堂群的特点

一般地方的祠堂大致只有名人祠或者贞节祠，而无锡惠山除了很多忠义贤良、名贤大德祠以外，光贞节祠就有五所，尚有单独的贞女祠如单贞女、荣孝节女祠等，还有专门的双孝祠、潘孝子祠。有很多神庙，如虫神刘猛将军庙、花神庙、梦神于谦祠。有行祠东岳行宫，有军祠昭忠祠，还有义庄祠如张义庄祠。还有一些不好归类的祠堂，如上河塘上有一群祀因战乱而殉难的平民百姓祠——忠节祠，里面竟然供奉6619个牌位，堪称中华第一。

国内大部分的祠堂都是当地人建功立业，在其家乡居住地附近建造的祠堂，农村地区一般是居、墓、祠都在同一村，不分离，这符合农耕社会当时情况。而惠山祠堂群的祀主并不生活在惠山，但他们的祠堂却建造在惠山，居和祠相分离，而且还形成一个群落，这是惠山祠堂群显著的特点之一。这与无锡工商发达以及惠泉山这一风水宝地、流行习俗等有紧密关系。

从建筑的形式看，惠山祠堂群有江南民居式的，布局上不一定有严格的轴线，多为因地制宜的园林式样，亭台楼阁，花草树木布置有序，严肃中见轻松，兼作家族会所。有的祠堂前面是祠堂，后面是花园，如杨四褒祠和潜庐。也有徽派式样，四水归堂，反映主人安徽籍，如李公祠。有庙宇式的，还有西洋式的，钢筋水泥结构的，反映了这些人物的不同背景和独特、开放、包容、与时俱进的思想。有些祠堂建在庙宇内，一方面为寺庙做功德，另一方面祈求佛祖保佑。一些祠堂临水而筑，依山傍水，讲究风水，还设有专用停船码头。还有一些祠堂，有精美的戏台，有的还在其祠堂后面设有祠田。有些祠堂是刻意建在一起，如顾端文公祠（顾宪成祠）就建在二泉书院（邵宝祠）旁边，原因是顾宪成生前敬慕先贤邵宝。另外如秀嶂街上的松滋王公祠，建在张巡庙旁边，就是高攀龙有意为之，他认为王其勤保境安民与张巡抗击安史之乱是同样性质的英勇义举。这也从某种程度中解释了惠山的祠堂为什么一家挨着一家，形成密集的组群。

一些考究的祠堂，都有祠堂碑记，如华孝子祠、昭忠祠、钱王祠、光霁祠、过郡马祠、浦长源祠等。碑记的内容一般是请名人写的祠堂人物及建祠记略，历代修复的祠堂记述，捐款捐物的功德碑，还有收藏的一些文人诗文碑记。这些碑记是我们了解祠堂历史沿革的重要物证。有些祠堂还种有罗汉松、桂花、枇杷、银杏、松柏等，以表达对祭祀人物的敬仰之情，希望他们的功名与青山绿水常存、与花草树木同春。老祠堂里面大多布置名人所撰所书匾、联，为所祀人物歌功颂德。华孝子祠、顾可久祠前还立有四面牌坊。有些建筑在建造时用料十分考究，如华孝子祠享堂山墙中柱为石质，屋顶用歇山顶式样，大梁用材为金丝楠木；钱王祠五王殿梁架施以彩绘。

惠山祠堂沿惠山寺、天下第二泉与锡、惠山麓、寺塘泾两岸展开，到民国后期，单体的祠堂占地大，建筑也越来越大，形成一种风气。多种多样类型的祠堂，再加上比邻而筑，一间连着一间，其数量之多、密度之高，在全国绝无仅有。

（五）惠山祠堂与惠山泥人

惠山祠堂还有一个区别于其他地方祠堂特别的地方，就是形成了祠丁阶层。同为祠丁，待遇还有所区别，靠近天下第二泉、早期建造的祠堂祠丁工资要高于在上下河塘清晚期至民国形成的祠堂祠丁。祠丁阶层大多世代相传，属于惠山的穷人，都是低收入者。

祠堂主发给祠丁的工资仅是可以勉强糊口的微薄口粮，大概是三石六。祠丁阶层一般也是没有文化没有劳动力的穷人，有的还是外地来的流民，所要承担的工作也比较简单，看好祠堂就可以。所以他们在看守之余就想方设法利用本地优质山泥和薄技制作了惠山泥人，一方面可以作为送给主人家小孩的玩具，另一方面可以出售来补贴生活。另外还做一些泥蚕猫等卖给农村养蚕人，这是适应当时社会情况的。生意很好，苏北的一些农民来无锡订货，还来不及做呢。惠山周边如惠山北麓（现惠钱路）一带山村村民也加入到做泥人的队伍中，他们一般做些粗货，再发给惠山镇的泥人师傅开相上色，形成一个加工产业链。祠堂祭祀往往要演戏，人神共娱，联亲睦众，祠丁依照演员形象和戏曲造型来制作泥人，称为手捏泥人，也称细货，是惠山泥人中的精品。

清末惠山泥人行业成立了同行公所——耍货公所，来平息泥人生产销售间的各种问题。新人加入公所一般要缴 200 两大洋，再请公所会员吃顿饭，打个招呼。从中我们也看出当时惠山泥人还是相当繁荣的，以至于形成了惠山泥人一条街，前面是店用以销售，后面是祠堂空地用作生产场所。这个泥人街成为惠山旅游的一大特色，名气大了，小小的惠山泥人成为近代无锡有名的三大土特产之一。

惠山泥人是随惠山祠堂而产生，随祠堂兴衰而兴衰。祠堂近百年来逐渐式微甚至消亡，惠山泥人也走出祠堂，走向市场，失去了原来随祠堂而生的文化本色，成为政府需要保护的国家级非物质文化遗产。

（六）祠堂的衰落

祠堂的衰落并不是祠堂自身体制的原因，主要来自外界的干涉，如战乱和政治。1860—1863年太平天国战争，很多祠堂被太平军焚烧，因为太平天国只信天王所倡导的拜上帝教，其他宗教崇拜通通禁止，祠堂、庙宇都被砸烂烧毁，如惠山寺、东岳庙、张巡庙、邵文庄公祠（邵宝祠）等都毁于太平军之手。民国年间，齐卢军阀交战于无锡，惠山当时最大的祠堂——钱王祠被烧毁，惠山横街也被烧毁。近百年来，随着清王朝的覆灭，五四运动提出“打倒孔家店”、倡导民主科学，使得宗族和祠堂存在的合法性受到质疑，人们的思想趋向民主进步，代表族权专制的祠堂不可避免地开始走向衰落。惠山的祠堂也是这样，民国成立后新建的祠堂仅有几所，如民国十九年所建杨藕芳先生祠，民国三十八年修李忠定公祠，说明那时已经不时兴了。抗战和日寇侵占无锡期间，惠山的祠堂或是被军队征用，或是关着，当时兵荒马乱，老百姓纷纷避难，也顾不上祖宗祠堂了。如至德祠的泰伯殿被用作养马场，过郡马祠毁于日寇飞机轰炸。

中华人民共和国成立后，1956—1959年在惠山建设风景区，建造锡惠公园。在惠山横街、直街（当时叫松涛街，俗称“祠堂街”）的扩建工程中，不可避免地拆毁或部分拆除了影响街道建设的祠堂建筑，两条街道上的祠堂悉数受到影响，如惠山直街张中丞庙前面的小桥水池被拆、东岳庙的大殿被拆除，迁移到了当时的锡山公园作入口大门；惠山银行（后来的工商银行惠山储蓄所）以营业需要为由，想要乘机改为新式门面，被市长江坚当场驳斥，说：“不适合银行需要，银行可以搬走。”当时采取的办法是保留祠堂等古建筑二道大门旧貌和结构，拆除头道大门，保留原建材料，以备古建筑维修之用。从现在的文物保护观点来解释就是采用最小干预原则，最大程度地保全历史信息，保住祠堂。当时来说，这个政策是十分明智的，也为我们今天的祠堂群的保护奠定了可贵的基础。

在1956年锡惠公园愚公谷建设和1958年开挖映山湖的工程中，一方面征用了一批祠堂建筑如华孝子祠、俞公祠等，另一方面，拆毁了一些当时认为是封资修的破祠堂，旧建筑，其间从来没有人提出保护祠堂这个概念。主导此工程的工程师李正带头将自己家的祠堂惠山李忠定公祠拆除。二泉观泉街上的祠堂如胡文昭公祠、贞节祠、苏氏家祠、至德祠、尊贤祠、尤文简公祠等或拆除，或改建，或保留部分建筑。惠山寺内的祠堂如昭忠祠头门也被拆，改建成二山门。寄畅园中的无锡县贞节祠则被改建成花园，划并入寄畅园。一些与祠堂有关的牌坊被拆除，挖除与祠堂文化有关的雕刻图案，或改移作景点用，如映山湖牌坊、黄公涧牌坊等。

位于上下河塘的祠堂，大多被部队使用。动荡年代，祠堂主也不知去了哪里，由于建设的需要，一些祠堂被征用，一些被拆除，如廉子祠、张义庄祠等。还有一些保存相对完好，如杨藕芳先生祠、王恩绶先生祠。一些民用建筑被分配住进了居民，一些被改为工商单位、医院等，如钱王祠成了惠山食品店，马文肃公祠成了联合医院，这些祠堂内部结构变动较大，已经面目全非。现在听松坊地区还存在一些原有祠堂，情况大致相同。

1966年“文化大革命”提出“横扫一切牛鬼蛇神”，破“四旧”，即破除一切“旧思想、旧文化、旧风俗、旧习惯”，在这种情况下，家谱被烧，祠堂碑记被毁坏，没有人敢提祠堂，更不要说祠堂的功能了。正是由于上述种种原因，导致惠山祠堂数量上虽然有100多座，但事实上完整的几乎一座也没有，不是建筑空间不完整就是房屋残缺，造成种种缺憾，并直接影响到这些祠堂的文化价值，影响到申报世界文化遗产。从某种角度上，正是这样的残缺，也是一种价值存在和展示的方式，一种可贵的文化遗产，更值得我们去珍视、去保护。

二、祠堂的现状

（一）关于惠山祠堂群的概念

最早注意到祠堂这个问题的大概可追溯到清中期，重视惠山祠堂教化价值的是乾隆皇帝。他到惠山除了游玩寄畅园、礼佛惠山寺、品茗第二泉、登锡山之外，一方面派大臣去凭吊吴人视为祖庙的泰伯殿等祠庙，笼络民心，另一方面通过接见、题词、赠礼、减税等方式，对惠山华孝子祠、钱王祠、双孝祠、周敦熙祠、倪云林祠等表示关照，如为秦家题“孝友传家”、为周家题“光霁祠”，肯定儒家礼教，拉拢江南大族。

清代湘军将领、清王朝首任驻英公使的郭松焘在咸丰六年（1856）二月，也就是太平天国战争在江南发生前来惠山游玩，在其日记中感触较深的记载，“惠山祠宇以数十计”，提到的祠庙有东岳庙、张睢阳庙、胡文昭公祠、范文正、陆忠宣、王文正、尤文简、华孝子祠等[2]。

光绪年间，无锡县令，四川巴东廖伦曾撰一联“大哉王言，山为第一泉第二；巍然庙貌，旨以教孝祠教忠”，从山水和人文这两个角度高度概括了惠山名胜区的风景特点，也是把祠堂上升为风景角度的第一人。民国十年（1921）徐振新的《惠山新志》详细记录惠山祠堂分布，共列祠堂94座。民国年间，晚清常州大儒钱名山先生弟子武进唐鼎元作“慧麓丛祠詠”，又名《惠麓怀古》，以祠堂和祠堂人物为写作对象，存诗131首，写到惠山祠堂的共计有81座，说明此时惠山祠堂已经成为一个群落并引起文人和旅游者的关注。在民国的地图上和惠山的一些家族家谱上也经常出现“祠堂街”这一名称。

关注到上述事实并正式将惠山祠堂归纳总结，作为群落并命名为“惠山祠堂群”的是已故原无锡园林局副总工程师夏泉生，在2000年园林局讨论修复锡惠名胜区规划时内部先提出这个概念，2003年在他与罗根兄合作编著的《无锡惠山祠堂群》中予以确认，并公之于众[3]。

至于现在人们所说的惠山古镇这个概念，是在2001年将祠堂群申报江苏省文物保护单位的时候由市文管会办公室主任夏刚草首提，理由是祠堂当时分属园林局锡惠公园与北塘区所属惠山街道，要申报时作为一个整体，惠山概念太大，考虑到过去是一个古镇，所以权以“惠山古镇祠堂群”这个名称来申报。2006年，国家文物局公布时去掉一个“古”，名称变为“惠山镇祠堂”。2012年公布为“中国世界文化遗产预备名单”时为“无锡惠山祠堂群”，强调了这个群的概念，地域也去掉早不存在的“镇”简化为惠山，这样更符合事实。

（二）关于惠山118座祠堂的说法

前文提到民国十九年祠庙有118座，其出处来源于民国十九年（1930）3月18日《新无锡》，标题为：“八县市物资筹备要讯”。报道称：“今日成立惠山筹备分处，调查（惠山）祠庙完峻，祠庙共118家，合用平房，楼房计935间（拟为物展展出场所）。”[4]这便是我们现在常说的惠山古镇有祠堂118座的来历，几乎成为政府和民间一直用来宣传的数据，家喻户晓。但遗憾的是前文报道并没有列出这118座祠堂的详细名录，造成后人对这118座祠庙组成的不同解读。20世纪初，有惠山老人根据回忆绘制出部分祠堂的分布图。惠山古镇办成立后，又在惠山的导游图上标列出这118座祠堂的名称并编号，言之凿凿，让人们信以为真。

事实上，本文在前面介绍祠堂的沿革时对历史上各个时期的祠堂数量已略有所述。笔者认为，118座祠堂说法是不够准确的，应予澄清。我们说惠山有多少祠堂应该以说的时候为时间界线，以现实所存在多少祠堂为宜，也就是说，2000年，惠山存在多少祠堂，就是多少祠堂，而不能以历史上某个高峰某个时间段统计作为依据而混淆今古，误导视听，2000年不等于1930年。另外，这个所谓现存的祠堂又分几种情况，存在一个真实性和完整性的问题。真实是指祠堂原有建筑还在的，祠堂布局基本没变；完整是指建筑空间或者建筑、生态环境基本完整。已经拆除损毁的祠堂或者改建得老建筑一点影踪也没有的以及近期重建的祠堂不应该算在里面，而有地面建筑遗址老房屋存在的勉强可以统计在内。按照这个标准，据笔者不完全统计，以2000年时点为标准，惠山古镇当时存在祠堂建筑为53座。也就是说，号称118座祠堂实际只剩53座还有老建筑。

2009年在锡惠路改道过程中，又被迫拆除了唐桐卿先生等3座祠堂，2010年在锡山入口公园建设中又无意拆除了庙巷中的俞行人祠、朱祠等2座祠堂，实际上至此只有48座祠堂。至2012年，通过重建、改建，恢复的祠堂共计41座，将要修复、重建的祠堂还有11座，实际上整个惠山古镇现可以称作祠堂的有100座。

2008年，国家文物局主编的《中国文物地图集》，统计刊登的惠山祠堂有38座[5]，这和上述提到的53座相对接近（年份相同比较），误差原因是范围和标准不同，前者是按文物标准，后者相对宽泛。

而中国建筑研究设计院陈同滨研究团队根据资料和实地调查编著的文本《无锡惠山祠堂群保护规划》，提出惠山原真性祠堂较好的仅35座，这是基本符合事实的。

（三）祠堂建筑的修缮

上面所说惠山祠堂的数量问题，这是各人的认识。由于要说自己祠堂多，或者为了凑合这118座祠堂，就提出了要保护这些祠堂，一个是修缮，一个是重建。修缮是局部的，重建是大量的。历史上也有祠堂毁了再建的，但过去是民间对祖宗的敬爱和孝顺或者民间对老爷的崇拜，是民间自己出资的，很少有官方出资。而现在的祠堂是由政府来承担，是以历史文化名街保护，文化遗产保护的名义来立项。过去是破旧文化，现在是保护文化，甚至是申报遗产。在惠山修复祠堂的过程中，存在不论价值如何，不问将来功能如何，有一个修一个，有一个建一个的问题，目的就是为了凑合这118座的数量，笔者认为是不可取的。

根据罗哲文等专家提出的意见：“今后要保护和利用好惠山祠堂建筑群这一历史文化遗产，无锡市政府及有关部门应逐步疏散人口，逐个进行维修保护，并向社会展示这一中国古老的传统文化。”从2007年12月起，惠山古镇开始搬迁单位和居民，驻锡某部对地方文化建设十分支持，他们腾出驻地，将一些祠堂和空间交还给无锡市政府，为惠山祠堂群的保护建设做出了突出的贡献。惠山的一些居民和单位舍家搬迁，为支援文化建设做出了重大的贡献。

从建筑形态上来说，惠山的大部分祠堂都是按照历史资料尽可能地在原址修复。一是来自档案文史，一是来自祠堂主后裔、祠丁的口头讲述、家谱的记述，在实际设计施工的时候兼顾现实，尽量恢复历史上所存在的建筑空间。选用老材料，用传统工艺来修复祠堂，恢复了一些牌坊，在街巷肌理的营造上注意保存原有韵味，在空间上注意保持江南民居的式样，注重建筑风貌的多样性。由于要反映历史，还引进了一部分徽派和闽南建筑，以显示人物与祠堂的关系，反映其中的建筑文化。

（四）祠堂文化活动的开展与功能的恢复

锡惠名胜区内有 16 座祠堂陆续被修复或者重建，2005 年全部竣工，一些祠堂组织和宗亲跟踪他们的祖祠修复，并尝试了参与祠堂布置和举办祭祀活动。首次举办祭祀活动的当属惠山钱王祠、过郡马祠和李忠定公祠这三个祠堂，现在看来民间祭祀活动很正常，但在当时的形势下开展这个活动要冒政策风险的。锡惠名胜区考虑到惠山祠堂的众多和民间文化需要，从恢复祠堂功能，从挖掘文化内涵角度支持民间活动。由于这三个祠堂的示范，华孝子祠、邵文庄公祠及邹忠公祠等有条件的祠堂都先后开展了祭祀活动。他们的活动在社会上传播，对推动惠山祠堂群的修复和功能恢复起到重要的作用，同时也为提高祠堂群的社会知晓度和国内外影响发挥了重要作用，直接促进了申报世界文化遗产工作。

目前，惠山古镇开展祭祀活动的祠庙有 15 座，每年参加活动的宗亲有 5000 人，中央电视台多次录制节目，介绍惠山祠堂群开展的活动。专家指出，祠堂建筑修复只是第一步，关键还要让祠堂恢复原有的功能，让其活起来，成为一种有传承的活的文化，才能为文化添彩，为申遗助力加分。

（五）辐射与社会影响

修复惠山祠堂群并恢复其祭祀、修谱、家教等功能，也带动了本地区传统文化活动的恢复和开展，平常沉寂的家族依托祠堂集结宗亲力量，首先是祭祀老祖宗，然后是联亲睦族，续修家谱。有条件的宗族还开展为老人祝寿，举行成年仪式，朗读家规等活动，成为无锡地区的一种文化力量，在传承传统文化的同时，给社会以正能量，为建设和谐社会，实践社会主义核心价值观做出重要的尝试。

通过这一类活动，带动了祠堂家族、祠堂人物的历史研究，涉及社会学、历史学、民俗学、人口学、文学等学科，带动了出版印刷业，也带动了相关的传统装饰业，如匾联、碑刻制作，家装布置等行业，激发起人们对历史文化的敬重和文物古迹的关注与保护，勾起人们的乡愁和对老祖宗的关心，并传播到周边地区，带动了农村及苏锡常地区，辐射到附近浙江、江西和安徽等省，无锡惠山祠堂群成为重要的文化传播基地。很多人到惠山来学习取经，有的来认祖归宗，有的来研修访学。这种影响是持续而深远的，其意义也是积极而广泛的。

三、列入世界文化遗产预备名录

（一）列入各级文物保护单位

惠山祠堂群从默默无名到被列入“中国世界文化遗产预备名单”，有一个其价值被专家和民众所逐渐认识深化的过程。有些祠堂保护等级连升几级，与当时重视祠堂文物的环境相关。最初，这些祠堂价值并未被认识，很多文物等级并不高，也并不受人重视，只有华孝子祠、陆子祠、王恩绶祠等少数祠堂被列入市级文物保护单位；有的考虑到政治因素等，还不是以祠堂名称列入的，如清代祠堂建筑（即淮湘军昭忠祠）、二泉书院（即邵文庄公祠，邵宝祠）、万卷楼（尤文简公祠）。很多还是控保单位，如钱王祠。有的也并不是祠堂，如留耕草堂，是一个祠堂的花园，其名称、价值、历史沿革都缺乏资料，少有人研究。

2000 年以后，随着无锡市园林局主持锡惠名胜区内的祠堂修复及无锡文化遗产论坛的举办，还有全国性的民居研究会等学术交流，惠山祠堂群的身影和名字越来越频繁地被提起，成为舆论热点。罗哲文、谢辰生等 8 位文物专家在 2001 年 6 月 24—25 日，考察惠山祠堂群后举行专家座谈会，对祠堂群的历史、科学和艺术价值进行研讨，明确指出其价值，指出："目前，惠山地区祠堂建筑群已经具备全国重点文物保护单位条件，应积极申报，先以省级文物保护单位的形式将这些祠堂群加以保护是十分必要的，也是完全具备条件的。"在这个背景下，2001年9月，无锡市园林局组织编写了第五批江苏省文物保护单位推荐材料，2002年10月，江苏省政府公布"惠山古镇祠堂群"为江苏省文物保护单位，辖华孝子祠等10座核心祠堂。2004年9月，无锡市园林局又编写了第六批全国重点文物保护单位推荐材料，2006年5月以"惠山镇祠堂"这个名称被国务院公布为全国重点文物保护单位。目前，有10座祠堂是国家级文物保护单位，张文贞公祠等6座祠堂是省级文物保护单位。与100多座祠堂的数量比，惠山祠堂群仅16座祠堂有等级，还缺乏市级文物保护单位这一个层级，祠堂品种类型也不全，价值反映也不科学，这是一个缺憾，有待今后申报中加以调整、充实。

（二）惠山祠堂群的价值研究

最早对惠山祠堂群进行价值评估的是2001年6月24—25日，中国古建筑专家组组长（中国文物保护协会会长）罗哲文、国家文物局原副局长（顾问）谢辰生等国内著名文物专家，在考察了惠山祠堂建筑群后评价说："祠堂建筑是我国传统文化中特有的形式之一，在无锡惠山地区集中建造了形态各异的祠堂建筑，且年代跨度近500年，从明代到民国，数量最多时曾达到120座，至今仍保存有60多座，其中十多座极具特色和个性，这在全省乃至全国是少见的。整个祠堂群从建筑形式上大致分三类：一类为传统园林式祠堂，即整个祠堂以花园布局，有亭、台、楼、阁、水池、小桥、花草，给人以小巧玲珑、环境优雅之美。如王恩绶祠、留耕草堂、陆宣公祠、杨家祠堂等；第二类为民居式祠堂，即其形式以传统民居为基本格局，平面一般设有几进，建筑中设有天井式简单的庭院。如薛家祠堂、唐荆川祠、倪云林祠、李家祠堂、蔡家祠堂等；第三类为典型的民国建筑，采用当时最为流行的清水做法，同时吸收一些西洋风格，在立面上做出许多西式几何线条与图形，其中最典型的就是杨藕芳祠堂。在约0.3平方千米之内，集中有如此之多的时代和风格各异的祠堂建筑，实属难得，这对于研究中国传统的祠堂文化，有着极高的历史、文化与科学价值。"又提出："今后要保护和利用好惠山地区祠堂建筑群这一历史文化遗产，无锡市政府及有关部门应逐步疏散人口，逐个进行维修保护，并向社会展示这一中国古老的传统文化。"[6]

在申遗工作过程中，无锡祠堂文化研究会从2004年开始组织对祠堂文化进行专题研究，对祠堂价值进行了梳理，13年来，出版了《祠堂博览》59期。一些大学与专业机构以惠山祠堂群为标本，对其建筑群落、文化形态进行研究，发表了大量研究论文。南京大学贺云翱团队、中国建筑研究设计院陈同滨团队、中国遗产研究院赵云团队都对惠山祠堂群申报世界文化遗产相关价值进行了初步研究，并编制了相关的文本。

（三）惠山祠堂群申遗问题的由来及历程

世界文化遗产是一项由联合国支持、联合国教育科学文化组织负责执行的国际公约建制，以保存对全世界人类都具有杰出普遍性价值的自然或文化处所为目的。以前，国人对这个概念是比较淡薄的，进入21世纪以来，申报世界文化遗产开始在各地流行，无锡在周边城市苏州、杭州等地申报成功的示范带头下，也积极尝试申报世界文化遗产，大家觉得惠山祠堂群其价值是独特的，是珍贵的，是人类的文化遗产，也是无锡地区目前最有资格申报的。

2003年4月22日，市政府批转无锡市园林局惠山申遗报告，这是无锡首次在市政府这个层面提出申遗概念。2003 年 7 月，惠山古镇祠堂群申报世界文化遗产工作启动，由无锡市园林局向省文化厅提交申报文件，指出："祠堂及其宗祠谱牒文化，是中国传统文化的重要组成之一。无锡惠山古代祠堂群以南朝惠山古寺（5 世纪）、唐代天下第二泉（8 世纪）为核心，沿着古运河惠山浜、横街、直街市井，连续发育分布形成 118 座古代祠堂和部分遗址，与江南山水、名泉胜地组合成了吴中地域特色浓厚的古代祠堂群落。祠堂群建筑历史自唐代的华孝子祠始，至 1949 年在建的秦氏贞节祠止，时间跨度长达 1200 年，十多类祠堂类别较为完整。在这些祠堂中，现仍保存较为完好的主要祠堂 60 余座，其建筑形制多数以江南民居建筑的硬山式为主，粉墙黛瓦，不重雕镂，质朴无华。祠堂群的发生发展过程，与无锡的地域经济、文化密切相关，呈现出高度复合的多元文化载体特征。"2003 年 7 月 28 日，无锡市人民政府向省政府正式提出申报世界文化遗产，报告名称为《无锡市人民政府关于请求将无锡惠山祠堂建筑群列入世界文化遗产预备名单的请示》，附保护规划。2004 年 6 月在苏州举办的世界文化遗产大会上，无锡市园林局申报的惠山祠堂群作为申报世界遗产项目在大会专题作了介绍，刊载于大会印发的资料《中国自然与人文景观博览》一书上，明确无锡惠山祠堂建筑群的保护性质是华夏谱牒文化的基地、中国祠堂文化群落遗产整体保护区。祠堂建筑面积为 46464 平方米，祠堂数量为 118 座，面积 0.3 平方千米。年代唐至民国。提出惠山古镇的修复保护工作构想是无锡创建国家历史文化名城的重要工作组成。2003—2004 年形成无锡申遗的第一个高潮。

2004 年 6 月，无锡惠山祠堂群被省文物局列为江苏省向国家文物局推荐的申报世界文化遗产预备名单。2008—2012 年，惠山古镇保护修复工程全面展开，在一期修复中有 64 座祠堂被修复。在这 5 年中，主要是修缮工程，在申报世界文化遗产文本规划上没有同步进行，在价值提炼等申遗关键性业务上也没有对接，更重要的是缺乏政府文物业务部门对这一工作的指导和对接，致使修复工程中出现种种问题，造成原真性和完整性的缺失，也错失了申报的时机。

2012 年 3 月 2 日，江苏省委常委、无锡市委书记黄莉新赴京拜访文化部副部长、国家文物局局长励小捷，商谈惠山祠堂群申遗工作。4 月，南京大学文化与自然遗产研究所贺云翱教授率团来惠山古镇调研世界文化遗产工作，并主持编制申报文本《无锡惠山祠堂群文化景观》。江苏省政府推荐无锡惠山祠堂群申遗，2012 年 11 月，国家文物局公布修订后的中国世界文化遗产预备名单，无锡惠山祠堂群位列其中。

（四）为申遗所做工作

除了上面所述申遗历程外，围绕申遗，市级层面做了很多工作。从规划上来说，将惠山古镇划为市级历史文化街区，公布相关文物保护单位和非物质文化遗产名录，颁布相关保护条例，为文化遗产保护奠定了法律上的保障。从硬件设施上来讲，从 2000 年开始的惠山祠堂群修复工程，即以祠堂建筑着手，通过修缮或者重建一些祠堂、牌坊、园林、民居、街巷，整治河道，恢复历史水系和历史线路，尽可能保存惠山古镇原有的历史肌理。从软件来说，开展了祠堂文化布置，成立了祠堂文化研究会，对一些学术课题如家风家规、祠堂廉洁人物进行研究和利用，出版刊物《祠堂博览》，编写了系列学术专著如《秦氏寄畅园长编》《千秋家国梦——惠山祠堂人物历史人文故事集》，还对省级以上文物保护单位建筑进行了测绘，建立了遗产档案中心，委托专业单位编写了保护规划，修订了保护详规，对以后的旅游作了专题规划。通过与央视的合作，拍摄了四集200分钟的大型人文纪录片《惠山祠堂群》，直播惠山古镇清明祭祖、国际频道“城市一加一”等，“国宝档案”对民众进行遗产宣传，提高惠山祠堂文化遗产在本市居民、外地游客和海内外的知晓度，提升本市居民对家乡文化遗产的认知率和拥护率，保存了文物古迹，同时也为无锡创建历史文化名城做出了突出的贡献。

四、四申报世界文化遗产历程漫长复杂

（一）申遗面临形势

2012年国家文物局公布更新后的“中国世界文化遗产预备名单”，全国各地共有45项文化遗产列入其间。5年以来，先后有哈尼梯田（2013）、大运河（2014）、丝绸之路中国段（2014，中国与哈萨克斯坦、吉尔吉斯斯坦跨国联合申报）、中国土司遗址（2015）、左江花山岩画（2016）和厦门鼓浪屿历史国际社区等6处文化遗产入选联合国教科文组织世界文化遗产名录，尚有39处预备名单竞争每年一个的入选名单。

无锡惠山祠堂群虽然已经在国内文化遗产界有一定的影响力和知名度，但自2003年至今长达14年的申遗路漫长而不平坦，今后的申遗仍将是艰难而漫长的。纵观国内已经成为世界遗产的项目都经历了漫长而艰苦的历程，都经过反复淬炼，达到标准后才予申报。事实上我们离遗产标准还是有一定的路程。而当前，国家文物遗产管理部门明确今后申遗要向工作做得好的项目倾斜、向没有遗产的省份倾斜、向新型文化遗产倾斜、向少数民族地区倾斜，按照这个标准无锡惠山祠堂群没有优势，面临的形势十分严峻。

在申遗的道路上有过诸多的选择，也经历了若干的弯路，如有人提出加入大运河项目联合申遗，有人提出应该加入无锡近代园林，以惠山和太湖园林的名义申遗，有人提出惠山祠堂群与寄畅园一起申遗，有人提出惠山祠堂群以文化景观的名义申遗，还有人提出来与全国各地的祠堂群联合起来一起申遗，凡此种种，声音很多。由于不同的意见，无锡方面没有统一的说法，也影响了申遗的进程。

（二）联合申遗势在必行

2005年9月28日，省政府在镇江召开申报世界文化遗产推进会，明确将江南古镇、南京明清城墙和海上丝绸之路作为省政府确定的三个重点项目。有关部门提出，鉴于目前的形势及无锡惠山祠堂群近几年来申遗工作的相对滞后及面临的不确定性，建议无锡惠山祠堂群这个项目取消，改以“惠山古镇”这个项目加入由苏州市主导，二次入选国家重点项目，已经列入“十三五规划”，并于今年3月再次由国家推荐给联合国教科文组织，列入中国申报世界文化遗产的“江南水乡古镇”项目，实施联合申遗。目前，这个项目原来由江浙两省6个古镇扩大到13个古镇参加。如果这个项目能够申报成功世界文化遗产，就是一大片，影响远超过惠山祠堂群这样的单体项目，就能实现国家利益的最大化。

既然单独申遗遥遥无期，那么联合申遗势在必行。应该说，这是一条正确的道路，也是目前我们唯一可以选择的路径。2016年春，无锡方面确定要联合申遗，目前申遗规划正在抓紧编著中。

（三）申遗所必须要解决的问题

目前来说，虽然惠山祠堂群已经是预备名单了，但要以惠山古镇或者说早已无存的“惠山镇”名义加入“江南水乡古镇”联盟也不是简单的事，还得由国家文物局所认定的中国遗产研究设计院团队通过调研来确定其价值，来

确定是否和这个项目有一致性。

首先，我们要统一认识，统一到以古镇名义联合申遗这个认识上。同时，我们要加快惠山古镇二期修复建设，尽快完成核心区内 11 个祠堂的修复工作，开挖烧香浜，恢复历史水系，建设宝善商业旅游街，配套游客中心，地下停车场，健全相关旅游功能，封闭和保护这一个景区，形成完整的水乡古镇风貌。

其次，我们要加强遗产价值的研究，特别是要重视祠堂群、寄畅园、惠山寺庙园林、天下第二泉等名胜古迹、人文景观与惠山锡山、寺塘泾等山水景观，惠山泥人、惠山庙会等非物质文化遗产及丰富的传说故事。民风民俗对于这个水乡古镇所彰显的特有的文化价值，突出其独特性、原真性和完整性的研究及对城市，对社会，对民众的滋养作用。

最后要重视对市民世界文化遗产知识的宣传，提高市民的知晓度。注意从惠山祠堂群转向惠山文化资源的宣传，激发人们对申报的热情和支持，自觉加入到保护文化遗产的行列中，不断提高惠山古镇和锡惠名胜区的知名度，为申遗造势。同时要做好保护规划，制订管理法规，划定保护范围，定位发展规划，调整业态规划，整治外部环境，建立档案文献中心，建立文化遗产的监测体系，加大对文物修复的投入，所有的文化遗产都要按规范严格管理，维护至比较好的可观状态，控制旅游人数和旅游规模，防止对文化遗产造成侵害。

（四）申遗目标展望

2017 年 1 月 26 日，中国联合国教科文组织全国委员会秘书处致函联合国教科文组织世界遗产中心，正式推荐“贵州梵净山”作为 2018 年世界自然遗产申报项目，海上丝绸之路最具代表性的港口城市“古泉州（刺桐）史迹”作为 2018 年世界文化遗产申报项目。两个项目有望于 2018 年第 42 届世界遗产委员会会议上列入《世界遗产名录》。

除上述项目外，未来几年，我们国家申遗的热点将围绕海上丝绸之路，良渚文化，西夏王陵等项目展开，“江南水乡古镇”已经申报多年，也有望在未来三年内进入申报程序，如果惠山古镇能够完成建设和价值评估的目标，完成各项规划和整治，规范管理，达到相关标准，那么我们也有望获得推荐，加入“江南水乡古镇”这一联盟，实现申报世界文化遗产这一伟大目标。

注　　释

[1]〔清〕佚名纂修：《无锡县志》卷三祠宇，“钦定四库全书”两江总督采进本。

[2]〔清〕郭松焘：《郭松焘日记》第一卷，湖南人民出版社，1981 年版，第 48-49 页。

[3] 夏泉生、罗根兄：《无锡惠山祠堂群》，时代文艺出版社，2003 年版。

[4] 龚近贤：《锡山旧闻·民国邑报博采》，上海辞书出版社，2011 年版，第 122 页。

[5] 国家文物局：《中国文物地图集·江苏分册》（下），中国地图出版社，2008 年版，第 298-308 页。

[6] 无锡园林局：第五批江苏省文物保护单位推荐材料，2004 年。

稀世遗珍

——玛瑙地盘驼石

华焕昌　华念煊*

【摘要】无锡惠山的华孝子祠前，竖立着一对玛瑙地盘驼石，在太平军占领无锡期间失窃。华氏通九支养心祠亦有祖遗玛瑙地盘驼石一副，与华孝子祠前旧石相仿，于是载之置立于祠前旧石处。据史料分析，现华孝子祠前置立的玛瑙地盘驼石应是锡山华氏第十五世养心派裔孙华士宏购置运回，它和华孝子祠一起，展示华氏家族千百年来的荣耀。

【关键词】玛瑙地盘驼石　华孝子祠　养心祠　华士宏

玛瑙，字典解释为矿物名，质硬耐磨，颜色美丽，可做轴承、研钵、装饰品。它和翡翠、水晶等宝石奉为装饰和收藏上品。在无锡锡惠名胜区、天下第二泉北、惠山寺南的华孝子祠前，就竖立着一对玛瑙地盘驼石，在号称百家祠堂群的惠山古镇，它们独领风骚。

华孝子祠前的这对玛瑙地盘驼石，十分雄伟、醒目、高大、艳丽，它和庄严肃穆的华孝子祠一起，展示着华氏家族千百年来的荣耀。这是中国人的血脉——孝道精神的象征，它不但受到华氏裔孙的瞻仰和崇敬，也将促进国人对孝道精神的传承，并融合到当前构造和谐社会的洪流中去。

华孝子，讳宝，晋陵无锡人，尊为无锡华氏始祖。晋义熙末，父华豪戍长安，宝年八岁，临别前对华宝说："须等我还，为你办成人礼。"华宝遵父言，一守就是七十多个冬夏，他坚信慈祥的父亲会凯旋归来，然而父亲却血洒疆场，为国捐躯。但他的临别嘱咐被儿子深深地印在脑海之中，年复一年。从少年到白头，直到年老还是"弱冠"，亦终身未娶。为传承香火，嗣弟华宽子壼为子。南齐建元三年，诏表其为孝子，在其原住地惠山山麓建祠以示表彰"父忠子孝"，距今1500多年。

随着朝代的更迭，时代的变迁，战火的洗礼，社会的动荡，给华孝子祠带来的是不断的毁坏和不断的修复，华孝子祠前的玛瑙地盘驼石也没有逃过厄运。祠前旧有玛瑙地盘驼石2座，相传为华氏通九支所捐置，五色陆离，神彩焕发，为一邑奇观。清咸丰十年（1860），清兵退守无锡，由于荡口华氏公议，派船派人，将祠门窗、孝祖神象等托运到荡口旺儿桥

* 华焕昌：无锡锡山华氏通九支裔孙
华念煊：无锡锡山华氏通十支裔孙

贞固公祠。到清同治三年（1864），华孝子祠在太平军占领无锡期间，未受到较大损坏，然而祠前两座玛瑙地盘驼石为贼人毁门窃之，邑人咸惜之。华氏通九支养心祠（为前洲南三房祖华芝孝子三十二世孙，无锡始祖原泉公十二世孙）亦有祖遗玛瑙地盘驼石一副，形质与旧石相仿，而规格益高大。经通九支六支公议，将古道祠（为前洲始迁祖华德昌，孝子二十九世孙，无锡始祖原泉公九世孙）祭田十三亩，钱三千文贴与养心公祠，于清同治五年（1866）将玛瑙地盘驼石载之惠山，置立于祠前旧石处。长期以来，游人往来抚摸，色泽顿异。不知者，竟以为旧石复得，更为华孝子祠增添不少光彩。

那么这对玛瑙地盘驼石来历如何？尚未解之。据传记载，明赐七品秩官养心府君祠在前洲街，清乾隆年间本支裔孙建，祠内有玛瑙地盘驼石一副，五色相间，纹如竹叶。相传石为先祖远宦官时所置，价不及百金，而运载之费倍之。按照先祖、远宦及三百金这三个条件。我们认真查阅了华氏通九支家谱及传芳集，分析认为：此石为养心派先人所购置。始祖华芝（字养心）仅是赐七品秩官，不在外地任官。三子质（字嵩溪）无官职，孙中孚（号南州）乃一介书生，与无锡邵宝，吴下名流文衡山、沈石周、周天球等称莫逆之交。唯南州公次子，讳士宏，字任之，号毅菴，极有可能符合以上三个条件。华士宏，明嘉靖庚子举人，任浙江宁波府通判，后又升云南盐课提举司正提举，即云南盐务最高长官。云南旧规每年有盐规几千金，府君却之不受，洁己奉职，商民无不爱戴。明隆庆六年（1572），万历登极，册封奉政大夫。年老告归，又遇恩诏进朝列大夫五品官。说明华士宏在职克己奉公，清廉爱民，深得帝王赏识。盐历来是国家专营物资，任何人不得染指，又是国家重要税赋，当然每年俸禄也是可观。云南地处边陲，与缅甸相接，缅甸盛产玉石（现云南也产玉石），是转运玉石的集散地。所以华士宏有着购置玛瑙地盘驼石的有利条件。华士宏于明万历八年去世，此后的 60 多年里，其子孙都没有做过外交官，仅是大学生、邑庠生等。虽在清康熙、乾隆期间，养心派裔孙也有多人出任官职，但称先祖是不合适的。云南距无锡不下几千里，路途遥遥，一副玛瑙地盘驼石加上底座重达数吨，在当时的条件下，无起重设备及先进的运输工具，确实不易，难怪运费倍之。纵上所述，现华孝子祠前置立的玛瑙地盘驼石是锡山华氏第十五世养心派裔孙华士宏购置运回，是完全可能的。在选择纹理色泽上，又挑选了竹叶纹，竹代表着君子高风亮节，以示后人应宁折不弯、谦逊做人的精神，正谓良苦用心。

这对玛瑙地盘驼石，由于其中一只不是竹叶纹，所以坊间传言，此两只玛瑙地盘驼石不是一对，仅被盗去一只。但经仔细观察，结合谱传记载，发现两只玛瑙地盘驼石大小一致，颜色一致，一只仅纹理有些差异，但底座都是竹叶纹，且记载所说，形质与旧石相仿，但规制益高大，故坊间所说乃是误会，在此说明。

玛瑙地盘驼石，从云南不远万里先来到前洲，又移置无锡惠山华孝子祠，历经五百余年。它像忠诚的卫士，默默地站立在孝子祠前，捍卫着华孝子祠的尊严，诉说着华氏宗族的荣耀，讲解着锡惠历史的变迁，传承着中华民族的孝道文化，它和华孝子祠一起成为国学精髓中的一颗瑰宝。

推动非遗在产城融合发展中传承

——以无锡马山地区非遗及民俗保护利用为例

胡家贵*

【摘要】马山以其优越的地理位置及良好的人文环境，形成了别具特色的生活习俗和民俗文化。非物质文化遗产及当地民俗无疑是重要的优秀传统文化资源，值得我们不断深入思考和积极探索实践。通过进一步加强宣传力度、强化整体策划和政策扶持、经常性开展特色民俗活动、切实把非遗资源开发成为旅游产品、积极促进非遗保护主体的多元化，推动当地非遗及民俗的有效保护传承和科学开发利用，实现文化与旅游的深度融合发展，有效服务无锡太湖（马山）国际旅游岛建设。

【关键词】无锡　马山非遗　融合　传承　保护利用

当前，无锡市提出了“一城一岛一带”的发展战略。作为该战略的重要组成部分，马山是具有悠久历史和灿烂文化的宝地，拈花湾风情小镇入选江苏省特色小镇，阖闾吴文化特色小镇正在积极谋划创建，是值得慢下来、停下来、留下来、住下来的旅游休闲之地。马山国际旅游岛要大力发展旅游产业，不仅要有完善的硬件设施，更要有独特的文化元素和相对应的旅游产品。而非物质文化遗产（以下简称为非遗）及当地民俗无疑是重要的优秀传统文化资源，如何通过旅游这一方式，推动当地非遗及民俗的有效保护传承和科学开发利用，实现文化与旅游的深度融合发展，有效服务马山国际旅游岛建设，值得我们不断深入思考和积极探索实践。

一、无锡马山地区有流传至今的吴地习俗和丰富的非遗项目

马山位于太湖之滨，是著名的鱼米之乡，优越的地理位置及良好的人文环境，形成了别具特色的生活习俗和民俗文化。其丰富的非遗资源涵盖了民间舞蹈、传统技艺等类别，孕育了许多富有吴地气息的风俗习惯，是江南少有的同时具有表演类、制作类技艺非遗的地区。

马灯舞，俗称“调马灯”，数百年来在马山广为流传。光绪七年（1882）许域《马迹志》载：“自三日（指农历正月初三）以后，儿童扎布为龙马灯，夜燃烛赴各湾为戏，凡十余日止。”自马山有史以来流传至今，约有上千年历史。作为独特的马山民间文艺，马灯舞被列入

* 胡家贵：供职于无锡市滨湖区文体局，经济师

《中国民间舞蹈集成·江苏卷》。2007 年春节，它出现在中央电视台在灵山举办的“过年”民俗系列活动中，深受广大群众的喜爱。

惠泉黄酒，得名于二泉水酿造的糯米酒。经唐代陆羽、刘伯刍品评，将惠山寺石泉水推为“天下第二泉”。从北宋开始，称为“惠泉酒”，其味清醇，经久不变。在明代，惠泉酒已名闻天下。它以优质地下泉水和江南上等糯米为原料，辅以独特的惠泉酒酿造工艺，经过多年窖藏而成。清代初期，惠泉酒成为贡品，曹雪芹因此把它写进了《红楼梦》。它已成为我国黄酒中的代表作之一，具有重要的历史及文化价值。

灵山素饼，它始创于唐代贞观年间祥符寺祖传膳食秘方，距今已有 1300 多年历史。它独具禅味，是传统的特色糕点，更是具有“灵山文化、马山味道、无锡特色”的素食系列。其配料讲究，采用素饼专用粉、全素食酥油为主料，加上芝麻、绿豆蓉等辅料，配以纯正花生油、精盐等数十种作料，古法精制而成。它含低糖，不含脂肪，口感香酥浓郁，具有油而不腻、酥而不散的特点，深受游客青睐。

无锡素食，在传承了千年古刹惠山寺、南禅寺、广福寺、祥符寺等寺院素食的基础上，融入近代以来的梅园开原寺、宜兴大觉寺素食，不仅传承古代无锡素食技艺，而且结合江南习俗，既创新出现代禅意素食、国际宴会素食，也改进了素食流传推广的方式和途径，成为具有悠久历史工艺、独特文化艺术、现代传播方式的非物质文化遗产。

太湖渔俗，分布区域位于沿太湖流域、长江三角洲的南端。它是太湖渔民在常年与风浪搏击的过程中形成的特有习俗，既是长期生产实践的总结，又是渔民内心世界的真实写照。主要有太湖捕捞习俗、渔家生活习俗、渔民人生礼仪习俗、文化教育习俗等。它具有科学性、知识性和趣味性，读来饶有兴趣，对于研究太湖地区民俗具有重要作用。

此外，马山的米酒、年糕、青团、粽子、松花饼、芋头等农副产品久负盛名，其中老豆腐、糖芋头、煎糍团等“马山十鲜”是其中的代表。这十道特色菜肴，是地道的马山农家菜，有着动人的故事传说，具有鲜明的马山特色。它们传承的不仅仅是美食厨艺和生活方式，更是一种孝义之道和尊重自然的敬畏感恩之心。

以上这些非遗和习俗，生动呈现了千百年来吴地人民的生活、生产和娱乐活动等场景，基本具备了深度的开发潜质、较大的体验空间、文化休闲功能等特点。值得一提的是，当前，各地景区都在挖掘自身独特的地域文化，突显各自特色，特别是岛屿型的旅游胜地（如普陀山，鼓浪屿，苏州东山、西山等）都在自然风光资源上打上独特的文化印记，致力于打造成为旅游目的地。例如，厦门鼓浪屿在积极稳妥保护非遗的前提下，注重文化、业态的内涵提升，并与当地良好的人居环境相融合，努力用文化创意手段处理好非遗、旅游、社区三者的关系，先后持续举办了以音乐文化、博饼文化为代表的节庆活动，打造成为世界知名的国际旅游岛。苏州东山、西山是以“太湖山水、古吴文化、人文自然风光、田园野趣、美食度假、休闲观光”为特色，以发展文化旅游、民宿、生态观光休闲等为主要内容，以丰富的土特产，如碧螺春茶叶、甜杏、红李、枇杷、杨梅、蜜桃、石榴、甜枣、葡萄、翠冠梨、蜜橘，以及土鸡场、生态蔬菜园等，为游客提供采摘、垂钓、果树认养等配套服务，成为华东地区湖湾型度假休闲胜地。

作为国家级旅游度假区，马山文化旅游事业发展与普陀山、鼓浪屿、苏州东山西山等地相比，还存在一些差距和不足：文化与旅游的深度融合还不够，文化旅游发展水平与国际旅游岛的匹配度还不够，非遗及民俗等文化资源尚不能有效服务于马山国际旅游岛建设等。其主要原因有四点。一是宣传力度不足。大部分非遗项目散落在民间，至今还“养在深闺无人识”。例如，马灯舞历史悠久，但在区域内没有得到有效宣传和充分展示。二是内涵挖掘不够。马山的旅游资源开发，仍然将自然资源作为重点，对非遗及民俗的文化内涵挖掘缺乏深度，缺乏创新。三是策划包装不够。目前，马山非遗及民俗的旅游资源开发停留在零散、品种单一的旅游产品开发层面上，处于自发状态，缺乏资金及市场关注点，有的还在起步、探索阶段。四是一些非遗项目后继无人。有些非遗传承人年龄偏大，培养接班人的力度不够，亟待唤起年轻一代参与的热情，唤起民间对非遗项目的热爱和关注。

二、充分利用非遗和民俗推动马山国际旅游岛建设的建议

通过深入挖掘和科学利用，将马山非遗项目及民俗打造成为马山国际旅游岛建设的吸引点，将其设计为旅游线路上的特色内容，并通过实景舞台式、情景体验式等旅游开发模式，举办“休闲马山”“渔乐马山”“乡土马山”等系列活动，将其有机地融入到食、住、行、游、购、娱等环节，让游客真正体会到“太湖情、马山行”。具体而言，可以在以下几个方面进行努力。

（1）进一步加强宣传力度。摒弃“酒香不怕巷子深”的传统思维，建议对惠泉黄酒、灵山素饼等非遗元素产品进行精心包装，加大宣传力度。在导游图、宣传册上，有重点、成系列地介绍一些非遗及民俗等内容。可以在耿湾禅意小镇设立惠泉黄酒体验馆，让游客体验其悠久的历史。设立灵山素饼屋，展示制作流程，让游客DIY灵山素饼并带回家。以此在游客当中树立良好口碑，扩大马山旅游的知名度和影响力，让游客认识马山、喜欢马山、常来马山。

（2）强化整体策划和政策扶持。以总体空间布局为基础，整合十八湾、马圩、马迹山三大片区的旅游要素，有关部门要对马山文化旅游的线路和产品进行系统梳理和全面规划，出台相关扶持政策。重点抓好“五个一”：明确一句宣传语、拍摄一部宣传片、策划一个形象标识、编制一本旅游指南、建立一个网络信息平台。通过展示吴地风韵，结合民俗体验，充分发挥马山地区丰富的非遗及民俗等文化资源优势，推出具有马山国际旅游岛个性化的旅游产品和线路，突出特色性和吸引力，如马山一日游、二日游、深度游、休闲游等，满足不同层次、不同游客的多样化需求。

（3）经常性开展特色民俗活动。通过对非遗及民俗的集中保护和展示，吸引游客。在耿湾禅意小镇、阖闾城影视城、杨梅市场等开设固定场所，组织马灯舞、荡湖船等专场演出，并努力改进舞蹈形式，定时定期演出，设置游客互动体验环节，努力让游客留下来。恢复举办区域性的国际、国内钓鱼比赛，举办“渔乐马山”活动，进行鱼拓表演，让游客了解太湖渔俗。在慕湾拓展基地等条件合适的湖湾开设龙舟游湖等项目，在健身游览过程中传承民俗文化。

（4）切实把非遗资源开发成为旅游产品。在农家乐中提供“马山十鲜”菜肴及特色非遗产品等，让游客体验马山风味，做到特色留住游客。把含有非遗及民俗元素的农产品及工业产品如黄酒、灵山素饼、无锡素食以及不同季节的农产品（杨梅、橘子、芋头、米酒、青团等），有效转化为旅游系列产品。同时，注意处理好保护与传承、表现形式与文化创意产品、旅游产品的关系，做到保护为主、合理利用、适度开发、方便携带，成为能让外地游客带回家的“马山记忆”。

（5）积极促进非遗旅游资源开发主体的多元化。在非遗资源保护利用的过程中，要正确处理好政府与传承人、旅游开发商、当地居民等群体的关系。通过简政放权、放管结合、优化服务，建立有效规范的运作机制，不断引入民间资本，探索采用 PPP 模式，丰富非遗及民俗等文化资源的开发主体。同时，提高当地居民的旅游参与率和收益度，有效调动他们参与文化旅游事业发展的积极性和主动性，逐步形成“活态”传承的保护与利用格局。

附录

《无锡文博论丛》征稿启事

《无锡文博》杂志创刊于1989年，原名《无锡博物馆通讯》，1990年改现名，是无锡博物院和无锡市文物交流中心联合主办的学术性刊物。本刊以宣传国家文博政策、促进太湖文化圈学术研究交流、弘扬优秀传统文化、推动无锡文博事业发展为宗旨。自创刊以来，刊物立足于无锡丰厚的历史文化积淀，广纳百川，不仅及时地反映了无锡地区的文博发展动态和最新研究成果，同时也为全国各兄弟单位打造了文化交流的平台。

《无锡文博》从2016年起停刊，以《无锡文博论丛》形式由出版社公开出版，每年一册。现面向社会各界郑重征稿，欢迎广大业内外人士踊跃投稿，每辑征稿截止时间为同年6月底。本刊所设主要栏目有：考古与文物、历史研究、艺术研究、文化遗产保护、博物馆、图书评论等。具体征稿要求如下：

一、来稿须符合基本学术规范和《论丛》要求，《论丛》来稿格式和注释规范请登录无锡博物院网站（www.wxmuseum.com）查阅，或者联系编辑部索取电子稿。

二、来稿须本人原创稿件，观点鲜明，资料详实，逻辑清楚，文辞畅达，文稿篇幅以8000字以内为宜。

三、来稿除提交电子文本至《论丛》电邮外，另邮寄一份纸质文本至《论丛》编辑部。

四、文末注明作者姓名、工作单位、电话、联系地址、电子邮箱，以便联系。

五、《论丛》实行匿名审稿制度，对于一稿多投的稿件，将不进入审稿程序。

六、《论丛》有权对来稿进行技术性处理，如有异议，请在来稿时予以说明。

七、《论丛》不以任何形式收取版面费和审稿费。稿件一经刊登，即付薄酬，同时寄赠样刊。《论丛》有权将稿件以印刷方式或电子方式出版，本刊给作者支付的稿费中已包括上述使用方式的费用。

八、《论丛》联系地址：无锡市太湖广场南侧钟书路100号无锡博物院（503室）征编部；邮编：214023；联系电话：0510-85727606；电子邮箱：wuxiwenbo@163.com

《无锡文博论丛》编辑部

《无锡文博论丛》来稿格式及注释规范

一、来稿格式

来稿需包括如下内容，顺序依次为：（1）论文标题（含副标题）；（2）作者姓名（多位作者姓名中间用空格隔开）；（3）内容摘要（200—300字）；（4）关键词（3—5个，中间用空格隔开）；（5）正文；（6）文末注明作者信息（包括：作者姓名、出生年月、职称、职务、所在单位、通联地址、邮编、手机号码、电子邮箱）。

二、注释规范

引文注释均采用文末注（尾注）格式，一律放置于文章结尾，所引注释条目按先后顺序依次编号为［1］、［2］、［3］、［4］……以此类推。现将注释格式分别说明如下：

（一）著作

引用著作的相关信息先后顺序为：（1）责任者姓名；（2）书名；（3）出版者及出版年份；（4）页码。如所引用文献出自撰著，在责任者姓名后直接加冒号；如所引用文献出自编、校等形式，在责任者姓名后加“主编”“编”等字样后再加冒号；如两个或三个责任者合著或合编，则在责任者姓名中间用顿号隔开；如系三个以上的责任者合著或合编，则在第一责任者姓名后加“等”字。举例如下：

［1］茅海建：《戊戌变法史事考》，生活·读书·新知三联书店，2005年版，第285页。

［2］张宪文主编：《南京大屠杀全史》（上），南京大学出版社，2012年版，第156页。

［3］唐兰：《古文字学导论》（增订本），齐鲁书社，1981年版，第398页。

［4］苏智良等编著：《去大后方——中国抗战内迁实录》，上海人民出版社，2005年版，第16页。

（二）译著

引用译著需标明责任者国别，国别置于责任者姓名前面；翻译者作为第二责任者，置于原著者汉译姓名之后，中间用逗号隔开；翻译者有两人或三人，译者姓名中间用顿号隔开；翻译者如系三人以上，则在第一翻译者姓名后加“等”字；其余注释格式同上。举例如下：

［1］〔美〕费正清著，张理京译：《美国与中国》，商务印书馆，1987年版，第15页。

［2］〔法〕谢和耐著，黄建华、黄迅余译：《中国社会史》，凤凰出版传媒股份有限公司、江苏人民出版社，2010年版，第307页。

［3］〔日〕佐藤铁治郎著，孔祥吉、［日］村田雄二郎整理：《一个日本记者笔下的袁世凯》，天津古籍出版社，2005年版，第54页。

［4］〔美〕邓尔麟著，蓝桦译：《钱穆与七房桥世界》，社会科学文献出版社，1998年版，第124页。

（三）资料集与论文集中的析出文献

引用文集析出文献相关信息的先后顺序为：（1）作者姓名；（2）篇名；（3）编者姓名；（4）书名；（5）出版者及出版时间；

（6）页码。举例如下：

［1］王曾瑜：《宋朝户口分类制度略论》，邓广铭、漆侠主编：《中日宋史研讨会中方论文选编》，河北大学出版社，1991年版，第11页。

［2］曾昭燏、李济：《博物馆的性质与功能》，李淑萍、宋伯胤选注：《博物馆历史文选》，陕西人民出版社，2000年版，第70页。

［3］曾昭燏：《中国博物馆之沿革》，南京博物院编：《曾昭燏文集》，文物出版社，1999年版，第283页。

（四）古籍

古籍的标注格式与著作类标注格式基本相同，除需注明责任者所处朝代之外，还需注明刊本、卷次等信息，如是影印本，则在原书名之后标注“（影印本）”字样，如是校注本，则需注明校注者姓名。举例如下：

［1］〔清〕魏源：《海国图志》卷八，光绪二年平庆泾固道署重刊本。

［2］〔清〕佚名辑：《华氏义田事略》（影印本），《无锡文库》第3辑，凤凰出版传媒集团、凤凰出版社，2012年版，第25页。

［3］〔唐〕陆广微撰，曹林娣校注：《吴地记》，江苏古籍出版社，1999年版，第38页。

［4］〔宋〕郭若虚：《图画见闻志》，卢辅圣主编：《中国书画全书》第1册，上海书画出版社，1993年版，第466页。

（五）期刊

引用期刊相关信息的先后顺序为：（1）作者姓名；（2）篇名；（3）期刊名称及卷册号、期号或出版时间；（4）页码，部分期刊文献没有页码，则需在出版时间后注明“原文无页码”字样。举例如下：

［1］何思源：《华盛顿会议中山东问题之经过》，《东方杂志》第19卷第2期（1922年1月），第56页。

［2］金冲及：《清朝统治集团的最后十年》，《近代史研究》2011年第6期，第6页。

［3］李伯重：《八股之外：明清江南的教育及其对经济的影响》，《清史研究》2004年第1期，第8页。

［4］吴镇烽：《秦晋两省东汉画像石题记集释——兼论汉代圁阳、平周等县的地理位置》，《考古与文物》2006年第1期，第56页。

（六）报纸

引用报纸相关信息的先后顺序为：（1）作者姓名；（2）篇名；（3）报纸名称及出版时间。举例如下：

［1］庄希泉：《辛亥革命中的南洋华侨》，《人民日报》1981年10月12日。

［2］魏宏运：《中国的抗日战争是世界反法西斯战争的重要组成部分》，《人民日报》1995年7月27日。

［3］李治亭：《古籍整理的新开拓》，《中国新闻出版报》2003年5月28日。

［4］《无锡各界抗敌后援会筹备会为定期举开成立大会通告各界》，《锡报》1937年7月27日。

（七）未刊文献

引用未刊文献（如学位论文、未刊手稿、会议论文、馆藏档案等）除需标注作者姓名、著作名或篇名之外，还需标注文献所属机构、完成时间及页码；引用未出版的会议论文时，还需标注会议名称、地点及时间；引用档案文献时，还需标注全宗号、目录号、案卷号，或按原档案自身编排方法标注；引用未刊文献时，需取得资料所有者的授权。举例如下：

［1］余同元：《中国传统工匠现代转型问题研究》（博士学位论文），复旦大学，2005年，第76页。

［2］〔明〕华鸿山：《皇华集》卷一，木刻本，无锡博物院藏。